완역 한서 ❾ 열전列傳 5

완역 ⑨
한서 漢書
列傳
열전 5

반고 지음·이한우 옮김

21세기북스

〖 옮긴이의 말 〗

우선 중국 한(漢)나라의 역사서인 반고(班固)의 『한서(漢書)』를 우리말로 옮겨 세상에 내놓는다.

편년체(編年體)와는 구별되는 기전체(紀傳體)로 사마천(司馬遷)의 『사기(史記)』는 이미 여러 사람들에 의해 국내에 번역이 돼 있는데 아직 어떤 번역본도 대표 번역의 지위를 얻지 못하고 있다. 아마도 번역상의 문제 때문일 것이다.

고대에서부터 한나라 무제(武帝)까지를 범위로 하는 『사기』와 달리 『한서』는 오직 한나라만을 대상 범위로 하고 있어 흔히 단대사(斷代史)의 효시로 불리기도 한다. 서(書)란 곧 사(史)다. 『서경(書經)』도 그렇지만 적어도 『한서(漢書)』와 『당서(唐書)』의 이름에서 보듯이 중국의 오래된 역사서 서술 방식인 기전체라는 것은 본기와 열전(列傳)으로 돼 있다는 뜻인데, 그밖에도 표(表)와 지(志)가 포함돼 있다. 서(書)란 곧 사(史)였다.

『당서』 편찬에 참여했던 당(唐)나라 역사학자 유지기(劉知幾)는 중국 역사학의 전통을 체계적으로 정리한 『사통(史通)』에서 옛날부터 그가 살았던 당나라 때까지의 역사서를 여섯 유파로 분류했다.

첫째가 상서가(尙書家)다. 『상서(尙書)』란 바로 육경(六經)의 하나인 『서경(書經)』을 가리킨다.

둘째는 춘추가(春秋家)다. 공자가 지은 『춘추(春秋)』를 가리킨다. 편년체 역사의 원조다.

셋째는 좌전가(左傳家)다. 좌구명(左丘明)이 『춘추』를 기반으로 해서 역사적 사실을 보충한 것이다.

넷째는 국어가(國語家)다. 『국어(國語)』는 좌구명이 『좌씨전(左氏傳)』을 쓰기 위해 각국의 역사를 모아 찬술(撰述)한 것으로, 주어(周語) 3권, 노어(魯語) 2권, 제어(齊語) 1권, 진어(晋語) 9권, 정어(鄭語) 1권, 초어(楚語) 2권, 오어(吳語) 1권, 월어(越語) 2권으로 돼 있다. 주로 노(魯)나라에 대해 기술한 『좌씨전』을 '내전(內傳)'이라 하는 데 비해 이를 '외전(外傳)'이라고 한다. 사마천이 좌구명을 무식꾼으로 몰았다 하여 '맹사(盲史)'라고도 한다. 또 당나라 유종원(柳宗元)이 『비국어(非國語)』를 지어 이 책을 비난하자 송(宋)나라의 강단례(江端禮)가 『비비국어(非非國語)』를 지어 이를 반박하는 등, 그후로도 학자들의 논쟁이 끊이지 않았다.

다섯째는 사기가(史記家)다. 사마천의 『사기』를 가리킨다. 이 책은 기전체(紀傳體)의 효시로 불린다. 그러나 지나치게 문장의 꾸밈에 치중하고 사실의 비중을 낮췄다는 비판이 줄곧 제기됐다.

여섯째는 한서가(漢書家)다. 반고의 단대사 『한서』를 말한다.

그런데 유지기는 책의 결론에서 "상서가 등 4가의 체례는 이미 오래전에 폐기되었다. 본받아 따를 만한 것으로는 단지 『좌전』과 『한서』 2가만 있을 뿐이다"라고 단정 지었다. 즉, 편년체는 『좌씨전』, 기전체는 『한서』만이 표준이 될 만하다는 것이다. 그후에 사마광(司馬光)은 『좌씨전』의 전통에 서서 『자치통감(資治通鑑)』을 편찬했고, 나머지 중국의 대표적 역사서들은 한결같이 『한서』를 모범으로 삼아 단대기전(斷代紀傳)의 전통을 따랐다. 참고로 사마천의 『사기』는 통고기전(通古紀傳)이라고 한다.

그후에도 중국 역사학계에서는 편년체와 기전체 중에 어느 것이 좋은 역사 서술이냐를 놓고서 지속적인 논쟁이 이어졌고, 동시에 사마천과 반고 중 누가 더 뛰어난 역사가인지를 두고서도 지속적인 논쟁이 이어졌다. 편년체와 기전체의 우열 논쟁은 조선 세종 때 고려의 역사를 정리하는 문제를 두고도 치열하게 진행됐다. 결국 세종은 어느 한쪽의 손을 들어주지 않은 채 기전체 『고려사(高麗史)』와 편년체 『고려사절요(高麗史節要)』를 다 편찬하도록 했다. 그만큼 쉽지 않은 문제인 것이다.

그러면 중국에서 『한서』와 『사기』의 우열 논쟁은 어떻게 진행돼왔는가? 이에 대해서는 옮긴이의 생각보다는 『반고평전(班固評傳)』(진기태·조영춘 지음, 정명기 옮김, 다른생각)에 있는 내용을 간략히 정리하는 것으로 대신하고자 한다. 그에 앞서 『논어(論語)』 「옹야(雍也)」 편에 나온 공자의 말을 읽어둘 필요가 있다.

"바탕이 꾸밈을 이기면 거칠고 꾸밈이 바탕을 이기면 번지레하니, 바탕과 꾸밈이 잘 어우러진 뒤에야 군자답다[質勝文則野 文勝質則史 文質彬彬 君子]."

『후한서(後漢書)』를 지은 범엽(范曄)은 이미 사마천과 반고를 비교해 이렇게 말한 바 있다.

"사마천의 글은 직설적이어서 역사적 사실들이 숨김없이 드러나며, 반고의 글은 풍부한 내용을 담고 있어서 역사적 사실들을 상세하게 서술하고 있다."

송나라 작가 양만리(楊萬里)는 또 더욱 운치 있는 말을 남겼다.
"이백(李白)의 시는 신선과 검객들의 말이며, 두보(杜甫)의 시는 전아(典雅)한 선비와 문사(文士)의 말이라고 할 수 있다. 이들을 문장에 비유하자면 이백은 곧 『사기』이며, 두보는 곧 『한서』다."

『반고평전』은 『한서』가 후한 초에 발간된 이래 지식인들의 필독서가 된 과정을 이렇게 요약한다.
"『한서』는 동한 시기에 조정 당국과 학자들 사이에서 매우 높은 지위를 차지했다. 이후 반고를 추종하고 『한서』에 주석을 다는 사람들이 끊임없이 증가하여 『한서』의 지위가 계속 높아지자 전문적으로 『한서』를 가르치고 배우는 데까지 이르렀으며, 마침내 오경(五經)에 버금하게 됐다."

남북조(南北朝)시대를 거쳐 당나라에 이르면 『한서』에 주석을 단 저작들이 20여 종에 이른다. 당나라 안사고(顔師古)는 '한서서례(漢書敍例)'라는 글에서 3국, 양진(兩晉), 남북조시대까지 『한서』를 주석한 사람들로 복건(服虔), 응소(應劭), 진작(晉灼), 신찬(臣瓚) 등 23명의 학자들을 열거하고 있다. 이는 곧 이때에 이미 『한서』가 『사기』에 비해 훨씬 더 중시되고 있었음을 보여준다. 물론 여기에는 『한서』의 경우 고문자(古文字)를 많이 사용한 데 반해 『사기』는 고문자를 별로 사용하지 않고, 그나마 인용된 고문자조차 당시에 사용하던 문자로 번역했기 때문에 많은 주석이 필요치 않은 이유도 작용했다.

그리고 안사고가 주석을 단 이후에 『한서』는 비로소 더 이상 배우기 어려운 책이 아닌 것으로 인식됐고 주석도 거의 사라졌다.

당나라 때 『사기』를 연구해 『사기색은(史記索隱)』을 지은 사마정(司馬貞)은 "『사기』는 반고의 『한서』에 비해 예스럽고 질박한 느낌이 적기 때문에 한나라와 진(晉)나라의 명현(名賢)들은 『사기』를 중시하지 않았다"고 말했다. 이런 흐름은 명(明)나라 때까지 이어져 학자 호응린(胡應麟)은 "두 저작에 대한 논의가 분분해 정설은 없었지만, 반고를 높게 평가하는 사람이 대략 열에 일곱은 됐다"고 말했다.

물론 사마천의 손을 들어주는 학자도 있었다. 진(晉)나라의 장보(張輔)는 이렇게 말했다. "세상 사람들은 대부분 반고가 뛰어나다고 말한다. 하지만 나는 이것이 잘못이라고 본다. 사마천의 저술은 말을 아껴 역사적 사실들을 거론해 3,000년 동안에 있었던 일을 서술하면서 단지 50만 자로 표현해냈다. 그러나 반고는 200년 동안에 있었던 일을 80만 자로 서술했으니, 말의 번거로움과 간략함이 같지 않다."

이런 흐름 속에서 반고의 편을 드는 갑반을마(甲班乙馬)라는 말도 생겨났고, 열고우천(劣固優遷)이라는 말도 생겨났다.

그러나 우리의 입장에서는 굳이 이런 우열 논쟁에 깊이 관여할 이유는 없다. 장단점을 보고서 취할 것은 취하고 버릴 것은 버리면 그만이다. 송나라 때의 학자 범조우(范祖禹)는 사마광의 『자치통감』 편찬에도 조수로 참여한 인물이었는데, 그의 말이 우리의 척도라 할 만하다.

"사마천과 반고는 뛰어난 역사가의 인재로서 박학다식하고 사건 서술에 능하여 근거 없이 찬미하거나 나쁜 점을 감추지 않았다. 그러므로 그들의 저서는 1,000년 이상을 전해오면서 사라지지 않았다."

『한서』 번역은 그저 개인의 취향 때문에 고른 작업이 아니다. 그것은 지금 우리가 처해 있는 상황과 깊은 관련이 있다.

첫째, 중국의 눈부신 성장이다. 그것은 곧 우리에게 위험과 기회를 동시에 가져다준다는 점에서 말 그대로 위기(危機)이다. 기회로 만드는 길은 분명하다. 중국을 정확히 알고서 그에 맞게 대처해가는 것이다. 중국을 정확히 아는 작업은 크게 두 가지 방향에서 이뤄질 수밖에 없다. 지금 당장 일어나고 있는 중국의 정치, 경제, 문화, 사회의 변동을 깊고 넓게 파악하는 것이다. 이것은 어느 한 사람의 노력으로 될 일이 아니며, 우리 사회의 전반적인 정보 및 지식의 종합 대응력을 높이는 데 달려 있다. 또 하나는 중국의 역사를 깊이 들어가서 정확하게 아는 일이다. 옮긴이의 이 작업은 바로 그 방향으로 나아가기 위한 첫걸음이라 여긴다.

둘째, 우리의 역사적 안목과 현실을 보는 시야를 깊고 넓게 하는 데 『한서』가 크게 기여한다고 보았기 때문이다. 그것이 중국의 역사라는 점과는 별개로, 오래전에 이와 같은 치밀하고 수준 높은 역사를 저술할 능력을 갖췄던 반고의 식견은 지금도 여전히 우리에게 절실히 필요한 안목이다. 역사에서 중요한 것은 무엇을 취하고 무엇을 버리느냐에 달려 있는데, 그런 점에서 반고는 여전히 우리의 스승이 될 수 있다.

셋째, 우리에게 필요한 고전의 목록에 반드시 『한서』를 포함시키고 싶은 욕심이 있었다. 서양의 역사 고전은 읽으면서 우리가 속한 동양의 고전을 소홀히 여겨서는 안 된다. 사실 그렇게 된 이유 중의 하나는 이 분야에 대한 제대로 된 번역서가 없기 때문이기도 하다. 그래서 우리 다음 세대들은 중국에 대한 단편적인 지식보다는 이 같은 정사(正史), 특히 저들의 제국 건설의 역사를 깊이 파고듦으로써 중국 혹은 중국인을 그 깊은 속내에서 읽어내주기를 바라는 바람으로 이 작업에 혼신의 힘을 다했다.

넷째, 다소 부차적인 이유가 되겠지만, 일본에는 『한서』가 완역돼 있는데 우리는 열전의 일부만이 편집된 채 번역된 것이 전부라는 지적 현실에 대한 부끄러움이 이 작업을 서두르게 한 원동력의 하나가 됐다는 점을 말하고 싶다.

이 책이 나오게 되기까지 많은 분들의 도움과 성원이 있었다. 21세기북스 김영곤 대표의 결단이 없었다면 이 책은 세상에 나오지 못했을 것이다. 이 자리를 빌려 깊이 감사드린다. 그리고 함께 공부하는 즐거움을 누리고 있는 우리 논어등반학교 대원들에게 진심으로 고맙다는 말을 전하고 싶다.

22년 동안 재직한 조선일보의 방상훈 사장님을 비롯해 선후배님들에게도 깊은 고마움을 전한다. 또 2016년 조선일보를 그만두고 강의와 저술에 뛰어든 이래로 물심양면의 지원을 아끼지 않으시는 LS그룹 구자열 회장님께 진심으로 감사드린다.

아마도 이 책의 출간을 가장 기뻐해주셨을 분은 돌아가신 아버님과 장인어른, 그리고 김충렬 선생님이신데 아쉽다. 하늘나라에서나마 축하해주시리라 믿는다. 학문적 기초를 닦게 해주신 이기상 교수님께도 감사드린다. 그리고 내 글쓰기의 든든한 원동력인 가족에게 고마움을 전한다.

2020년 4월 상도동 보심서실(普心書室)에서
탄주(灘舟) 이한우(李翰雨) 삼가 쓰다

【 차례 】

옮긴이의 말 · · · · · · · · · · · · · 4

권84 적방진전(翟方進傳) · · · · · · · · · 17

권85 곡영·두업전(谷永杜鄴傳) · · · · · · · 57

권86 하무·왕가·사단전(何武王嘉師丹傳) · · · · · 109

권87 양웅전(揚雄傳) (상) · · · · · · · · · 157

권87 양웅전(揚雄傳) (하) · · · · · · · · · 195

권88 유림전(儒林傳) · · · · · · · · · · 225

권89 순리전(循吏傳) · · · · · · · · · · 271

권90	혹리전(酷吏傳) · · · · · · · · · · · 297
권91	화식전(貨殖傳) · · · · · · · · · · · 337
권92	유협전(游俠傳) · · · · · · · · · · · 353
권03	영행전(佞幸傳) · · · · · · · · · · · 383
권94	흉노전(匈奴傳) (상) · · · · · · · · · 411
권94	흉노전(匈奴傳) (하) · · · · · · · · · 479

| 일러두기 |

1. 『한서(漢書)』에는 안사고(顏師古)를 비롯한 많은 학자들의 원주가 붙어 있다. 아주 사소하거나 지금의 맥락에서 중요성이 떨어지는 것 외에는 가능한 한 원주를 다 옮겼다(원주는 해당 본문에 회색 글자로 〔○ 〕처리해 넣었다). 그리고 인물과 역사적 배경이 중요하기 때문에 문맥에서 필요한 범위 내에서 충실하게 역주(譯註)를 달았다.

2. 간혹 역사적 흐름에 대한 설명이 필요한 경우 간략한 내용을 주로 달았다. 그러나 독자들의 해석과 평가에 영향을 미치지 않도록 최소한의 범위에서만 언급했다. 단어 수준의 풀이가 필요한 경우에는 별도의 역주로 처리하지 않고 괄호 안에 짧게 언급했다.

3. 『논어(論語)』를 비롯해 동양의 고전들을 인용한 경우가 많은데, 기존의 번역에서는 출전을 거의 밝히지 않았다. 그러나 『한서(漢書)』의 경우 특히 열전(列傳)에서 인물들을 평가할 때 『논어』를 비롯한 유가의 경전들을 빈번하게 인용하기 때문에 그 속에 중국 고전들이 얼마나 자연스럽게 녹아 있는지를 살피는 것이 중요하다. 그래서 확인 가능한 고전 인용의 경우 주를 통해 그 전거를 밝혔다.

4. 분량이 워낙 방대하기 때문에 설사 앞서 주를 통해 언급한 바 있더라도 다시 찾아보는 번거로움을 덜기 위해 중복이 되더라도 다시 주를 단 경우가 있음을 밝혀둔다.

5. 한자는 대부분 우리말로 풀어쓰고 대괄호([ ]) 안에 독음과 함께 한자를 표기했다. 그래서 '천명(天命)'이라고 표기한 경우도 있지만 대부분 '하늘의 명[天命]'이라는 방식으로 표기했다. 또한 한자 단어의 경우 독음을 붙여쓰기로 표기하여 한문 문장을 이해하는 데 도움이 되도록 했다.

권
◆
84

적방진전
翟方進傳

적방진(翟方進)은 자(字)가 자위(子威)로 여남(汝南) 상채(上蔡) 사람이다. 집안은 대대로 미천했는데 아버지 적공(翟公)에 이르러 배움을 좋아해 문학이 됐다. 방진은 12, 13세 때 아버지를 잃고 혼자 공부를 해 태사부의 급사(給事)로 소사(小史)가 됐으나 느리고 우둔해 일을 제대로 못한다고 여러 차례 연사(掾史)에게 욕을 먹었다. 방진은 스스로 마음이 상해 여남(汝南)의 채보(蔡父)를 찾아가 자신이 무엇을 하면 좋은지를 물었다. 채보는 그 외모에 크게 놀라면서 말했다.

"소사(小史)에게는 제후에 봉해질 골상이 있습니다. 마땅히 경학을 배워 진출해야 할 것이니 유생이 돼 학문에 힘을 쏟으시오."

방진은 이미 소사의 일에 싫증을 느껴 병을 핑계로 집에 돌아와 계모를 떠나 서쪽으로 경사에 가서 경학을 공부하겠다고 했다. 계모는 어린 방진이 안쓰러워 그를 따라 장안에 와서 신발을 만들며 학비를 댔다. 방진은 박사에게서 『춘추(春秋)』를 전수받았다. 10여 년간 학문을 익혀 경학에 밝아 따르는 무리는 날로 늘어났으며 여러 유생들의 칭송을 들었다. 방진은 사책(射策)에서 갑과로 뽑혀 낭(郎)이 됐으며 2, 3년 뒤에 경전에 밝다 해 천거돼 의랑(議郎)으로 승진했다.

이 무렵 노련한 유학자[宿儒]로 청하군(淸河郡)에 호상(胡常)이 있었는데 방진과 같은 경서를 공부한 학자였다. 상(常)은 선배임에도 명예는 방진의 아래에 있었기 때문에 마음속으로 그의 능력을 질시해 함께 논의를 하게 될 경우 방진을 깎아내렸다[不右=毁短]. 방진도 이를 알고서 상이 많은 학생들을 모아놓고 수업을 할 때[都授]를 기다렸다가 문하의 제자를 보내 경서의 대의(大義)에 관해 질문을 하게 해서 그가 답하는 말을 적어오도록 했다. 이와 같이 하기를 오래 하자 상은 방진이 자신을 종주로 삼아 겸손하게 대한다[宗讓]는 것을 알았지만 속으로는 아직 받아들이지 못했는데, 그후에 사대부들이 있는 곳에서 방진을 계속 칭찬하니 드디어 두 사람은 서로 가까워졌다.

하평(河平-성제(成帝)의 연호의 하나) 연간에 방진은 자리를 옮겨 박사(博士)가 됐다. 몇 년 후에 승진해 삭방(朔方)자사가 됐는데 일처리가 번잡하거나 가혹하지 않고 자사로서 중앙에 보고해야 할 6가지 조항들에 대해서는 잘 챙겨서 점검해 위에 아뢨기 때문에 크게 위명(威名)이 있었다. 두세 번 자사로서 일을 아뢴 뒤에 (평가가 좋아) 승상사직(丞相司直)으로 승진했다. 상을 따라 감천궁(甘泉宮)에 갈 때 (방진이) 치도(馳道)로 달렸다 해 사예교위(司隸校尉) 진경(陳慶)이 방진을 탄핵해 그의 말과 수레를 몰수했다. 이미 감천궁에 이르러 마침 전중(殿中)에서는 경(慶)과 정위(廷尉) 범연수(范延壽)가 이런저런 이야기를 나누고 있었는데 그때 경은 장주(章奏) 할 문건을 갖고 있으면서 스스로 이렇게 말했다.

"이번 일은 속전을 내는 것으로 판결 날 것입니다[○ 사고(師古)가 말했다. "태치(泰畤)에서 제사를 지낼 때 일을 집행하면서 빠뜨린 것들이 있었으니 그 죄는 속전을 내는 것에 해당한다."]. 지금 상서(尙書)가 내 사건을 가져왔는데 이것도 그대로 판결 나야 할 것입니다. 예전에 내가 상서로 있을 때 상주해야 할 일을 깜빡하고서 한 달 이상 그냥 갖고 있었던 적도 있습니다."

이에 방진은 경을 탄핵해 말했다.

"가만히 살펴보건대 경(慶)은 사명을 받들어 대신의 잘못을 탄핵하고 있습니다만 예전에 상서로 있었기 때문에 기밀의 일을 주도면밀하고 통일적으로 처리해야 하고 밝은 군주는 몸소 조금도 해이해서는 안 된다는 것을 잘 알고 있습니다. 그런데 경은 죄를 짓고서도 자수하지 않고 겁도 없이 스스로 속전을 내는 전례를 만들었습니다. 또 상서로 있었던 때의 일을 말하면서 일의 완급을 제대로 정하지 않아 성덕(聖德)의 귀 밝음과 눈 밝음[聰明]을 훼손했으며 조서를 받듦에 있어 삼가지 않았으니 모두 불경(不敬)에 해당합니다. 신은 이에 삼가 그를 탄핵합니다."

경은 죄를 받아 면직됐다. 마침 우연하게도 북지군(北地郡)의 호상(浩商-앞에 나온 대홍려 호상(浩常)과 다른 사람)이라는 사람이 의거(義渠-감숙성 서북쪽의 현) 현장(縣長)에게 체포될 뻔하다가 도망치자 현장은 그의 어머니를 붙잡아 수퇘지와 함께 묶어 도읍의 정자 아래에 두었다. 상(商)의 형제들은 빈객들과 모임을 갖고서 스스로를 사예 연(掾)이나 장안

현위라고 칭하고서 의거의 현장과 처자 6명을 죽인 다음에 달아났다. (이에) 승상과 어사대부가 상에게 연사(掾史-하급 관리)와 사예교위(司隸校尉)를 파견해 부자사와 힘을 합쳐 추격해 체포할 것을 주청하자 그렇게 하라는 명이 내려왔다. 이에 사예교위 연훈(涓勳)이 다음과 같은 주문을 올렸다.

'『춘추(春秋)』의 의리에 따르면 임금은 사람들 중에서는 극소수로 그 차례가 제후의 윗자리이니 임금의 명은 존귀한 것입니다. 신은 요행히 임금의 명을 받들 기회를 얻어 공경(公卿) 이하의 관리들을 감독하고 기찰하는 것[督察]을 직무로 삼고 있습니다. (그런데) 지금 승상 설선(薛宣)은 연사(掾史)를 파견할 것을 청해 천자의 명을 받드는 대부들을 감독하고 기찰하도록 했으니 이는 감히 역순(逆順)의 이치를 어긴 것입니다. 선은 본래 스승도 없이 경술(經術)을 배웠기 때문에 그저 아첨해 간사한 위엄이나 부리려 하면서, 호상의 범죄를 살펴볼 때도 그것은 한 가족의 재앙일 뿐인데 선은 권력을 제 마음대로 하면서 위세를 부리고자 마침내 그것이 나라에 해가 됨이 그보다 더 클 수 없다고 말했습니다. 바라건대 이 사안을 중앙조정[中朝]의 특진열후(特進列侯) 및 장군 이하에게 내려보내시어 나라의 법도를 바로잡으소서.'

의견을 내는 자들은 승상의 연사(掾史)가 문서를 갖고서 사예를 독촉하는 것은 안 된다고 말했다. 마침 호상이 체포돼 복주되자 그 가족과 친척들은 합포(合浦)로 유배 보냈다.

전례에 따르면 사예교위(司隸校尉-연훈을 가리킨다)는 사직(司直-적방진)의 아래에 있었는데 처음 제수됐을 때는[初除] (승상과 어사대부) 양부(兩府)에 문안을 드리는 관례가 있어 서로 만나보게 될 경우에 중(中) 2,000석 관리의 앞에 서서 사직과 더불어 나란히 승상 및 어사를 맞았다. 애초에 방진이 새로이 업무를 보게 되자 연훈도 마침 처음으로 사예(司隸)에 제배됐는데 승상과 어사대부에게 아뢰는 것을 기꺼워하지 않다가 뒤에 조회에서 만나보게 되면서 (이때 연훈의) 예절 또한 거만했다[倨=午]. 방진이 몰래[陰=竊] 살펴보니 연훈은 광록훈(光祿勳) 신경기(辛慶忌)[1]와 사사로이 연결을 맺었고[過=交結] 또 황제의 외삼촌인 성도후(成都侯) 왕상(王商)을 도로에서 만나기라도 하면 수레에서 내려 서 있다가 왕상이 지나가고 나면 그때서야 자신의 수레에 나아갔다. 이에 적방진이 그 실상을 다음과 같이 아뢰었다.

"신이 듣건대 나라가 크게 일어나려면 귀한 사람은 그에 맞게 대우하고[尊尊] 윗사람은 공경해주고 작위(爵位)는 아래위의 예가 있어야 임금다운 도리[王道]의 기강이 바로잡힌다고 했습니다. 『춘추(春秋)』의 의리에 따르면 상공(上公)을 높여 재상[宰]이라고 칭하고 나라 안에서 총괄하지 않는 바가 없었습니다. 승상(丞相)이 빼어난 임금에게 나아와 알현하면 임금도 어좌에서 일어났고 (임금이) 수레에 있을 때는 수레에서 내렸습니다〔○ 사고(師古)가 말했다. "『한구의(漢舊儀)』에 이르기를 황제는 승상을 보면 일어난다고 했고 알자(謁者)는 이를 칭송해서 '황제께서 승상 때문에 일어나셨다'라고 했다. 그리고 일어섰다가 다시 앉았다. 황제가 길에 있을 때는 승상이 나아가 맞았는데 알자는 이를 칭송해 '황제께서 승상 때문에 수

---

[1] 오랫동안 좌장군으로 있었고 나라의 호랑이 같은 신하[虎臣]로 불릴 만큼 용맹했던 인물이다.

레에서 내리셨다'라고 했다. 그리고 서 있다가 수레에 올랐다."]. (따라서 지금의) 뭇 신하들은 모두 다 마땅히 이 같은 빼어난 교화를 잘 이어받아서 사방을 살펴야 합니다. 연훈은 2,000석 관리로 있으면서 요행히 공직에 봉사할 기회를 얻었는데 예의(禮儀)를 잘 지키지 않고 재상을 가벼이 여기고 깔보면서 상경(上卿)을 낮춰보았습니다. 그러면서도 동시에 절의를 굽혀[詘節=屈節] 간사스럽게 아첨을 했으니〔○ 사고(師古)가 말했다. "신경기와는 사사로이 왕래하면서 왕상을 보고는 수레에서 내렸으니 이것이 바로 간사스럽게 아첨한 것[邪諂]이다."] 그의 행동에는 일정한 원칙이 없었고 겉으로는 폼을 잡지만 속으로는 나약하기 그지없었습니다[色厲內荏].[2] (연훈은) 나라의 체모를 떨어뜨리고[墮=毀] 조정의 차례를 어지럽혔으니 마땅히 그 자리에 있어서는 안 될 것입니다. 청컨대 승상에게 명을 내리시어 연훈을 면직시키옵소서."

이 당시 태중대부(太中大夫)[3] 평당(平當) 급사중이 대궐 내에서 일을 맡아보고 있었는데 다음과 같은 말을 아뢰었다.

---

2 『논어(論語)』 「양화(陽貨)」 편에 나오는 공자의 말에서 따온 것이다. 겉과 속이 다르다는 뜻이다. "얼굴빛은 위엄을 보이면서 내면이 유약한 것[色厲而內荏]을, 소인에 비유해서 말하자면 벽을 뚫고 담을 넘는 도둑놈과 같을 것이다."

3 대부(大夫)라는 칭호는 고대 중국의 주(周)나라 때부터 사용됐다. 이 시기에 대부는 관품(官品)이 아니라 경(卿)과 사(士) 사이에 위치한 귀족(貴族)의 신분을 가리키는 말이었다. 하지만 전국시대부터는 대부가 점차 관직의 품계를 나타내는 칭호로 사용되기 시작했고 진(秦)나라는 천하를 통일한 뒤에 중대부(中大夫)의 관직을 두었는데 이때부터 대부(大夫)는 임금을 가까이에서 섬기는 관직을 나타내는 칭호로 자리 잡았다. 한(漢)나라에서는 중대부(中大夫), 태중대부(太中大夫), 간대부(諫大夫) 등을 두었고, 무제(武帝)는 중대부의 명칭을 광록대부(光祿大夫)로 바꾸었다.

"방진은 나라의 사직(司直)이면서 스스로 칙령을 바로잡아 아랫사람들에게 솔선수범하지 못하고 예전에는 몸소 명령을 어겨 폐하의 마찻길[馳道]을 가로질러갔고 사예 경(慶)이 공평한 마음에서 그를 탄핵하자 방진은 몸소 자책하고 뉘우치지는 않은 채 속으로 사사로운 한(恨)을 품고서 경이 평소에 하는 말을 몰래 기록했다가 그것을 날조해[訑欺] 죄를 만들어냈습니다. 그후에 승상 선(宣)이 한 사람의 도리를 잃은 살상 행위(-호상의 가족을 죽인 일을 가리킨다) 때문에 연(掾)을 파견할 것을 청해 사예교위를 독촉하니 사예교위 훈은 직접 글을 올려 조정에 폭로했고, 지금 방진은 다시 훈을 탄핵하는 글을 올렸습니다. 국정에 의견을 내는 자들이 말하기를 방진이 도리와 다움[道德]으로 승상을 도와 일을 바로잡지 못하면서[輔正] 구차스럽게 대신에게 아부하고 도와 반드시 남을 꺾어 위신을 세우고자 하니 마땅히 그 근원을 누르고 잘라내야 한다고 했습니다. 훈은 평소 행실이 공평무사하고 곧아[公直] 간사한 자들이 미워하고 있으니 조금이라도 너그러운 처분을 내리시어 끝내 그의 공로와 명예를 지켜낼 수 있게 하소서."

상은 방진이 글을 올렸던 것은 조서의 과조(科條)에 응한 것이지 기만을 하려 했던 것은 아닐 것이라면서 바른 법을 쓰지 않았다. 결국 훈을 좌천시켜 창릉령(昌陵令)으로 삼았으니 방진이 만[旬=遍=滿] 1년 사이에 두 명의 사예를 파면시키자 조정 사람들은 이 때문에 그를 꺼려했다. 승상 선(宣-설선)은 방진의 그릇을 매우 중하게 여겼기에 항상 연사(掾史)들에게 이렇게 일깨웠다.

"사직(司直)을 삼가서 섬겨야 할 것이다. 적군(翟君)은 반드시 승상의 자리에 오르게 될 것인데 그것도 그리 멀지 않아서다.”

이때 창릉(昌陵) 공사를 일으켜 능읍(陵邑)을 조성하고 있었는데 귀척이나 근신의 자제나 빈객들이 마구 농간을 부리며 간사한 이득을 취하려는 자들이 많아서 방진은 연사를 거느리고 사안을 깊이 조사해 부당하게 이익을 취한 수천만 전을 찾아냈다. 상은 그에게 공경(公卿)을 맡기려고 생각해 (그에 앞서) 그가 백성을 다스리는 것을 시험해보기 위해 방진을 옮겨서 경조윤으로 삼으니 호강한 자들을 마구 잡아들여 온 장안이 두려워했다. 이때 호상(胡常)은 청주(靑州)자사로 있었는데 그 소문을 듣고서는 방진에게 편지를 보내 말했다.

'가만히 듣건대 그대의 정령(政令)이 너무 밝아서 경조윤으로 유능하다는 평가를 받고 있다 하니 그것은 아닌 듯해 걱정스럽소이다.'

방진은 속으로 그것이 무슨 뜻인지를 알아차리고서 그후에는 위엄을 조금 완화했다.

(경조윤의) 관직에 있은 지 3년이 된 영시(永始) 2년에 승진해 어사대부가 됐다. 몇 달 후에 마침 승상 설선이 광한군의 도적 떼 발생 및 태황태후의 상사(喪事)에 삼보(三輔)의 관리들이 물자를 징발하면서 간사한 짓을 저지른 일에 연루돼 면직되고 서인이 됐다. 방진 또한 경조윤으로 있을 때 상사를 받들면서 백성들을 번거롭게 해 동요시킨 죄에 연루돼 집금오(執金吾)로 좌천됐다. 20여 일 지나 승상의 관직이 비어 있자 여러 신하들이 대부분 방진을 천거했고 상 또한 그의 능력이면 그만한 그릇이 된다고 여겨 드디어 방진을 발탁해 승상으로 삼고 고릉후(高陵侯)에 봉했는데 식읍은 1,000호였다. 그의 몸이 부귀해졌지만 아직 계모가 살아 계셨고 방진은

행실을 더욱 닦고 계모 공양을 더욱 도탑게 했다. 계모가 돌아가시자 36일 동안 상복을 입었고 다시 나와서 일을 보면서 한나라의 승상으로서 국가의 제도를 감히 뛰어넘으려 하지 않았다. 승상으로서 공정하고 염결(廉潔)했기 때문에 사사로운 일로 군국에 청탁을 하는 일이 없었다.

방진이 법을 주관하는 바가 지나치게 엄격해 (지방의) 목사와 태수[牧守], (중앙의) 구경(九卿)에 대해 아뢰는 글이 준엄하고 심하게 비판적이어서 그를 중상모략하는 자들이 아주 많았다. 예를 들면 진함(陳咸), 주박(朱博), 소육(蕭育), 봉신(逢信), 손굉(孫閎) 등의 무리는 다 경사(京師)에서 대대로 벼슬을 해온 집안으로 재주와 능력은 별로 없는데 목사와 태수, 그리고 열경(列卿)을 지낸 당시에 이미 유명했다. 그런데 방진이 홀로 일어서서 뒤에 10여 년간 재상에 있게 되자 법률에 의거해 진함 등을 탄핵해 그들을 모두 다 파면해 내쫓았다.

애초에 (소부(少府)인) 함(咸)은 출세 가도의 맨 앞을 달리고 있었는데 원제(元帝) 초부터 어사중승이 돼 조정에 이름을 떨쳤다. 성제(成帝)가 즉위한 초에는 발탁돼 부자사(部刺史)가 돼 초국(楚國)의 내사(內史)와 북해(北海), 동해(東海) 두 군의 태수가 됐다. 양삭(陽朔) 연간에 경조윤 왕장(王章)이 대신들을 통렬하게 비판하고서 낭야(琅邪)태수 풍야왕(馮野王)으로 하여금 대장군 왕봉(王鳳)을 대신해 정사를 돕게 하고 동군(東郡) 태수 진함을 어사대부로 삼아야 한다고 천거했다. 이때 방진은 겨우[甫=始] 박사에서 자사가 됐다고 한다. 뒤에 방진이 경조윤이 됐을 때 함은 남양(南陽) 태수로 있다가 들어와 소부(少府)가 돼 방진과는 아주 두텁게 잘 지냈다. 이에 앞서 봉신(逢信)은 이미 군수로 높은 고과를 받아 경조(-경조윤)와 태복(太僕)을 거쳐 위위(衛尉)가 됐고 관작이나 공적 모두 방진의 위[右=上]에 있었다. (이 무렵) 어사대부(御史大夫)에 결원이 생기자 세 사람 모두 이름난 경(卿)이었고 모두 다 선발 대상(選中)이었는데 결국 방진이 될 수 있었다. 마침 승상 설선(薛宣)이 죄를 얻어 방진과 서로 연루되자 상은 다섯 명의 2,000석 관리로 하여금 승상과 어사대부를 함께 심문하도록 했는데, 함은 방진을 특히 힐책함으로써 그 자리를 얻고자 하니 방진은 마음속으로 한스러워했다.

애초에 대장군 봉이 진탕(陳湯)을 제배해 중랑(中郎)으로 삼을 것을 주청했고 함께 일을 했다. 봉이 훙(薨)한 뒤에 사촌동생 거기장군 음(音-왕음)이 봉을 대신해 정사를 도왔는데 그 또한 탕을 두텁게 대했다. 봉신과 진함은 둘 다 진탕과 잘 지냈는데 탕은 봉과 음이 있는 데서 두 사람을 여러 차례 칭찬했었다.

오래 지나 음이 훙하자 봉의 동생 성도후(成都侯) 상(商)이 다시 대사마 위장군이 돼 정사를 도왔다. 상은 평소 진탕을 미워해 그의 죄과를 아뢰게 해 유사에 내려 조사를 시켜 결국 면직시키고 돈황(敦煌)으로 유배를 보냈다. 이때 방진이 새롭게 승상이 되자 진함은 내심 두려움에 불안해하다가 마침내 소관(小冠) 두자하(杜子夏)[4]를 시켜 가서 그 뜻을 살펴보고 은근히 해명하라고 했다. 자하가 이미 방진을 방문하고서는 스스로 그 뜻을 알아차리고서 감히 말을 꺼내지도 못했다. 얼마 안 있어서 방진은 함과

---

4 두흠(杜欽)이다. 두업(杜鄴)과 성과 자(字)가 같아 당시 사람들은 흠을 소관 두자하, 업을 대관(大冠) 두자하라고 불렀다.

봉신에 관한 주문을 올렸다.

'(두 사람은) 간사하고 탐욕스러우며 사리사욕을 챙기고 욕심이 많습니다. 그리고 두 사람 모두 진탕이 간사스럽고 망령돼 나라를 기울어지게 할 인물이고 불궤(不軌-역모)를 도모할 사람이라는 것을 알면서도 친교를 맺어 뇌물을 바치면서 자신들을 천거해줄 것을 요청했습니다. 이리하여 (왕봉, 왕음과 가까웠던 진탕이 두 사람에게 그들을 자주 언급함으로써) 뒤에 소부가 되자 여러 차례 탕에게 뇌물을 보냈습니다. 봉신과 진함은 이렇게 해서 둘 다 구경의 자리에 오를 수 있었던 것입니다. 그렇지만 이들은 충성을 다하고 몸을 바로 할 생각은 하지 않고 또 스스로를 닦아 성과를 거두고자 하지 않은 채 간사한 자에게 아첨이나 해서 요행으로 벼슬을 얻으려 했으니 진실로 부끄러움을 모르는 자들입니다. 공자(孔子)가 말하기를 "비루한 사람과 함께 임금을 섬기는 것이 과연 가능할 수 있을 것인가?"[5]라고 했으니 함과 신을 두고 한 말이라 하겠습니다. 허물과 죄악이 다 드러났으니 마땅히 그 자리에 두어서는 안 될 것이므로 신은 청컨대 그들을 면직해 온 천하에 드러내 보이소서.'

이에 대해 상은 그렇게 하라고 했다.

그로부터 2년여 뒤에 조서를 내려 반듯하고 바르며 직언을 할 수 있는 선비를 천거토록 하자 홍양후(紅陽侯) 왕립(王立)이 진함의 대책을 들어

---

5 『논어(論語)』 「양화(陽貨)」 편에 나오는 말이다. 공자는 이렇게 말했다. "비루한 사람과 함께 임금을 섬기는 것이 과연 가능할 수 있을 것인가? 얻기 전엔 그것을 얻어보려고 걱정하고, 이미 얻고 나서는 그것을 잃을까 걱정한다. 정말로 잃을 것을 걱정할 경우 (그것을 잃지 않기 위해) 못하는 짓이 없을 것이다."

추천하자 그를 광록대부 및 급사중으로 삼았다. 이에 방진은 다시 주문을 올렸다.

'진함은 예전에 구경(九卿)이 됐다가 탐욕스럽고 간사하다는 죄를 받고서 면직됐으니 스스로도 자신의 죄악이 포악스럽다는 것을 잘 알고 있습니다. 그런데도 홍양후 왕립에 기대어 요행을 얻었으니 유사에서는 감히 이를 지적하는 주문을 올릴 생각을 못하고 있습니다. 탐욕과 더러움으로 구차스러운 용모를 하고서도 치욕을 돌아볼 줄 모르니 반듯하고 바른 자의 사례로 추천을 받아 궁궐 안[內朝]의 신하가 되는 것은 마땅하지 않습니다.'

이와 더불어 홍양후 왕립도 탄핵했지만 왕립의 경우에는 천거했던 이유의 실상을 드러내지는 않았다. 상은 조서를 내려 진함을 면직하고 왕립은 탄핵하지 않았다.

몇 년 뒤에 (황태후의 언니의 아들인) 정릉후(定陵侯) 순우장(淳于長)이 죄를 얻었으나 상은 황태후와의 인연 때문에 면직만 시키고 죄를 다스리지 않았다. 유사에서 순우장을 봉국으로 내쫓아야 한다고 아뢰자 순우장은 왕립에게 큰돈을 바쳤고 왕립은 봉사를 올려 순우장이 남아 있을 수 있도록 해줄 것을 청했다.

"폐하께서는 이미 황태후 때문이라고 조서에서 말씀하셨기 때문에 다른 조치를 취하실 수 없습니다."

뒤에 순우장의 음모가 발각돼 결국 감옥에 내려졌다. 이에 방진은 왕립을 탄핵했다.

"왕립은 간사한 마음을 품고서 조정을 어지럽히고 상으로 하여금 잘못

판단하게 해 교활 무도하니 하옥시켜야 할 것입니다."

그러나 상이 "홍양후는 짐의 외삼촌뻘이니 차마 법으로 다스릴 수 없다. 자신의 봉국으로 돌아가도록 하라"라고 하자 방진은 다시 왕립의 패거리들[黨友-주박과 손굉]에 관한 주문을 올려 다음과 같이 말했다.

'평소에 행실을 쌓는 것이 좋지 못하면[不善] 많은 사람들이 다 함께 알게 되는 것입니다. 간사한 신하들이 자기들끼리 교결해 당을 이루고 거기에 아부하면서 정사에 참여할 경우 거의 대부분 사사로운 이득을 얻고자 해서입니다. (그런데) 지금 조정에서 축출당해 봉국으로 나아간 사람이 있는데 그와 교결을 맺었던 것이 심했던 자들이 드러났습니다. 이런 자는 마땅히 대신이 돼서도 안 되는데 군수(郡守)가 됐습니다. 후장군(後將軍) 주박(朱博)과 거록태수(鉅鹿太守) 손굉(孫閎)은 그래서 광록대부 진함과 서로 통교를 맺고 후의를 두터이 하면서 서로에게 복심이 돼주고 공의(公義)는 배반한 채 붕당의 신의에 죽을 힘을 다하면서 밀어주고 당겨주니[攀援] 이는 그들이 죽어서야 끝날 것입니다. 그들은 모두 마음으로는 어질지 못한 본성을 갖고 있고 겉으로는 뛰어난 재주[篤材=俊才]를 갖고 있어 인륜과는 담을 쌓은 채 용맹스럽고 과감해, 하는 일마다 거침이 없고 평소 행하는 바가 모두 다 도둑놈 떨거지[殘賊]처럼 잔인하고 모질며[酷虐] 가혹하고 각박해 참혹스럽기 때문에, 이로써 자신들의 위엄을 세우고 털끝만큼도 어짊을 사랑하고 백성들에게 이익을 주려는[愛利=仁愛安利人] 마음이 없으니 천하가 다 함께 알고 어리석은 사람이나 현혹될 뿐입니다. (『논어(論語)』에서) 공자가 말하기를 "사람이 어질지 못한데 예를 행한들 무엇 할 것이며 사람이 어질지 못한데 음악을 행해서 무엇을 할 것인가[人

而不仁如禮何 人而不仁如樂何?"라고 했으니 이는 어질지 못한 사람에게는 베풀어줄 것도 없고 써줄 것도 없다는 것입니다. 게다가 어질지 못하면서 재주가 많으면 그것은 나라의 우환입니다. 이들 세 사람은 모두 다 마음속으로 간사하고 교활한 마음[姦猾]을 품고 있으니 나라의 근심거리이고, 깊이 서로 교결을 맺고서 황실의 친인척이나 간신들에게 붙으니 나라의 큰 근심[大憂]입니다. 따라서 대신들은 마땅히 목숨을 걸고서 이들과 싸워야 할 것입니다.

옛날에 계손행보(季孫行父)가 이렇게 말했습니다.

"임금에게 좋은 일을 하는 사람을 보게 되거든 그를 사랑하기를 마치 효자가 부모를 봉양하듯이 하고, 임금에게 좋지 못한 일을 하는 사람을 보게 되거든 그를 벌하기를 마치 매가 참새를 쫓듯이 해야 한다[○ 사고(師古)가 말했다. "이는 『춘추좌씨전(春秋左氏傳)』에 보인다. 행보는 노(魯)나라의 경 계문자(季文子)다."]."

날개[翅翼]는 비록 상처를 입어도 피하지 않는다고 했습니다. 황실의 친인척이나 세력이 강한 당파의 무리들은 진실로 범하기 어려운 것들도 기꺼이 범하니 많은 사람들이 그로 인해 원망을 품게 되고 좋음과 나쁨[善惡]이 서로 뒤바뀌게 됩니다.

신은 총애를 얻어 재상의 자리에 있으니 목숨이 다하더라도 감히 말씀드리지 않을 수 없습니다. 주박과 손굉과 진함을 모두 면직시켜 고향으로 돌아가게 함으로써 간웅(姦雄)들의 무리를 차단시키고 간사한 자들의 기대를 끊어버리셔야 합니다.'

상은 주문대로 하라고 했다. 함은 이미 벼슬길이 막혀 있었는데 다시 고향으로 돌아가게 되니 근심으로 인해 병이 생겨 죽었다.

방진은 지식과 능력이 남보다 뛰어났고[有餘] 법률과 관리의 실무에 능통했으며 유학의 바른 도리로 법률을 문식(文飾)했기 때문에 두루 통하고 밝은 재상이라는 칭호를 얻었고, 천자는 그를 큰 그릇으로 여겨 매우 중하게 생각했으며, 아뢰는 일이 뜻에 들어맞지 않는 것이 없었고, (방진도) 속으로 임금의 숨은 뜻[微指=微意]까지 잘 살펴 자신의 지위를 굳건히 했다. 애초에 정릉후(定陵侯) 순우장(淳于長)은 비록 외척이긴 해도 모의에 능해 구경이 됐고 (방진이 승상이 돼) 새롭게 정권을 행사하려 할 때 방진은 오직 장(長)하고만 교제했기 때문에 그를 칭찬하며 천거했다. 장이 대역죄에 걸려 주살되기에 이르자 그와 가까웠던 사람들은 모두 장에 연좌돼 면직됐는데 상은 방진이 대신인 데다가 또 평소에 그를 중하게 여겼기 때문에 장과의 관계를 모른 척하며 덮어주었다. 방진은 속으로 부끄러워서 소를 올려 사죄하며 사직을 청했다. 상이 답해 말했다.

"정릉후 장은 이미 그 죄에 엎어졌고 그대는 비록 서로 교통했다고는 하나 전(傳)에 이르지 않았던가? '아침의 허물을 저녁에 고친다면 군자는 이를 받아들여준다.' 그대는 어찌 의심하는가? 그러니 마음을 쏟아 한결같이 해 조금도 게을리하지 말 것이며 의약을 복용하며 자신의 몸을 잘 지키도록 하라."

방진은 마침내 다시 몸을 일으켜 정사를 보았다. 장과 평소 두터운 사이였던 경조윤 손보, 우부풍 소육, 그리고 자사나 2,000석 관리 이상 20여 명을 면직시켰으니 그가 받은 신임이 이와 같았다.

방진은 비록 곡량(穀梁-『춘추곡량전(春秋穀梁傳)』)을 전수받기는 했으나 『좌씨전(左氏傳)』과 천문성력(天文星曆)을 좋아했는데, 그중 『좌씨전』의 경우에는 국사(國師) 유흠(劉歆)의 스승이었고 성력의 경우에는 장안 현령 저종술(田終術)의 스승이었다. 이심(李尋)을 잘 대해주어 그를 의조(議曹)로 삼았다. 승상이 된 지 9년째 되던 수화(綏和) 2년 봄에 형혹(熒惑)이 심수(心宿)에 있었는데 심(尋)은 간책에 글을 써서 (방진에게) 아뢰었다.

'천변에 대응하는 임시 조치[應變之權]는 군후(君侯)께서도 잘 아실 것입니다. 예전에 여러 차례 말씀을 올린 대로 삼광(三光-해·달·별)이 형상을 드리워 변동의 단서를 보이고, 산천과 샘은 도리에 반해 우환을 드러내며, 민간에서의 유언비어나 동요는 어떤 일을 지칭하거나 이름과 연관이 됩니다.[6] 그런데 이 세 가지가 이미 나타났으니 참으로 걱정스럽습니다. 이제 섭제성(攝提星)이 그 광망(光芒-빛살)의 한줄기를 드러내고, 유성이 동남쪽에서 섭제의 가운데를 관통했으며, 낭성(狼星)에 광망이 드러나고, 천궁(天弓)의 아홉 별이 빛을 잃었고, 금성이 고루(庫樓)를 지나갔고, 토성이 거꾸로 운행했으며, 보성(輔星)이 가라앉아 보이질 않고, 화성이 심수를 지키고 있으니, 이는 폐하께서 돌아가실 때가 아침저녁으로 가까워지고 있다는 것입니다. 위로는 측은지심을 가지고 세상을 구제한 공로가 없고 아래로는 뛰어난 이에게 자리를 양보하고 비켜준 노력을 하지 않은 채 대위에 있으려 했으니 자리나 차지한 신하로서 몸을 보전하기가 어려울 것입니다. 큰 책망이 날로 더해지니 어찌 다만 쫓겨나는 치욕을 받지 않으리라

---

6 동요의 경우 한나라 성제 때 "제비들 꼬리 줄지어 나는구나[燕燕尾涎涎]"라는 동요가 유행했는데 이는 조비연(趙飛燕)을 암시한 것이다.

보증할 수 있겠습니까? 승상부[閤府]의 관리가 300여 명이니 오직 군후만
          합부
이 그중에서 인재를 골라 충정을 다해 흉변을 좋은 쪽으로 바꿔놓을 수
있을 것입니다.'

방진은 걱정을 하면서도 어찌해야 할 바를 몰랐다. 마침 낭(郞) 비려(賁
麗)〔○ 사고(師古)가 말했다. "賁은 발음이 (분이 아니라) 비(肥)다."〕가 별을
잘 알았는데 대신이 바로 거기에 해당한다고 말했다. 상은 이에 방진을 불
러 만나보았다. 돌아와서 미처 책임을 지고 스스로 결단을 내리기도 전에
상은 드디어 책서(冊書)를 내려 말했다.

'황제는 승상에게 묻노라. 그대는 공자(孔子)와 같은 사려와 맹분(孟賁)
과 같은 용맹을 가졌으니 짐은 기꺼이 그대와 한마음 한뜻으로 거의 일을
성취하기를 기대하며 기쁘게 여겼다. 그런데 그대가 지위에 오른 지 지금
에 와서 10년이건만 재해가 한꺼번에 닥쳐 백성들이 굶주리고 질병과 역병
에 죽어갔으며 관문의 문걸이가 부숴져 문이 열렸고 나라의 수비가 뚫렸
으며 도적 떼가 무리를 지어 일어났다. 관리와 백성들이 죽거나 다치고 양
민들을 몰아서 죽였으며 감옥의 죄수들은 해마다 늘어났다. 글을 올려 시
사를 말하려는 자가 도로를 가로막을 정도이고, 간사함을 품은 붕당들은
서로 숨겨주며 모두 나라를 생각하는 충정은 없으니, 민심은 흉흉해 서로
질투를 해대니 그 허물은 어디에 있는 것인가?

그대가 나라를 다스리는 것을 살펴보면 짐을 보필해 백성들을 부유하
고 평안하게 하려는 생각이 없는 것 같다. 근래에 군국의 곡식들이 비록
자못 풍작이라고는 하나 백성들 중에 먹을 것이 부족한 자는 오히려 더
많아졌고 전에 성곽을 떠나 미처 다 돌아오지 못했다고 하니 (짐은) 아침

부터 밤늦도록 일찍이 이를 잊은 적이 없다. 짐이 생각할 때 예전의 씀씀이는 지금과 매한가지이건만 백료들의 씀씀이는 각기 다른 것 같다. 그럼에도 그대는 많고 적음을 헤아리지는 않은 채 무조건 아랫사람들의 말을 들어주어 용도가 부족하다면서 무조건 부세를 늘려야 한다고 주청하거나, 성곽의 공지나 토지에 대해 과세하고 요역을 사서 충당하거나 가축을 세어 부과하고 염철에 대한 세금을 늘리는 등 고치고 바꾸는 것이 일정함이 없었다.

짐은 이미 눈 밝지가 못해 주청하는 대로 허가했지만 뒤에 의견을 내는 자들이 불편하다 해 그대에게 제조(制詔)를 내렸더니 그대는 술과 막걸리[酒醪]를 전매하자고 말했다. 뒤에 중지할 것을 청했고 한 달도 안 돼 다시 술과 막걸리를 전매하도록 하자는 의견을 올렸다. 짐이 정말로 그대를 이상하게 생각하는 것은 어찌 수시로 계획을 이랬다저랬다 하며 충성스러운 뜻도 없이 장차 어떻게 짐을 보필하고 많은 아랫사람들을 통솔할 것인가 하는 점이다. 그럼에도 그대는 현달하고 높은 자리에 오래 있고 싶겠지만 어찌 어렵지 않겠는가? 전(傳)에 이르기를 '높은 자리에 있더라도 도리를 어기지 않아야[高而不危] 그 자리를 오래도록 지킬 수 있다'[7]라고 했다. 그대를 자리에서 물러나게 하고 싶으나 아직은 차마 그럴 수가 없다. 그대는 이에 깊이 생각해 간사함의 근원을 틀어막고 끊어서 나라를 집안일처럼 걱정해 백성들을 편안하게 함으로써 짐을 보필하는 데 힘써야 할 것이다. 짐은 이미 그대를 고쳐주었으니 그대는 이에 스스로 잘 생각하며 잘 먹고

---

7 『효경(孝經)』에 나오는 말이다.

직무에 신중해야 할 것이다. 상서령을 시켜 그대에게 가장 좋은 술 10석과 잘 기른 소 한 마리를 내려주니 그대는 매사 깊이 생각해 처리해야 할 것이다.'

방진은 바로 그날 자살했고 상은 이 일을 비밀에 부치고서 구경을 보내 책서를 가지고 가서 승상과 고릉후의 인끈을 내려주고 승여와 비기(祕器)들을 하사했으며, 소부에서는 휘장을 제공해 기둥과 난간을 흰색 천으로 감싸게 했다. 천자는 여러 차례 친히 가서 조문을 했고 예물로 내려준 것이 다른 승상의 고사(故事)와 달랐다. 시호를 공후(恭侯)라 했다. 맏아들 선(宣)이 (작위를) 이어받았다.

선(宣)의 자(字)는 태백(太伯)으로 그 또한 경술에 밝고 행실이 도타워 군자다운 사람이었다. 방진이 살아 있을 때 관도위(關都尉)와 남군(南郡)태수가 됐다.

막내아들의 이름은 의(義)다. 의의 자(字)는 문중(文仲)으로 어려서 아버지의 보증으로 낭(郎)이 됐고 점차 여러 부서를 거치며 승진해 20세 때 지방으로 나가 남양도위(南陽都尉)가 됐다. 완(宛)의 현령 유립(劉立)은 곡양후(曲陽侯-왕근)와 통혼했고 또 평소 주군(州郡)에 이름이 나 있었는데 의가 나이가 어리다고 가볍게 대했다. 의가 태수의 일을 대행해 현들을 순시하다가 완현에 이르렀는데 승상 사(丞相史)가 (마침) 전사(傳舍)에 묵고 있었다. 립이 술과 안주[酒肴]를 들고서 승상 사를 찾아가 대접이 미처 끝나지 않았을 때 마침 의도 거기에 가니 밖에 있던 관리가 가서 도위가 바야흐로 도착했다고 말을 했는데도 립은 그냥 전처럼 자기 이야기만 계속했다. 잠시 후에 의가 도착해 안으로 들어갔으나 립은 이에 달아나버렸다. 의는 돌아와서 크게 화를 내며 짐짓 다른 일로 립을 불러서 오게 했는데, 사유는 관장하고 있던 공금 10금을 횡령했고 무고한 사람들을 죽인 것이었다. 이에 부(部)의 연(掾) 하회(夏恢) 등을 시켜 립을 붙잡아 역전(驛傳)을 통해 등현(鄧縣)의 감옥으로 호송하게 했다. 또 회가 볼 때 완은 큰 현이라 자칫 그를 빼앗길 수도 있다고 걱정해 의에게 현을 순시하는 것처럼 해 함께 등현에 갈 것을 건의했다. 의가 말했다.

"도위가 직접 함께 간다면 체포한 것처럼 보이지 않을 것이 아니겠느냐?"

그를 수레에 태워 완의 저잣거리를 돌게 한 다음 마침내 보내니 관리와 백성들은 감히 움직일 수 없었고 남양군 전체를 진동시켰다. 립의 집 안에서는 빠른 말을 보내 무관(武關)에서 관내로 치달리게 해 곡양후에게 이 일을 말했고 곡양후가 성제(成帝)에게 아뢰니 제는 승상에게 물었다. 방진은 관리를 보내 의에게 완의 현령을 풀어주라고 타일렀다. 현령이 이미 풀려나고 나서 관리가 돌아와 상황을 보고했다. 방진이 말했다.

"우리 아이가 어려서 관리의 길이 뭔지를 모른다. 그 아이는 아마도 감옥에 집어넣으면 곧 죽으리라 생각한 것 같다〔○ 사고(師古)가 말했다. "이 말은 립은 믿고 의지할 만한 사람이 있기 때문에 얼마든지 혼자 힘으로 풀려날 수 있었다는 것을 몰랐다는 말이다."〕."

뒤에 의는 법에 걸려 면직됐다가 다시 복직돼 홍농(弘農)태수가 됐고 하내(河內)태수와 청주(靑州)목사로 승진했다. 가는 곳마다 이름이 났고 아버지의 풍렬(風烈-풍모)이 있었다. 옮겨서 동군(東郡) 태수가 됐다.

몇 년 후에 평제(平帝)가 붕(崩)하고 왕망(王莽)이 거섭(居攝-섭정)하자

의는 마음속으로 이를 미워해 마침내 누이의 아들 상채(上蔡-현)의 진풍(陳豐)에게 이렇게 말했다.

"신도후(新都侯)가 천자의 자리를 섭정하고 천하를 호령하며 그래서 종실의 어린아이를 골라 유자(孺子)라 하고는 주공(周公)이 성왕(成王)을 보필했던 의리에 기대고 칭탁해 앞으로 (천하의 민심은 조금씩) 관망하다가 반드시 한나라 왕실을 차지하려고 하니 그가 점점 그렇게 하는 것[漸]은 얼마든지 알 수 있다. 바야흐로 지금은 종실이 쇠약하고 밖에서는 강력한 번(藩)들도 없어 천하가 머리를 숙이며 복종하니 국난(國難)에 맞서서 막아낼[尤扞] 자가 없다.

나는 요행히 재상의 아들이 될 수 있어 몸은 큰 군의 태수이고 부자가 모두 한나라 왕실로부터 두터운 은혜를 입었으니 의리상으로[8] 마땅히 나라를 위해 토적(討賊)에 나서 사직을 안정시켜야 한다. 당장 군사를 일으켜 서쪽으로 가서 부당하게 섭위하고 있는 자를 주살하고 종실의 자손 중에서 사람을 골라 그를 도와서 (천자로) 세우고자 한다. 설사 천명[時命]이 이뤄지지 않아도 나라를 위해 죽어 이름을 파묻는다면[埋名]〔○ 사고(師古)가 말했다. "몸을 묻어 이름을 세운다는 뜻이다."〕 오히려 선제(先帝)께도 부끄러움이 없을 것이다. 지금 거병하고자 하니 너[乃=汝]는 기꺼이[肯] 나를 따르겠느냐?"

풍(豐)은 나이가 18세였는데 용맹스럽고 씩씩했기 때문에 그 자리에서 허락했다. 의는 드디어 동군(東郡) 도위 유우(劉宇), 엄향후(嚴鄉侯) 유신

---

8 이는 의(義)를 번역한 것인데 문맥상 자기 자신을 가리키는 말로 옮겨도 무방하다.

(劉信), 신의 동생 무평후(武平侯) 유황(劉璜)과 계책을 맺었다[結謀]. 동군
결모
의 왕손경(王孫慶)은 평소에 용맹과 지략이 있어 병법에 밝아 (중앙에) 불
려가서 경사(京師)에 있었는데 의는 마침내 거짓으로 문서를 보내 중죄
를 범했다며 경(慶)을 옥에 가두게 했다. 이에 9월 도시(都試-가을 강무(講
武)) 일에 관(觀-현)의 현령을 목 베고 이어서 그 거기(車騎)·재관(材官)의
병사들을 모이게 하고 군 안의 용감한 자들을 모집해 장수들을 부서별로
배치했다. 엄향후 신이란 자는 동평왕(東平王) 운(雲)의 아들이다. 운이 주
살되자 신의 형 개명(開明)이 뒤를 이어 왕이 됐는데 훙하자 아들이 없어
신의 아들 광(匡)이 다시 세워져 왕이 됐고 그래서 의는 동평과 아울러 거
병을 하고서 신을 세워 천자로 삼았다. 의는 스스로를 대사마 주천(柱天)
대장군이라 부르며 동평왕의 사부 소륭(蘇隆)을 승상으로, 중위(中尉) 고
단(皐丹)을 어사대부로 삼은 뒤에 군국에 격문을 보내 망(莽)이 효평황제
(孝平皇帝)를 독살하고[鴆殺] 거짓으로 존호를 섭위하고 있으나 지금 천자
짐살
가 이미 (새롭게) 세워져 함께 천벌을 시행한다고 했다. 군국은 모두 놀라
진동했으며 산양(山陽-군)에 이르렀을 때 군사는 10여만 명이나 됐다.

망은 이를 듣고서 크게 두려워해 마침내 그의 당여와 친족[黨親]인 경
당친
거(輕車)장군 성무후(成武侯) 손건(孫建)을 분무(奮武)장군, 광록훈 성도후
(成都侯) 왕읍(王邑)을 호아(虎牙)장군, 명의후(明義侯) 왕준(王駿)을 강노
(强弩)장군, 춘왕 성문교위(春王城門校尉) 왕황(王況)을 진위(震威)장군, 종
백(宗伯) 충효후(忠孝侯) 유굉(劉宏)을 분충(奮衝)장군, 중소부(中少府) 건
위후(建威侯) 왕창(王昌)을 중견(中堅)장군, 중랑장 진강후(震羌侯) 두형(竇
兄)을 분위(奮威)장군으로 삼았는데 이들 일곱 사람은 모두 스스로 관서

(關西)의 사람들을 교위나 군리로 골라 임명하고서 관동의 갑졸들을 거느리고 분명(奔命)⁹을 발해 의를 뒤쫓았다. 또 태복 무양(武讓)을 적노(積弩)장군으로 삼아 함곡관에 주둔하게 했고, 장작대장(將作大匠) 몽향후(蒙鄉侯) 녹병(逯並)을 횡야(橫野)장군으로 삼아 무관(武關)에 주둔하게 했으며, 희화(羲和-대사농) 홍휴후(紅休侯) 유흠(劉歆)을 양무(揚武)장군으로 삼아 완(宛)에 주둔하게 했고, 태보후승(太保後丞) 증양후(丞陽侯)〔○ 사고(師古)가 말했다. "丞의 발음은 (승이 아니라) 증(烝)이다."〕 견한(甄邯)을 대장군으로 삼아 패상(霸上)에 주둔하게 했으며, 상향후(常鄉侯) 왕운(王惲)을 거기장군으로 삼아 평락관(平樂館)에 주둔하게 했고, 기도위(騎都尉) 왕안(王晏)을 건위(建威)장군으로 삼아 성북(城北)에 주둔하게 했으며, 성문교위 조회(趙恢)를 정문장군으로 삼아 모두 군대를 다그쳐 스스로 대비하게 했다. 망은 날마다 유자(孺子)를 품에 안고서 여러 신하들을 모아놓고 이렇게 말했다.

"옛날에 (주나라) 성왕(成王)이 어릴 때 주공(周公)이 섭정(攝政)하니 관숙(管叔)과 채숙(蔡叔)이 (주왕(紂王)의 아들인) 녹보(祿父)를 끼고 반란을 일으킨 바 있는데 지금 적의(翟義) 역시 유신(劉信)을 끼고 난을 일으켰다. 예로부터 대성(大聖-주공)도 오히려 이를 두려워했으니 하물며 신 망처럼 모자란 사람[斗筲]¹⁰임에랴!"

---

9   임금의 명을 발동해 뒤쫓게 하는 것을 가리킨다.

10 두소(斗筲)라는 표현은 『논어(論語)』「자로(子路)」편에 나온다. 자공이 묻는다. "어찌해야 선비라 이를 수 있습니까?" 공자는 말했다. "몸가짐에 부끄러움이 있으며 사방으로 사신이 돼 가서 임금의 명에 욕됨이 없게 한다면 선비라 이를 수 있다." 자공이 "감히 그 다음을 묻겠습니

여러 신하들이 모두 말했다.

"이런 변란을 만나지 않았더라면 (당신의) 빼어난 다움[聖德]을 널리 드러내지 못했을 것입니다."

망은 이에 (『서경(書經)』) 「주서(周書)」에 의거해 '대고(大誥)'[11]를 지었다. '대고'는 다음과 같다.

'아! 거섭(居攝) 2년 10월 갑자일에 섭(攝)황제가 다음과 같이 말하노라[若曰].[12]

제후왕 삼공 열후와 너희 경대부 원사(元士) 등 일을 주관하는[御事=主事] 자들에게 고해 말한다. 위로는커녕 하늘은 조비연(趙飛燕), 부(傅)태후, 정(丁)태후 그리고 동현(董賢)에게 죽음을 내려주었도다. 크게 생각건대 나의 어린 유자(孺子)는 마땅히 무궁한 대업을 이어갈 천자의 자리를 이어 정사에 전념토록 했으나 나는 아직 명철함으로 능히 백성들을 편안한 곳으로 이끌 만한 사람을 만나지 못했는데 하물며 천명을 제대로 알

다"라고 하자 공자는 말했다. "집안사람들이 효성스럽다고 칭찬하고 동네 사람들이 공손하다고 칭찬하는 인물이다." 자공이 "감히 그 다음을 묻겠습니다"라고 하자 공자는 말했다. "말에는 반드시 믿음이 따라야 하고 행동을 하면 반드시 결과가 있어야 한다. 그러면 그릇이 작은 소인이라도 그 다음이 될 수 있다." 자공이 "지금 정치에 종사하는 사람들은 어떻습니까?"라고 묻자 공자는 말했다. "아! 한 말이나 한 말 두 되들이의 자잘한 사람들[斗筲之人]을 어찌 따질 것인가?"

11 무왕이 죽자 주공이 성왕을 도우면서 세 명의 숙부들로 하여금 옛 은나라 땅을 감시하도록 했는데 숙부들은 오히려 주공을 의심해 마침내 반란을 일으키니, 성왕이 주공에게 토벌을 명하면서 천하에 고한 글이다. 왕망은 그것을 흉내낸 것이다.

12 '약왈(若曰)'은 『서경』에 자주 나오는 상투적 표현이다.

수 있으랴!

 아! 유자가 깊은 연못을 건너가듯이 할 때 나는 잘 건널 수 있도록 해주어야 할 것이니 온 힘을 다해 곁에 나아가 고황제(高皇帝)께서 받으셨던 천명을 받들어 모셔야 하건만 내 어찌 감히 옛사람[前人-주공(周公)]에 나를 비견할 수 있겠는가! 하늘은 밝은 위엄을 내리시어 황실[帝室]을 강녕케 하시고자 해 나를 보내 보위[寶龜]를 거섭하게 하신 것이도다. 태황태후께서는 단석(丹石)의 상서로움에 따라 마침내 하늘의 밝은 뜻을 이어받으시어 나에게 조서를 내려 곧장 천조(踐祚-천자의 자리)를 거섭하게 하시었으니 이는 주공(周公)의 고사를 따른 것이다.

 역도[反虜] 전 동군 태수 적의(翟義)는 제 마음대로 군사를 일으켜 백성들을 동원해 말하기를 "대난(大難)이 서쪽 땅[○ 사고(師古)가 말했다. "서쪽 땅이란 서경(西京), 즉 경사를 말한다. 동군에서 볼 때 서쪽이라는 말이다."]에서 일어나 서쪽 땅 사람들 또한 동요하고 있다"라고 했다고 한다. 그러고는 엄향후 신(信)을 동요하게 해 망령되이 감히 조종의 질서를 범하고 어지럽혔다.

 하늘이 위엄을 내리시어 나에게 보구(寶龜)를 보내신 것은 진실로 우리나라에 질병과 재앙이 있어 백성을 불안에 떨게 만들고 있다는 것을 알고 계시다는 것이며, 이는 곧 하늘이 우리 한나라를 다시 일으키려고 도우시는 것이다. 이에 반란의 보고가 올라온 날에 종실의 준걸 400명과 백성의 사표가 되는 사람 9만 명이 있어 나는 삼가 이들을 써서 계사(繼嗣)를 안정시키는 일을 도모해 성공을 도모하고자 한다. 나는 큰일을 일으켰으니, 아름답도다! 나는 아울러 점을 쳐서 길하다는 괘를 얻었다[○ 사고(師古)

가 말했다. "길하다는 괘를 얻어서 아름답다고 말한 것이다."). 그래서 나는 대장을 출동시켜 군의 태수, 제후의 재상, 현령과 현장(縣長)에게 고해 말했다.

"내가 길한 점괘를 얻었으니 너희들을 시켜 동군 엄향후의 도망친 신하들을 정벌하러 나서라."

그런데 너희들의 국군(國君) 중에 어떤 자는 도리어 이와 반대로 "큰 혼란이 일어나 백성들 또한 동요하며 지금 제궁(帝宮)에 있는 제후들은 종실이고 유신(劉信)은 유자(孺子)에게 족부(族父)가 되니 마땅히 예로써 공경해야지 정토(征討)를 해서는 안 된다"라고 말할지 모른다. 제(帝)는 길한 점괘를 어기지 않을 것이니 나는 유자를 위해 그 환란에 대해 깊이 생각해 말하노라.

"아! 의(義)와 신(信)이 범한 죄로 인해 홀아비와 과부들까지 참으로 피해를 입으니 슬프도다!"

나는 하늘이 내려준 명을 받은 사람으로서 몸소 그 환란을 해결코자 하니 이는 유자를 위하는 것이며 내 한 몸의 어려움은 조금도 생각지 않을 것이다.

나는 저 국군(國君) 천릉후(泉陵侯)가 올린 글〔○ 응소(應劭)가 말했다. "천릉후는 유경(劉慶)이다. 올린 글은 왕망으로 하여금 천자의 일을 시행하라는 내용이었다."〕을 의롭게 여긴다. 그 글에서 말했다.

"성왕(成王)이 유약해 주공(周公)이 천자의 자리에 있으면서[踐] 천하를 다스린 지 6년에 명당(明堂)에서 제후들의 조회를 받고 예악을 제정했으며 도량형을 반포하니[班=布行] 천하가 크게 복종했습니다. 태황태후께서는 하늘의 마음을 고이 이어받으시어 거섭(居攝)하는 의리를 이루셨습니다. 황태자(-유자)를 효평황제(孝平皇帝)의 아들로 삼고 아직 강보에 있어야 할 나이지만 마땅히 장차 아들이 돼 다른 사람의 아들이 된 도리를 알게 하고 황태후로 하여금 그에게 자애로운 어머니의 은혜를 베풀어주도록 해야 할 것입니다. 양육이 이뤄지면 원복(元服-관례)을 더해주고 그런 다음에 밝은 군주의 일을 유자에게 돌려주셔야 할 것입니다.”

아[熙][○ 사고(師古)가 말했다. "거듭해서 탄식하는 말이다."]! 나의 유자를 위한 때문이도다! 내가 생각할 때 조(趙-조황후), 부(傅-부태후), 정(丁-정태후), 동(董-동현)의 난정(亂政)은 후사를 막아 끊어지게 했고[遏絶], 적자와 서자 모두를 해쳐 한나라 왕실[漢朝]을 위험과 어지러움에 빠뜨려 세 번의 액운을 함[阨][○ 진작(晉灼)이 말했다. "액(厄)의 옛 글자다." 복건(服虔)이 말했다. "액(厄)은 '(안 좋은 기운이) 모이다[會]'라는 뜻으로 삼칠 210년을 이른다."]이 모이게 돼 그 명운이 떨어져 다했다[隊極=墜極]. 아아! 어찌[害=曷] 여럿이 힘을 모으고[旅力] 마음을 함께해 이를 징계하지 않을 수 있으리오! 나는 감히 상제의 명을 믿지 않을[僭=不信] 수 없도다. 하늘은 제실(帝室)을 평안케 하고 우리 한나라를 부흥케 하려는 나의 노력을 아름답게 여겨[休=嘉] 길한 점괘를 내려 이 천명을 편안히 받아들이게 했도다. 그리하여 지금 하늘은 백성들을 돕고 있고 하물며 점괘까지 길하지 않은가!

태황태후께서는 애초에[肇=初] 원성현(元城縣) 사록(沙鹿)에서 신령의 도움〔○ 장안(張晏)이 말했다. "사록은 원성현에 있다. 춘추시대에 사록이 무너진 적이 있는데 왕망은 이를 원후의 상서로움으로 간주했다. 상세한 이야기는 「원후전(元后傳)」에 실려 있다.")을 받았고, 음기의 정화[陰精]가 황후의 성명(聖明)한 길조였으며, 원제(元帝)의 배우자가 돼 성제(成帝)를 낳음으로써 우리 천하의 서조(瑞兆)를 크게 일으켰으며, 드디어 서왕모(西王母)의 감응을 받고 신령의 징조를 얻어 우리 황실을 보우하고 우리 대종(大宗)을 안정시키시어 우리의 후사를 잇게 하심으로써 우리 한나라 황실을 이어가는 공업을 계승하셨다. 그 적통을 해치고 원서(元緖-정통)를 종주로 하지 않는 자는 친족이나 외척이라도 그 죄를 피할 수 없으리라! 이런 친척을 어찌 아껴주지 않으리오? 그것은 오직 제실(帝室)을 위해서로다. 이로써 왕후(王侯)를 널리 세워주고 증손, 현손까지도 아울러 세워서 우리 경사(京師)의 울타리가 되게 하고 우내(宇內-온 천하)를 평안케 해 어루만져주리라. 또한 널리 유생을 불러 궁정에서 도리를 강론하고 경전의 잘못이나 착오를 논해 바로잡으며 예를 제정하고 악을 짓고[制禮作樂] 도량형을 통일하며 풍속을 한결같게 하노라. 하늘과 땅의 위치를 바로잡고 교사(郊祀)와 종묘의 예법을 밝혔고 오치(五畤)와 묘조(廟祧)의 예법을 정했으며 문서가 없어져 망실됐던 제사를 회복했다. 영대(靈臺)를 건립하고 명당(明堂)을 세웠으며 벽옹(辟雍)을 지었고 태학(太學)을 확장하고 중종(中宗-선제)과 고종(高宗-원제)의 존호를 올렸다. 옛날에 우리 고종께서는 다움을 높이고 무위(武威)를 떨쳐 서역을 능히 안정시킴으로써 백호(白虎)를 바치는 자가 있었고 멀리 위엄을 떨쳤다. 이는 하늘과 땅이 합치고 건곤(乾坤)이 짝을 이루는 것이었다. 태황태후께서 정사에 임하시자 거북이, 용, 기린, 봉황의 상서로운 응험이 있었고 오덕(五德)에 어울리는 조짐이 서로 이어져 나타났다. 하도(河圖)와 낙서(洛書)는 멀리 곤륜산에서 발원하는 황하와, 중야(重野)에서 발원하는 낙수(洛水)에서 나왔도다. 옛날에 참서(讖書)에서 말했던 것들이 드디어 지금 실현되고 있도다. 이는 곧 황천의 상제께서 우리 제실을 안정시키고자 하시는 바이며 우리로 하여금 대업을 성취하게 하시려는 것이다. 아! 하늘은 위광을 밝히시어 한나라의 기업(基業)을 도와주시니 한나라는 더욱더 강대해지리라. 너희들은 저 오래된 천릉후(泉陵侯)의 말을 생각해야 하건만 너희들은 먼 옛날 창업의 일들을 능히 생각지 못하니, 그래서야 너희들이 태황태후께서 이처럼 애쓰심을 어찌 알겠는가!

하늘은 삼가[毖=愼] 우리나라의 성공을 위해 노고를 다하시니 나는 감히 황제가 도모하신 일들을 끝까지 다 마치지 않을 수 없었도다. 그래서 나는 제후, 왕공(王公), 열후, 경대부, 원사(元士) 등 일을 주관하는 자들에게 고하노라. 하늘이 열렬한 말로 도왔고 하늘은 나에게 백성을 부탁하셨으니 내 어찌 감히 조종(祖宗)이 백성을 편안케 하시려 했던 뜻을 완성하지 않을 수 있으리오! 하늘 또한 마치 병에 걸린 사람처럼 백성들을 위로해주라 하니, 내 어찌 감히 조종의 뜻을 받아 하늘로부터 받은 아름다운 보필의 임무를 다하지 않을 수 있으리오! 내가 듣건대 효자는 다른 사람(-아버지)의 뜻을 잘 이어받고 충신은 다른 사람(-임금)의 일을 잘 완성시킨다고 했다. 내가 생각건대 만약에 돌아가신 아버지에게 집을 지으려는 뜻이 있었다면 그 아들도 같이 집을 잘 지어야 하는 것이고, 그 아버지가 밭을 일구려 했다면 그 아들도 같이 씨를 뿌리고 수확을 해야 한다. 그러니 내가 어찌 감히 조종이 받으신 대명(大命)에 따르지 않을 수 있으리오! 만약에 조종이 마침내 탕왕과 무왕을 본받아 지금 반역한 후손들을 토벌하려 하신다면 백성들은 나를 도울지언정 그들을 돕지는 않을 것이다. 아! 온 힘을 다할지어다. 제후, 왕공(王公), 열후, 경대부, 원사(元士) 등 일을 주관하는 자들은 이에 각각의 밝은 지혜를 갖고서 나를 돕는 데 힘써야 할 것이다. 너희들도 종실의 준걸이자 백성들의 표의(表儀)이니 상제의 명이 무엇인지 알 것이다. 하물며 지금 하늘이 한나라에 명을 내려주었는데 다만 큰 간난(艱難)을 일으키며 국기를 어지럽히는 적의(翟義)와 유신(劉信)은 대역을 저질러 서로 모의해 이 황실을 정벌하려 하지만 어찌 정말로 천명이 바뀔 수 없었다는 것을 알겠는가? 내가 깊이 생각해 말하건대 하늘이 적의와 유신을 버리는 것은 마치 농부가 잡초를 뽑아버리는 것과 같으니 내가 어찌 하늘의 뜻을 따르지 않을 수 있겠는가? 하늘도 또한 조종을 아름답게 여기시니 내가 어찌 정성을 점을 쳐보아 그것을 감히 따르지 않으리오! 백성들을 잘 살게 하며 아름다운 강토를 만드는 조종의 뜻을 따르기로 했는데 하물며 지금 점을 쳐서 좋은 점괘를 얻었다 한다. 그리하여 나는 대대적으로 너희들을 이끌고 동쪽으로 정벌할 것이니 천명을 확실히 믿고서 따라야 할 것이며, 이에 점괘가 이와 같음을 말해주는 것이로다.'

마침내 대부 환담(桓譚) 등을 보내 제위를 유자(孺子)에게 되돌려준 뜻을 널리 순행하며 알리도록 했다. 임무를 마치고 돌아오자 담(譚)을 봉해 사신으로 다니며 마을과 속국[附城=附庸] 등에 이런 일을 알리는 관리로 삼았다. 여러 장군들이 동쪽으로 가서 진류군(陳留郡) 치현(菑縣)에 이르러 의(義)와 회전(會戰)을 벌여 깨뜨리고 유황(劉璜)의 목을 벴다. 망은 크게 기뻐하며 다시 조서를 내려 말했다.

'태황태후께서는 나라의 불행을 만나 국통이 세 번이나 끊어졌지만〔○ 사고(師古)가 말했다. "성제, 애제, 평제 모두 자식이 없었다."〕끊어질 때마다 다시 잇게 하셨으니, 은혜가 이보다 두터울 수가 없고 신의를 세우는 것이 이보다 더 나을 수 없다. 효평황제(孝平皇帝)가 명이 짧아 일찍 붕하시자 어린 후사가 젖먹이[孺沖]라서 조서를 내려 (나로 하여금) 거섭(居攝)하게 하셨다. 나는 밝은 조서를 이어받아 사직의 임무를 받들고 대종(大宗)의 중임을 쥐고서 육척 고아를 기르며 천하를 다스릴 책임을 받아 전전긍긍하느라 감히 편안히 쉴 수가 없었다. 엎드려 생각건대 태황태후께서는 경전의 가르침이 나뉘고 쪼개져 왕도(王道)가 뿔뿔이 흩어지고 한나라 왕실의 제도와 문물 사업이 성취되지 못하는 것을 근심해 널리 유학하는 선비들을 부르고 전제(典制)를 크게 일으켰으며, 재물들을 두루 갖춰 쓰임에 대비했고 공을 들여 각종 기물들을 만들어 천하에 이익이 되게 하셨다. 그 결과 왕도는 찬연하게 빛났고 왕업의 기반은 이미 드러났으며 1,000년 동안 폐기되고 100년 동안 내버려졌던 일들이 지금에 이르러 마침내 완성되니, 도리와 다움은 거의 요순시대에 가까웠고 그 공로는 은나라, 주나라와 어깨를 나란히 할 정도였다. (그런데) 지금 적의와 유신 등이 모반하고 대역을 저질러 유언비어로 대중들을 미혹시키고 황위를 빼앗고자 해 나의 어린 임금을 해치려 하니, 그 죄는 관숙이나 채숙보다 심하고 그 악은 금수보다 심하도다. 신의 아버지 동평왕(東平王) 운(雲)은 불효하고 근신하지도 않았으며 직접 자신의 아버지 사왕(思王)을 독살해 별명이 큰 쥐[鉅鼠]였는데 뒤에 운은 결국 대역죄에 걸려들어 주살됐다. 의의 아버지 전 승상 방진(方進)은 마음이 비뚤고 은밀하게 남을 해쳤으며 그의 형 선

(宣)은 말수가 적고 안색이 아름다웠으나 겉으로는 잘 꾸미고 속으로는 질투가 심해 고향 여남(汝南)에서 그에게 죽은 자가 수십 명이었다. 지금 악을 쌓아오던 두 집안이 미혹해 서로를 얽었지만 이제 그들의 명운은 다했기 때문에 하늘의 주멸을 당하게 될 것이다. 의가 처음 거병했을 때 글을 올려 우(宇)와 신(信) 등이 동평왕의 재상 보(輔)와 함께 모반을 하면서 사람의 목을 매다는 기계를 가지고 백성들을 겁박했으나, 이제 자신들이 반역의 대악을 저질러 백성보다 먼저 그 기계에 매달렸으니 이는 하늘이 주멸하려는 확실한 증거라 할 것이다. 이미 신의 두 아들 곡향후(穀鄕侯) 장(章)과 덕광후(德廣侯) 유(鮪)와 의의 어미 련(練)과 형 선(宣) 등 친족 24명을 모두 붙잡아 장안의 사방으로 뚫린 큰 저잣거리에서 책형(磔刑-기둥에 묶고 창으로 찔러죽이는 형벌)을 집행했도다. 그들의 목이 날아갈 때 구경꾼들이 첩첩이 모여들었고 하늘의 기운은 화창했으니 그 처벌이 정당했음을 보여주는 것이로다. 명해 대장군을 보내 황천의 벌을 삼가 행하게 해 온 나라 안의 원수들을 토벌해 공효를 드러냈으니 나는 심히 아름답게 여긴다. 『사마법(司馬法)』에 이르지 않았던가?

"상(賞)은 때를 넘겨서는 안 된다."

백성들로 하여금 서둘러 (포상을) 보게 하는 것이 선(善)을 행하는 데 도움이 된다. 이제 먼저 거기도위 손현(孫賢) 등 55명을 봉해 모두 열후로 삼되 봉읍의 수는 별도로 아래에 있다. 사자를 보내 황금 도장과 붉은 인끈, 그리고 붉은색 바퀴의 수레를 보내니 곧바로 군중에서 배수(拜受)하도록 하라.'

그러고는 천하를 크게 사면했다.

이에 장교와 병사의 정예병은 드디어 어성(圉城)에서 의를 공격해 포위하고 깨뜨리니 의와 유신은 군대를 버리고 몸만 빼서 마치 고용된 농부인 것처럼 해서 도망했다[庸亡]. 고시(固始-현의 이름)의 경계에 이르러 의를 붙잡아 시신을 갈기갈기 찢어 큰 거리에 늘어놓았다. 끝내 신은 잡을 수 없었다.

애초에 삼보(三輔)에서는 적의가 거병했다는 소식을 듣고서 무릉(茂陵)의 서쪽에서부터 견(汧)에 이르기까지 23개 현에서 도적 떼가 앞다퉈 일어났고, 조명(趙明)·곽홍(霍鴻) 등은 스스로 장군이라 칭하면서 관청을 공격해 불지르고 우보도위(右輔都尉)와 태현(斄縣)의 현령을 죽였으며 관리와 백성들을 침략하니 무리는 10여만에 이르렀고 그들이 지른 불은 미앙궁의 전전(前殿)에서도 보일 정도였다. 망(莽)은 밤낮으로 유자를 껴안고 종묘에서 기도를 드렸다. 다시 위위(衛尉) 왕급(王級)을 제배해 호분(虎賁)장군으로 삼고 대홍려 망향후(望鄉侯) 염천(閻遷)을 절충(折衝)장군으로 삼아 견한(甄邯), 왕안(王晏)과 함께 서쪽으로 가서 조명 등을 치게 했다. 정월에 호아(虎牙)장군 왕읍(王邑) 등은 관동에서 돌아왔다가 곧바로 군대를 이끌고 서쪽으로 갔다. 강노(彊弩)장군 왕준(王駿)은 공적이 없어 면직시켰고 양무(揚武)장군 유흠(劉歆)은 옛 관직으로 복귀했다. 다시 망의 고향의 동생인 시중 왕기(王奇)를 양무장군으로 삼고 성문장군 조회(趙恢)를 강노장군으로 삼았으며 중랑장 이림(李棽)을 염난(厭難)장군으로 삼아 다시 군사를 이끌고 서쪽으로 갔다. 2월에 명(明) 등을 섬멸했고 여러 현들이 모두 평정되자 군대를 돌려 군사들을 위로했다. 망은 이에 백호전에서 술자리를 베풀어 장수들을 위로했고 크게 봉작하고 제배했다. 이에 앞서 익주

(益州)의 오랑캐와 금성군(錦城郡) 요새 밖 강족(羌族)이 반란을 일으키니 당시 주군이 그들을 쳐서 깨뜨렸다. 망은 이에 그들의 공적을 모두 기록해 공로의 크고 작음에 따라 후(侯)·백(伯)·자(子)·남(男)의 작위를 모두 395명에게 봉해주면서 "모두 나라를 위해 분노를 떨쳐 동쪽으로 나아가고 서쪽을 쳐서 강의 도적이나 만(蠻)의 오랑캐 등 반역자들로 하여금 뒤를 잇지 못하도록 때맞춰 섬멸해 천하가 모두 천자에 복종하게 만들었다"라고 그 공로를 표창하며 봉작했다고 한다. 망은 이에 스스로 천인(天人)의 도움을 크게 받았다고 하면서 그 해 12월이 되자 드디어 진짜[眞] 황제의 자리에 나아갔다.

애초에 의에게 잡혔던 완(宛)의 현령 유립(劉立)은 의가 거병했다는 것을 듣고서 글을 올려 군비를 갖춰 나라를 위해 적을 토벌하겠다고 했지만 속으로는 사사로운 원수를 갚으려 했다. 망은 립을 발탁해 진류(陳留)태수로 삼아 명덕후(明德侯)에 봉했다.

애초에 의의 형 선(宣)은 장안에 살았는데 의가 아직 군대를 일으키기에 앞서 집 안에 괴이한 일이 자주 있어 밤중에 곡소리가 들리는데 아무리 들어봐도 어디서 나는 것인지 알 수가 없었다. 선이 대청에 가득한 유생들을 가르칠 때 개가 집 밖에서 들어와 뜰 안의 거위 떼 수십 마리를 물어뜯으니 모두가 놀라 쫓아버렸지만 이미 거위의 머리는 다 잘린 상태였다. 개가 문 밖으로 나가자 쫓아갔으나 어디로 갔는지 알 길이 없었다. 선은 이를 크게 꺼리면서 계모에게 이렇게 말했다.

"동군 태수 문중(文仲-적의의 자)은 평소에 호탕해 지금 여러 차례 안 좋은 일들이 있는 것이니 망령된 짓을 하다가 큰 화가 닥치지나 않을까 두렵습니다. 대부인께서는 친정으로 돌아가시어 선의 집안과 인연을 끊었다고 하시면 해악을 피하실 수 있을 것입니다."

어머니는 흔쾌히 떠나려 하지 않았고 몇 달 뒤에 죽음을 당했다. 망은 의의 저택을 완전히 파괴해 거기에 연못을 만들었다. 여남군에 있는 아버지 방진과 선조들의 무덤을 파내 관과 시신을 불태우고 삼족을 멸했으며, 주살은 집안 후손들에게까지 미쳤고 모두 한 구덩이에 넣어 가시나무와 다섯 가지 독극물을 함께 묻었다. 그리고 조서를 내려 말했다.

'대개 듣건대 옛날에는 불경한 자를 토벌하면 그 흉포한 자들을 죽여 무공을 자랑하는 기단을 쌓았으며 모조리 다 죽여 한곳에 묻고서 이를 경관(京觀)이라 해 간사한 자들을 위한 징계로 삼았다. 이번에 반란을 일으킨 유신과 적의는 동쪽에서 역모를 꾀해 난을 일으켰고 망죽(芒竹)의 도적 떼인 조명과 곽홍은 서쪽에서 반역을 일으켰는데 무장을 보내 정토해 모두 그 죄에 엎어지게 했다. 저 신과 의 등은 처음에 복양(濮陽)에서 일어나 무염(無鹽)에서 간당들을 모은 다음에 어현(圉縣)에서 섬멸됐다. 조명은 괴리(槐里)의 긴 제방에서 일어났고 곽홍은 주질(盩厔)의 망죽(芒竹)에 근거를 두었지만 모두 파쇄돼 이제 남은 무리는 없다. 이에 그 반역한 무리 중에서 흉악한 자들을 붙잡아 그들이 지나다니던 복양, 무염, 어현, 괴리, 주질의 5개소에 각각 사방 6장에 높이 6척의 단을 쌓아 무군(武軍)을 만들고 죽은 시신을 쌓아올려 가시나무를 둘러치도록 하라. 높이 1장 6척의 표목(表木)을 세워라. 그리고 거기에는 '반역한 역적 무리'라고 쓰고 그 소재의 지방관이나 관리가 가을이면 매번 순행하면서 무너지지 않게 함으로써 간사한 자들에 대한 징계로 삼아야 할 것이다.'

애초에 여남(汝南)에는 옛날부터 홍극(鴻隙)이라는 큰 제방이 있었는데 군은 이 제방 덕분에 풍요로움을 누릴 수 있었다. 성제(成帝) 때 관동에 홍수가 자주 발생해 제방이 넘치는 바람에 피해를 입었다. 방진(方進)이 승상이 돼 어사대부 공광(孔光)과 함께 관리를 보내 시찰한 뒤에, 제방을 터서 저수지의 물을 빼버리면 그 땅이 비옥해지고 제방 관리 비용이 줄며 수해 걱정도 없을 것이라고 보고서 드디어 위에 아뢰어 저수지를 없애버렸다. 적씨(翟氏)가 패멸하자 그 지역 향리에서는 잘못을 방진에게 돌리며 방진이 저수지 아래의 좋은 논밭을 차지하려다가 안 되니까 위에 아뢰어 저수지를 없앴다고 말했다. 망 때에 늘 심한 가뭄이 들자 군중의 사람들은 다시 방진을 원망하며 이런 동요를 지어 불렀다.

"저수지를 없앤 사람이 누구인가. 적자위(翟子威-적방진)라네
그 바람에 우리는 콩밥에 토란국 먹어야 했지
다시 둑을 쌓으면 저수지가 생기겠지
누가 그러던가? 두 마리 누런 고니가 말해주었다네."

사도연(司徒掾) 반표(班彪)가 말했다.[13]
"승상 방진은 어린 나이에 노모를 모시고 외지인으로 경사(京師)에 들어와 그 몸은 유종(儒宗)이 되고 지위는 재상에 이르렀으니 성대하다고 할 것이다. 망(莽)이 일어나던 때를 맞아 그것은 생각건대 하늘의 위력을 올

---

13 찬(贊)을 대신한 것으로 「적방진전」은 반고의 아버지 반표가 쓴 것임을 알 수 있다.

라탄 것이라 제아무리 맹분(孟賁)이나 하육(夏育)[賁育]과 같은 용맹과 힘이 있었다 한들 망에게 맞서봤자 무슨 이득이 있었겠는가? 의(義)는 자신의 힘을 헤아리지 못한 채 충성을 품고서 일어났으나 그로 인해 그 집안이 몰락했으니 슬프도다!"

권
◆
85

곡영·두업전

谷永杜鄴傳

곡영(谷永)은 자(字)가 자운(子雲)으로 장안(長安) 사람이다. 아버지 길(吉)은 위사마(衛司馬)였고 사자로서 질지선우(郅支單于)의 시자(侍子-한나라에 인질로 와 있던 선우의 아들)를 본국으로 돌려보내는 일을 맡았다가 질지에게 살해됐는데, 상세한 이야기는 「진탕전(陳湯傳)」에 실려 있다. 영(永)은 젊어서 장안 소사(小史)가 됐고 뒤에 경서를 널리 배웠다. 건소(建昭) 연간에 어사대부 번연수(繁延壽-이연수)는 영의 재능이 뛰어나다는 말을 듣고서 속관(屬官)으로 삼았고 그를 천거해 태상 승(太常丞)이 됐는데 이에 여러 차례 소를 올려 (정사의) 얻고 잃음[得失]을 말했다.

(성제(成帝)) 건시(建始) 3년(기원전 29년) 겨울에 일식과 지진이 같은 날 함께 일어나자 조서를 내려 반듯하고 바르며[方正] 곧은 말을 하고[直言] 극간을 할 수 있는[極諫] 선비들을 천거토록 하니 태상(太常) 양성후(陽城侯) 유경기(劉慶忌)가 영을 대조공거(待詔公車)에 추천했다. (이에 영은) 대

책을 올려 다음과 같이 말했다.

'폐하께서는 지극하게 빼어난 이의 맑은 (황제)다움[至聖之純德](치성 치 순덕)을 가지고 하늘과 땅의 경계와 재이를 두려워하시면서 몸을 조심하고[飭身=勅身](칙신) 정사를 닦으시어[修政](수정), 공경들에게 묻고 또 밝은 조서를 내리시어 모두 곧게 말하는 선비[直言](직언)를 천거하라 하시고, 그들을 편하게 만나보시어[燕見](연견) 해결의 실마리를 끌어내어 허물과 잘못을 바로잡기 위해 신 등에게 밝은 조정으로 나아와 폐하의 질문[聖問](성문)에 답하라고 하셨습니다.

신은 재주가 보잘것없고 배운 것이 낮아 정사에 정통하지를 못합니다. (신이) 남몰래 듣건대 밝은 임금이 즉위해 다섯 가지 일[五事](오사)[○ 사고(師古)가 말했다. "용모[貌](모), 말[言](언), 보는 것[視](시), 듣는 것[聽](청), 생각하는 것[思](사)을 가리킨다."]을 바로잡고 임금의 표준[大中=皇極](대중 황극)을 세워서 하늘의 마음을 잇게 되면 여러 가지 상서로운 조짐들이 아래에서 나타나고 해와 달은 위에서 제 위치에 있게 됩니다. (그러나) 만약에 임금이 후궁들에게 빠져 맘대로 놀고 즐기면서[般樂=盤樂](반락 반락) 다섯 가지 일이 몸에서 떠나가고 임금의 표준의 도리를 세우지 못하면 허물의 징조가 내려와 육극(六極)[○ 사고(師古)가 말했다. "첫째는 8세 이전에 죽거나[凶](흉) 20세 이전에 죽거나[短](단) 30세 이전에 죽는 것[折](절)이고, 둘째는 병에 걸리는 것[疾](질)이고, 셋째는 걱정거리가 생기는 것[憂](우)이고, 넷째는 가난[貧](빈)이고, 다섯째는 추악해지는 것[惡](악)이고, 여섯째는 쇠약해지는 것[弱](약)이다."]이 생겨나게 됩니다. 모든 재이들이 생겨나는 것을 보면 그것들은 각각 사람들이 저지른 과실의 유형에 따라 일어나서 사람들에게 그 잘못들을 알려줍니다. 이번 12월 초하루 무신일(戊申日) 일식이 일어난 것은 무녀성(婺女星)[1]이 나눠진 때문이고 지진이 일어난 것은 담장 안에 문제가 생긴 때문이니, 이 두 가지가 동시에 발생했다는 것은 정녕 폐하께서는 그 허물을 멀리하지 못하셨다[不遠]는 뜻입니다. 마땅히 몸가짐을 바로 하는 데 깊이 유념하셔야 할 것입니다. 생각건대 어찌하여 폐하께서 규문(閨門)에만 계시면서[○ 사고(師古)가 말했다. "이는 황제의 마음이 여색에만 가 있다는 뜻이다."] 정사를 챙기지 않으시고 하나하나의 조치들을 취함에 있어 삼가지 않으시어 여러 차례나 적중해야 할 도리를 잃으신[失中] 것입니까? 후궁들에 대한 총애가 성대하시니 여자들이 도리를 높이지 않고 상의 총애를 독차지하기 위해 서로 질투하면서 후사를 잇는 일을 방해하려 하고 있는 것 같습니다. 옛날에는 임금 된 자가 다섯 가지 일 중의 하나라도 잃고 부부의 기상을 잃어 처첩들이 뜻을 얻게 되면 안에서는 사사로운 청탁[謁=請]이 이루어지고 밖에서는 권세를 제 마음대로 하는 자들이 힘을 얻어 나라는 뒤집어지는 지경에 이르게 되고 음과 양은 어지러워졌습니다. 옛날에 포사(褒姒)가 나라를 제 마음대로 해[用國] 종주국인 주나라가 쇠퇴했는데[2] (옛글에) 총애받는 여인의 족속들의 교만이 극에 달하면 해는 좋지 않은 조짐을 보인다고 했으니 이것이 바로 그 결과입니다.[3] 『서경(書經)』에 이르기를 '황극이란 황(皇)

1　이는 여수(女宿)로 이십팔수(二十八宿)의 열 번째 별자리다.
2　포사는 포나라 사람들이 바친 여인이다. 유왕(幽王)이 그녀에게 빠져 결국 견융(犬戎)의 화를 입었다.
3　여왕(厲王)이 도리를 잃고 여인에 대한 총애가 극에 달해 정치와 교화는 바른 이치를 잃고 결국 재이가 나타나게 됐다.

이 그 극(極)을 세운다〔○ 사고(師古)가 말했다. "이는 「주서(周書)」 '홍범(洪範)' 편에 나오는 말이다. 황(皇)이란 크다[大]는 말이고 극(極)이란 적중한 도리[中]다. 즉 큰 임금이 그 적중한 도리, 즉 표준을 세우니 아홉 범주의 의로움[九疇之義]이 제대로 행해지게 됐다는 말이다."〕'라고 했고, 「오행전(五行傳)」에 이르기를 '황에게 극이 없으면 이를 일러 (표준이) 세워지지 못했다고 한다. 이런 때가 되면 해와 달이 어지러이 운행한다'라고 했던 것입니다.

폐하께서는 지극히 존귀한 천자의 자리[祚]에 오르시어 천하의 주인이 되셔서 제왕의 직분을 받들어 뭇 생령들을 크게 다스리시니 사방 안[方內]의 다스림과 어지러움은 폐하께서 무엇을 잡아 쥐시느냐[所執]에 달려 있습니다. 열렬하게 몸을 바로 하는 데[正身] 뜻을 두시고 힘써 행하는 데[力行] 온 힘을 다하시고, 사사로이 연회나 하면서 즐기는 것을 줄여 천하를 걱정하시고[勞=憂], 음탕에 빠진 음악을 내쫓아 없애버리시고, 여악이나 배우들의 웃음을 원래의 자리에 돌아가도록 하시고, (하늘의 마음에) 알맞지 못한[不享=不當] 의로움은 끊어서 멀리하시고, 삼가 사냥의 오락은 줄이시어 늘 오래가는 도리[常=常經]에 머무르시면서 예에 따라서 거동하시고, 몸소 직접 정사를 챙기시고 지극한[致=至] 행동으로 게으름을 보이지 마시고 마음을 편안히 해 본성을 따르셔야 합니다[安服若性]〔○ 사고(師古)가 말했다. "마음을 편안히 하고서[安心] 마치 하늘이 내려준 본성이 스스로 그러하듯이[天性自然] 그 본성에 따라 고분고분 행한다[服行=順行]는 말이다."〕. 『서경(書經)』에 이르기를 '지금부터 왕업을 이어받았으니 술에 지나치게 빠지지 말고 사냥에 지나치게 몰입하지 말고 오로지 자신의 몸을 공손이 받들어야 할 것입니다'[4]라고 했으니, 임금이 자신을 바르게 다스리지 않으면 신하도 간사해진다는 것입니다.

부부 사이에 임금이 하는 일의 기강이 있고 나라가 안정되느냐 위태로워지느냐의 기틀이 있기 때문에 빼어난 임금들은 늘 이에 대해 지극히 진중했던 것입니다. 옛날에 순(舜)임금이 삼가 요(堯)임금의 두 딸을 함께 부인으로 맞아들여 지극한 다움을 보였고〔○ 사고(師古)가 말했다. "요임금이 두 딸을 순에게 주어 그가 집안을 다스리는 것을 잘 살핀 다음 나라를 다스리게 하고자 했다. 순은 늘 몸을 삼가고 바로 하면서 두 부인을 대우했는데 그 다움이 점점 높아지니 드디어 요임금은 왕위를 (순에게) 선위(禪位)했다."〕, 초(楚)나라 장왕(莊王)은 단희(丹姬)를 모질게 끊어내어 마침내 제후들의 패자가 될 수 있었습니다〔○ 응소(應劭)가 말했다. "초나라 장왕은 단희를 얻자 석 달 동안 조정 일을 청단(聽斷)하지 않았다. 이에 보신(保申)이 간언을 올리자 모질게 끊어내고서 다시 보지 않고서 마침내 정사를 부지런히 했고 결국 맹주(盟主)가 됐다."〕. (반면에) 유왕(幽王)은 포사에게 빠져 주나라의 다움이 쇠망했고, 노(魯)나라 환공(桓公)은 제나라 여인에게 휘둘리다가 사직을 기울게 만들었습니다. (사리가 이러하니 폐하께서는) 열렬하게 후궁들의 생활을 잘 다스리시고 높고 낮음의 차례[尊卑之序]를 밝히시며, 또 귀한 자는 서로 질투하며 폐하의 총애를 독점할 수 없게 해 교만에 빠지는 실마리를 끊으시어 포사처럼 총애받는 여인의 족속들이 어지럽게 할 수 없도록 누르시고, 천한 자는 모두 자질에 맞게 나

---

[4] 이는 『주서(周書)』 '무일(無逸)' 편에 나오는 주공(周公)의 말이다.

아오도록 해 각자에 맞는 직위를 갖도록 함으로써 황통을 바르게 잇도록 해 백화(白華)〔○ 사고(師古)가 말했다. "『시경(詩經)』「소아(小雅)」'백화(白華)' 편이다. 유왕이 포사에게 빠져서 신후(申后)를 내쫓자 나라 사람들이 이 시를 지어 풍자했다. 이는 잘 생각해보면 성제가 조소의(趙昭儀)에게 모든 총애를 쏟는 것을 기롱하는 것이다."〕와 같은 원망을 그치게 하셔야 합니다. 그리고 후궁의 친속들에게는 재물을 넉넉히 주시되 정사에 관여토록 해서는 안 되며, 황보(皇父)의 무리들을 멀리하시고〔○ 사고(師古)가 말했다. "황보(皇父)는 경사(卿士-재상 아래의 벼슬)이다. 『시경(詩經)』「소아(小雅)」'시월지교(十月之交)' 편에 이런 구절이 나온다. '황보(皇父)는 경사(卿士)이고 번씨(番氏)는 사도(司徒)이다.' 이 시는 여왕(厲王)이 여색에 빠져 지내는 것을 풍자한 것이다. 따라서 황보의 무리란 황제가 총애하는 사람들을 끼고서 관직에 오른 자들을 말한다."〕 처가의 무리들이 가진 권세는 줄이셔야 합니다. 규문을 잘 다스리는데 천하가 어지러워지는 일은 없습니다.

먼 곳을 다스리는 일은 가까운 데서부터 시작하시고 좋은 일들을 익히는 것[習善]은 좌우에 달려 있습니다. 옛날에 용(龍)으로 하여금 납언(納言)을 주관토록 해 황제의 명을 오직 진실되게 출납하라고 했고〔○ 사고(師古)가 말했다. "용(龍)은 순임금의 신하의 이름이다. 『서경(書經)』「우서(虞書)」'순전(舜典)' 편에 나오는 말이다."〕 이미 사보(四輔)가 갖춰지자 성왕(成王)은 일을 그르치지 않게 됐으니〔○ 사고(師古)가 말했다. "사보란 좌보(左輔), 우필(右弼), 전의(前疑), 후승(後丞)을 가리킨다."〕 (사리가 이러하니 폐하께서는) 열렬하게 좌우에 있는 (실무급) 신하들을 삼가 경계시키

시고 시중[常伯-환관]에게는 황금빛 담비 꼬리털로 장식한 관을 내리시어
일을 주관토록 하시고, 그들로 하여금 모두 선왕의 도리를 배우고 임금과
신하의 의리를 알도록 해 상하가 서로 신뢰하고 제 마음대로 하면서 교만
과 방자를 떠는 잘못을 하지 않는다면 늘 좌우에 두고서 삼가 다스림을
행하도록 하십시오. 이렇게 되면 수많은 관리들은 법을 받들고 교화는 사
방으로 퍼져나갈 것입니다. 『서경(書經)』에 이르기를 '진실로 옛 바른 신하
[先正]들이 능히 돕는다'[5]라고 했으니 좌우가 바른데[正=直] 백관들이 바
르지 못한[枉=曲] 일은 없습니다.

  천하를 다스리면서 뛰어난 이를 높이고 공을 세운 자를 제대로 대우하
면 다스려지고, 뛰어난 이를 홀대하고[簡=略] 공을 세운 자를 제대로 대우
하지 않으면 어지러워집니다. (사리가 이러하니 폐하께서는) 열렬하게 사
람을 다스리는 방법을 심사숙고하시고 뛰어난 이를 얻는 복을 기뻐해 즐
거워하시고, 재능을 보고서 사람을 잘 골라 반드시 일을 통해 시험하시고
실제 성과를 통해 그 사람의 도량을 밝게 판단하시고, 다움이 어떤지를
보아 그 사람의 실적을 평가하시며, 당파를 지어 함께 몰려다니는 헛된 이
름의 선비들을 쓰지 마시고 물이 스며들듯 젖어드는 중상모략[讒訴]이나
하소연을 들어주지 않으신다면,[6] 공을 세우고 일에 재능이 있는 자들은
가려져 쓰이지 않는 근심은 하지 않을 것이고 당파를 지어 함께 몰려다니

---

5 「주서(周書)」 '문후지명(文侯之命)' 편에 나오는 말이다.

6 『논어(論語)』 「안연(顏淵)」 편에서 자장(子張)이 공자에게 밝다[明]는 것이 무엇이냐고 묻자 공
자는 이렇게 답한다. "(아랫사람들 사이에서 이뤄지는) 물이 스며들듯 젖어드는 참소(讒訴)와
피부를 파고드는 하소연[愬]이 행해지지 않는다면 그 정사는 밝다[明]고 할 만하다."

는 간사하고 거짓된 무리들은 벼슬[工=官]에 나아갈[卽=就] 수 없어 소인
배들은 날로 쇠하고 뛰어난 인재들[俊乂]은 날로 융성할 것입니다. 『서경
(書經)』에 이르기를 '3년에 한 번씩 실적을 평가하고 세 번 평가한 다음에
어두운 자를 내치고 밝은 자를 올려주시니[三載 考績 三考 黜陟幽明]'[7]라고
했고, 또 '아홉 가지 다움[九德][8] 중에서 한두 가지라도 갖춘 사람들이 모
두 공직에 종사하게 돼[九德 咸事 俊乂在官]'[9]라고 했습니다. 뛰어난 이들 중
에서 (공정한 평가를 통해) 공과 상[功賞]을 얻은 사람들이 관직에 포진해
있는데 (나라가) 다스려지지 않는 일은 없습니다.

  요임금은 홍수의 재앙을 만나자 천하를 나누고 잘라내[分絶] (원래 9주
였던 것을) 12주(州)로 만들었으니 먼 지방을 통제하는 방법이 쇠퇴하더라
도 반란을 일으키기 어려웠던 것은 (요임금의) 다움은 두텁고 은택은 깊
어 아래 백성들 사이에서 원망하는 바가 없었기 때문입니다. 진(秦)나라는
평평한 땅에 위치해 있으면서도 일개 사내가 큰 소리를 내자 나라 안이
무너지고 분열됐던 것은 형벌이 참으로 가혹했고 관리는 떨거지 도적 떼
[殘賊]처럼 굴었기 때문입니다. 무릇 하늘을 어기고 다움을 해치며 윗사
람을 위한다면서 아래 백성들에게서 원망을 사는 것으로 잔적(殘賊) 같은

---

7 「우서(虞書)」'순전(舜典)' 편에 나오는 말이다.

8 너그러우면서 엄정하고, 부드러우면서 꿋꿋하고, 삼가면서 공손히 하고, 다스리는 능력이 뛰어
나면서 경외하는 마음을 잃지 않고, 순하면서 과단성이 있고, 곧으면서 온화하고, 털털하면서
예리하고, 굳세면서 독실하고, 힘이 세면서도 의리에 맞게 행동하는 것[寬而栗, 柔而立, 愿而恭, 亂
而敬, 擾而毅, 直而溫, 簡而廉, 剛而塞, 彊而義]을 말한다.

9 「우서(虞書)」'고요모(皐陶謨)' 편에 나오는 말이다.

관리들만큼 심한 자들은 없습니다. (사리가 이러하니 폐하께서는) 열렬하게 잔적 같은 관리들을 내쫓아 물러나게 하시고, 가혹하고 사나운 관리들은 관리 진출의 길을 막아[錮廢] 절대 쓰지 마시고, 여기서 더 나아가 마음이 따뜻하고 훌륭하며[溫良] 다움이 뛰어난 선비를 뽑아 쓰시어 만백성들을 사랑으로 길러주시고[親=愛養], 형벌을 공평하게 하고 원한을 풀어주어[釋=解] 백성들의 목숨을 잘 지켜주시며, 백성들의 요역(徭役)은 힘써 줄여주시고, 백성들의 농사철을 빼앗지 마시며, 부세(賦稅)를 엷게 거두시고, 백성들의 재용을 탕진하지[殫=盡] 않으시어, 천하 백성들로 하여금 모두가 집안이 편안하고 하는 일이 즐거우며, 때 아닌 요역으로 고통받지 아니하며, 매섭고 사나운[苛暴] 정사를 걱정하지 않으며, 가혹하기 그지없는 관리로부터 시달리지 않게 해주신다면, 설사 요임금의 큰 재앙이 일어나더라도 백성들은 상의 마음으로부터 떠나지 않을 것입니다. 『서경(書經)』에 이르기를 '어린 백성들[小民]을 품어 보호하시며 홀아비와 과부들에게 은혜를 베푸시어'[10]라고 했습니다. (폐하의) 다움이 두텁고 관리들이 선량한데 백성들이 배반하는 일은 없습니다.

  신이 듣건대 재앙과 이변은 저 하늘이 임금의 허물과 잘못을 꾸짖어 알리려는 것이기 때문에 이는 오히려 엄한 아버지가 밝게 일깨워주시는 것과 같다고 하겠습니다. 무서워하고 두려워해 삼가 (그 허물과 잘못을) 고친다면 재앙은 사라지고 복이 내릴 것입니다. 반면에 이를 소홀히 해 대충대충 쉽게 넘어가려 하면 허물에 대한 처벌은 사라지지 않을 것입니다.

---

10 「주서(周書)」 '무일(無逸)' 편에 나오는 말이다.

『서경(書經)』에 이르기를 '마땅히 다섯 가지 복[五福]을 (즐겨) 쓰고 여섯 가지 극[六極]을 쓰는 것을 두려워해야 할 것이다'[11]라고 했고, 홍범에 대한 풀이[傳]에서 '여섯 가지 화를 부르는 기운[六沴]이 생겨나는데도 공손하게 대비하지[御=禦] 않으면 여섯 가지 벌이 이미 시작되니 여섯 가지 극은 그 아래다'[12]라고 했습니다.

 (그런데) 지금은 지난 3년 동안 재앙과 이변이 불쑥불쑥 일어나고 크고 작은 재앙들이 다 생겨나니, 이는 (폐하께서) 행하는 바가 상제(上帝)의 마음에 들지 아니해 상제께서 불쾌해하시는 바가[不豫=不悅] 훤하게 다 드러난 것입니다. 이런 허물을 자신의 몸에서 구해 고치고 바로잡으려고 하지 않으면서 지금 이것을 하나하나 열거해 더 키울 생각이나 하시고, 또 그 말을 채용하지 않으면서 심지어 하늘의 마음에 들지 않는 행적이나 보이고 스스로의 과실에 대해서는 잘못을 비는 실상이 없기 때문에 하늘이 따져 묻는 것이 이처럼 심한 것입니다. 이 다섯 가지는 임금의 일에 꼭 필요한 기강이며 (임금으로서) 남면(南面)의 급선무이니 폐하께서는 유념하셔야 할 것입니다.'

 이 대책이 올라가자 천자는 탁월하다고 여기고서 특별히 곡영을 불러서 만나보았다. 그 해 여름 반듯하고 바른 선비들 모두에게 대책을 올리도록 명했는데 그때의 글들은 (『한서(漢書)』) 「두흠전(杜欽傳)」에 실려 있다. 영도 대책을 올려 이렇게 말했다.

---

11 「주서(周書)」 '홍범(洪範)' 편에 나오는 말이다. 오복과 육극에 대해서는 앞서 살펴본 바 있다.

12 삼가면서 다움을 닦아 재이를 막아야 한다는 뜻이다.

'신이 예전에 요행히도 재이의 공효와 화란의 지극함에 관해 조목조목 대책을 올릴 수 있었는데 신의 말이 폐하의 귀를 어지럽혔던 것 같습니다. 폐하 앞에서 글을 올리자 폐하께서는 제 글을 던져버리시고 받아주지 않으셨으며 다시 반듯하고 바른 선비들에게 대책을 올리도록 하셨습니다. (그 책문을 가만히 보건대) 정말로 두려워해야 할 큰 재이는 배제하고 급하지도 않은 평소의 논의만을 물어보셨고 하늘의 지극한 말을 이어받아야 하는 문제는 제쳐둔 채 아무짝에도 쓸데없는 헛된 글[無用之虛文]이나 시험하시니[角=試] 이는 재이를 없애고자 하시면서 정작 온갖 방법으로 하늘을 기망해 속이는 것입니다. 이 때문에 저 하늘이 크게 성을 내시어 불과 6일 사이에[甲己之間] 거센 바람이 세 차례나 몰아쳐 나무가 뿌리째 뽑히거나 줄기가 부러졌으니, 이는 하늘이란 지극히 밝아 결코 속아 넘어가지 않는다는 공효를 드러낸 것이라 하겠습니다.'

상은 다시 영만을 불러 물어보자 영은 대답했다.

"일식과 지진은 황후와 귀첩이 총애를 독점해서 일어난 것입니다."

이 말은 (『한서(漢書)』)「오행지(五行志)」에 실려 있는 것이다. 이때는 상이 즉위한 초기라 겸양의 차원에서 외삼촌인 왕봉(王鳳)에게 위임했는데 의견을 내는 자들의 대부분이 허물을 그 탓으로 돌렸다. (반면에) 영은 봉이 바야흐로 권력을 잡아 쓰는 것을 알고서 음으로 그 자신이 봉에게 의탁하고자 해 마침내 다시 이렇게 말했다.

'바야흐로 지금은 사방의 오랑캐들[四夷]이 빈(賓)의 자격으로 복종해 모두 신첩(臣妾)이 돼 북쪽으로는 훈육(葷粥)과 묵돌(冒頓)의 우환이 사라졌고, 남쪽으로는 조타(趙佗)와 여가(呂嘉)의 어려움이 사라졌으며, 세 곳

의 변방[三垂][○ 사고(師古)가 말했다. "동쪽, 서쪽, 남쪽을 가리킨다."]도
      삼수
평안해 군사를 동원해야 할 경계 사태는 없습니다. 제후들 가운데 큰 곳
은 여러 개의 현을 식읍으로 하고 있으나 한나라의 관리가 권력의 자루
를 쥐고 통제해 자기들 마음대로 할 수 없으니 (과거처럼) 오(吳), 초(楚),
연(燕), 양(梁)과 같은 세력도 없습니다.[13] 백관들은 바둑판처럼 서로 협력
하고 (혈연으로) 가깝거나 먼 사람들이 잘 섞여 있으며, 골육지친인 대신
들 가운데 신백(申伯)[14]과 같은 충성심을 가진 사람이 있어 정중하고[洞洞
                                                        동동
=敬肅] 오로지 삼가며[屬屬=專謹] 조심조심 두려워하고 꺼리니[小心畏忌]
 경숙   속속   전근   소심 외기
중합후(重合侯-망통(莽通))나 안양후(安陽侯-상관걸(上官桀)), 박륙후(博陸
侯-곽우(霍禹))와 같은 어지러움은 없을 것입니다. (사실) 이들 세 사람에
게는 털끝만큼의 허물도 없었으니 (지금도) 여러 외숙들에게 허물의 탓을
돌려서는 안 될 것입니다. 남몰래 살펴보건대 폐하께서는 훤히 드러나는
분명한 허물을 내버려두시고[舍=留] 하늘과 땅의 명확한 경계(警戒)를 소
                    사 유
홀히 하시며, 몽매해 앞도 못 보는 자의 논설을 들으시고 아무 죄도 없는
사람에게 허물을 돌리시고[15] 정사를 기이한 사람들에게 의탁해 하늘의 마
음을 거듭해서 잃을까 봐 걱정입니다. 이는 결코 (함부로) 해서는 안 될 큰
사안입니다.

---

13 오·초·연은 경제 때의 일이고, 양은 소제 때의 일이다.
14 주나라 때 신후(申后)의 아버지로 훗날 사위인 유왕을 살해했다. 따라서 왕봉의 충성심을 이야
    기하려고 하면서 신백을 끌어들인 것은 적절치 못한 인용이었다.
15 천재지변의 책임을 왕봉의 탓으로 돌려서는 안 된다는 말이다.

폐하께서 즉위하시어 정사를 위임하고 전례를 따르시니 이렇다 할 정치의 잘못은 없었습니다. (건시) 원년 정월에 흰 기운이 동쪽에서 확연하게 [較然=明] 일어났고 그 해 4월이 되자 누렇고 탁한 기운이 사방을 가득 채워 경사를 뒤덮었으며 거듭해서[申=重] 큰 홍수가 일어났고 지진과 일식이 두드러졌습니다. 이것들은 각각 점에 따른 응험으로 서로 하나씩 겉과 속[表裏]이 되니 백관들은 모든 일에 의지할 바가 없어졌는데 폐하께서는 홀로 괴이하지 않았겠습니까? 흰 기운이 동방에서 일어났다는 것은 천한 사람이 장차 일어나리라는 표징이고 누렇고 탁한 기운이 경사를 뒤덮었다는 것은 임금다운 도리[王道]가 미미해지다가 끊어진다는 응험입니다. 무릇 천한 사람이 일어나고 경사의 (임금다운) 도리가 미미해진다는 것, 이 두 가지는 그 흉함이 심한 것[已=甚]입니다. 폐하께서 이 어리석은 신의 말을 성심으로 깊이 살피시어 하늘과 땅의 이변을 지극히 두려워하시고 종묘의 계책을 길게 생각하시어, 지나간 일들을 바꾸고 잘못을 고치시고 탐닉하려는 뜻을 버려 한쪽만을 편애하는 마음에서 벗어나시어, 굳세고 강한[乾剛] 위엄을 떨치시고 하늘을 덮을 듯한 시혜를 베푸시어 여러 첩들이 사람마다 함께 나아간다 해도 오히려 부족할 것입니다. 그러니 서둘러 출산할 수 있는 후궁을 맞이하시되 미모를 기준으로 고르지 말 것이며 이미 출산했다고 피하지 말 것이며 나이를 논하지 마셔야 할 것입니다. 도리를 미루어 헤아려 말씀드리자면 폐하께서는 미천한 처지에서 후사를 얻으셨기에 도리어 복이 됐습니다. 후사를 얻기만 하면 되는 것이지 그 어머니가 천하냐 아니냐는 중요하지 않습니다. 후궁의 여인이라도 폐하의 뜻에 맞는다면 미천한 처지에서 널리 구하고 하늘이 보우해주심을 만나게 돼 황태후의 근심과 서운함을 위로해 풀어드리고 상제의 꾸짖음과 분노를 풀어 사죄하게 된다면 후사는 많이 출생할 것이고 재이는 그치게 될 것입니다. (반면에) 폐하께서 이 어리석은 신의 말을 성심으로 깊이 살피지 않으시고 하늘과 땅의 경계를 소홀히 하신다면 허물의 뿌리가 제거되지 않아 수해나 산석(山石)이 무너지는 이변은 머지않아 또 찾아올 것입니다. 다시 찾아온다면 그 재이는 너무도 심할 것이며 하늘의 형상까지도 바뀔 수 있어 신은 설사 이 몸을 버리는 한이 있어도 방책을 말씀드리지 않을 수 없었으니 이제는 어쩔 수가 없을 뿐입니다.

　소원하고 비천한 신이 감히 솔직하게 하늘의 뜻을 전하고 폐하의 유악(帷幄)을 둘러싸고 있는 사사로운 신하들을 물리치며 비판하고 귀하신 황후와 여러 첩들을 폐하로부터 떼어놓으려고 했으니, 폐하의 마음을 거스르고 귀에 거슬려 반드시 솥에 내던져져 푹 삶는 형벌을 면하지 못하리라는 것을 신 스스로 잘 알고 있습니다. 그러나 이는 하늘이 한나라 황실을 보우하는 것이고 그 때문에 신도 감히 곧게 말씀을 드릴 수가 있습니다. 봉사를 세 번 올리고서야 부름을 받을 수 있었고 조서를 기다리기를 열흘이 돼서야 알현할 수 있었습니다. 무릇 소원하고 비천한 자는 그 이유로 인해 지극한 충성을 올리기가 이처럼 어려운 것이고 (폐하처럼) 지존하신 분은 그 이유로 인해 천의(天意-황제의 속뜻)를 듣는 것이 이처럼 힘든 것입니다. 말이 다 드러나서는 안 되겠지만 바라건대 말을 갖춰 올리더라도 대중(待中)을 거쳐야만 폐하께 상주되기 때문에 결국 복심 대신들은 알게 됩니다. 복심 대신들이 볼 때 폐하의 뜻이 아니라고 간주되면 신은 마땅히 망언을 아뢴 죄에 엎어져야 합니다. 하지만 그것이 진정 폐하의 뜻이라면 어찌 국가의 대본을 망각하고서 폐하의 뜻을 어긴 채 사사로운 욕심을 따르겠습니까! 오직 폐하께서는 깊이 성찰하시고 숙고하시어 종묘를 위한 계책을 두터이 하셔야 할 것입니다.'

이때 대책을 올린 자가 수십 명이었는데 영(永)과 두흠(杜欽)이 상위로 뽑혔다. 상은 그 글들을 모두 후궁들에게 보여주었다. 뒤에 상은 그 글을 허(許)황후에게 내리면서 특히 영의 말을 뽑아 그것으로 황후를 꾸짖었는데 상세한 이야기는 「외척전(外戚傳)」에 실려 있다.

영(永)은 이미 몰래 대장군 봉(鳳)에게 (대책의 내용을) 이야기를 했기 때문에 최고로 뽑힐 수 있었고 이로 말미암아 발탁돼 광록대부가 됐다. 영은 글을 올려 봉에게 감사하며 말했다.

"영은 재주가 보잘것없고 자질 또한 엷은 데다가 학문도 얕아 하루 동안도 제대로 교제할 정도가 안 돼 남에게 소개할 수준도 안 되건만, 장군께서는 저의 광탄한 말을 좋아하시어 저를 검은색 관복의 자리(-낮은 관리)에 뽑아 올리시고 간쟁을 맡은 신하들의 말석에나마 앉혀주셨고, 스며드는 참소를 듣지 않고[不聽浸潤之讒] 살갗을 파고드는 하소연을 받아주지 않으셨으니[不食(=不受)膚受之愬]¹⁶ 이는 설사 제나라 환공이나 진나라 문공이 인재를 잘 쓰고 또 뛰어나고 잘 살피는 부형이 자제를 길렀다 하

---

16 이는 『논어(論語)』「안연(顔淵)」편에 나오는 다음과 같은 대화의 일부다. 자장이 밝음[明]에 관해 묻자 공자는 말했다. "서서히 젖어드는 참소(讒訴)와 피부에 와 닿는 하소연[愬]이 행해지지 않는다면 그 정사는 밝다고 이를 만하다[浸潤之譖 膚受之愬 不行焉 可謂明也已矣]." 여기에 불청(不聽)과 불식(不食)을 덧붙여 자신의 문장을 만든 것인데 왕봉의 눈 밝음[明]을 칭찬하는 아부의 문장으로 사용되고 있다.

더라도 진실로 이보다 더할 수는 없을 것입니다. 옛날에 예자(豫子)는 숯을 먹고 얼굴을 바꿔 은혜에 보답하려 했으며 제나라 맹상군의 식객은 공문(公門)에 가서 자결해 평소의 은혜를 부담했으니, 지씨(知氏)와 맹상군에게도 죽음을 바치는 선비가 있었거늘 어찌 하물며 장군의 문하에서 없겠습니까?"

봉은 드디어 그를 두터이 대해주었다.

여러 해가 지나 지방으로 나가 안정(安定)태수가 됐다. 이때 상의 외숙들은 모두 경서(經書)를 닦고서 정사를 맡고 있었다. 평아후(平阿侯) 담(譚-왕담)은 나이순으로 볼 때 마땅히 대장군 봉을 뒤이어 정사를 보필하게 돼 있었는데 영과는 더욱 사이가 좋았다. 양삭(陽朔) 연간에 봉이 훙했다. 봉이 병으로 위독하자[困] 사촌동생인 어사대부 음(音-왕음)을 자신의 후임으로 천거했다. 상은 그것을 따라 음을 대사마 거기장군으로 삼고 상서(尙書)의 일을 총괄하게 했으며 평아후 담을 특진시켜 성문의 병력을 지휘하게 했다. 영은 이를 듣고서 담에게 편지를 써서 말했다.

'군후(君侯)께서는 몸소 주공(周公)과 소공(召公)의 다음을 갖고 계시고 관중(管仲)과 안영(晏嬰)의 절조를 갖고서 뛰어난 이를 공경하고 아래 선비들에게 몸을 굽혀 좋은 일을 즐겨 행하시기[樂善]를 조금도 게을리하지 않으셨으니, 마땅히 상장(上將)의 자리에 오래 계셨는데 대장군이 계심으로 인해서 집 안에서 억눌림을 받아 제대로 뜻을 펼칠 수가 없으셨습니다. (그런데) 이제 대장군께서 불행하게도 일찍 훙하셨는데 친소 관계를 감안하고 재능의 차례를 보더라도 마땅히 이제 군께서 그 자리에 가셔야 합니다. (그러나) 관리를 제배하던 날 경사(京師)의 사대부들은 크게[悵然] 실망했습니다. 이는 다 저와 같은 자들이 어리석고 못나서 (군의 재능에 대해) 1만분의 1이라도 제대로 찬양을 할 수 없었기 때문입니다. 근래에[屬=近] 듣건대 특진하시어 성문의 병력을 지휘하신다고 했는데, 이는 거기장군이 안에서 가만히[雍容=從容] 정권을 쥐고 있는데 친척 중에서 뛰어난 외숙은 밖에서 성문 출입 열쇠나 쥐고 있는 꼴입니다. 어리석은 제가 가만히 보건대 군후를 위해서도 이 일은 기뻐할 일이 아닙니다. 마땅히 깊이 생각하시어 사직하시되 스스로 식견이 천박해 성문의 수비를 견고하게 하는 일이 중요하다 해 태백(太伯)[17]이 스스로 왕위를 사양하고 겸양의 길을 걸어 스스로를 보존한 것처럼 대문을 닫고서 베개를 높이 해 편안히 지내면서 지자(知者)의 우두머리가 되십시오. 바라건대 군후께서는 식견이 넓은 사람들과 저의 이 어리석은 의견을 함께 검토하시옵고 소자(小子)는 군후님 덕분에 편안하옵니다.'

담은 이 편지를 받고 크게 느끼는 바가 있어 드디어 성문 수비 책임을 사양해 받지 않았다. 이로 말미암아 담과 음은 서로 불편한 관계가 됐다.

---

17 이는 『논어(論語)』「태백(太白)」편의 첫머리에 나오는 일화다. 공자는 말했다. "태백은 지덕(至德)한 인물이라고 부를 만하다. 세 번 천하를 사양하고도 백성들이 그 덕을 칭송할 수 없게 했구나!" 태백은 주(周)나라 태왕(太王)의 세 아들 중 장남이다. 둘째는 중옹(仲雍), 셋째는 계력(季歷)이다. 주나라는 태왕 때 국력이 강해진 반면 상나라는 쇠락의 길에 접어들고 있었다. 이에 태왕은 상나라를 치려 했다. 그런데 장남인 태백이 반대했다. 결국 태왕은 셋째 계력의 아들 창(昌)이 군왕의 자질을 갖추었다는 점을 감안해 왕위를 계력에게 넘겨주기로 한다. 이를 알게 된 태백은 아우 중옹과 함께 형만(荊蠻)이란 곳으로 도망을 치고 왕위는 결국 계력을 거쳐 창으로 이어지게 된다. 그가 바로 문왕(文王)이다. 그리고 문왕의 아들 발(發)이 즉위해 마침내 상나라를 무너뜨리고 천하를 소유하니 그가 바로 무왕(武王)이다. 공자가 태백을 지덕하다고 극찬한 이유는 세 번 천하를 사양했기 때문이다.

영(永)은 멀리 군(郡)의 관리가 되자 음에게 위해(危害)를 당하게 될까 두려워해 병을 핑계로 3개월 만에 사직했다. 음은 영을 영군사마(營軍司馬)로 삼을 것을 여러 차례 주청했는데 영이 여러 차례 죄를 빌며 사죄하자 옮겨서 (지방직인) 장사(長史)로 삼았다.

음은 외종숙(-어머니의 사촌)으로서[用=以] 황제의 친족들을 뛰어넘어 정사를 보필했으니 위엄과 권위는 왕봉 때만 못했다. 영이 다시 음에게 유세해 말했다.

"장군께서는 상장(上將)의 자리를 밟으시어 기름진 땅 중에서도 가장 좋은 곳들을 식읍으로 받고 주공(周公)과 소공(召公)의 직분을 맡아 천하의 중추를 쥐시어[擁=持], 부귀가 극한에 이르러 남의 신하 된 자로서는 둘도 없고 천하의 사방을 책임지고 있으니 장차 무엇을 더 바라겠습니까? 마땅히 밤낮으로 부지런히 하시어[孶孶=孜孜=不倦] (은나라의 명재상) 이윤(伊尹)과 같은 강인한 다움으로 직분을 수행하면서 상을 바로잡아주시고, 악을 주벌함에 있어 친애하는 자라고 해 제외하지 마시며, 좋은 이를 천거함에 있어 원수라고 피하지 않으심으로써 지극한 공정함을 펼쳐 신의를 사방에 세우셔야 할 것입니다. 이 세 가지를 독실하게 행하신다면 마침내 중책을 오래도록 맡으시어 폐하의 성대한 총애를 오래오래 누리실 것입니다. 태백성이 서쪽에서 나타나 60일이 됐고 법도상으로는 하늘의 3분의 1에 보여야 하지만 이미 기일이 지났는데도 아직 상(桑)과 유(楡) 사이에 보이는 것은 바탕이 약하고 운행이 느린 것이며 형체가 작고 빛은 미미합니다[○ 여순(如淳)이 말했다. "운행이 느리다는 것은 왕음을 상징한다. 영은 음이 사마가 되는 것을 보고서 소원한 자가 혈친 사이에 끼어들어 스스로 그 자리가 지나친 것으로 보았다. 그래서 태백으로 사마를 비유했는데 사마는 군대를 주관한다. 이는 곧 영이 실상을 왜곡해 음에게 구차하게 영합한 것이다."). 형혹성은 망각(芒角)이 크고 밝으며 역행해 미성(尾星)을 지키고 있습니다. 역행은 늘 있는 것이지만 미성을 지키는 것은 변고입니다. 생각건대 이것이 어찌 장군께서 소극적이시라 굽히고 순종해 주장이 강하지 못하며, 널리 인재를 쓰지도 못하고 아직도 다른 사람의 호오(好惡)를 피하려는 뜻이며, 평탄하고 광대한 뜻을 행하지 못해 다른 장사들과 괴리가 싹트고 있다는 뜻이 아니겠습니까? 어찌하여 처음부터 사마의 칭호를 받으시고도 머뭇거려 금성이나 화성에 모두 이런 변고가 일어나게 하십니까? 상천은 지극히 밝아 헛되이 이변을 보여주지 않으니 오로지 장군께서 두려워하고 신중히 하시되 그 까닭을 깊이 생각하시어 앞길을 고치고 구해 하늘의 뜻에 맞추셔야 할 것입니다."

음은 여전히 담과 불편했지만 영을 추천해 호완(護菀)사자로 삼았다.

음이 훙하자 성도후(成都侯) 상(商-왕상)이 대사마 위장군(衛將軍)이 됐고 영은 마침내 승진해[遷] 양주(涼州)자사가 됐다. 일을 아뢰러 경사에 왔다가 부(部)로 돌아가려 하는데 이때 흑룡(黑龍)이 동래군(東萊郡)에 나타나니 상은 상서를 시켜 영에게 질문을 던지고는 하고 싶은 말을 듣겠노라고 했다. 영이 대답해 말했다.

"신이 듣건대 천하에서 왕 노릇을 하고 나라를 소유하고 있던 사람들은 그 걱정거리가 위에 있어, 위급하고 망할 만한 일들이 위에 걸려 있는데도 정작 위급하고 망할 수 있다는 (신하들의) 말을 위에서 들을 수가 없었습니다. 만약에 위급하고 망할 수 있다는 (신하들의) 말이 번번이[輒] 위에서 들렸다면 상(商)나라와 주(周)나라가 성을 바꿔[易姓] 망하고 흥하지는 않았을 것이며, 세 차례의 왕조 교체가 이뤄지지 않아 역법을 바꿔 쓰는 일이 일어나지 않았을 것입니다.[18] 하(夏)나라와 상나라가 장차 망하려 할 때에는 길 가는 사람들도 다 그것을 알고 있었습니다. 그런데도 (위에서는) 편안하게[晏然] 스스로 마치 하늘에 있는 해처럼 결코 위태로워지지 않을 것이라 생각했습니다. 이 때문에 나쁜 일들은 날로 널리 퍼져가고 있었는데도 스스로는 알지를 못했고, 큰 명[大命=天命]은 기울어져가고 있었는데도 깨닫지를 못했습니다. 『주역(周易)』에 이르기를 '위태로움이라는 것은 (그 안에) 안전함도 갖고 있고 망함이라는 것은 (그 안에) 보존함도 포함하고 있다[危者有其安者也 亡者保其存者也]'[19]라고 했습니다. 폐하께서는 진실로 너그럽고 밝으신[寬明] 귀 밝음을 드리우시고[20] 폐하께 저촉되는 발언을 했다[忌諱] 해 주살을 당하는 일이 없도록 하시며, 꼴이나 땔감이나 챙기는 보잘것없는 신하들[芻蕘之臣]로 하여금 자신들이 들은 바를 폐하 앞에서는 남김없이 말씀드리고 뒤에서는 두려워하지 않도록 하시고, 진실되고 곧은 말들의 길을 활짝 열어주신다면 사방의 뛰어난 사람들이 천리 길을 멀다 않고 내달려와 말씀을 올릴 것이니, 이는 모든 신하들이 가장 바라는[上願] 바이자 사직을 오래가게 해줄 복록입니다.

---

18 옛날에는 왕조가 바뀔 때마다 정월 초하루를 다르게 정했다. 하나라 때는 음력 1월 1일을 원단(元旦)으로 했고, 은나라 때는 음력 12월 1일, 주나라 때는 음력 11월 1일, 진나라 때는 10월 1일이었다가, 한나라 때에 와서 다시 1월 1일을 원단으로 했다.

19 「계사전(繫辭傳)」 하에 나오는 말이다.

20 폭넓게 듣되 정사(正邪)를 명확하게 구분해 판단하라는 말이다.

한나라 황실은 하(夏)나라 역법을 시행하고 있는데 하나라의 바른 색[正色]은 검은색이며 흑룡은 같은 성(姓)의 표상입니다. 용이란 양의 다움[陽德]을 갖고 있고 작은 것으로 말미암아 커지는 것이기 때문에 임금 된 자에게는 상서로운 징조[瑞應]입니다. 그러나 아직 같은 성들 중에 본조(本朝)를 이어갈 수 있는 후사가 생겼다는 것을 알지 못하니 위태로운 틈이 많이 있다는 것을 보고서, 그 때문에 어지럽게 해 군사를 일으키는 자가 있을 수 있고 또 그들 중에 장차 야심을 품고서 후계자가 되려고 하는 자가 잔인무도해 만약에 광릉왕 유서(劉胥)나 창읍왕 유하(劉賀)처럼 한다면 어찌하시겠습니까? 신은 어리석어 제대로 결단할 수가 없습니다. 원년(元年) 9월에 흑룡이 나타났고 그달 그믐에는 일식이 있었습니다. 금년 2월 기미일(己未日) 밤에는 유성(流星)이 떨어졌고 을유일(乙酉日)에는 일식이 있었습니다. 6개월 사이에 큰 이변이 네 번이나 일어났고 그것도 두 번씩 두 번 같은 달에 일어났으니, 이런 일은 삼대(三代-하·은·주)의 말기와 춘추시대의 혼란기에도 일찍이 없었던 일입니다.

신이 듣건대 삼대에서 사직이 없어지고 종묘가 헐려버리게 된 것[21]은 다 부인들과 여러 나쁜 사람들이 술에 푹 빠진 때문이었습니다. 『서경(書經)』에 이르기를 '마침내 부인의 말을 써서 스스로 하늘과 끊어버렸도다'라고 했고 또 이르기를 '사방에서 죄가 많아 도망쳐온 자들을 높여주고 우두머리를 삼아 믿고 부렸다'[22]라고 했으며, 『시경(詩經)』에 이르기를 '불

---

21 왕조가 망했다는 말이다.

22 「주서(周書)」 '목서(牧誓)' 편에 나오는 말이다.

꽃이 바야흐로 타오르니 어찌 혹 끄리오. 빛나던 주나라 종실을 포사가 멸했구나[燎之方陽 寧或滅之 赫赫宗周 褒姒威之]'[23]라고 했으며, 『주역(周易)』에 이르기를 '(술에 빠져) 머리를 적시면 미더움을 갖는 데 있어 온바름을 잃게 되리라[濡其首有孚失是]'[24]라고 했습니다. 진(秦)나라가 2세대 16년 만에 망하게 된 것은 양생술에 빠진 데다가 극도의 사치가 만연됐고 장례[奉終]를 지나치게 두텁게 한 때문입니다. (그런데) 이 두 가지는 폐하께서 겸해 갖고 계시니 신은 그 결과에 대해 간략히 진술할 것을 청하옵니다.

『주역(周易)』에 이르기를 '음식 하는 데만 열중하고 다른 것은 아무것도 하지 않는구나[在中饋 無攸遂]'[25]라고 한 것은 부인이 바깥일에 참여할 수 없음을 말한 것이고, 또 『시경(詩經)』에 이르기를 '훌륭한 저 지어미가 올빼미가 되고 솔개가 되도다[懿厥哲婦 爲梟爲鴟]', '(어지러움은) 하늘로부터 내려오는 것이 아니라 여인으로부터 생겨나는구나[匪降自天 生自婦人]'[26]라고 했습니다. 건시(建始)와 하평(河平)[27] 연간 때에 허씨(許氏)와 반씨(班氏)[28]의 귀척이 전조(前朝)[29]를 기울어지게 하고 움직여서 그 연기와 불꽃이 사방으로 퍼져, 상을 내려주는 바가 끝이 없으니 궁궐의 창고가 텅 빌

---

23 「소아(小雅)」 '정월(正月)' 편에 나오는 구절이다.

24 미제(未濟)괘(䷿)의 가장 위에 있는 상구(上九)에 대한 효풀이다.

25 가인(家人)괘(䷤)의 아래에서 두 번째 효에 대한 풀이를 압축한 것이다.

26 둘 다 「대아(大雅)」 '첨앙(瞻卬)' 편에 나오는 구절이다.

27 두 연호는 다 성제 때의 것이다.

28 각각 허황후와 반첩여(班捷仔)를 가리킨다.

29 성제 이전의 조정을 가리킨다.

지경이었고 여인들에 대한 총애가 지극해 더 이상 올라갈 수 없을 정도였습니다. (그런데) 지금 일어나고 있는 것을 보면 하늘이 미처 다 소화할 수 없을 정도여서 과거에 비해 열 배는 됩니다. 앞서 돌아가신 황제의 법도를 폐기하시고 조(趙)황후 등의 말을 듣고 써서 관리의 녹질[官秩]은 마땅함을 잃었으며, 왕법에 따라 당연히 주살돼야 할 자[王誅]도 마음대로 풀어주어 그 친족들을 교만하게 만들고 다시 이들은 권력과 위엄을 빌려 종횡으로 정사를 어지럽히니, 마땅히 잡아내야 할[刺擧] 관리들도 감히 법을 받들지[奉憲] 못하고 있습니다.

또 액정옥(掖庭獄-궁궐 내 감옥)을 크게 해 어지러운 함정을 만들어놓고서 몽둥이로 내려치는 고통은 포락(炮烙-달군 쇠로 가하는 고문)보다 고통스러워 사람의 생명을 끊어 없애는데, 이것들을 주로 조씨(趙氏)와 이씨(李氏)가 은혜에 보답하거나 원한을 보복하는 데[報德復怨] 사용되고 있습니다. (그러다 보니) 도리어 명백한 죄인은 면죄가 되고 제대로 다스리던 바른 관리는 대부분 무고하게 붙잡혀 억지로 죄명을 승인하도록 핍박을 받으며 심지어 다른 사람을 위해 빚을 지게 하고 나서 이익을 나누고 사례를 받고 있습니다. 살아서 들어갔다가 시체가 돼 나오는 사람들이 이루 다 헤아릴 수가 없습니다. 이 때문에 일식이 다시 나타나서 그 죄상을 밝혀주는 것입니다.

임금 된 자는 반드시 먼저 (그 천명을) 스스로 끊은 다음에야 하늘이 그것을 끊어버립니다. 폐하께서는 만승(萬乘)의 지극한 고귀함[至貴]을 버리고서 집안사람들이나 하는 천한 일들을 즐기시고, 높고 아름다운 존귀한 칭호[尊號]를 싫어하시어 필부들의 비속한 말들을 좋아하시면서 가볍고 의롭지 못한 소인배들을 높이고 불러 모아서 사사로운 문객으로 삼아, 자주 깊은 궁궐의 견고한 곳을 벗어나 몸을 이끌고서 새벽부터 밤늦도록 여러 소인배들과 서로 어울려 다니시는 것이 까마귀가 섞여 모이듯 합니다. 게다가 관리나 백성들의 집에 들어가 마시고 취해 옷을 법도에 어긋나게 어지러이 입고서 더불어 앉아 체면 따위는 내버린 채 아래위도 없이 문란하게 하면서[媟嫚] 서로 뒤섞여 아무런 구별도 없이 노는 데만 힘쓰시느라 밤낮으로 길거리를 배회하고 있습니다.[30] 그래서 문호(門戶)를 지키는 사람과 숙위를 받드는 신하들은 무기를 들고서 텅 빈 궁궐이나 지켰고 공경과 백료(百僚)는 폐하께서 계신 곳을 모른 지가 여러 해가 됐습니다.

임금다운 임금[王者]은 백성을 터전[基]으로 삼고 백성은 재물을 근본[本]으로 삼습니다. 재물이 마르게 되면 밑에서 배반을 하고 밑에서 배반을 하면 위는 망하게 됩니다. 이 때문에 밝은 임금은 터전과 근본[基本]을 아끼고 길러주어[愛養] 감히 끝이 없게 해 백성들을 마치 큰 제사를 받들듯이 부립니다. (그런데) 지금 폐하께서는 백성들의 재물을 가벼이 빼앗으시고 백성들의 힘[民力]을 아껴주지 않으시며, 간사한 신하의 계략을 귀담아 들어 높고 드넓은 초릉(初陵)을 버리시는 바람에 10년 공력을 날려버리고 창릉(昌陵)을 고쳐 만드시느라 하늘과 땅의 본성을 뒤집어[反], 저지대가 높아지고 흙이 쌓여 산을 이루며 무리를 동원해 마을이 생겨날 정도

---

30 성제는 자주 궁궐 밖으로 나가 부평후인 장방(張放)의 하인이라고 자칭하면서 다른 이름을 갖고 다녔다. 그 바람에 따르는 사람들이 황제의 이름을 마구 부르기도 하고 같이 놀기도 했다.

이고,[31] 궁궐과 숙소를 함께 짓느라 요역이 크게 일어나니 부렴은 거듭해서 늘어나고 (백성들의 재물을) 징발하는 것은 큰 비가 내리듯 해, 그 노역은 건계궁(乾溪宮)의 100배이고 비용은 여산(驪山)과 비슷해 온 천하를 피폐하게 만들었는데도 5년이 되도록 완성되지 못하다가 원래대로 돌아갔습니다.[32]

게다가 부지를 선정하고 측량하는 일[營表]을 넓히고 크게 하느라[旿=大] 일반 사람들의 묘지와 무덤을 파내고 해골을 끊고 잘라내며 시신을 꺼내 밖에다가 그대로 놓아두고 백성들은 재물이 고갈되고 힘은 다 소진되니, 그들의 근심과 한스러움이 하늘을 감응시켜 재이가 여러 차례 내리고 기근이 거듭해서 일어난 것입니다. 백성들은 뿔뿔이 흩어져 걸식을 하다가 길에서 굶어죽은 자만 100만 명을 헤아립니다. 공가(公家-중앙 조정)에는 1년 치의 비축분이 없고 백성들은 열흘을 버틸 식량이 없어 위아래가 모두 궁핍하니 서로 구제하려고 해도 할 수가 없습니다. 『시경(詩經)』에 이르기를 '은나라의 거울삼을 바가 멀리 있지 않으니 바로 하나라 시대에 있도다[殷鑑不遠在夏后之世]'[33]라고 했으니 바라건대 폐하께서는 하나라,

---

31 당시 천자는 살아 있을 때 자신이 묻힐 능묘를 만들었는데 이를 초릉이라 부른다. 홍가(鴻嘉) 원년(기원전 20년) 성제는 초릉에 행차해 작업하는 형도(刑徒)들을 사면하고 섬서성 신풍(新豐)현의 희향(戲鄕)을 창릉현으로 바꿔 초릉을 받들게 했다. 성제는 이 직후부터 미행을 시작했다.

32 기원전 670년경 초(楚)나라 영왕(靈王)은 안휘성 박현에 있는 건계에 궁궐을 건축하다가 백성들이 그 부담을 이기지 못하고 반란을 일으키자 도망해 자살했다. 여산은 진시황의 능묘로 진나라가 망할 때까지도 다 완성되지 못했다.

33 「대아(大雅)」 '탕(蕩)' 편에 나오는 구절이다.

상나라, 주나라, 진나라가 종묘사직을 잃게 된 까닭을 잘 좇아 살피시어 [追觀] 그것을 거울로 삼아 스스로의 행실을 비춰보셔야 합니다. 만일 이 말씀이 적합지 않다면 신은 마땅히 엎드려 맞어을 한 죄로 주살돼야 할 것입니다.

한나라가 일어나서 9세대이고[34] 190년 동안 몸을 이어받은 군주는 7명이었는데[35] 모두 하늘을 받들어 도리에 고분고분했고 선조의 법도를 높이거나 혹은 중흥했거나 혹은 잘 다스려 천하를 편안케 했습니다. (그런데) 폐하에 이르러서는 홀로 도리를 어기시고 욕망이 시키는 대로 마구 행하시며 몸을 가벼이 해 행실을 망령되게 하시니, 한창 기운이 용솟음칠 때를 맞아[36] 후사를 잇는 복을 누리지 못해 위태로워 망하게 될 것이라는 걱정만 있고 임금의 도리를 잃는 처사가 쌓여 하늘의 뜻에 부합하지 못한 것들이 참으로 이미 많습니다. 다른 사람의 후사가 돼 다른 사람이 이룩한 공업(功業)을 지키는 것이 이와 같으니 어찌 잘못된 일[負]이 아니겠습니까?

바야흐로 지금의 사직과 종묘가 재앙을 당할 것인지 복을 입을 것인지, 평안할지 위태로울지의 기틀은 폐하께 달려 있으니, 폐하께서는 진실로 밝고 빼어난[明聖] (황제)다움을 기꺼이[肯] 발휘하시고 훤하게 멀리 내

---

34 성제는 한나라 황실의 12대 황제이지만 세대로 따지면 유방의 9세손이다.

35 이는 직접 친아버지를 이은 군주를 말하며 2대 혜제, 3대 경제, 7대 무제, 8대 소제, 11대 원제, 12대 성제다.

36 이때 성제의 나이 38세였다.

다 보시어 깨달으시며, 저 하늘의 위엄과 분노를 두려워하시고 위태로움과 멸망의 조짐을 깊이 걱정하시어 간사하고 사특한 나쁜 뜻을 깨끗이 씻어내시고 힘써 정사에 힘을 쏟으시며 온 마음을 기울여 도리로 돌아가시어 [反道], 여러 소인배들이 사사로운 문객 행세를 하는 것을 끊으시고 바르지 못한 조서를 없애는 데 힘쓰시며, 북궁(北宮)의 사노비와 마차를 아름답게 장식하는 온갖 도구들을 혁파하시어 사사로움을 넘어서 예로 돌아가시고[克己復禮] 두 번 다시 미행에 나서 술을 마시는 잘못을 범하지 마시어 눈앞에 거의 닥쳐온 재앙을 막으셔야 합니다. 또 일식이 두 번이나 일어난 뜻을 깊이 생각하시고 초방(椒房)과 옥당(玉堂)에 대한 극진한 총애를 누르거나 덜어내시며 후궁들의 청탁을 들어주지 마시고, 액정의 어지러운 옥사를 깔끔하게 없애 포락의 함정에서 벗어나시며, 간사하고 망령된 신하들과 좌우의 측근에서 그릇된 도리[左道]로 상을 섬김으로써 천하의 기대를 틀어막는 자들을 주륙하시고, 초릉을 짓는 일을 중단하시며 궁실을 손보아 꾸미는 일[繕治]을 그치시어 백성들의 세 부담을 덜어주시고 백성들이 노역으로 벗어나 쉴 수 있게 해주시며, 궁핍한 사람들을 불쌍히 여겨 그들을 구휼함으로써 먼 곳까지 편안케 하시어[弭=安] 충직함을 힘써 높이도록 하시고, 잔적(殘賊)들을 내쫓으시고 하는 일도 없이 녹이나 타먹는 관리들[素餐之吏]이 오래도록 두터운 녹을 받지 못하도록 하시어 관행을 바로잡으시고, 견결하게 도리를 어기지 않으시며 아침부터 밤늦도록 부지런해[孳孳] 거듭 반성하고 조금도 게으름을 부리지 않음으로써 옛 허물들을 다 고치고 새로운 다움[新德]을 마침내 펼치시어 털끝만 한 간사함도 두 번 다시 마음에 생겨나지 않게 하신다면, 아무리 큰 재이라도 거의 사라질 것이며 천명이 떠나려는 것도 거의 회복할 수 있고 사직과 종묘도 거의 보존할 수 있을 것입니다. 오직 폐하께서는 도리로 다시 돌아가는 데에 신명을 다 바치시어 신의 말씀을 익히 살피셔야 할 것입니다. 신이 총애를 얻어 비변부(備邊部-변방 방어 책임기구)의 관리가 됐으나 조정 일의 얻고 잃음[得失]을 제대로 알지 못한 채 눈뜬장님처럼 금기사항[忌諱]을 건드렸으니 그 죄는 1만 번 죽어 마땅할 것입니다."

성제(成帝)는 성품이 너그럽고 문학적인 언사를 좋아했는데 또 오랫동안 뒤를 이을 후사가 없었고 여러 차례 미행을 하며 주로 총애하는 소인배 같은 신하들을 가까이하면서 조씨(趙氏)와 이씨(李氏)처럼 미천한 자들을 전적으로 아껴주자 황태후와 여러 외숙들은 밤낮으로 이 점을 걱정했다. 가까운 피붙이[至親]들은 자주 말하기가 어려웠기 때문에 곡영 등을 밀어주면서 하늘의 변고를 계기로 간절하게 간언을 올리도록 해 상으로 하여금 그것들을 받아들여 쓰도록 권유했다. 곡영은 이처럼 안에서 호응하리라는 것[內應]을 알고서 자신의 뜻을 펴는 데 아무런 거리낌도 없었는데 매번 일을 말할 때마다 (상은) 답례했다. (그런데) 이 대책이 올라가자 상은 크게 화를 냈다. (이에) 위장군(衛將軍) 왕상(王商)이 곡영에게 비밀리에 알려 도망을 치도록 했다. 상은 시어사(侍御史)로 하여금 곡영을 잡아들이도록 하면서 교도구(交道廐)[37]를 지났으면 뒤쫓지 말라는 칙령을 내렸는데 어사는 곡영을 따라잡지 못하고 그냥 돌아왔다. 상은 자신의 분노가 풀리자 곧 스스로 뉘우쳤다. 이듬해 곡영을 불러 태중대부(太中大夫)

---

37 수도인 장안에서 서쪽으로 30km쯤 떨어진 곳으로 초롱이 있는 근처다.

로 삼았고 광록대부 및 급사중으로 높였다.

(성제) 원연(元延) 원년(기원전 12년) (곡영이) 북지(北地-감숙성 영현(寧縣))태수가 됐다. 이때 재이가 여러 차례 일어나자 상은 위위(衛尉) 순우장(淳于長)으로 하여금 곡영에게 가서 말하고 싶은 바를 받아오게 하자 이에 곡영이 대답했다.

'신 곡영은 총애를 얻어 어리석고 썩어빠진 재주[愚朽之材]로 태중대부가 돼 간언을 올려야 하는 신하[拾遺之臣]로 있으면서 조정 신하들의 뒷자리에 있었는데, 나아가서는 제대로 생각을 다 펴서 충직한 보필이 받아들여지게 해 (폐하의) 빼어난 다움을 펴도록 하지 못했고 물러나서는 견고한 태도로 의롭지 못한 일들을 날카롭게 깨뜨리는 공을 보이지도 못했는데 외람되게도 두터운 은혜를 입어 거듭해서 자리를 옮겨 북지태수에까지 이르렀습니다. 목숨이 끊어지고 머리가 땅에 떨어져 이 몸이 들판의 거름이 된다 해도 그 은혜의 1만분의 1도 제대로 갚을 수 없을 것입니다.

폐하의 빼어난 다움은 너그럽고 어진[寬仁] 데 있으니 쉽게 잊어도 될 신하를 내버리지 않으시고 주나라 문왕의 경청하는 마음[聽]을 드리우시어, 아래로 꼴이나 땔감이나 챙기는 보잘것없는 어리석은 저[芻蕘之愚]에게까지도 조서를 내리시어 위위로 하여금 신 곡영이 말하고 싶은 바를 받아오게 하셨습니다.

신이 듣건대 임금을 섬기는 의리는, 언로를 책임진 자는 그 진실함[忠]을 남김없이 다하는 데 있고 관직을 맡은 자는 그 직무를 잘 닦는 데 있다고 했습니다. 신 곡영은 총애를 얻어 언로를 책임지는 잘못을 면해 관직을 맡은 자리에 있으니 마땅히 온 힘을 다해 그 직무를 받들고 백성을 기르고 편안케 할[養綏=養安] 뿐이지 또다시 (정사의) 얻고 잃음을 논하는 말에 관여해서는 안 됩니다. (모름지기) 충성스러운 신하가 위를 섬길 때는, 그 뜻은 지나칠 정도로 두터워야 한다고 했습니다. 이 때문에 아무리 멀리 있어도 임금을 어겨서는 안 되고 죽더라도 나라를 잊어서는 안 되는 것입니다. 옛날에 사어(史魚)[38]는 이미 죽었는데도 자신의 충성스러움이 충분하지 못했다 해 자신의 관을 창문 밑에 그냥 두도록 했으니 시신이 돼서까지 자신의 뜻을 열렬하게 이루려 한 것입니다.[39] 또 급암(汲黯)은 몸은 지방에 나가 있어도 생각은 늘 궁중의 일에 있어[身外思內] 늘 번민하고 괴로움을 말하다가 이식(李息-장군)에게 이런 유언을 남겼습니다.

"『서경(書經)』에 이르기를 '비록 네 몸이 밖에 있어도 결국 마음은 왕실에 없는 것이 아니다'[40]라고 했다."

신 영(永)은 총애를 얻어 급사중(給事中)으로 (궁중을) 출입한 것이 3년

---

38 이름은 타(佗)이며, 자는 자어(子魚), 사추(史鰌)다. 춘추(春秋)시대 위(衛)나라 대부(大夫)다. 위(衛)나라 영공(靈公) 때 축사(祝史)를 맡아 사직신(社稷神)의 제사를 책임지고 있었다. 축타(祝佗)라고 불린다. 오(吳)나라의 연릉계자(延陵季子)가 위나라를 지나갈 때에 사어를 위나라의 군자(君子)이자 주석(柱石) 같은 신하라고 칭찬했다고 한다. 위(衛)나라 영공(靈公) 38년(기원전 497년) 위나라의 공숙자(公叔子)가 일찍이 집 안에서 영공을 초대해 잔치를 열자 그에게 이렇게 충고했다고 한다. "그대는 부유한데 군주가 가난하면 장차 반드시 재앙이 될 것이오. 화를 피하는 방법은 단지 부유하더라도 교만하지 않고 삼가 신하의 도리를 지켜야 할 것이오." 그는 여러 차례 영공에게 거백옥(蘧伯玉)을 천거했으며 미자하(彌子瑕)를 멀리할 것을 간곡히 권고했다. 공자는 『논어(論語)』에서 그를 "곧도다[直], 사어여! 나라에 도가 있으면 화살처럼 곧고, 나라에 도가 없어도 화살처럼 곧으니, 군자로다"라고 평가했다.

39 여기서 시간(屍諫)이라는 말이 생겨났다.

40 「주서(周書)」 '강고(康誥)' 편에 나오는 말이다.

이니 비록 지금은 무기를 들고 변경을 지키고 있지만 생각하고 그리워하는 마음은 늘 궁궐[省闥]에 있습니다. 이 때문에 감히 군리(郡吏)의 직분을 뛰어넘어 여러 해 동안 쌓인 근심 걱정을 말씀드리옵니다.

신이 듣건대 하늘이 백성들을 낳기는 했지만 그들을 몸소 다스릴 수는 없기에 임금다운 자를 세워서 그들을 다스리도록 했습니다. 하지만 바야흐로 해내(海內-온 나라)를 통제하는 것은 천자를 위해서가 아니고 또 토지를 배열하고 영지의 경계를 나누는 것[列土封疆]은 제후를 위해서가 아니며 이것들은 다 백성을 위해서입니다. 삼통(三統)[41]을 드리우고 삼정(三正)[42]을 펼치며 무도함을 없애고 다움을 가진 자[有德]들에게 길을 열어주며 1개 성씨에만 사사로운 이익을 주지 않는 밝은 천하[明天下]는 곧 천하의 천하이지 한 사람의 천하가 아닙니다. 임금 된 자가 몸소 도리와 다움을 행하며 하늘과 땅(의 이치)을 고분고분 이으며, 널리 사랑하고[博愛] 어짊과 용서[仁恕]를 실천해 그 은택이 길가의 갈대[行葦]에까지 미치고 〔○ 사고(師古)가 말했다. "『시경(詩經)』「대아(大雅)」'행위(行葦)'편에 이런 구절이 있다. '우북한 저 길가의 갈대를 소와 양도 밟지 않는구나[敦彼行葦 牛羊勿踐履].' 이는 정치의 교화가 어진 도리에까지 이르자 초목과 같은 미미한 생물도 아무런 피해나 손상을 입지 않는다는 말이다."], 해마다 백성들로부터 걷는 세금이 일정한 법도[常法]를 넘지 아니하고 궁실과 거복(車服)도 제도의 범위를 뛰어넘지 않으며, 일마다 절약해 재용이 넉넉해

---

41 천시(天施)·지화(地化)·인사(人事)의 세 가지 큰 벼리를 말한다.

42 하늘과 땅과 사람의 바른 도리를 말한다.

서 뭇 백성들이 화목하면 괘기(卦氣)[43]가 이치에 맞도록 효험을 발휘하고 오징(五徵)[44]이 절후에 맞게 일정한 순서가 있으니, 백성들은 장수를 하게 되고[壽考] 각종 초목들이 무성하게 자라나 상서로운 조짐[符瑞=瑞祥]이 연이어 내려 하늘이 보호하고 도와주심[保佑]이 훤히 드러나게 됩니다. (그런데 혹시) 도리를 잃고 행실을 엉망으로 하며 하늘을 거스르고 사물을 마구 낭비하며[逆天暴物] 사치함에 빠져 욕심대로 다하며 술에 빠져 함부로 음탕함을 일삼으며 아낙네의 말은 옳다고 따르면서 어질고 뛰어난 이들을 주벌하거나 내쫓으며 골육을 멀리하면서[離逖=疏外] 여러 소인배들에게 실권을 주어 형벌은 엄혹하고 세금은 무거워져 백성들이 근심과 원망을 품게 되면, 괘기는 뒤집히고 어지러워져 허물의 징후들이 드러나게 돼 하늘은 진노하고 재이는 겹쳐서 내리며 해와 달은 널리 먹히고 다섯 가지 별[五星]은 운행의 도를 잃고 산천은 무너져 내리며 냇물의 원천은 뿜어져 나오고 요얼(妖孽)은 연이어 나타나고 혜성은 빛을 발하고 기근이 거듭[薦] 찾아오니 백성들은 단명하고[短摺] 만물은 일찍 상하게 됩니다[夭傷]. (그런데도) 끝내 고쳐서 깨닫지 못하고 악습이 계속되면 (하늘은) 두 번 다시 꾸짖어 알려주지 않은 채[譴告] 다움을 가진 자[有德者]에게 새롭게 명을 내려줍니다. 그래서 『시경(詩經)』에 이르기를 '이에 서쪽을 돌아보시고 여기에 거처할 곳을 주셨도다[乃眷西顧 此維與宅]'[45] 라고

---

43 『주역(周易)』의 64괘를 기후에 맞도록 배열한 것이다.

44 비 오고 맑고 따뜻하고 춥고 바람 부는 것이 그것이다.

45 「대아(大雅)」 '황의(皇矣)' 편에 나오는 구절이다. 서백 문왕에게 천명이 옮겨간 것을 말한다.

한 것입니다.

　무릇 악(惡)을 없애고 나약함을 빼앗아 하늘의 명을 뛰어나고 빼어난 이[賢聖]에게로 옮기는 것은 하늘과 땅의 변함없는 도리[常經]이니 이는 모든 임금들에게 공통으로 적용되는 것입니다. 그에 더해 공훈과 다움에는 두텁고 엷음이 있고 기대되는 바탕[期質]⁴⁶에는 길고 짧음이 있으며 시대 상황에는 한창 때인가 말세인가[中季=仲季]가 있고 하늘의 도리에도 성할 때와 쇠할 때가 있습니다. 폐하께서는 (고제(高帝) 이래로) 8대(代)의 공업을 이으시어 양수(陽數)⁴⁷의 말단[標季]인 9세에 해당하고 37절기(節紀)[○ 맹강(孟康)이 말했다. "평제(平帝)에 이르기까지 마침내 37절기, 즉 210년이라는 한나라의 불운[厄]이 한 바퀴 돌았다는 말이다."]⁴⁸를 지나서 무망(无妄=無妄)괘(䷘)의 운(運)을 만나 106번째 재액(災厄)에 직면하게 됐습니다. 이 세 가지 어려움[三難]은 범주[科]를 달리하는 것이지만 서로 뒤섞여 함께 모였습니다. (성제) 건시(建始) 원년(기원전 32년) 이래로 20년간 여러 재앙과 큰 이변들이 서로 교차하면서 일어났는데 그 대부분은 『춘추(春秋)』에도 기록돼 있습니다. (고황제에서 원제(元帝)에 이르기까지) 8대에 걸쳐 기록한 재앙과 이변은 오랫동안 막거나 없애지 못했습니다. 거기에

46　기질(氣質)일 수도 있지만 일단은 기(期)의 뜻을 살려 운명의 의미로 풀이했다.

47　기수(奇數)를 가리킨다.

48　소제(昭帝)와 선제(宣帝) 때 노온서(路溫舒)가 조부에게 역수(曆數)와 천문을 배워 한나라의 불운을 37로 보고 봉사를 올려 미리 경계할 것을 아뢰었다. 선제 때에 이미 이런 설이 있어 고조가 한나라 황제가 된 이래(기원전 206년) 평제 원시(元始) 원년(서기 원년)에 이르기까지 약 210년이 된다.

더해 올해 정월 기해일(己亥日) 초하루에는 일식이 일어났는데 이는 3조(三朝-연·월·일의 시작)가 만난 것이고, 4월 정유일(丁酉日)에는 사방의 뭇별들이 대낮에 마구 쏟아져 내렸으며[流隕], 7월 신미일(辛未日)에는 혜성이 하늘을 가로질렀습니다. 세 가지 어려움이 겹쳐 나타난 때를 올라타고서 수많은 재이가 중첩됐고 이로 말미암아 기근이 일어나서 눈 뜨고 볼 수 없을 정도였습니다. 혜성은 이보다 더할 수 없는 이변으로 토성의 정령(精靈)에서 생겨나는 것이고 유성에 상응하는 것은 기근의 재난 이후에 있는 것이며 병란이 일어나는 것은 그로부터 오래지 않고 다움을 높이고 좋은 일을 쌓더라도 오히려 제대로 그 어려움들을 잘 넘어설 수 있을지를 두려워해야 합니다. 안으로는 깊은 궁궐과 후정(後庭)에서 장차 교만한 신하[驕臣]와 성질 사나운 첩[悍妾]이 술에 취해 제 마음대로 도리를 어기다가 마침내 배반 행위를 하는 낭패가 있을 수 있고, 또 북궁(北宮)[49]의 동산과 민간 거리 속 신첩의 식구들이 인기척이라고는 하나도 없는[幽閑] 곳에서 징서(徵舒)와 최저(崔杼)가 일으킨 난과 같은 것이 있을 수 있습니다〔○ 사고(師古)가 말했다. "진(陳)나라의 하징서(夏徵舒)가 자신의 주군 평국(平國)을 시해했고 제(齊)나라의 최저가 그의 주군 광(光)을 죽였다."〕. 또 밖으로는 중국의 여러 나라들의 지방에 장차 번병(樊並), 소령(蘇令), 진승(陳勝), 항량(項梁) 같은 인물들이 용맹을 발휘해 화를 빚을 수도 있습니다. 내란은 아침저녁에도 당장 일어날 수 있고 중국 내 여러 나라들에게 매일매일 경계를 시키시고 거병을 하는 시점은 화성이 망각(芒角)에 있게 될 때

---

49 미앙궁(未央宮)의 북쪽에 있는 궁전이다.

를 기다려야 합니다. 평안함과 위급함[安危]이 기로에 있다면 종묘에는 이보다 더한 근심이 없으니 신 영(永)은 간담이 서늘하고 마음이 얼어붙습니다. 여러 해에 걸쳐 미리 이에 대해 말씀드렸던 것도 그 때문입니다. 밑에서 그 싹이 생겨난 연후에야 위에서 변고가 보이게 되는 것이니 지극히 삼가지 않을 수 있겠습니까?

재앙[禍]은 가늘고 미미한 것[細微]에서 일어나고 간사함[奸=姦]은 쉽게 여기는 것[所易]에서 생겨납니다. 바라건대 폐하께서는 임금과 신하의 의리를 바로 하시고 두 번 다시 여러 소인배들 및 폐하께 기어오르는 더러운 무리[媟黷=親狎=狎汙]들과 술자리를 가져서는 안 될 것입니다. 또 중황문(中黃門)의 후정(後庭)에서 평소 교만을 부리고 삼갈 줄 모르며 늘 술에 취해 신하의 예를 잃어버리는 자들은 다 내쫓으시고 궁궐에 머물게 해서는 안 될 것입니다. 가능한 한 임금과 신하, 부모와 자식, 지아비와 지어미의 삼강(三綱)의 도리를 엄격하게 하시고, 후궁들의 법도[政]를 잘 닦으시며 교만과 질투를 자아내는 총애를 눌러 멀리하시고 온순한 행동을 높여 가까이하시며, 실의에 빠진 사람들에게 은혜를 더해주시고 원한을 품은 사람들을 품어 도닥여주셔야 할 것입니다. 또한 지극한 존엄[至尊]의 무거움을 잘 보존하시고 제왕의 위엄을 잡아 지키시며 조회를 보실 때에는 법이 행해진 연후에 가마를 타시고, 진병(陳兵)을 하실 때에는 길을 깨끗이 한 연후에 시행하시며, 두 번 다시 몸을 가벼이 해 홀로 궐 밖을 나가시거나 천첩의 집에서 먹고 마시지 마셔야 합니다. 이 세 가지가 이미 제거돼야만 내란이 일어날 수 있는 길은 막힐 것입니다.

중국의 여러 나라들[諸夏]에서 병사를 일으킬 경우 그 싹은 백성들이 기근에 시달리는데도 관리들이 구휼하지 않는 데 있고[在] 백성들의 고통은 심해지는데도 세금은 무거워지는 데서 자란[興] 다음 밑에서는 원한과 이반이 일어나는데도, 위에서는 알지 못하는 데서 드러나게 됩니다[發=發現].『주역(周易)』에 이르기를 '은택을 베풀기가 어려우니 조금씩 바로잡으면 길하고 크게 바로잡으면 흉하다'[50]라고 했고, 전하는 책에 이르기를 '기근이 일어났는데도 그것을 들어주지 못하면서 이를 두고 태평성대[泰]라 한다면 그 재앙은 물이며 그 허물은 암소가 죽는 것[牝亡]이다'[51]라고 했으며, 또한 '요사(祅辭=妖辭)'에 이르기를 '관(關)은 움직여서 암소를 날게 하고 벽(辟)은 무도한 짓을 행하는 것이며 신(臣)은 잘못을 행하는 것이니 그 허물은 난신이 찬탈을 모의하는 것이다'[52]라고 했습니다. 임금 된 자가 쇠퇴하는 어려운[衰難] 시기를 만나 기근의 재앙이 있는데도 쓰임새를 줄이지 않고 그 자신부터 크게 흥청거리면[潤] 그것을 일러 흉하다고 한 것입니다. 또 백성들이 가난으로 고통받는데도 위에서 구제해주려 하지 않아서 비통해 눈물짓고 원한을 품게 되니 수(水)라고 한 것입니다. 성의 관문은 나라를 지키는 견고함인데 이런 견고함을 장차 없애려 하니 암소가 날아간다[牝飛]고 한 것입니다. 지난해에는 21개 군국(郡國)이 수재를 당해 벼와 곡식들을 거두지 못했습니다. 올해는 양잠과 보리농사 모두 좋지 않습니다. 온갖 냇물들이 (홍수로) 끓어오르고 장강과 황하가 흘러넘

---

50 둔(屯-준)괘(䷂)의 밑에서 다섯째 효[九五]에 대한 풀이다.

51 경방(京房)의 『역전(易傳)』에 나오는 말이다.

52 이는 경방(京房)의 『주역요점(周易妖占)』에 나오는 말이다.

쳐 제방이 무너지고 큰물이 50여 개의 군국을 범람했습니다. 해마다[比年]
수확이 줄고 시기를 놓쳐 파종할 숙맥(宿麥)도 없으니 백성들은 생업을 잃
고 뿔뿔이 흩어지고 수많은 사람들은 (조금이라도 싼값에 곡물을 얻어보
려고) 관(關)을 지키고 서 있습니다. 큰 이변들이 그처럼 교차해 훤하게 드
러나고 수재는 크게 콸콸 넘쳐[浩浩] 백성들이 곤궁한 바가 이와 같아서
마땅히 평상시의 세금도 줄여주고 (폐하께서는) 그 자신부터 쓰임새를 줄
여야 할 때인데 (오히려) 유사에서는 세금을 더 늘릴 것을 주청하니, 이는
경전(經傳)의 뜻에도 심하게 어긋나는 것이며 백성들의 마음을 거스르는
것이어서 원망을 널리 퍼뜨리고 재앙을 향해 내달려가는 길입니다. 암소
가 날아간다는 상황은 거의 이것들이 드러났다는 것입니다.

옛날에 곡식이 제대로 자라지 않으면 (임금은) 어선(御膳)을 줄이고[虧=
減] 재이가 계속해서 일어나면 의복을 덜며 흉년에는 집을 고치거나 장식
하지 않는 것이 밝은 임금[明王]의 제도였습니다. 『시경(詩經)』에 이르기를
'무릇 백성이 상하게 되면 기어가서라도 구원하도다[凡民有喪 扶服(匍匐)
救之]'[53]라고 했고, 『논어(論語)』에 이르기를 '백성이 풍족하지 않으면 임금
은 누구와 더불어 풍족할 수 있겠는가?'[54]라고 했습니다.

신이 바라건대 폐하께서는 세금을 더 거두어야 한다는 주청을 결코 허
락지 마시고 대관(大官), 도관(導官), 중어부(中禦府), 균관(均官), 장축(掌畜),
늠희(廩犧)의 용도를 늘리거나 줄이시고 상방(尚方), 직실(織室), 그리고 경

---

53 「패풍(邶風)」 '곡풍(谷風)' 편에 나오는 구절이다.

54 「안연(顏淵)」 편에 나오는 유자(有子)의 말이다.

사와 군국의 공복관(工服官)의 발수(發輸-물품 수송)와 조작(造作)을 금지시켜 대농관(大農官)을 도와야 합니다.[55] 은혜를 널리 베푸시고 가난하고 궁핍한 백성들을 진휼하며 관무과 교량[關梁]을 열어주고, 유랑 걸식하는 백성들은 안으로 들어오게 해 원하는 곳에 마음대로 살게 함으로써 당장 급한 사안부터 구제하셔야 합니다. 입춘에 사자(使者)를 보내어 풍속을 순시토록 하시고 빼어난 다움을 선포하시며 고아와 과부를 구휼하고 백성들의 고통받는 바를 위로하며[問=存] 2,000석 관리들[56]로 하여금 농사와 양잠에 힘쓰도록 권면해 농사철을 빼앗지 않도록 한다면, 백성들의 마음[元元之心]을 위로해 편안케 할 것이고 크게 간사한 자들이 노리는 틈을 틀어막아 중국 내 여러 나라들[諸夏]의 반란은 거의 사라질 것입니다.

신이 듣건대 높은 수준의 임금[上主]은 다른 사람과 더불어 좋은 일을 할 수는 있지만 다른 사람과 함께 나쁜 일은 할 수 없는 반면 낮은 수준의 임금[下主]은 다른 사람과 더불어 나쁜 일을 할 수는 있지만 다른 사람과 함께 좋은 일은 할 수 없다고 했습니다. 폐하께서는 하늘로부터 받으신 성품이 대범하고 두루 통하시며 귀 밝으시고 민첩하시니[疏通聰敏] 높은 수준의 임금의 자질을 갖고 계십니다. 조금이라도 어리석은 신의 말씀을 돌이켜보시어 세 가지 어려움의 심각성을 깨달으시고 큰 이변들에 대해 심히 두려워하시며, 마음을 정해 좋은 일을 행하시고 사특한 뜻은 덜어내고 잊으시며, 지금까지의 허물들을 두 번 다시 반복하지 마시고 오로

---

55 이상의 관직들은 대부분 사치품을 만드는 하급 기관이다.
56 제후나 군국의 재상들이다.

지 정사에만 온갖 정성을 쏟아 지극한 열렬함으로 하늘에 답하는 반응을 보이신다면, 위로는 그동안 쌓여 있던 이변들이 하늘에서 막히고 밑으로는 재앙과 어지러움이 백성들에게서 숨게 될 터이니 무슨 우환이 있겠습니까? 신이 남몰래 두려워하는 바는 폐하께서 공(公)을 향한 뜻이 일관되지 못하고 사(私)의 즐김이 자못 남아 있어 오직 여러 무리의 소인배들만을 아끼시고 신이 말씀드린 것은 실행하지 않을까 하는 것뿐입니다.'

이 글이 올라가자 천자는 그 말에 깊은 감동을 받았다.

영(永)은 경서(經書)에 널리 통달하고 두흠(杜欽), 두업(杜鄴) 등과 대략 대등했지만 유향(劉向) 부자나 양웅(揚雄)에게는 미치지 못했다. 그의 학문은 천문(天文)과 『경씨역(京氏易)』에 가장 정밀했기 때문에 재이에 관해 잘 설명할 수 있었고 전후로 일에 관해 올린 글이 40여 편인데, 대략 서로 반복됐고 오로지 상의 한몸 처신과 후궁에 대해서만 파고들었을 뿐[而已]이다. 왕씨에게 당부(黨附)해 상도 이를 알고 있었기 때문에 깊이 신임하지는 않았다.

영은 가는 곳마다 그 직임을 잘 처리했고 북지(北地)태수가 된 지 1년여 만에 위장군 상(商)이 훙했고 곡양후(曲陽侯) 근(根-왕근)이 표기(票騎)장군이 돼 영을 천거해 불려 들어와 대사농이 됐다. 1년여가 지나 영이 병들자 3개월 만에 유사가 그의 면직을 주청했다. 전례에 따르면 공경이 병이 들었을 경우 곧바로 휴가를 내려주었는데 영의 경우에는 홀로 곧바로 면직됐다. 여러 달 후에 집에서 죽었다. 본명은 병(並)이었는데 위지(尉氏-현)의 번병(樊並)이 반란을 일으켰기 때문에 영(永)으로 이름을 바꿨다고 한다.

두업(杜鄴)은 자(字)가 자하(子夏)로 본래 위군(魏郡) 번양(繁陽-현) 사람이다. 할아버지와 아버지는 모두 공로를 쌓아 군수에 이르렀고 무제(武帝) 때 무릉(茂陵)으로 이주했다. 업(鄴)은 어려서 고아가 됐는데 그의 어머니는 장창(張敞)의 딸이다. 업이 장성하자 창(敞)의 아들 길(吉)을 따라다니며 학문을 익혔고 그 집의 책들을 얻어볼 수 있었다. 효렴(孝廉)으로 (천거돼) 낭(郎)이 됐다.

거기장군 왕음(王音)과 사이가 좋았다. 평아후 담이 성문 직위를 받지 않고 뒤에 훙하니 상은 그를 마음 아프게 여겨 이에 다시 담의 동생 성도후 상(商)을 특진시켜 성문의 병력을 지휘하게 하고 관리 천거를 장군부와 똑같이 할 수 있게 해주었다. 업은 음이 전에 평아후와 틈이 있었던 것을 알고서 곧바로 음을 설득해 말했다.

"업이 듣건대 은혜가 깊은 사람은 봉양을 신중하게 하고 아껴줌이 지극한 사람은 얻으려는 것이 끝이 없다[詳=悉]고 했습니다. 무릇 친척이면서도 특별한 것을 얻지 못한다면 누군들 원망을 품지 않겠습니까? 이것이 바로 (『시경(詩經)』의) '당체(棠棣)' 편이나 '각궁(角弓)' 편[○ 사고(師古)가 말했다. "둘 다 「소아(小雅)」의 편 이름이다. '당체'는 형제 사이가 좋은 것을 칭송한 것이고, '각궁'은 구족이 서로 친하지 않은 것을 풍자한 것이다."]이 지어진 까닭일 것입니다. 옛날에 진나라 임금[秦伯]은 천승의 나라를 갖고 있으면서도 능히 그 친동생을 포용하지 못하니 『춘추(春秋)』에서 이를 기록해 비판했습니다.[57] 주공과 소공은 그렇지 않았으니 충심으로 서

---

57 기록한 것 자체가 비판이다.

로 돕고 의로움으로 서로 바로잡아주면서 자기 자신처럼 가까이하고 존중해, 빼어난 다움이 있다 하며 나라 임금의 총애를 독차지하려 하지 않았고 또 오랫동안 혼자서만 영광된 자리를 차지하지 않았으며, 섬현(陝縣)을 중심으로 동서로 나눠 맡으면서 아울러 성왕을 보필하는 신하가 됐습니다. 그랬기 때문에 안으로는 감정이나 서운함의 틈이 없었고 밖으로는 외부로부터 침략당하는 수모를 받지 않고 모두 하늘의 보우하심을 누리며 높은 명성을 유지했으니 그것은 다 이 때문입니다.

가만히 보건대 성도후가 특진으로 성문 병력을 지휘하고 또다시 조서에 의해 오부와 마찬가지로 관리를 천거하게 됐으니 이는 상께서 총애하시려는 뜻을 명확히 밝히신 것입니다. 장군께서는 마땅히 성의(聖意)를 고분고분 따르시면서 지난날과 달리 매사를 모두 함께 토의하시며 반드시 그와 함께 뜻을 맞추기를 진심으로 하시어 그것을 먼저 장군 쪽에서 시작하신다면 누가 감히 기뻐해 말하지 않겠습니까?

옛날에 (위나라) 문후(文侯)는 아들이 바치는 큰 기러기를 보고서 깨달아 부자가 더욱 가까워졌고〔○ 사고(師古)가 말했다. "문후는 태자 격(擊)을 폐위하고 격의 동생 흔(訢)을 태자로 세우고서 3년 동안 왕래를 하지 않았다. 그런데 격의 신하 조창당(趙倉唐)이 문후에게 큰 기러기를 바치면서 예로써 대하자 문후는 크게 깨닫고서 흔을 폐위하고서 격을 불러 다시 태자로 삼았다."〕진평(陳平)은 (육가(陸賈)의 말을 받아들여) 한 끼 식사로 장군(-주발(周勃))과 함께 즐겼는데 이런 접촉이 당상(堂上)과 예기(禮器)에 의한 것이기는 하지만 실은 나라를 위하는 것이고 반란을 예방하는 것이라면 어찌 심원하지 않겠습니까? 삼가 조창당과 육가의 뜻을 사모해 진심으로 드리는 말씀이오니 오로지 깊이 헤아려 주십시오."

음(音)은 그 말이 참으로 좋다고 여겨 이로 말미암아 성도후 상과 친밀해졌고 두 사람 모두 업을 중하게 여겼다. 뒤에 병이 들어 낭(郞)을 그만두었다. 상(商)이 대사마 위장군이 되자 업을 제배해 주부(主簿)로 삼아 복심으로 여겼고 시어사로 천거했다. 애제(哀帝)가 즉위하자 승진해 양주(涼州)자사가 됐다. 업은 관직에 있으면서 너그럽고 열려 있어[寬舒] 위엄을 부리는 일이 적었는데 몇 년 후에 병으로 관직을 떠났다.

이때 제(帝)의 할머니 정도(定陶) 부(傅)태후는 황태태후로 불렸고 제의 어머니 정희(丁姬)는 제태후로 불렸는데 황후는 곧 부태후의 사촌동생의 딸이었다. 부씨 중에 후(侯)가 세 명이었고 정씨 중에 후가 두 명이었다. 또 부태후의 친동생의 아들 정업(鄭業)을 양신후(陽信侯)로 삼았다. 부태후는 정치에 더욱 관여하며 권력을 휘둘렀다.

(애제) 원수(元壽) 원년(기원전 2년) 정월에 상이 황후의 부친인 공향후(孔鄕侯) 부안(傅晏)을 대사마 위(衛)장군으로 삼고 외삼촌인 양안후(陽安侯) 정명(丁明)을 대사마 표기(票騎)장군으로 삼았다. 이들을 제배하는 날 일식이 일어나니 조서를 내려 반듯하고 바르며[方正] 곧은 말을 할 수 있는 사람[直言]을 천거토록 했다. 부양후(扶陽侯) 위육(韋育)이 (전(前)) 양주(涼州)자사) 업을 천거하니 업이 대책을 올려 다음과 같이 말했다.

'신이 듣건대 금식(禽息)은 나라를 걱정해 머리를 부수고 죽으면서도 한을 품지 않았다고 합니다〔○ 응소(應劭)가 말했다. "금식은 진(秦)나라 대부인데 백리해(百里奚)를 천거했는데도 받아들여지지 않았다. 목공(穆公)이 궐 밖으로 나가려고 수레에 올랐을 때 대궐 문 말뚝[闑]에 머리를 들이받아 뇌가 밖으로 흘러나오는데도 이렇게 말했다. '신이 살아서 나라에 보탬이 되지 못한다면 죽는 것이 차라리 낫습니다!' 목공은 깨닫는 바가 있어 [感悟=感惡] 백리해를 등용하니 진나라가 크게 다스려졌다."). (옛날에 초(楚)나라 사람) 변화(卞和)가 보배를 바쳤다가 발목이 잘리는 형벌을 당하고서도 계속 그것을 바치려 했습니다〔○ 사고(師古)가 말했다. "이에 대한 상세한 풀이는 (『한서(漢書)』)「추양전(鄒陽傳)」에 실려 있다."). 신은 총애를 얻어 곧은 말을 올려야 하는 명을 받들고 있고 또 위와 같은 두 사람의 위험이 없으니 감히 모든 것을 다 말씀드리지 않을 수 있겠습니까?

신이 듣건대 양(陽)은 높고 음(陰)은 낮으며 낮은 자는 높은 자를 따르고[隨=從] 높은 자는 낮은 자를 아우릅니다[兼=容]. 이 때문에 남자는 비록 (신분이) 낮더라도 각각 그 집 안에서 양이 되고 여자는 비록 높더라도 오히려 그 나라에서 음이 됩니다. 그래서 『예기(禮記)』에서는 삼종의 의리[三從之義]〔○ 사고(師古)가 말했다. "여인은 자기 집에 있을 때는 아버지를 따르고 이미 혼인을 했을 때는 지아비를 따르며 지아비가 죽으면 아들을 따른다."〕를 밝혀놓은 것입니다. (여인의 경우) 비록 문왕의 왕비[文母]〔○ 사고(師古)가 말했다. "문모(文母)란 문왕의 비 태사(太姒)를 가리킨다."〕와 같은 여성다움[德]을 갖고 있다 하더라도 반드시 아들에게 매이게[繫] 되는 것입니다. 『춘추(春秋)』가 기(紀)나라 임금의 부인을 (맞아오는 일을 직접) 기록하지 않은 것은 (공자가 기나라 임금을 못마땅하게 여겨) 몰래 의리를 낮췄기[殺=降] 때문입니다〔○ 사고(師古)가 말했다. "『춘추(春秋)』 (노나라) 은공(隱公) 2년에 '기(紀)나라 열수(裂繻)가 와서 여자를 맞이했다'라고 했고, 『춘추공양전(春秋公羊傳)』에서는 '혼례를 기록하면서 주인을 칭하지 않았다'라고 했는데, 주인이란 사위다.").⁵⁸ 옛날에 정나라 임금[鄭伯]이 (부인인) 강씨(姜氏)가 원하는 욕심을 따르다가 결국 숙단(叔段)이 나라를 찬탈하려는 화가 있었고, 주(周)나라 양왕(襄王)은 안에서 혜후(惠后)의 어려움[難]으로 인해 압박을 받다가 정(鄭)나라로 가서 살아야 하는 위태로움을 만나야 했습니다. 한나라가 일어나서는 여(呂)태후가 권력을 자기 집안사람들[親屬]에게 사사로이 주고 또 외손녀를 혜제의 황후로 삼아 이때에는 황위 계승이 불분명해지는 바람에 다른 모든 일들도 대부분 앞길을 알 수 없게 컴컴해졌으니[晻=暗] 낮에 어두워지고 겨울에 천둥 벼락이 치는 따위의 변고야 이루 다 적을 수가 없을 정도입니다.

남몰래 폐하께서 행하시는 바를 살펴볼 때 치우치지 않는 정사를 펴시고 매사에 검약하시며 예가 아니면 거동치 않으시니[非禮不動] 열렬하게 몸을 바로 하시어 천하를 다시 시작하려 하시고 계십니다. 그러나 아름다운 상서로움은 아직 나타나지 않고 있는데도 일식과 지진이 일어나 백성들 사이에는 유언비어가 퍼져 어찌할 바를 모르고 서로 말을 전하며 놀라고 두려워하고 있습니다. 『춘추(春秋)』의 재이들을 가만히 살펴보면 (직접 말하는 것이 아니라) 현상이나 조짐[象]을 가리킴으로써 (간접적으로) 말을 하고 있습니다. 그렇기 때문에 그 재이의 유형을 알게 되면 곧 하늘이 말하고자 하는 바에 이르게 되는 것입니다. 일식이란 양에 음이 임하는 것[所臨]⁵⁹이고 곤(坤)괘가 이(離)괘를 올라타는 것을 훤히 보여주는 것이

---

58 기나라 대부인 열수만 언급하고 임금은 언급하지 않았다는 말이다.

59 임(臨)을 굳이 풀자면 지배력을 강화하는 것이라고 할 수 있다.

며 명이(明夷)의 상(象)〔○ 응소(應劭)가 말했다. "이는 명이(明夷)괘(䷣)다. 밑에서 여섯 번째 효[上六]에 대한 풀이는 '밝지 못하면 어두워진다. 처음에는 하늘로 올랐다가 뒤에는 땅으로 들어간다'라는 것이다. '명이(明夷)'란 밝음을 해친다[明傷]는 말이다. '처음에는 하늘로 올랐다'라는 것은 처음에 천자가 돼 하늘에서도 좋은 소문을 듣게 된다는 말이다. '뒤에는 땅으로 들어간다'라는 것은 뛰어난 이를 다치게 하고 어진 이를 해쳐 간사하고 나쁜 자들[佞惡]이 조정에 있으니 반드시 잘못돼 결국 땅으로 들어가게 된다는 말이다."〕이다. 곤(昆)은 땅을 본받은 것이니 흙이 되고 어머니가 돼 편안하고 고요함[安靜]을 그 다음으로 삼습니다. 떨친다[震]는 것은 음의 효험이 아닙니다〔○ 사고(師古)가 말했다. "이는 땅이란 마땅히 편안하고 고요해야 하는데 지금 마침내 떨치고 있으니(-지진이 일어나니) 그것은 음의 도리를 따르는 것이 아니라는 말이다."〕. 현상이나 조짐으로 점을 치는 것[占象]은 아주 밝으니 신이 감히 그 일을 직언하지 않을 수 있겠습니까?

옛날에 증자(曾子)가 명(命)을 따른다는 것의 뜻을 묻자 공자께서 "이게 무슨 말인가?"라고 말했습니다. (그러면서 공자는) 민자건(閔子騫)은 예를 지키면서 억지로 부모의 뜻을 좇지 않았고 행하는 바가 이치에 들어맞지 않는 것이 없었다고 칭찬했으니 그 때문에 그 사이를 이간질할 수 없었습니다. (그런데) 전(前) 대사마 신도후(新都侯) 왕망(王莽)은 집으로 물러나 엎드려 있는데 조서를 내리시어 다시 자신의 봉국으로 나아가도록 했습니다. 고창후(高昌侯) 동굉(董宏)은 번(番)을 회수하고 서인으로 삼았었는데 이번에 오히려 봉토를 받았습니다. 또 제서를 내리시어 시중(侍中) 부마도위(駙馬都尉) 부천(傅遷-부태후의 사촌동생 아들)은 불충하고 간교하며 바르지 못하다[巧佞]해 면직시키고 고향으로 돌아가게 했는데 달포[旬月]도 안 돼 돌아오라는 조서가 있었습니다. 이에 대신들은 그의 죄를 바로잡아야 한다고 아뢰었지만 결국 뜻을 이루지 못했고 도리어 그는 관직을 되찾고 더한 총애를 얻었습니다. 양신후(陽信侯) 부엄(傅業-부태후의 친동생 부정운 아들)은 오로지 사사로운 인연뿐인데 작위를 얻어 한 나라의 군(君)이 됐고 아무런 공도 세우지 않았는데 후(侯)가 됐습니다. 여러 외가의 사람들은 뛰어난지 그렇지 않은지를 따지지도 않고 나란히 유악(帷幄-황제)을 모시며 여러 자리에 포진하면서 혹 군사를 관장해 폐하를 호위하고 혹 장군이 돼 외지에 나가 있으면서 폐하의 총애하는 뜻을 한 집 안에서 잡고서 큰 세력을 쌓은 것이 세상에서 보기 드물고 들어본 적도 거의 없습니다. (그리고) 마침내 대사마와 장군이라는 관직을 나란히 설치하기에 이르렀으니 황보(皇甫)가 비록 성대하고 삼환(三桓)이 융성해 노나라에서 삼군을 만들었다고 하나 이처럼 심하지는 않았습니다.[60]

이들에게 벼슬을 내리던 날에는 깜깜해지며 일식이 있었습니다. 이는 그 전이나 그후에도 없던 것으로 일을 치르고 있는데[臨事] 일식이 나타났다는 것은 폐하께서 겸손하시어 제대로 일을 맡아서 하지 못하고 (부태후로부터) 받는 지시가 하나가 아니며 (부태후가) 말하는 바는 곧장 들어주고 원하는 바는 곧장 따르며 죄악이 있는 자는 걸려들어도 처벌을 받지

---

60 황보는 주나라 초기의 권문세가였고 삼환이란 노나라 환공의 아들 맹손, 숙손, 계손을 가리킨다.

않고 아무런 공로나 능력이 없는 사람도 관작을 받게 하니, 이런 흐름이 점점 제 마음대로 쌓여가 다름 아닌 허물이 바로 여기에 있다는 것을 보여주어 폐하[聖朝]로 하여금 그것을 훤히 깨닫도록 해주고자 함입니다.
성조

옛날에 시인들이 풍자하고[61] 『춘추(春秋)』에서 꾸짖은 것들은 다 이처럼 현상이나 조짐을 가리킨 것이지 다른 것은 아닐 것입니다. 뒤에서 앞을 보면 분한 마음에 이를 비난하지만 정작 자기 자신이 행한 바에 이르러서는[逮=及] 스스로를 거울에 비춰보지 않고 옳다고 여기는데 이는 잘 생각
체   급
해보면 허물입니다. 폐하로부터 멀리 떨어져 있고 지위도 낮은[疏賤] 제가
소천
홀로 거리를 두고서[偏=傍] 보건대[62] 대궐 내에서도 이런 부류의 일이 있
편 방
지 않을까 의심을 하게 됩니다. 하늘이 내리는 변고가 이유가 없을 수 없고 세상의 임금을 지키고 도우려는 뜻이 이와 같은데 어찌 (폐하께서) 응답하지 않을 수 있겠습니까?[63] 바라건대 폐하께서는 더욱더 정성을 다하시어 처음에 가지셨던 생각을 그대로 이으시고 옛날 일들을 깊이 상고하시어 아랫사람들의 마음을 채워주신다면 백성과 많은 산 사람들이 기뻐하지 않는 바가 없을 것이며 상제와 모든 귀신들을 크게 노하셨던 바를 거두어들여서 상서로운 복록으로 보답하실 터인데 어찌 보답이 없을까를 염려하십니까?'

업은 미처 관직을 받기 전에 병으로 세상을 떠났다. 업이 말한, 백성들

---

61 『시경(詩經)』에 실린 풍자시들을 가리킨다.

62 겸양의 표현[謙辭]이다.
경사

63 하늘이 내린 경고에 응답해 다움과 정사를 닦아서 바로 해야 한다는 말이다.

이 유언비어로 점을 친다는 것과 곡영이 말한, 왕자(王者)가 사전(私田)을 사들인다고 한 것, 혜성과 운석, 그리고 관문의 빗장이 날아다닌다는 점에 관한 상세한 이야기는 「오행지(五行志)」에 실려 있다.

애초에 업은 장길(張吉)에게서 배웠는데 길의 아들 송(竦) 또한 어려서 부모를 잃고는 업에게 학문을 배워 그도 세상에 드러났는데 특히 소학(小學)[64]에 뛰어났다. 업의 아들 림(林)은 맑고 고요한 성품에 옛 학문을 좋아해 그도 우아한 재능이 있어 (후한) 건무(建武) 연간에 열경(列卿)의 지위를 거쳐 대사공(大司空)에 이르렀다. 그가 문자를 바르게 잡은 것은 업이나 송을 넘어섰기 때문에 그래서 세상 사람들은 소학이 두공(杜公-두림)에게서 비롯됐다고 말한다.

찬(贊)하여 말했다.

"효성(孝成) 시절 정사를 외가에 맡기니 여러 외삼촌들이 권력을 쥐었던 것은 애제(哀帝) 때 정씨(丁氏)와 부씨(傅氏)에게 권력이 집중된 것보다 더 심했다. 그래서 두업이 감히 정씨와 부씨를 비판했지만 왕씨(王氏)에 대해서는 감히 언급을 하지 못했으니 당시 세력상으로 그러했다. 흠(欽)이 봉의 권세를 억제하려 했으나 업은 음과 상에게 아부했다. 영(永)이 말한, 삼칠(三七)의 액운을 조심해야 한다는 경계는 충심에서 나온 것이기는 하지만 신백(申伯)의 말을 인용해 봉에게 아부했고 평아후와 거기장군의 틈은 금성(-태백성)과 화성(-형혹성)을 끌어들이기는 했지만 신뢰를 회복하

---

64 오늘날의 『소학(小學)』이 아니라 문자학을 말한다.

기에는 미흡했고 다만 말에는 여유가 있었다고 할 것이다. 공자(孔子)가 말하기를 '벗 삼음 중에 많이 듣는 것이 이롭다'[65]라고 했으니 (두업, 두흠, 곡영) 세 사람은 그에 가까웠다고 할 것이다."

---

[65] 『논어(論語)』「계씨(季氏)」 편에서 공자는 말했다. "유익한 것으로 세 가지 벗 삼음이 있고 손해 보는 것으로 세 가지 벗 삼음이 있다. 곧음[直]을 벗 삼고 진실함[諒]을 벗 삼고 견문이 넓음[多聞]을 벗 삼는 것[友]이 유익한 세 가지이고, 겉치레만 중시함을 벗 삼고 좋은 말만 하는 아첨을 벗 삼고 말만 번드레하게 함을 벗 삼는 것이 손해 보는 세 가지다."

권
◆
86

하무·왕가·사단전
何武王嘉師丹傳

하무(何武)는 자(字)가 군공(君公)으로 촉군(蜀郡) 피현(郫縣)〔○ 사고(師古)가 말했다. "郫는 발음이 (비가 아니라) 피(疲)다."〕 사람이다. 선제(宣帝) 때 천하가 화평해 사방의 오랑캐들이 와서 빈복(賓服)하니 신작(神雀)과 오봉(五鳳) 연간에 자주 상서로운 부응(符應)이 나타났다. 그래서 익주(益州)자사 왕양(王襄)이 변사(辯士) 왕포(王褒)에게 명해 한나라의 다움을 칭송하게 하니 '중화(中和)', '낙직(樂職)', '선포(宣布)'〔○ 사고(師古)가 말했다. "중화란 정치와 교화가 융성해 중화(中和)의 도리를 얻었다는 말이다. 낙직이란 백관과 백성들이 그 일정한 도리를 얻었다는 말이다. 선포란 덕화(德化)가 두루 펴져 사방을 적신다는 말이다."〕 등 시 3편을 지었다. 무(武)는 나이 14, 15세 때 성도(成都)의 양복중(楊覆衆) 등과 함께 그 시를 연습해 노래를 불렀다. 이때 선제는 무제(武帝)의 전례를 따라 학문에 통달하고 재능이 뛰어난 선비들을 구해 무 등을 선실(宣室-미앙궁의 한 궁실)로 불러 만나보았다. 상(上)은 "이 성대한 다움의 일들에 내가 어찌 충분한 자격이 있으랴!"라고 말하고는 포(襃)를 대조(待詔)로 삼고 무 등에게는 비단을 내려주고 만남을 끝냈다.

무(武)는 박사를 찾아가 수업을 들었고 『주역(周易)』을 닦았다. 사책(射策)의 갑과로 낭(郞)이 됐고 적방진(翟方進)과 뜻을 같이해 서로 우정을 나눴다. 광록훈이 네 가지 행실[四行]을 가진 자-질박·돈후·겸양·행의(行義)-를 각각 한 명씩 추천할 때 천거돼 승진해 호현(鄠縣)의 현령이 됐다가 법에 걸려 면직당해 고향으로 돌아왔다.

무(武)의 형제는 다섯 명인데 모두 군의 관리였고 군과 현의 사람들은 그들을 존경하면서도 꺼렸다. 무의 동생 현(顯)의 집은 시적(市籍)이 있었기 때문에 늘 지조(地租)를 내지 않아 현에서 자주 그 조세를 부담했다. 시장의 색부(嗇夫)[1]인 구상(求商)이라는 사람이 현의 집안사람을 붙잡아 욕을 보이자 현은 화가 나서 공무상의 일을 이유로 상(商)을 중상했다[中=中傷]. 무가 말했다.

"우리 집안의 조세와 부역이 남들보다 많지 않으니 공무를 받드는 관리의 말이 진실로 마땅하지 않겠는가?"

무가 드디어 태수에게 이를 말하니 상은 불려가 태수의 졸리(卒吏)로 승진했고 주리(州里)의 사람들은 이를 듣고서 모두 무에게 승복했다.

시간이 흘러 태복 왕음(王音)이 무를 현량방정(賢良方正)의 인재라 해 천거하니 (조정에) 불려가 대책(對策-책문에 응하는 일)을 맡았고 제배돼

---

1 향리에서 소송이나 세금을 담당하는 관리를 말한다.

간대부가 됐으며 승진해 양주(揚州)자사가 됐다. 탄핵을 당한 2,000석 관리나 장리(長吏-200석에서 600석 지방 고위 관리)에게는 반드시 먼저 스스로 자신의 죄상을 쓰게 해 죄를 자복하는 자는 처벌을 덜어주거나 서장(書狀)을 없애고 면직만 시킬 뿐이었지만 불복할 경우에는 극법(極法)을 아뢰어 경우에 따라 사형을 당하는 자도 있었다.

구강(九江)태수 대성(戴聖)은 『예경(禮經)』 분야에서는 소대(小戴)라고 불리는 자로 행실과 다스림에 있어 불법적인 일들이 많았는데 전(前) 자사는 그가 대유학자[大儒]라 해 너그럽게 품어주었다[優容]. 무가 자사가 되자 부(部)를 순행하며 죄수들을 기록해 눈에 띄는 자들은 군(郡)에 맡겼다. 성(聖)이 말했다.

"후진의 서생이 무엇을 알겠는가? 마침내 사람을 다스리는 법을 어지럽히는구나!"

그러고는 아무것도 결재하지 않았다. 무가 종사(從事)를 시켜 성의 죄를 살피게 하자[廉=察] 성은 두려워서 스스로 사직했다. (성은) 뒤에 박사가 되자 조정에서 무를 헐뜯었다. 무는 이를 듣고서도 끝내 그의 죄를 드러내지 않았다. 그런데 성의 아들과 그의 빈객들이 도적 떼가 돼 붙잡혀 여강군(廬江郡)에 투옥되자 성은 자기 아들이 반드시 죽게 될 것이라 생각했다. 그러나 무는 평상심으로 판결을 해 끝내 그의 아들은 죽음을 면할 수 있었다. 이때 이후로 성은 부끄럽게 여겨 무에게 마음으로 복종했다. 무가 일을 아뢰기 위해 경사에 이를 때마다 성은 일찍이 그의 문에 이르러[造門=至門] 은혜에 감사하지 않은 적이 없었다.

무가 자사가 됐을 때 2,000석 관리가 죄를 짓자 이때에 맞춰 탄핵할 것을 아뢰었지만 그 나머지에 대해서는 뛰어나건 그렇지 않건 간에 한결같이 공경을 표하니 이 때문에 군국에서는 각각 그 태수와 재상을 중하게 여기게 돼 주(州) 안이 깨끗하고 평화로웠다. 부를 순행할 때에는 반드시 먼저 학관(學官)에 나아가 유생들을 만나보고서 그들이 경서를 외우고 논하는 능력을 시험한 다음에 시사의 얻고 잃음[得失]을 물어본 연후에야 숙소로 들어가 기록을 가지고 오게 해서 (새롭게) 개간한 전토의 면적과 오곡의 풍흉을 점검했으며 그것이 끝난 다음에야 마침내 2,000석 관리를 만나보는 것을 상례로 삼았다.

애초에 무가 군의 관리로 있을 때 태수 하수(何壽)를 섬겼는데 수(壽)는 무가 재상의 그릇임을 알아보았고 또 같은 성씨라 해 두텁게 대해주었다. 뒤에 수가 대사농이 됐고 그의 형의 아들은 여강(廬江)의 장사(長史)가 됐다. 이때 무는 일을 아뢸 것이 있어 경사의 저택에 있었는데 수의 형의 아들이 마침 장안에 있어 수는 무의 동생 현(顯)과 오랜 벗[故人] 양복중(楊覆衆) 등을 모두 불러 (술자리를 베풀고) 술이 거나해지자 그 형의 아들을 보면서 말했다.

"이 아이는 양주 장사(長史)[○ 사고(師古)가 말했다. "양주 부내(部內) 장사로 있다는 말이다."]로 있는데 재능이 노둔(魯鈍)해 일찍이 눈에 띄는 일이 없었을 것입니다."

현 등은 크게 부끄러워 집에 돌아와 무에게 말했다.

"자사(刺史)는 옛날의 방백(方伯)에 해당되니 상께서 위임하신 한 주(州)의 표상과 모범[表率]이며 직책은 선을 진작시키고 악을 물리치는 데 있습니다. 관리의 다스림에 탁월한 치적이 있고 백성들 사이에 숨어 지내는 현자가 있으면 마침내 마땅히 불러서 만나보아야 하고 사사로운 정으로 묻는 일은 없어야 할 것입니다."

현과 복중이 강하게 요구하자 어쩔 수 없이 불러서 만나보고서 한 잔의 술[巵酒]을 내려주었다. 그 해에 여강태수가 그를 천거했다. 무가 법을 지키며 매사를 함부로 하지 않는 것이 이와 같았다.

자사가 된 지 5년이 지나 (조정에) 들어와 승상 사직(司直)이 됐는데 승상 설선(薛宣)은 그를 공경하며 중하게 여겼다. (외직으로) 나가서 청하(清河)태수가 됐고 여러 해 후에 군중(郡中)에 재해를 당하는 바람에 14가지가 넘는 죄목에 걸려 면직됐다. 한참 지나서 대사마 곡양후(曲陽侯) 왕근(王根)이 무를 천거하니 불려와 간대부가 됐다. 연주(兗州)자사로 승진했다가 들어와 사예교위(司隸校尉)가 됐고 옮겨서 경조윤(京兆尹)이 됐다. 2년 후에 방정(方正)하다 해 그가 천거한 자가 불려와 제배를 받고서 절을 행하던 중에 절을 잘못한 죄에 걸려 유사에서는 거짓된 예를 행한 것이라고 단죄했다. 무는 이에 연루돼 초(楚)의 내사(內史)로 좌천됐고 패군(沛郡)태수로 옮겼다가 다시 (조정에) 들어와 정위(廷尉)가 됐다. 수화(綏和) 원년에 어사대부 공광(孔光)이 정위로 좌천되자 무는 어사대부가 됐다. 성제(成帝)가 벽옹(辟雍)을 수리하고 삼공(三公)의 관직을 (다시) 두려[通=開] 하고서 곧바로 어사대부를 바꿔 대사공(大司空)이라고 했다. 무는 고쳐서 대사공이 됐고 범향후(氾鄉侯)에 봉해져 식읍 1,000호를 받았다. 범향은 낭야군(琅邪郡) 불기현(不其縣)에 있는데 애제(哀帝)가 즉위한 초기에 대신들을 포상하면서 (하무의 봉호를) 고쳐서 남양주(南陽犨)의 박망향(博望鄉)을 범향후의 봉국으로 삼아 식읍 1,000호를 늘려주었다.

무(武)는 사람됨이 어질고 두터우며[仁厚] 선비들을 천거하는 것을 좋아했고 다른 사람의 좋은 점을 장려하고 칭찬했다. 초의 내사(內史)로 있을 때 양공(兩龔)에게 두터이 대해주었고 패군에 있을 때에는 양당(兩唐) 〔○ 사고(師古)가 말했다. "양공은 공승(龔勝)과 공사(龔舍)이고 양당은 당림(唐林)과 당존(唐尊)이다."〕에게 두터이 대해주었는데 공경이 돼서는 그들을 조정에 천거했다. 이들 네 사람이 세상에 드러나게 된 것은 하후(何侯)의 힘이었고 세상 사람들은 하무가 뛰어난 이들을 많이 진출시킨 것을 중하게 여겼다[多=重]. 그러나 붕당을 미워하고 문리(文吏-법률 담당 관리)의 일을 물을 때에는 반드시 유자(儒者)의 의견을 들었고 유자의 일을 물을 때에는 반드시 문리의 의견을 들어 서로 비교해 점검했다. 관리를 임용하고자[濟=任用] 할 때에는 먼저 과례(科例)를 근거로 해서 청탁을 막았다. 그가 재임하고 있을 때에는 이렇다 할 빛나는 이름이 없다가도 그가 떠나고 나면 늘 사모하는 여론이 컸다.

어사대부 및 사공(司空)이 되자 승상 방진(方進)과 함께 공동으로 일을 아뢰어 말했다.

"옛날에는 제후왕들이 옥사를 결단하고 정사를 다스렸으며 내사(內史)는 옥사를 담당하고 재상은 기강을 잡아 왕을 보좌했고 중위(中尉)는 도적에 대비했습니다. 그런데 지금의 왕은 옥사를 결단하지도 않고 정사를 다스리지도 않으며 중위라는 관(官)은 없어져 그 직(職)은 내사에 병합됐고 정사는 군국의 태수와 재상에게 위임돼 있으니 이는 지휘 계통을 하나로 해 백성들을 믿게 하고 편안케 하기 위함입니다. 그런데 지금 내사의 경우 지위는 낮은데 권한은 무겁고 그 위엄과 직책은 신분을 뛰어넘어 높은 자를 통제하지 못해 제대로 된 치적을 낳기가 어렵습니다. 신들이 청컨대 재상을 태수와 같게 하시고 내사를 도위와 같게 하심으로써 높고 낮음의 질서를 순조롭게 해 가볍고 무거운 권력의 균형추를 바로잡으셔야 할 것입니다."

제(制)하여 말했다.

"그리하라."

이에 내사를 중위로 고쳤다. 애초에 무가 구경(九卿)으로 있을 때 아뢰어 말하기를 삼공의 관을 설치해야 한다고 했고 또 방진과 함께 아뢰어 자사를 없애서 다시 주목(州牧)을 두어야 한다고 했는데 뒤에 모두 다시 원래대로 돌아갔다. 상세한 이야기는 「주박전(朱博傳)」에 실려 있다. 오직 내사(內史)의 일만 시행됐다.

(무가) 탄핵해 아뢴 것들이 많은데 그것들이 번쇄(煩碎)하다는 평가가 있어 현공(賢公)에는 어울리지 않았다[不稱]. 그의 공명(功名)은 대략 설선(薛宣)과 비슷하지만 그 재주는 (설선에) 미치지 못하고[不及] 경술과 정직함은 (설선을) 넘어섰다[過]. 무의 계모가 군에 살고 있었기 때문에 관리를 보내 맞이해 오게 했다. 때마침 성제(成帝)가 붕(崩)해 관리는 도로에 도적들이 있을까 걱정해 계모를 그냥 머물러 두게 했는데 (천자의) 좌우 사람들은 혹 무가 어머니를 모시는 것이 돈독하지 못하다고 비판했다. 애제(哀帝) 또한 대신들을 바꾸고 싶어 해 드디어 책(策)하여 무를 면직시키며 말했다.

"그대의 조치들은 번잡하고 가혹해 많은 이들의 마음에 부합하지 못했고 효도를 행한다는 명성을 들어보지 못했으며 악명(惡名)이 흘러다녀 사방에 모범을 보이지 못했다. 이에[其=於是] 대사공의 인끈을 반납해 올리고 직에서 물러나 봉국으로 나아가도록 하라."

5년 후에 간대부 포선(鮑宣)이 여러 차례 그의 억울함을 이야기했고 천자는 승상 왕가(王嘉)의 반대를 의식했으나 고안후(高安侯) 동현(董賢) 또한 무를 천거하니 무는 이로 말미암아 다시 불려와 어사대부가 됐다. 한 달여 뒤에 옮겨서 전장군(前將軍)이 됐다.

이에 앞서 신도후(新都侯) 왕망(王莽)이 봉국으로 나아가 몇 년이 지나자 상은 태황태후와의 연고로 망을 불러들여 경사(京師)에 돌아오게 했다. 망의 사촌동생 성도후(成都侯) 왕읍(王邑)이 시중(侍中)이 돼 태황태후의 뜻이라고 사칭하고서[矯稱] 애제에게 건의해 망을 특진으로서 급사중(給事中)으로 삼을 것을 청했다. (그런데) 애제가 태황태후에게 그것을 다시 청하자 일이 발각됐다〔○ 사고(師古)가 말했다. "태황태후는 이런 말을 한 적이 없었기 때문에 발각된 것이다."〕. 태후는 왕읍을 대신해 사죄했으며 상은 태후와의 연고 때문에 차마 주살할 수가 없어 읍을 좌천시켜 서하(西河-군)의 속국(屬國) 도위로 삼고 식읍 1,000호를 깎았다. 뒤에 조서가 내려와 태상(太常)이 될 만한 사람을 천거하게 하니 망은 몰래 자신을 천거해줄 것을 무에게 말했으나 무는 감히 천거할 수가 없었다. 몇 달 뒤에 애제(哀帝)가 붕하자 태후는 그날로 망을 들어오게 해서 대사마 동현의 인끈을 거둬들이고 유사에 조(詔)하여 대사마가 될 만한 사람을 천거하게 했다. 망은 전에 대사마였기에 자리를 사양하고 정씨(丁氏)와 부씨(傅氏)를 피하기 위해 많은 사람들은 그를 염두에 두고서 뛰어난 이가 되기를 바란다고 말했고 또 (왕망은) 태후의 근친이었기 때문에 대사도 공광 이하 조정의 모든 신하들은 다 망을 천거했다. 무는 전장군으로 있으면서 평소에 좌장군 공손록(公孫祿)과 사이[仲]가 좋았기 때문에 두 사람끼리 모의해 말하기를 옛날에 효혜(孝惠), 효소(孝昭)의 경우 어린 나이에 임금이 돼 외척인 여씨(呂氏), 곽씨(霍氏), 상관씨(上官氏)가 권력을 독점해 거의 사직을 위태롭게 만든 바 있었는데, 마침 지금은 효성(孝成)과 효애(孝哀)가 연이어 후사가 없으니 바야흐로 마땅히 친근해 어린 임금을 보좌할 사람을 뽑아 세워야 하고, 종실이나 외척이 아닌 대신이 권력을 쥐게 해 (천자와의 혈친 관계가) 가까운 사람과 먼 사람[親疏]을 서로 교차시켜 임명하는 것이 나라를 위한 계책으로 좋을 것이라고 했다. 이에 무는 공손록이 대사마를 맡을 만하다고 천거했고 녹 또한 무를 천거했다. 태후는 결국 스스로 망을 써서 대사마로 삼았다. 망은 유사에 은근히 말을 흘려[風=諷] 무와 공손록이 서로 상대방을 천거한 것을 탄핵하도록 해 둘 다 면직시켰다.

　무(武)가 봉국으로 나아간 뒤에 망은 (권세가) 날로 성대해져 스스로를 재형(宰衡)이라 하며 자기에게 붙지 않는 자들을 몰래 주살했다. 원시(元始) 3년에 여관(呂寬) 등의 일이 일어났다. 이때 대사공 견풍(甄豊)은 망의 은근한 뜻[風指=風采]을 이어받아 사자를 보내 역전의 말을 타고 가서 여관 등의 당여들을 붙잡아 다스리게 해, (평소에) 주살하고 싶었던 상당(上黨)의 포선(鮑宣), 남양(南陽)의 팽위(彭偉), 두공자(杜公子)를 연루시켜 붙잡았고 군국의 호걸들 중에서 연좌돼 죽은 자가 수백 명이었다. 무도 무고당한 사람 중에 포함돼 있어 대리정(大理正)의 함거(檻車)를 갖고 가서 무를 불러오니 무는 자살했다. 많은 사람들이 무는 억울하다고 생각했기 때문에 망은 중론을 만족시켜주려고 무의 아들 황(況)으로 하여금 뒤를 잇게 하고 후(侯)로 삼았으며 무에게는 날후(剌侯)라는 시호를 내려주었다. 망이 제위를 찬탈하자 황은 면직돼 서인(庶人)이 됐다.

왕가(王嘉)는 자(字)가 공중(公仲)으로 평릉(平陵) 사람이다. 경전에 밝아 사책(射策) 갑과(甲科)로 낭(郎)이 됐다가 전문(殿門)을 지키며 출입이 금지된 사람을 잘못 들여보낸 죄에 걸려 면직됐다. 광록훈 우영(于永)이 그를 제배해 연(掾-하급 관리)으로 삼았고 그의 염결(廉潔)함을 눈여겨보았다가 남릉(南陵) 승(丞)으로 삼았고 다시 그의 염결함을 높이 평가해 장릉(長陵) 위(尉)로 삼았다. 홍가(鴻嘉) 연간 중에 돈박(敦朴)하고 능히 곧은 말을 할 수 있는 사람으로 천거돼 선실(宣室)에 불려가 알현하고서 정사의 얻고 잃음에 관해 대답을 잘해 서열을 뛰어넘어[超遷] 태중대부(太中大夫)가 됐다. (외직으로) 나가서 구강(九江)과 하남(河南)의 태수가 됐는데 잘 다스려 명성을 얻었다. (조정에) 불려 들어와 대홍려(大鴻臚)가 됐고 경조윤(京兆尹)으로 옮겼다가 어사대부로 승진했다. 건평(建平) 3년에 평당(平當)의 뒤를 이어 승상이 돼 신보후(新甫侯)에 봉해지고 식읍 1,100호를 추가로 받았다.

가(嘉)는 사람됨이 강직하고 엄격해 위엄이 무거웠으며 상은 크게 그를 공경했다. 애제(哀帝)가 처음 즉위하고서 성제(成帝)의 정사를 바로잡으려고[匡=正] 해 많은 것들을 바꾸니 가가 소를 올려 말했다.

'신이 듣건대 빼어난 임금의 공로는 사람을 얻는 데[得人] 있다고 했습니다. 공자(孔子)가 말하기를 "인재를 얻기가 어려우니[材難] 그렇지 않은

가!"² 라고 했고 "그래서 뒤를 이어 제후로 세우면서 뛰어남[賢]을 닮도록 한다"³라고 했습니다. 비록 모두 다 뛰어날 수는 없지만 천자는 신하를 잘 골라 명경(命卿)을 세워 자신을 보필하게 하는 것입니다. 자기 봉국에 거주하면서 여러 세대 동안 존중을 받은 연후에야 선비와 백성의 많은 사람들이 귀의하는 것이며, 이리하여 교화를 행해야 비로소 다스림의 공로가 서게 됩니다.

(그런데) 지금의 군의 태수는 옛날의 제후보다 (맡은 바가) 막중한데 과거에는 뛰어난 인재를 선택함에 있어 뛰어난 인재를 얻기가 어려워 그나마 쓸 만한 사람을 발탁했으니 어떤 때는 죄수와 형도(刑徒) 중에서도 뽑았습니다. 옛날에 위상(魏尙)은 일에 연루돼 감옥에 있었지만 문제(文帝)께서 풍당(馮唐)의 말에 감화를 받으시어 사자를 보내 부절을 가지고 가서 그의 죄를 사면해주고 제배해 운중(雲中)태수로 삼으니 흉노가 그를 꺼렸습니다. 무제(武帝)께서는 형도들 중에서 한안국(韓安國)을 발탁해 그를 제배해 양(梁)의 내사(內史)로 삼으니 골육들이 편안해졌습니다. 장창(張敞)은 경조윤이 되고서 죄를 지어 마땅히 면직돼야 했는데 악질적인 관리가 이를 알고서 창(敞)을 범하니 창은 그를 붙잡아 죽였습니다. 그 가족이 억울함을 호소하자 사자를 보내 옥안을 다시 조사하게 하니 창이 사람을 죽였다고 탄핵하며 그를 체포할 것을 청했으나, (무제는) 유사에 그 일을 내려보내지 않아 마침내 면직만 시켰고 도망쳐서 수십 일이 되자 선제(宣帝)

---

2 『논어(論語)』 「태백(泰伯)」 편에 나오는 말이다.

3 『예기(禮記)』에 나오는 말이다.

께서 그를 불러 제배해 기주(冀州)자사로 삼으니 결국 그의 쓰임을 얻을 수 있었습니다. 전 시대가 이들 세 사람을 사사로이 봐준 게 아니라 그 재주와 그릇이 공가(公家-국가)에 유익할 것을 탐냈던 것입니다.

효문(孝文) 때 관직에 있는 관리 중에는 혹 자손들에게까지 그 관직의 이름을 성씨로 삼게 했으니 창씨(倉氏)나 고씨(庫氏)의 경우 창고 관리의 후예들입니다. 2,000석 관리들 또한 관(官)을 편안히 여기고 직(職)을 즐겼기에 그런 다음에야 위아래가 서로 바라보면서 구차하게 살아가려는 뜻을 버렸습니다. 그후에 조금씩 변해서 공경 이하가 서로 독촉해 급하게 구는 것을 서로 전했고 또 여러 차례 정사를 고쳤으니 사예(司隸)와 부자사(部刺史)들은 들춰내어 탄핵하고 세세한 것을 가혹하게 처리하면서 숨겨진 사사로운 것도 끄집어 올리니, 관리는 혹 관직에 있은 지 몇 달이면 물러나게 되는 바람에 옛 관리를 보내고 새 관리를 맞이하느라 길에서 서로 엇갈릴 정도였습니다.

중간 정도의 재주를 가진 사람은 구차스럽게 용모를 꾸며가며 어떻게 해서라도 자리를 보존하려고 하고 하등의 재주를 가진 사람은 (항상 죄를 얻으면 어떻게 하나라는) 위험을 품고서 속을 돌아보게 되니 그저 한 가지로 사사로운 일을 운영하려는 사람들이 많았습니다. 2,000석 관리는 점점 더 가볍고 천하게 돼 관리와 백성들은 그들을 업신여기고 쉽게 대해 혹 어떤 사람은 그들이 작은 허물을 저질렀다는 증거를 갖고 있다가 그것을 부풀려 죄를 만들어서 자사나 사예에게 말하거나 혹은 글을 지어 위에 고해 바치는 지경에 이르렀습니다. 그러니 많은 사람들은 쉽게 위태로워질 수 있다는 것을 알아서 조금만 마음에 들지 않으면 바로 배반하는 마음을 품게 됩니다. 전에 산양(山陽)에서 도망친 형도(刑徒)인 소령(蘇令) 등이 종횡으로 휘젓고 다녔지만 관리나 선비들 가운데 어려운 곳에 나아가 엎드려 절개를 갖고서 의로움을 위해 죽겠다는 사람이 없었으니 이는 태수와 (봉국의) 재상의 위엄과 권한을 평소에 빼앗아버렸기 때문입니다.

효성황제(孝成皇帝)께서는 이를 후회해 조서를 내려 2,000석 관리가 고의로 방종하지 않았다면 사자를 보내 금을 내려주어 그 뜻을 두터이 위로했으니, 이는 진실로 국가에 위급한 일이 있을 때 2,000석 관리에게서 방법을 가져와야 하는 것이라고 생각한 때문이며, 2,000석 관리는 위태롭고 힘든 가운데도 존중을 받아 마침내 아랫사람들을 능히 부릴 수가 있었습니다.

효선황제(孝宣皇帝)께서는 백성들을 잘 다스리는 관리들을 아끼셨는데 탄핵하는 장주(章奏)가 있어도 궁중에 보류해두었다가 마침 사면을 하게 될 때 한꺼번에 풀어주었습니다. 옛일에 의하면 상서(尙書)는 글을 아래로 내려보내는 경우가 아주 드물었지만 그럼에도 백성들을 번거롭고 시끄럽게 하며 증거를 찾아내 가두어 처리해 어떤 사람은 옥중에서 죽게 되니 장주문에는 반드시 "감히 이를 고합니다"라는 글자가 있어야만 마침내 아래로 내려보냈습니다. 오직 폐하께서는 뛰어난 이를 고르는 데 마음을 두시고 좋은 일들을 기억하며 허물은 잊으시어 신하들을 포용해 참아주시고 한 사람이 다 갖추지[備=備於一人]⁴ 못했다 해 책망하지 마시옵소서.

---

4 『논어(論語)』 여러 곳에서 공자는 자식의 다움[德]이 효라면 임금의 다움은 관(寬)이라고 했는데 이 관(寬)의 의미는 단순히 너그럽다가 아니라 아랫사람 한 명에게 모든 것이 다 갖춰져 있

2,000석 관리, 부자사, 삼보(三輔)의 현령들 가운데 재능도 있고 직무도 잘 감당하는 사람이 있으니 사람의 정리로 보아 허물과 모자라는 것이 없을 수 없을 것이므로 마땅히 넓게 보고 크게 보아 힘을 다하는 사람으로 하여금 권고를 받아들이게 하십시오. 이것이 바야흐로 지금의 급한 일이며 국가의 이로움입니다.

전에 소령이 일어나자 대부를 보내 쫓아가서 상황을 묻게 하려고 했는데 그때 대부들을 둘러보았지만 보낼 만한 사람이 없어 주질(盩厔)현령 윤봉(尹逢)을 불러 제배해 간대부로 삼아 그를 보냈습니다. 지금 여러 대부들 가운데도 재능이 있는 사람은 아주 적으니 마땅히 미리 성취할 만한 사람을 기른다면 그 선비는 어려움을 만나도 죽음을 아까워하지 않을 것인데 일을 당하고서야 갑자기 이에 구하려 하니 조정을 밝게 해줄 까닭이 없는 것입니다.'

가(嘉)는 이로 인해 유자 공손광(公孫光)과 만창(滿昌), 그리고 유능한 관리 소함(蕭咸), 설수(薛修) 등을 천거했는데 모두 옛날에 2,000석 관리로 명성이 있던 사람들이었다. 천자는 가의 말을 받아들여 그들을 썼다.

마침 식부궁(息夫躬)과 손총(孫寵) 등이 중상시(中常侍) 송홍(宋弘)을 통해 글을 올려 동평왕(東平王) 운(雲)이 저주한 일, 그리고 또 후의 외삼촌 오굉(伍宏)이 상을 시해하고 반역을 꾸미려 했던 모의 등을 고발하니 운 등은 복주됐고 식과 총은 발탁돼 2,000석 관리가 됐다. 이때 시중 동현이

기를 요구하지 않는 것[無求備於一人]이라고 했다. 당시에는 이 말의 의미를 정확하게 이해했기에 그냥 비(備)라고 해도 뜻이 통했던 것이다.

상에게 총애를 받고 있어 상은 그를 후(侯)로 삼고자 했으나 이렇다 할 구실[所緣]이 없었는데 부가(傅嘉)가 상에게 동평의 일을 근거로 현을 봉할 것을 권유했다. 상은 이에 궁과 총이 동평을 고발했던 원래의 문서를 고쳐 송홍의 이름을 빼버리고 다시 말을 바꿔 동현을 통해 소식을 들었다고 하고서 그 공로를 갖고서 현을 후에 봉하려 하면서 현, 궁, 총 모두에게 먼저 관내후(關內侯)의 작위를 내려주었다. 얼마 후에 현 등을 봉하려 했지만 상은 내심 가(嘉)를 꺼렸기에 마침내 먼저 황후의 아버지인 공향후(孔鄕侯) 부안(傅晏)으로 하여금 조서를 가지고 가서 승상과 어사에게 보여주게 했다. 이에 가(嘉)는 어사대부 가연(賈延)과 함께 봉사(封事)를 올려 말했다.

'가만히 보건대 동현 등 세 사람에게 처음으로 작위를 내려주시니 많은 사람들이 흉흉했는데 모두 말하기를 "동현이 귀해 그 나머지는 덩달아 은혜를 입은 것이다"라고 해 지금까지도 아직 유언비어가 사라지지 않고 있습니다. 폐하께서 동현 등에게 어질게 은혜를 베푸시는 바가 끊임이 없는데 마땅히 동현 등의 본래의 주문을 드러내어 이를 공경, 대부, 박사, 의랑 등에게 물어보시고 고금의 사례에 부합하는지를 살피시며 그 뜻을 밝게 바로잡은 연후에야 마침내 작위와 봉토를 더해줄 수 있을 것입니다. 그렇지 않을 경우 많은 사람들의 마음을 크게 잃을 것이며 해내에서 목 뒤를 끌어당기며 토의할까 걱정스럽습니다. 그 일을 드러내어 평가를 하게 되면 반드시 마땅히 책봉해야 한다고 말하는 사람이 있어 폐하께서 좇는 바가 있게 될 것이니 천하가 비록 다 기뻐하지는 않는다고 해도 그 허물을 나누는 바가 돼 (허물이) 폐하에게만 있지 않게 됩니다.

전에 정릉후(定陵侯) 순우장(淳于長)을 처음 책봉하면서 그 일 역시 토의를 거쳤습니다. 대사농 곡영(谷永)이 장(長)을 마땅히 봉해야 한다고 하니 많은 사람들은 허물을 영(永)에게 돌렸으므로, 돌아가신 황제께서는 홀로 그 비난을 다 받지는 않았습니다. 신 가와 신 연은 재주가 둔해 직책을 제대로 수행하지 못하니 죽더라도 책임이 남을 것입니다. 그러나 지시하신 것에 순응하고 거스르지 않아야 잠시라도 몸을 용납하실 수 있을 것인데 감히 그렇게 하지 못하는 까닭은 두터운 은혜에 보답하려 생각하기 때문입니다.'

상은 그 말에 느끼는 바가 있어 일단은 중지했고 몇 달 후에 드디어 조서를 내려 현 등을 봉하고 이어서 공경들을 절절하게 꾸짖으며 말했다.

"짐이 자리에 있는 이래로 병상에 있으면서 병에 차도가 없고 반역의 모의는 서로 이어져 끊이지를 않고 적란(賊亂)의 신하가 나를 유악(帷幄) 가까이에서 모시고 있다. 전에 동평왕 운(雲)과 후(后)의 알(謁)이 짐을 저주해 시의(侍醫) 오굉(伍宏) 등으로 하여금 중궁에서 짐의 맥을 짚게 해 거의 사직을 위태롭게 했으니 위험이 이보다 심할 수 없도다. 옛날에 초(楚)나라에 자옥득신(子玉得臣)이 있게 되니 진(晉)나라 문공(文公)은 그 때문에 옆자리에 가서 앉았고 근래의 일 중에는 급암(汲黯)이 회남(淮南)의 모의를 꺾었다. 지금 운(雲) 등이 천자를 시해하고 역란을 일으킬 모의를 도모하기에 이르렀으니 이는 공경 같은 고굉(股肱)의 신하들이 그 마음을 다하고 밝은 눈과 귀로 그 싹이 아직 나타나기 전에 없애려고 힘을 쓰지 못한 때문이다. 종묘의 신령들에 의지하고 시중 부마도위 현(賢) 등이 발각해 보고해 모두 그 죄인들을 복주했다. 『서경(書經)』에 이르지 않았던가?

'다움으로 그 선함을 빛내주도록 하라〔○ 사고(師古)가 말했다. "『상서(尙書)』 '반경(盤庚)' 편에 나오는 말이다."〕.'

이에 현을 봉해 고안후(高安侯)로 삼고 남양(南陽)태수 총을 방양후(方陽侯)로 삼고 좌조(左曹) 광록대부 궁을 의릉후(宜陵侯)로 삼노라."

여러 달 후에 일식이 일어나자 곧은 말을 하는 선비를 천거하게 하니 가(嘉)는 다시 봉사를 아뢰어 말했다.

'신이 듣건대 고요(皐陶)가 순(舜)임금에게 경계의 말을 올리기를 "오만과 안일함으로 나라를 다스리지 마시고 늘 조심하며 삼가소서[兢兢業業]. 하루 이틀 사이에 1만 가지 기틀이 생겨나는 법입니다"라고 했고, 기자(箕子)가 무왕(武王)에게 경계의 말을 올리기를 "신하는 위엄을 써서는 안 되고 복록을 내릴 수도 없으며 진귀한 음식[玉食]도 받아서는 안 됩니다. 신하가 위엄을 쓰고 복록을 내리고 진귀한 음식을 받으면 그 해악은 집 안에 미치고 그 흉함은 나라에 미치게 될 것입니다. 이리하여 관리들이[人]이 기울어지고 비뚤어지고 치우치면 백성들[民]은 넘보고 그릇되게[僭忒] 될 것입니다"라고 했습니다. 이와 같이 말한 이유는 만약에 높고 낮은 차례[尊卑之序]를 거스르고 음과 양의 다스림[陰陽之統]을 어지럽혀 그 해악이 임금에게 미치게 되면 그 나라는 극도로 위태로워지기 때문입니다. 나라의 관리들이 기울어지고 비뚤어지고 바르지 못하면 백성들은 분수를 뛰어넘어 한결같음을 버릴 것이고 이런 나라의 임금은 법도에 따라 일을 처리하지 않으니 위아래가 차례를 잃고 패망하게 됩니다. (주나라) 무왕(武王)은 이런 도리를 몸소 행해[履=踐] 그 융성함이 성왕(成王)과 강왕(康王)에까지 이르렀습니다. (그러나) 이때 이후로 (후계 임금들이) 마음 가는 대로 욕심을 마구 부려 법도가 점차 쇠퇴하자 신하가 임금을 시해하고 자식이 아버지를 시해하는 지경에 이르렀습니다. 아버지와 자식은 가장 가까운 사이[至親]인데도 예를 잃으면 우환이 생겨나는데 하물며 성(姓)이 다른 신하들이야 어떻겠습니까?

공자께서 말씀하시기를 "(제후의 나라인) 천승지국을 다스릴 때라도 매사에 임할 때 삼가는 마음으로 일관함으로써 백성들의 믿음을 얻어내고, 재물을 쓸 때는 절도에 맞게 해 사치를 멀리함으로써 백성들을 사랑해야 하며, (어쩔 수 없이) 백성들을 (공역 등에) 부려야 할 경우에는 때에 맞춰 (농사일을 하지 않는 농한기 때 시키도록) 해야 한다"[5]라고 했습니다. 효문황제(孝文皇帝)께서는 이러한 도리를 갖추어 행하시니[備行] 온 나라 안이 은혜를 입어 한나라의 태종(太宗)이 되셨습니다. 효선황제(孝宣皇帝)께서는 상과 벌을 실상에 맞게 밝히시고[信明] 절도에 맞게 정사를 베푸셨으며 사람들의 공로는 잊지 않으시고 작은 허물은 그냥 지나가심으로써 태평성대를 이루셨습니다. 효원황제(孝元皇帝)께서는 대업을 받들어 이어 받으셨는데 온화하고 공손하시며 욕심이 적으시어 도내전(都內錢)[6]에는 40억 전[四十萬萬], 수형전(水衡錢)[7]에는 25억 전, 소부전(少府錢)에는 18억 전

---

5 『논어(論語)』「학이(學而)」편에 나오는 말이다.

6 한나라 때 해마다 백성들에게서 징수한 세금(40억 전)은 관리들의 녹봉으로 주는 이외에 나머지는 모두 도성 안에 보관했다. 또 대사농(大司農)이 소장한 화폐를 도내전이라고도 했다. 왜냐하면 대사농 밑에 도내령(都內令), 도내승(都內丞)이 있어 국가가 소장한 화폐나 포백 등을 관장했기 때문이다.

7 수형이란 경사의 하천과 상림원 등을 겸해 세금 업무를 관장하던 기관이다.

이 비축돼 있었습니다. 일찍이 (원제께서) 상림원(上林苑)에 행차하자 후궁 풍(馮)귀인이 수종해 수권(獸圈)[8] 앞까지 나아갔는데 이때 맹수가 놀라 난간 밖으로 튀어나왔습니다. 이 귀인이 몸으로 그것을 막아내려 하자 원제께서는 그 뜻을 아름다이 여겨 상금을 내려주었는데 5만 전에 지나지 않았습니다. 또 후궁에 있는 자[掖庭]를 그 친척이 만나러 오면 황제는 그를 만나보고서 상사(賞賜)를 더해주었는데 많은 사람들이 보지 않는 데서 그 사람에게만 주었습니다. 공평함을 보이시고 편벽됨을 미워하시어 인심을 잃게 되는 것을 중하게 여겼고 상사(賞賜)를 아끼셨습니다. 이때에는 외척으로 재산이 1,000만 전인 자가 적었기 때문에 소부나 수형의 돈이 많았던 것입니다. 비록 초원(初元)과 영광(永光) 연간에 흉년과 기근을 만나고 더욱이 서쪽 강족(羌族)의 변란이 있었지만 대외적으로는 군대를 보내고 대내적으로는 가난한 백성들을 진휼함으로써 결국 나라가 기울고 위태로워지는 근심이 없었는데 이는 대궐의 창고가 꽉 채워져 있었기 때문입니다. 효성황제(孝成皇帝) 때에는 간언하는 대신들이 (연회를 즐기기 위한) 미행[燕出]의 해악과 여인을 총애하는 기벽(奇癖), 주색에 탐닉하는 것 등은 다움을 깎아 먹고 쉬 늙게 한다고 여러 차례 말씀을 올렸는데 그 말이 아주 심하게 간절했으나 (황제께서는) 끝내 원망을 하거나 분노하지 않았습니다. (또) 총애를 받던 신하 순우장(淳于長), 장방(張放), 사육(史育)의 경우 사육은 여러 차례 내침을 당해 쫓겨났고 집안의 재산도 1,000만 전에 이르지 못했으며, 장방은 축출당해 자신의 봉국으로 나아갔고, 순우장은 장

---

8 사육하는 맹수들을 둘러친 난간이다.

형을 당하고 감옥에서 죽었습니다. (이처럼 성제께서는) 사사로이 아껴줌[私愛]으로 공적인 의로움[公義]을 해치지는 않았기 때문에 비록 (여색을 좋아하는 등) 안으로는 여러 비난이 있었지만 조정은 안정되고 태평스러워 폐하께 대업을 전해주실 수 있었던 것입니다.

폐하께서는 봉국에 계실 때 『시경(詩經)』과 『서경(書經)』을 좋아하시고 검소와 절약을 높이시어 (새로운 황제로) 부름을 받아[征=徵] 경사로 들어오실 때 지나오시는 길가의 사람들은 다 (폐하의) 다움의 아름다움[德美]을 칭송했기 때문에 천하가 마음을 돌려 폐하를 받들어 모셨습니다. 처음 즉위하시어 황제의 상징인 휘장[帷帳]을 간소하게 하시고 비단으로 수놓은 장식을 없애셨으며 어가[乘輿]의 자리를 그냥 두꺼운 비단과 명주로만 꾸미도록 하셨습니다. 공황(共皇-애제의 아버지 정도공왕(定陶共王))의 침묘(寢廟)가 조성될 때는 자주 찾으시어 (거기에 동원된) 백성들을 걱정하고 마음 아파하셨으며 그들을 지나치게 부리지 못하도록 하심으로써 의로움으로 은혜를 나눠주셨고 문득 작업을 중지시키고 쉬게 하셨기 때문에 지금에야 비로소 조성 작업이 시작됐습니다. 그런데 부마도위(駙馬都尉) 동현도 관사(官寺)를 상림원 안에 두고 또 동현을 위해 큰 저택을 지어 문을 열면 (곧장) 북궐(北闕)을 향하고 왕거(王渠-서안 북쪽에 있는 도랑)를 끌어들여 정원과 연못에 물을 댔으며 사자(使者)가 그 작업을 호위하고 관리와 병졸에게 내리는 상사(賞賜)는 종묘를 지을 때 내리는 것보다 심했습니다. 동현의 어머니가 병이 나자 장안의 주관(廚官-대궐의 급식 담당관)이 제사용 기구들을 제공했고 그 때문에 길 가는 행인들 모두에게 먹고 마실 것을 주었습니다. 동현(의 제사)을 위해 기물을 내어주어야 할 때는 폐하께 상주토록 해 그것을 내려주게 했는데 혹 그 물건이 좋기라도 하면 그것을 만든 공인에게 특별히 상을 내리셨는데 폐하께서 친히 종묘와 삼궁(三宮)9에 공헌할 때에도 오히려 그것에 미치지 못할 정도였습니다. 동현의 집에 혼인으로 인한 손님이 오거나 친척이 방문하게 되면 여러 관리들이 나란히 나라의 재물로 그들을 모셨고 상사를 내리는 것이 머슴[倉頭]이나 노비에게까지 1인당 10만 전에 달합니다. 또 사자의 호위를 받으며 시장에서 물건을 가져왔기 때문에 수많은 상점들이 깜짝 놀랄 정도였고 거리의 사람들은 떠들썩하게 지켜보니 여러 신하들은 두렵고 혹할 지경입니다. (폐하께서는) 조서를 내리시어 황제의 정원[菀=御苑]을 없애라고 하시면서도 동현에게는 2,000여 경(頃)을 하사하셨으니 그로 인해 균전(均田)의 제도는 무너져내렸습니다. 사치와 참람됨을 마구 부리니 음과 양이 어지러워져 재앙과 이변이 많아지고 백성들이 유언비어를 퍼뜨리기를 서왕모(西王母)가 와서 주책(籌策)을 행할 것이라고 하자10 (사람들은) 서로 놀라 머리를 풀어 헤친 채[被髮] 맨발로 달아났고 말을 탄 사람들은 마구 내달려 하늘은 그 뜻을 어지러이 하니 스스로 멈출 수가 없었습니다. 어떤 사람은 주(籌)란 것은 책(策)이 잃어버리는 것을 경계하는 것이라고 말합니다. 폐하께서는 평소 어질고 일과 사람을 아시어[印紙] 일을

---

9 태황태후는 장신궁(長信宮)에 있었고 부(傅)태후는 영신궁(永信宮)에 있었으며 여기에 조태후의 궁을 합쳐 삼궁이라고 했다.

10 주(籌)도 책(策)도 다 꾀나 헤아림이다.

신중하게 처리하시니 지금 이 같은 큰 꾸지람[大譏]이 있는 것입니다.[11]

공자께서 이르기를 "(모시는 주군이) 위태로운데도 잡아주지 않고 넘어지려는데도 부축해주지 못한다면 장차 어디다 저 신하를 쓰겠느냐?"[12]라고 했습니다. 신 가(嘉)는 총애를 얻어 (조정의) 자리를 차지하고 있으면서도 어리석은 충정에서 나오는 믿음을 전할 바가 없어 남몰래 마음속으로 슬퍼하며 마음 아파하고 있습니다. 신의 몸이 죽어 나라에 조금이라도 보탬이 있다면 감히 스스로 전혀 아까워하지 않을 것입니다. 오직 폐하께서는 자신의 몸과 마음이 홀로 향하는 바를 삼가시고 많은 사람들이 함께 의심을 품는 바를 잘 살피셔야 할 것입니다. 예전에 총애를 받던 신하인 등통(鄧通)과 한언(韓嫣)은 스스로 교만한 데다가 (폐하께서) 귀하게 해주신 바가 정도를 잃어 놓고 즐기는 것이 그칠 줄을 몰랐고 이 소인배들이 정욕(情欲)을 이겨내지 못해 결국 죄에 빠지게 됐습니다. (그래서 이들은) 나라를 어지럽히고 몸을 망쳐 복록을 끝까지 온전하게 누리지를 못했으니 이것이 이른바 이것을 사랑해주면 저것을 해치기에 족하다는 말입니다. 마땅히 전대(前代)의 일들을 깊이 열람하시어 동현에 대한 총애를 절제하심으로써 그의 명을 온전하고 안전하게 해주시옵소서.'

마침내 상은 마음속으로 불쾌해했고 동현을 아껴주는 것이 훨씬 더 심해져 스스로도 이겨낼 수 없을 지경이었다.

때마침 할머니인 부(傅)태후가 훙(薨)하자 상은 부태후가 남긴 조서

---

11 그나마 말귀를 알아듣기 때문에 하늘이 재앙과 같은 큰 꾸지람을 내려 경계시킨다는 말이다.
12 『논어(論語)』「계씨(季氏)」 편에 나오는 말이다.

[遺詔]에 의거해 성제(成帝)의 어머니인 왕태후로 하여금 승상과 어사에게 조서를 내리도록 해 동현에게 2,000호를 더 봉해주고 공향후(孔鄕侯), 여창후(汝昌侯), 양신후(陽信侯)에게도 봉국(封國)을 하사했다.[13] 가는 조서를 봉해 반납하고서 이어 봉사를 올려 다음과 같이 간언을 올렸다.

'신이 듣건대 작록(爵祿)과 토지는 하늘의 소유물입니다. 『서경(書經)』에 이르기를 '하늘은 다움을 가진 자[有德]에게 명을 내리시어 다섯 가지 옷[五服]으로 다섯 가지를 펼쳤도다[五章]!'[14]라고 했습니다. 임금 된 자[王者]는 하늘을 대신해서 사람들에게 작위를 부여하기 때문에 그만큼 더 마땅히 삼가서 거행해야 합니다. 땅을 나눠 봉해주면서 그 마땅함을 잃는다면 많은 백성들[衆庶]은 마음으로 승복하지 않을 것이고 결국 음과 양을 흔들어놓아 그 해악과 병통이 절로 심해집니다. 지금 폐하의 몸[聖體=聖躬]은 오랫동안 편안치 못하시니 이는 신 가(嘉)가 마음속으로 두려워하고 있는 바입니다.

고안후(高安侯) 현(賢)은 폐하의 총애를 받는 신하라 해 폐하께서는 작위를 기울이시어 그를 귀하게 해주시고 재화를 오로지 몰아주시어 그를 부유하게 해주시며 폐하의 지존을 덜어내어 그를 총애하시니, 임금의 위엄은 이미 땅에 떨어졌고 창고에 비축된 재물은 이미 고갈돼 오직 부족하게 될까만을 두려워하고 있습니다. 재물이란 백성의 힘으로 이루어내는 것이

---

13 이들 세 사람은 각각 부안(傅晏), 부상(傅商), 정업(鄭業)이다.

14 「우서(虞書)」 '고요모(皐陶謨)' 편에 나오는 말이다. 하늘이 다움을 가진 자에게 명을 내려 천자의 지위를 부여할 경우 그 표시는 다섯 가지 의복과 다섯 단계의 신분 체계[五章]에 의거한다는 뜻이다.

니 효문황제(孝文皇帝)께서는 노대(露臺-영대)를 만들어 세우고 싶어 하셨지만 100금에 이르는 비용을 중하게 여기시어 스스로를 이겨내시고 노대 조성 작업을 포기하셨습니다. (그런데) 지금 동현에게 공적이 주세[公賦]공부를 풀어서 사사로운 은혜[私惠]사혜를 베푸시어 그 한 집 안에서만 1,000금을 받았으니 예로부터 지금까지 신하를 귀하게 해주는 것[貴臣]귀신으로 일찍이 이와 같은 일은 없었습니다. 그리고 이 소문은 사방으로 흩어져 모두가 똑같이 그것을 원망했습니다. 속담[裏言]이언에 이르기를 "1,000명으로부터 손가락질을 받게 되면 아무런 병도 없는데 죽게 된다"라고 했으니 신은 늘 이것을 생각하면 마음이 오그라듭니다. 지금 태황태후께서는 영신(永信)태후[15]의 유조(遺詔)로써 승상과 어사에게 명하시어 동현의 식읍을 더해주고 세 사람의 후에게 봉국을 내려주시니 신 가는 남몰래 의혹을 품게 됩니다.

산이 무너지고 땅이 흔들리며 삼조(三朝)에 일식이 일어나는 것은 모두 음이 양을 침범하는 것을 경계하는 것입니다. 이전에 동현은 재차 봉해졌고 부안(傅晏)과 부상(傅商)도 재차 식읍을 받았으며 정업(鄭業)은 사사로운 정으로 자기 하고 싶은 것을 마구 취해 은혜는 이미 지나칠 정도로 두터웠는데도 계속 취하고 구하는 바가 제 마음대로였고[自恣]자자 도무지 만족할 줄을 몰라 (지위가) 높은 사람을 그에 걸맞게 높여주는 의리[尊尊之義]존존지의가 크게 상했으니 이는 천하에 결코 보여주어서는 안 되는 것이라 그 해악은 참으로 통절합니다.

---

15 부(傅)태후를 가리킨다. 태태후(太太后)에서 황태태후(皇太太后)로 존숭된 부씨는 영신궁(永信宮)에 기거했기에 이렇게 부른 것이다.

신하가 교만해 임금을 범해[侵=犯] 가리게 되면 음과 양은 절도를 잃
고 기운은 이를 알아차리고서 서로 동요하게 돼 그 해악이 몸에 이르게
되는 것입니다. 폐하께서는 병으로 누우신 지 오래됐고 뒤를 이을 후사는
세워지지 않았으니 마땅히 만사를 바로 하고 하늘과 사람의 마음에 고분
고분하는 것만을 생각하시어 (하늘의) 복과 도움[福晁]을 구하고자 하신
다면 어찌 몸을 가벼이 하고 뜻을 함부로 함으로써 고조께서 부지런히 힘
들여 세운 제도(-한나라를 가리킨다)를 (후대에) 끝없이 전하고자 하는
바를 염원하지 않을 수 있겠습니까? 『효경(孝經)』에 이르기를 "천자에게
(바르게) 간쟁하는 신하[爭臣] 7명만 있으면 설사 (그 천자가) 도리가 없더
라도 그 천하를 잃지 않는다"라고 했습니다. 신은 삼가 조서를 봉해 (다시)
올리오니 굳이 드러내시지 말기를 바랍니다. (신은) 죽음을 좋아해 폐하의
뜻을 어긴 죄를 몸소 탄핵하지[自法=自劾] 않았던 것이 아니라 천하가 그
것을 듣게 될까 봐 두려워 감히 스스로를 탄핵하지 않았던 것입니다. 신은
어리석고 꽉 막혀[愚戇=愚固] 여러 차례에 걸쳐 폐하께서 피하고 꺼리시는
바[忌諱]를 범했사오니 오직 폐하께서 깊이 살펴주십시오.'
　이에 앞서 애초에 정위(廷尉) 양상(梁相)은 승상장사(丞相長史), 어사중
승(御史中丞) 및 5명의 2,000석 관리와 함께 동평왕(東平王) 유운(劉雲)의
옥사를 공동으로 다스릴 때[雜治=共治] 겨울 달[冬月][16]이 끝날 때까지는
아직 20일이 남아 있었다. 이때 상(相)은 마음속으로 운(雲)이 억울하며 옥
사(獄辭)에 거짓으로 꾸민 바가 있다고 의심이 들어 그 옥사를 장안으로

16　겨울 달은 10월, 11월, 12월 석 달이다.

전달해 다시 공경들에게 내려보내 재차 다스리도록 하고 싶었다. 상서령(尙書令) 국담(鞠譚)과 복야(僕射) 종백봉(宗伯鳳)은 (이를 보고서) 허락할 만한 것으로 여겼다. (그러나) 천자는 양상 등이 모두 삼의 옥체가 편안치 못한 것을 보고서 안팎으로 관망하며 두 마음[兩心=貳心]을 품고서 요행에 기대 운이 겨울을 넘기게 함으로써[17] 적을 토벌하려 하지 않고 상의 원수를 크게 미워하는 뜻을 갖지 않은 것으로 보고서 조서를 내려 상 등을 면직시켜 모두 서인(庶人)으로 삼았다. 몇 달 뒤에 크게 사면을 실시하자 가(嘉)가 봉사를 올려 상 등이 옥사를 다루는 데 훤히 숙달돼 있다[明習]며 (사면 대상으로) 추천했다.

'상은 계모(計謀)가 깊고 원대하며[深沉=深遠] 국담은 자못 우아한 문체[雅文]를 알고 종백봉은 경서에 밝고 행실을 잘 닦았으니 빼어나신 폐하께서 그들의 공로를 감안하시어 그들의 죄를 용서해주십시오. 신은 남몰래 조정을 위해 이 세 사람을 안타깝게 생각하고 있습니다.'

이 글이 올라가자 상은 (화가 나서) 가만히 있을 수가 없었다. (그리고) 20여 일 후에 가는 동현에게 2,000호를 더해주라는 일을 봉투에 넣어 반환하자 상은 마침내 화가 폭발해 가를 불러서 상서(尙書)로 나오게 한 다음 꾸짖으며 물었다.

"상 등은 전에 자리에 있으면서 충성(忠誠)을 다하지 않은 죄에 연루됐고 밖으로는 제후들에게 붙어 두 마음을 품어 신하 된 자의 의리를 어겼는데 (그대는) 지금 상 등의 재주가 아름답다고 칭찬하면서 그의 죄를 상

---

17 겨울 달에 사형하지 않으면 1등급 사면되는 것이 당시의 법이었다.

쇄해 용서해주기에 충분하다고 말하고 있다. 임금은 도리와 다움[道德]을
                                                                                도덕
갖고서 신하들을 삼공의 지위에 있게 해 그것으로 방략(方略)을 지휘하고
1만 가지 일들을 하나로 통합시켜 좋고 나쁨[善惡]을 분명하게 하는 것이
                                                    선악
그 직분이다. (그런데) 상 등의 죄악은 이미 열거돼 천하가 훤히 듣게 됐다
는 것을 알고 있으면서도 가끔 문득 그것 때문에 스스로를 몸소 탄핵하면
서 지금은 또 상 등을 칭찬하며 '조정을 위해 이 세 사람을 안타깝게 생각
하고 있다'라고 말했다. 대신의 행동거지[擧錯]가 방자한 마음을 자기 뜻대
                                          거 조
로 하고 나라를 미혹시켜 위를 옭아 넣고 있으니[迷國罔上] 이는 가깝게는
                                                미국   망상
임금보다 앞서고자 하는 것이니 장차 멀게는 어찌 되겠는가? 대답해보라."

왕가는 관을 벗고 죄를 빌었다. 일이 장군과 중조(中朝)[18]에 내려가자
광록대부 공광(孔光), 좌장군 공손록(公孫祿), 우장군 왕안(王安), 광록훈
마궁(馬宮), 광록대부 공승(龔勝)이 가가 "나라를 미혹시켜 상을 옭아 넣었
으며[迷國罔上] 도리를 잃었다[不道=無道]"라고 탄핵하며 정위와 함께 공
     미국   망상   부도 무도
동으로 (법으로) 다스릴 것을 청했다. 공승만이 홀로 왕가는 재상의 자리
에 있으며 여러 가지 일들이 허술한 곳이 많아 그 허물은 가에 의해 생겨
난 것으로 보았다. 그래서 가는 상 등을 추천한 죄는 작고 가벼운 죄인데
그것을 갖고서 "나라를 미혹시켜 상을 옭아 넣었으며 도리를 잃었다"는
죄를 물을 경우 천하에 과연 보여줄 수 있을 것인지를 두려워했다. (그러
나 상은) 결국 공광 등이 올린 안을 재가했다.

---

18 내조(內朝)를 가리킨다. 여기에는 대사마, 장군, 시중, 상시, 산기 등 여러 관리들이 포함된다. 외
    조(外朝)는 황제가 국정을 듣는 곳으로 승상 이하 600석 관리까지를 이른다.

공광 등은 알자(謁者)가 가를 불러 정위의 조옥(詔獄)에 나오게 해줄 것을 청했다. 이에 제서(制書)를 내려 말했다.

'표기(驃騎)장군, 어사대부, 중(中) 2,000석 관리, 2,000석 관리, 여러 대부들과 박사 그리고 의랑(議郞) 등이 토의하도록 하라.'

위위(衛尉) 운(雲) 등 50명은 "공광 등의 말대로 허가해야 합니다"라고 했다. 의랑 공(龔) 등은 "왕가가 일에 관해 말한 것은 앞뒤가 서로 맞지 않고 절조를 지키는 바가 일관되지 않으니 재상의 직임을 맡을 수 없다. 마땅히 작토(爵土)를 빼앗고 면직시켜 서인으로 삼아야 합니다"라고 했다. 또 영신궁(永信宮)의 소부(少府) 맹(猛) 등 10명은 이렇게 말했다.

"빼어난 임금이 옥사를 결단할 때는 반드시 먼저 원래의 마음에 비추어 죄를 정하고 뜻을 살펴 사정을 파악하기 때문에 그로 인해 죽는 자는 한을 품지 않은 채 땅속으로 들어가고 살아남은 자도 원망하는 마음을 갖지 않고서 죄를 그대로 받아들입니다. 밝은 임금은 빼어난 다움을 몸소 행해 대신에게 형벌을 내리는 것을 신중히 하고 널리 유사를 불러 토의케 해 나라 안의 사람들을 모두 납득시키려 합니다. 왕가의 죄명이 비록 법에 해당하기는 하지만 빼어난 임금이 대신을 대할 때는 승여에 있다가도 (지나가는 대신이 있으면) 내려오고 어좌에 있을 때는 (대신이 들어오면) 일어서며, 대신에게 병환이 있으면 가서 살펴보는 데 정해진 횟수가 없고 대신이 죽었을 때는 직접 가서 조문을 하느라 종묘의 제사를 중단하며, 대신을 조정으로 나아오게 할 때는 예로써 하고[進之以禮] 조정에서 물러가게 할 때는 의로움으로써 하고[退之以義] 대신을 주벌할 때는 오직 그의 행적만으로 했습니다[誅之以行]. 가만히 살펴보건대 왕가는 본래 양상 등에게 죄가 있고 또 그 죄악이 분명히 드러나기는 했지만 대신이 머리카락을 묶고 형틀에 매달린 채 맨몸으로 태형을 당하는 것은 나라를 무겁게 여기고 종묘를 기리는 바가 될 수 없다고 여깁니다. 지금 봄 달[春月]에 차가운 기운이 뒤섞이고 서리와 이슬이 수차례 내리고 있으니 마땅히 천하에 너그럽고 온화함[寬和]을 보이셔야 할 것입니다. 신 등은 큰 의로움을 알지 못하니 다만 폐하께서는 잘 살펴주십시오."

조서가 내려가자 알자로 하여금 부절을 갖고 가서 승상을 불러 정위의 조옥에 나오도록 했다. 사자(使者)가 이미 승상부에 도착하자 연사(掾史-승상부 소속 관리)들이 눈물을 흘리면서 함께 약을 가에게 올렸는데 가는 그것을 마시려 하지 않았다. 이에 주부(主簿)가 말했다.

"장군과 재상은 자기변호도 하지 않고 원통함도 진술하지 않는 것이 서로 이어져 내려오는 고사이니[19] 군후(君侯)께서는 마땅히 그에 준해 결단하셔야 합니다."

사자가 승상부의 문 위에 높이 앉아 있으니 주부는 다시 앞으로 나아와 약을 올렸고, 왕가는 약잔을 끌어당겨 그것을 땅에 내동댕이치고 (승상부의) 관속들에게 말했다.

"승상이 총애를 얻어 삼공의 자리에 있으면서 직책을 받들다가 나라에 잘못했으면 마땅히 큰 시장[都市]에서 엎드려 형을 받음으로써 많은 사람들에게 다 보여줘야 할 것이다. 승상이 어찌 아녀자이던가? 어찌 약을 먹

---

19 경제(景帝) 후(後) 원년(기원전 143년) 주아부(周亞夫) 사건 이후로 장군이나 재상이 하옥되면 반드시 주살됐다. 그래서 체포되기 전에 자살하는 것이 한나라에서는 일반화됐다.

고서 죽으라는 것인가?"

가는 드디어 복장을 갖추고 나아가 사자를 만나서 두 번 절하고 조서를 받았다. 그리고 관리들의 작은 수레를 타고 덮개를 떼어낸 채 관(冠)을 벗고서 사자를 따라서 정위에게로 갔다. 정위는 가로부터 승상과 신보후(新甫侯)의 인끈을 거둔 다음 가를 결박해 수레에 태워 도선조옥(都船詔獄)[20]으로 보냈다.

상은 가가 산 채로 옥리에게 나아갔다는 말을 듣고서 크게 화를 내며 장군 이하 5명의 2,000석 관리들과 함께 다스리도록 했다[雜治]. 옥리가 가를 꾸짖어 묻자[詰問] 가가 대답했다.

"일을 처리하는 사람은 일의 실상[實]을 찾아내려고 생각하는 법이다. 가만히 보건대 양상 등은 전에 동평왕의 옥사를 처리하면서 유운이 마땅히 죽어서는 안 된다고 한 것이 아니라 공경들을 모아서 (사안의) 중대함과 (처리의) 신중함[重愼]을 보이려 한 것이다. 또한 역마를 설치해 죄수를 보낼 경우 사세(事勢)로 볼 때 겨울 달을 넘길 수 없었기 때문이며 진실로 그가 안팎을 돌아보거나 유운에게 아부하려는 증거는 드러나지 않았다. 그래서 다행히 큰 사면을 입었던 것이다. 양상 등은 다 훌륭하고 좋은 관리이며 신이 남몰래 나라를 위해 뛰어난 이를 안타깝게 생각한 것이지 이 세 사람을 사사로이 대한 것이 아니다."

---

20 집금오(執金吾-대궐 문을 지켜 비상사(非常事)를 막는 일을 맡아보던 벼슬)의 휘하에는 중루령(中壘令), 시호령(寺互令), 무고령(武庫令), 도선령(都船令) 등 네 지휘관이 있었는데 그 가운데 도선령은 수군을 지휘하는 직책이다.

옥리가 말했다.

"진실로 이와 같다면 그대는 어찌하여 죄를 받는 것을 오히려 마땅한 것이라 여기며 나라에 빚을 졌다고 했소? 헛되이 감옥에 집어넣은 것은 아니라는 뜻이겠소."

옥리가 점점 가를 침범하며 능욕하자 가는 신음소리를 내며 하늘을 우러러 탄식하며 말했다.

"총애를 얻어 재상의 자리에 채워질 수는 있었으나 뛰어난 이를 나아가게 하고 뛰어나지 못한 이를 물리칠 수가 없었도다. 이것이 나라에 빚을 진 것이니 죽어서도 그 책임은 남겠구나."

옥리가 뛰어난 이[賢]와 뛰어나지 못한 이[不肖]의 이름을 묻자 왕가는 답했다.

"뛰어난 이는 옛날의 승상 공광(孔光)과 대사공 하무(何武)인데 나아가게 할 수 없었고, 그렇지 못한 이는 고안후 동현 부자인데 조정을 삿되게 어지럽혔음에도 물리칠 수가 없었다. 이 죄는 사형에 해당하니 죽어도 아무런 여한이 없다."

가는 감옥에 갇혀 20일 동안 아무것도 먹지 않다가 피를 토하고서 죽었다. 황제의 외삼촌인 대사마 겸 표기장군 정명(丁明)은 평소 가를 중히 여겼기에 그를 가련하게 생각하니 상은 결국 정명도 면직시키고서 그 자리를 동현이 대신 맡도록 했다. 상세한 이야기는 「동현전(董賢傳)」에 실려 있다.

가는 승상이 된 지 3년 만에 주살되고 봉국을 빼앗겼다. 그가 죽은 후에 상은 그가 올린 대책문[對]²¹을 열람하고서 그의 말을 깊이 생각한 다음 가를 대신해 공광을 다시 승상으로 삼았고 하무를 불러 써서[徵用] 어사대부로 삼았다.

원시(元始) 4년에 조서를 내려 충신(忠臣)으로 추록하고 가의 아들 숭(崇)을 봉해 신보후로 삼았으며 가에게 시호를 내려 충후(忠侯)라 했다.

사단(師丹)은 자(字)가 중공(仲公)으로 낭야(琅邪) 동무(東武) 사람이다. 『시경(詩經)』을 익혔고 광형(匡衡)을 섬겼다. 효렴(孝廉)으로 천거돼 낭(郎)이 됐다. 원제(元帝) 말에 박사가 됐다가 면직됐다. 건시(建始) 연간에 주에서 무재(茂才)로 천거해 다시 박사에 보임됐고 (외방으로) 나가 동평왕(東平王)의 태부(太傅)가 됐다. 승상 방진(方進)과 어사대부 공광(孔光)이 단(丹)은 논의가 깊고 넓으며 염정(廉正)하고 도리를 지킨다고 천거하자 불려들어와 광록대부, 승상 사직(司直)이 됐다. 몇 달 후에 다시 광록대부 급사중이 됐다가 이로 말미암아 소부(少府), 광록훈, 시중이 됐는데 심히 존중을 받았다. 성제(成帝) 말년에 정도왕(定陶王)을 세워 황태자로 삼게 되자 단을 태자 태부로 삼았다. 애제(哀帝)가 자리에 나아가자 좌장군이 돼 관내후의 작위와 식읍을 받고 상서(尙書)의 일을 총괄했으며 드디어 왕망을 대신해 대사마가 되자 고락후(高樂侯)에 봉해졌다. 한 달쯤 있다가 옮겨서 대사공(大司空)이 됐다.

상이 어려서 봉국에 있을 때 성제(成帝)가 정사를 외가에 넘겨버려 왕

---

21 천자의 물음에 답한 글이다.

씨(王氏)의 참람됨이 분수에 넘쳐 늘 대궐 안이 불안했다[邑邑=悒悒]. 애
제가 즉위하자 이런 것들을 바로잡고자 하는 의욕이 많았다. 이에 정씨와
부씨를 봉해 제배해 왕씨의 권력을 빼앗았다. 단은 (애제의) 사부였다 해
삼공(三公)의 지위에 있으면서 상에게 큰 총애를 얻고 있었다. 그래서 글
을 올려 다음과 같이 말했다.

'옛날에 양암(諒闇)하는 동안에는 (임금은) 말을 하지 않고 총재(冢宰-
재상)에게서 (명령을) 듣게 하고 3년 동안 아버지의 도리를 바꾸지 않았
습니다.[22] 지난번에 대행(大行)[23]의 영구(靈柩)가 당(堂)에 있는데 신 등에
게 관작을 내리시고 친족들에게도 미쳐 훤하게 모두를 귀하게 여기고 총
애하셨습니다. 외삼촌을 봉해 양안후(陽安侯)로 삼으셨고 또 황후의 존호
를 아직 정하지 못했는데도 미리 그 아버지를 봉해 공향후(孔鄕侯)로 삼
으셨습니다.[24] (그리고) 시중 왕읍(王邑)과 사성교위(射聲校尉) 왕한(王邯)

---

22 『논어(論語)』「헌문(憲問)」편에서 자장이 물었다. "『서경(書經)』에 고종(高宗)이 양암(諒闇)에
서 3년 동안 말을 하지 않았다고 했는데 무슨 뜻입니까?" 공자는 말했다. "어찌 반드시 고종
뿐이겠는가? 옛사람들이 다 그러했으니 임금이 죽으면 백관들이 자신의 직책을 총괄해 재상
[冢宰]에게 명령을 들어 업무를 추진하기를 3년 동안 했다." 양암은 그래서 원래는 지명이었는
데 뒤에는 천자나 제후가 상중(喪中)이라는 의미로도 사용됐다. 3년 동안 아버지의 도리를 바
꾸지 않는다는 말도 『논어(論語)』에서 가져온 것이다. 「학이(學而)」편에서 공자는 이렇게 말했
다. "(어떤 사람을 관찰할 때에는) 그의 아버지 살아 계실 때는 그 아들의 뜻을 살피고 아버지
가 돌아가신 경우에는 그가 하는 행동을 주의 깊게 지켜보아 3년이 지나도록 아버지가 살아
있을 때 보여준 도리를 조금도 잊지 않고 따른다면 그것은 효라고 이를 만하다."
23 천자나 제후가 사망해 아직 장사를 지내지 않은 상태를 대행이라 한다.
24 양안후는 황제의 외삼촌인 정명(丁明)이며 공향후는 황제의 장인인 부안(傅晏)이다.

등을 축출하셨습니다.[25] (이 과정에서) 조서를 자주[比=頻] 내려보냈고 정사를 바꾸시는 것이 갑작스레[卒=猝] 거칠었으며 차츰차츰 하는 바가 없었습니다.

신은 제 뜻대로 큰 의리[大義]를 밝게 진술할 수는 없고 또다시 작위를 굳게[牢=堅] 사양할 수도 없이 서로 좇아서 헛되이 후(侯)의 작위를 받게 되니 폐하의 허물만 더 늘여놓았습니다. (그런데) 최근에 군국(郡國)에서는 여러 차례 지진이 일어났고 물이 흘러넘치는 일이 생겨 인민들을 죽게 만들었으며 해와 달이 밝지 못하고 오성(五星)이 길을 잃었으니 이는 모두 다 (폐하의) 일처리가 도리에 적중하지 못하고[失中] 호령이 일정하지 않으며 법도가 이치를 잃고 음과 양이 뒤섞이고 혼탁해 나타난 반응들입니다.

신이 엎드려 생각건대 사람의 정이란 차원에서 보면 자식이 없을 경우 나이가 60, 70이 돼서도 오히려 널리 (여인들을) 취하고[取=娶] 많이 구하려 애씁니다. 효성황제(孝成皇帝)께서는 하늘의 명을 깊이 들여다보시어 (폐하께서) 지극한 다움을 갖췄다는 것을 훤히[燭=照] 아시고 장년의 나이[26]로써 스스로를 이겨내시어[克己] 폐하를 세워 후사로 삼으셨습니다. 먼저 돌아가신 황제께서 천하를 갑자기 버리시는[暴棄] 바람에 폐하께서 그 정통성[體]을 이으시니 온 세상이 안녕했으며 백성들은 두려워하지 않았는데 이는 먼저 돌아가신 황제의 빼어난 다움 덕택입니다. 그것은 마땅히 하늘과 사람의 공로가 합쳐진 데 따른 것입니다.

---

25 이 두 사람은 모두 태황태후인 왕정군의 친척이다.

26 성제가 애제를 후사로 삼을 때 성제의 나이 45세였다.

신이 듣건대 "하늘의 위엄은 얼굴 앞에서 지척도 떨어져 있지 않다〔○ 사고(師古)가 말했다. "늘 바로 앞에 있는 듯하니 마땅히 스스로 엄숙히 하고 두려워해야 한다는 말이다."〕"[27]라고 했습니다. 바라건대 폐하께서는 먼저 돌아가신 황제께서 폐하를 세워 일으키신[建立] 뜻을 깊이 생각하시고 또 스스로를 이겨내시고 몸소 행하심으로써 수많은 아랫사람들이 따르고 교화됨[從化]을 살피셔야 합니다. 천하란 폐하의 집이니 폐부(肺腑)와 같은 사람들이 어찌하여 부귀하지 못한가를 걱정하시어 결코 어떤 일을 창졸간에 결정하지 말아주십시오.

먼저 돌아가신 황제께서는 신의 어리석음을 제대로 헤아리지 못하시고 태부(太傅)로 삼으셨기에 폐하께서는 신을 사부(師傅)로 믿고 의지하게 됐습니다. 그래서 아무런 공로나 다움도 없으면서 재상의 한 자리를 차지했고[備鼎足] 큰 봉국을 하사받았으며, 황금을 내려주셨고 지위는 삼공에 이르러 폐하를 돕는 일을 맡았으면서도 제대로 충성을 다해 허물을 보완하지도 못하는 바람에 백성들로 하여금 몰래 모의하게 만들고 재앙과 이변이 여러 차례 보였으니 이는 신의 큰 죄입니다. 신이 감히 해골(骸骨-사직)을 청해 바닷가로 돌아가겠다고 말씀 올리지 못한 것은 속이려 했다는 혐의를 받을까 두려워해서입니다. 진실로 무거운 책임을 졌다는 것에 대해 부끄러움을 느끼며 의리상으로 죽을 힘을 다하지 않을 수 없었습니다.'

글이 수십 차례 올라갔는데 대부분이 절실하고 곧은[切直] 말이었다.

---

27 이 말은 『춘추좌씨전(春秋左氏傳)』 희공(僖公) 9년(기원전 651년)에 나오는 말로, 제나라 환공이 재공(宰孔)에게 한 말이다.

애초에 애제(哀帝)가 즉위했을 때 성제(成帝)의 어머니를 태황태후라고 부르고 성제의 조(趙)황후를 황태후라고 불렀으나 상의 할머니 부(傅)태후와 어머니 정후(丁后)는 둘 다 경사의 저택에 있으면서 스스로는 정도공왕(定陶共王)이라고 칭했다. 고창후(高昌侯) 동굉(董宏)이 글을 올려 말했다.

'진(秦)나라 장양왕(莊襄王)은 어머니가 본래 하씨(夏氏)인데 화양부인(華陽夫人)의 양자로 있다가 즉위한 뒤에야 모두 태후라고 했습니다. 마땅히 정도공왕의 후(后)를 세워 황태후로 삼아야 할 것입니다.'

글을 유사에 내려보냈다. 이때 단은 좌장군으로서 대사마 왕망과 함께 굉(宏)을 탄핵할 것을 아뢰었다.

"황태후라는 지존의 칭호가 있어야 천하가 하나로 통일된다는 것을 알면서도 멸망한 진나라의 사례를 끌어들여 비유를 한 것은 빼어난 한나라 왕조를 오도한 것이 마땅히 해서는 안 될 말이며 크게 부도(不道)한 짓입니다."

상은 막 새로 세워졌기 때문에 망과 단의 말을 받아들여 써서 굉을 면직해 서인으로 삼았다. 부태후는 크게 화가 났다. 그래서 상에게 반드시 존호를 칭해야 할 것이라고 요구하니 이에 상은 정도공왕(定陶共王)[28]을 추존해 공황(共皇)으로 삼고 부태후를 높여 공(共)황태후로 삼고 정후(丁后)를 공(共)황후로 삼자 낭중령 냉포(冷褒)와 황문랑 단유(段猶)가 글을 올려 말했다.

---

28 정도공왕 유강(劉康)은 애제의 친아버지이며 공왕은 유강이 죽은 다음에 붙인 시호다. 부(傅)태후는 정도왕의 어머니이며 애제의 할머니다. 정희는 정도왕의 부인으로 애제의 생모다.

'정도공황태후, 공황후는 모두 정도(定陶)라는 번국(蕃國)의 이름을 끌어들여 큰 호칭으로 삼아서는 안 되며, 거마와 의복은 마땅히 지존의 뜻에 어울려야 할 것이며, 2,000석 관리 이하를 두어 각각 그 직무를 제공하도록 하고 또 마땅히 공황을 위해 경사(京師-수도)에 사당을 세워야 합니다'.

상이 다시 그 의견을 내려보내니 유사는 모두 마땅히 냉포와 단유의 의견대로 해야 한다고 했다. 오직 단만이 다음과 같이 말했다.

"빼어난 임금이 예(禮)를 제정할 때는 하늘과 땅[天地]에서 그 모범[法]을 취했습니다. 그랬기 때문에 높고 낮음[尊卑]의 예가 밝으면 인륜(人倫)의 차례도 바르고 인륜의 차례가 바르면 하늘과 땅[乾坤]은 다 제 지위를 얻었고 음양(陰陽)은 그 절도에 고분고분했기에 임금과 만백성은 모두 다 (하늘의) 도우심과 복록[祐福]을 입을 수 있었습니다. 높고 낮음이란 하늘과 땅의 지위를 바르게 해주는 것이라 (함부로) 어지럽혀서는 안 됩니다.

(그런데) 지금 정도공황태후(定陶共皇太后)와 공황후(共皇后)가 정도공(定陶共-번국의 칭호)을 칭호로 삼으려는 것[29]은 어머니가 자식을 따르고 지어미가 지아비를 따르겠다는 뜻입니다. 관직을 세우고 관리를 두려는 것, 그리고 수레와 의복[車服]의 예를 태황태후[30]와 나란히 하려고 하

---

29 정도공황태후인 부(傅)씨는 자신의 남편인 원제가 죽고 아들인 유강이 정도왕이 되자 아들을 따라서 정도국으로 내려갔으며 정도공황후는 정도왕 유강의 부인인 정희(丁姬)이며 현재 황제인 유흔의 생모다.

30 원제의 부인이며 성제의 어머니인 왕정군을 가리킨다.

는 것은 높고 낮음에 있어 가장 윗자리는 둘이 될 수가 없다는 뜻을 밝히는 바가 아닙니다. 정도공황(定陶共皇)이라는 시호는 이미 전에 정해졌기 때문에 의리상으로도 다시 고칠 수가 없습니다. 『예기(禮記)』에 이르기를 '아버지가 벼슬 안 한 선비[士]인데 자식이 천자가 되면 (아버지의) 제사는 천자로서 지내고 그 시신은 선비의 복장을 입는다'라고 했습니다. 이는 자식이 아버지에게 벼슬[爵]을 내릴 수는 없지만 부모를 높일 수는 있다는 것입니다. (친아버지가 아닌) 다른 사람의 뒤를 이은 사람은 그 사람을 위해 아들이 되는 것이니, 그래서 자신이 그 뒤를 잇게 된 그 사람을 위해서는 참최(斬衰) 3년의 복을 입고 그를 낳아준 부모를 위해서는 복상 기간을 1년[期]으로 낮추는 것입니다. 이는 본조(本祖-황통을 잇게 해준 사람)를 높여 바른 계통[正統]을 중하게 여기는 바를 밝혀주는 것입니다.

효성황제(孝成皇帝)의 빼어난 은혜는 깊고도 멉니다. 그래서 공왕(共王)을 위해서도 후계를 세워주어 제사를 받들어 잇도록 해주시어 지금 공황은 영원토록 한 나라의 태조가 됐으니[31] 만세토록 훼철되지 않을 것이며 그 은혜로운 뜻은 이미 다 갖춰졌습니다. 폐하께서는 이미 먼저 돌아가신 황제를 몸으로 이으시어 대종(大宗)의 중요한 지위를 가지셨으며 종묘와 천지와 사직의 제사를 이으셨으니 의리상으로도 다시는 정도공황을 받들어 그 사당에 들어가 제사를 지내실 수가 없습니다. 그런데 경사에 사당

---

31 성제는 수화(綏和) 원년(기원전 8년) 애제를 태자로 정하고 나서 그의 아버지인 공왕을 위해 초효왕인 유효(劉囂)의 손자인 유경(劉景)을 정도왕으로 삼아 애제의 생부인 정도왕 유강의 후사를 잇도록 했다. 또한 유강을 정도국이라는 번국의 창시자로 삼아 정도국의 태조가 되게 해주었다.

을 세우시려 하고 또 신하로 하여금 거기에 제사를 지내도록 하시니 이는 결국 그 사당의 주인을 없게 만드는 것입니다. 또한 혈친의 한계가 끝나면 [親盡]
친진
마땅히 훼철하는 것인데 굳이 한 나라의 태조가 돼 끝없는 제사를 받을 수 있는 자리를 떠나게 만들어 주인도 없고 마땅히 훼철될 수밖에 없는 바르지 못한 예로 나아가게 하시니[32] 이는 결코 공황을 높이고 두터이 하는[尊厚]
존후
바가 아닙니다."

이로 말미암아 단은 점점 상의 뜻에 맞지 않게 됐다. 마침 누가 글을 올려 옛날에는 거북이 껍데기나 조개를 화폐로 삼았는데 지금은 동전으로 그것을 대신하고 있어 백성들은 그 때문에 가난해졌으니 마땅히 화폐를 바꿔야 한다고 했다. 상이 이 문제를 단에게 묻자 단은 화폐를 바꿔야 할 것이라고 대답했다. 글을 유사(有司)에 내려 토의하게 하니 모두 동전 유통은 그 유래가 오래됐기 때문에 이를 갑자기[卒=猝]
졸   졸
바꾸는 것은 어렵다고 했다. 단은 노인이라 자신이 전에 했던 말을 잊어버리고 뒤에 공경들의 의견을 따랐다. 또 단은 관리를 시켜 주문(奏文)을 글로 쓰게 했는데 관리는 몰래 그 초안을 베껴두었고 정씨(丁氏)와 부씨(傅氏)의 자제들은 그 이야기를 듣고서 사람을 시켜 단이 올린 봉사는 길 가는 사람이라면 누구나 그 글을 갖고 있다고 상에게 아뢰게 했다. 상이 그것을 가지고 장군과 중조(中朝)의 신하들에게 묻자 모두 이렇게 대답했다.

---

32 애제의 생부인 유강의 사당을 경사에 두어 제사를 지내게 한다고 해도 세월이 지나면 친진(親盡)하게 돼 결국은 훼철당하고 제사를 지내지 않게 된다. 반면에 유강의 사당을 정도국에 그냥 두면 계속 태조로서 제사를 받을 수 있다는 말이다.

"충신이라면 드러나게 간언을 해서는 안 되며 대신이 일을 아뢴 것은 새어나가서는 안 되고 관리와 백성들이 이를 전하고 베껴 온 사방으로 흘러 다니게 해서는 안 될 것입니다. '신하가 주도면밀하지[密=周密] 못하면 몸을 잃게 된다'〔○ 사고(師古)가 말했다. "『주역(周易)』 「계사전(繫辭傳)」에 나오는 말이다."〕라고 했으니 마땅히 정위에 내려 다스려야 할 것입니다."

일을 정위에 내려보내자 정위는 단을 대불경(大不敬)(이라는 죄목)으로 탄핵했다. 일이 아직 결판을 보지 못하고 있을 때 급사중 박사 신함(申咸)과 계흠(炔欽)〔○ 소림(蘇林)이 말했다. "炔은 (발음이 결이 아니라) 계(桂)다."〕이 글을 올려 말했다.

'단은 경전과 행실[經行]에서 비할 바가 없으며 근세의 대신들 가운데 단과 같이 능력이 있는 자는 적습니다. 비분한 마음을 드러내어 봉사를 올렸는데 깊고 멀리 생각하지 못하고 주부로 하여금 글을 쓰게 했으니 누설시킨 허물은 단에게 있는 것이 아닙니다. 이 일로 그를 폄출시킨다면 아마도 많은 이들의 마음을 만족시키지[厭=足] 못할까 걱정입니다.'

상서(尙書)가 함(咸)과 흠(欽)을 탄핵해 말했다.

"요행히 유관(儒官)으로 뽑혀 (상의) 복심으로 상을 위해 일의 적중함을 가려내고 의심스러운 바를 바로잡아줘야 하는 자리에 있으면서 단이 사직의 중신이라 그의 죄를 토의해 처벌을 해야 하는 것은 국가로서 신중히 해야 하는 것임을 알면서도 함과 흠은 처음에는 경서의 뜻에 기대어 마땅히 처벌해야 한다고 했다가 일이 복잡하게 진행되자 마침내 다시 글을 올려 망령되이 단을 칭송해 앞뒤가 서로 맞지 않으니 불경(不敬)이라 할 수 있습니다."

상은 함과 흠의 작질을 각각 2등급씩 깎았고 드디어 책서로 단을 면직시켰다.

'무릇 삼공(三公)이란 짐의 복심으로 좋은 점을 보필하고 허물을 도와 백료들을 바르게 이끌고 천하를 화합시키는 자리다. 짐은 이미 눈 밝지 못해[不明] 정사를 공들에게 맡겼는데 근래에 음과 양이 조화를 잃고 추위와 더위가 이상(異常)을 보이며 재이가 여러 차례 찾아오고 산이 무너지고 지진이 일어나며 강의 제방이 터지고 샘이 용솟음치며 인민들을 죽게 해 백성들이 유랑해 마음을 둘 바를 잃었는데도 사공(司空)의 직(職)은 더욱 내버려져 있었다. 그대[君]는 자리에 있으면서 대궐을 들고 난 지가 3년이 됐는데도 충성스러운 말이나 아름다운 계책을 내가 들은 바 없고 도리어 붕당을 지어 서로 진출시켜주어 공정하지 못하다[不公]는 평판이 있다. 최근에[乃者] 힘써 농사를 짓는 사람들을 예우하는 일과 화폐를 고치는 장주를 그대에게 보였더니 그대는 짐에게 고치는 것이 좋겠다는 의견을 말해놓고 그후 그대의 말을 갖고서 조정 신하들에게 널리 의견을 구할 때는 마침내 많은 이들에게 부화뇌동하며 밖에다가 마치 그것이 불편한 것처럼 말해 이를 지켜보는 자들로 하여금 짐을 비난하게 만들었다. 짐은 속으로 참으면서 그것을 겉으로 알리지 않았고[不宣] 그대를 생각해 허물을 감수했다. 짐은 편당을 지은[比周=偏黨] 무리가 허위를 갖고서 교화를 무너뜨려 그것이 점차 풍속으로 자리 잡게 되는 것을 미워한다. 그래서 여러 차례 글을 보내 그대를 일깨워 그대가 스스로를 살펴 허물을 자신에게서 구하기를 바랐건만[幾=冀] 도리어 받아들이지 않고 물러나서는 다른 말을 했다. (그러고는) 그대가 봉사를 올리기에 이르자 이미 길가에 그 내용이다 퍼지고 조정과 시장에서도 널리 소문이 나 일을 논하는 자들은 대신이 불충을 범했다 하고 그 죄는 중대한 형벌에 해당이 되며 허망함으로 헛된 명성을 얻으려 했다 해 비방하는 말이 흉흉하고 사방으로 퍼져나가고 있다. 복심이라는 자가 이런 정도이면 짐과 거리가 먼 사람들은 어떠하겠는가? '두 사람이 마음을 합하면 가져올 수 있는 이익'〔○ 사고(師古)가 말했다. "『주역(周易)』 「계사전(繫辭傳)」에 '두 사람이 한마음이 되면 그 이익은 금을 자르고도 남는다'라고 한 데서 끌어온 것이다."〕'에서 거의 벗어나버렸으니 장차 어떻게 아래 신하들을 이끌고 모범을 보여줄 것이며 먼 지방의 백성들을 귀부시켜 가까이해줄 수 있겠는가? 짐이 생각건대 그대의 지위는 높고 임무는 무거운데 사려가 주도면밀하지[周密] 못해 속일 생각을 품고 나라를 미혹시키면서 진퇴의 명을 어기고 말을 뒤집어 앞에서 했던 것과는 다른 말을 하니 심히 그대를 부끄럽게 생각하며 이는 함께 하늘과 땅을 받들고 국가의 뜻을 영구히 보존하는 이치가 아니다. 그대가 일찍이 (짐의) 사부의 자리에 있었기 때문에 차마 아직은 법률대로 처리하지 않고 있고 이미 유사에 조서를 내려 그대를 용서하고 (법으로는) 다스리지 말도록 했다. 이에 대사공과 고락후의 인끈을 올려 보내고 직에서 물러나 고향으로 돌아가라.'

상서령(尚書令) 당림(唐林)이 소(疏)를 올려 말했다.

'가만히 보건대 대사공 단을 면직시키는 책서는 대단히 깊고 통절한데 (무릇) 군자가 글을 지을 때는 뛰어난 이를 위해 감추어두는 바입니다. 단은 경전에서는 세상의 유종(儒宗)이고 다움으로는 나라의 황구(黃耈-원로)이며 몸소 성궁(聖躬-폐하)을 가르쳤고 지위는 삼공에 있으며 연루된 바는 미미하고 나라 안에서는 아직 그의 큰 허물을 보지 못했으며 일은 이미 지나가버렸는데 작위를 빼앗은 것은 대단히 무거워, 경사에 있는 식자라면 모두 마땅히 단의 작위와 봉읍을 회복시켜야 한다고 생각하고 있으니 봄가을에는 천자를 알현할 수 있도록 해주시고 사방의 존경을 그대로 받게 해주소서. 오직 폐하께서 많은 이들의 마음을 잘 헤아리시어 스승이 되는 신하를 위로하고 보답하셔야 할 것입니다.'

상은 림(林)의 말을 좇아 조서를 내려 단에게 관내후의 작위와 식읍 300호를 내려주었다.

단(丹)이 이미 면직되고서 수개월이 지나 상은 주박(朱博)의 의견을 써서 부(傅)태후를 높여 황태태후(皇太太后)라고 하고 정후(丁后)를 제(帝)태후로 삼아 태황태후 및 황태후와 동등하게 했고 또 공황(共皇)을 위해 사당[廟]을 경사에 세웠고 의례는 효원황제(孝元皇帝)와 똑같이 했다. 박(博)이 승진해 승상이 되자 다시 어사대부 조현(趙玄)과 함께 아뢰어 말했다.

"전에 고창후(高昌侯) 굉(宏-동굉)이 가장 먼저 존호를 세워야 한다는 의견을 냈는데 단에게 탄핵을 당해 면직돼 서인이 됐습니다. 그때는 천하가 참최(參衰=斬衰)와 조복(粗服)을 입었으므로 정사를 단에게 위임했습니다. (그런데) 단은 혈친을 높이려는 뜻을 널리 기리는 데 대해 깊이 생각하지 아니하고 망령된 칭호에 대한 설을 갖고서 존호를 억누르고 폄하해 효도를 훼손했으니 불충이 이보다 클 수 없습니다. 폐하께서는 빼어나고 어지시어 훤하게 존호를 정하셨으니 굉은 충성과 효도의 이름으로 고창후를 회복시켜주시고 단은 간사한 역심을 갑자기 드러냈으니 비록 사면령을 입었다고는 하지만 작위와 봉읍을 가져서는 안 될 것이니 청컨대 면직해 서인으로 삼으셔야 할 것입니다."

아뢴 바를 허락했다. 단은 이에 폐서인이 돼 고향으로 돌아가 여러 해를 지내야 했다.

평제(平帝)가 자리에 나아가자 신도후 왕망은 태황태후에게 건의해 부태후, 정태후의 무덤을 파내자고 해 그 새수(璽綬)를 빼앗고 고쳐서 일반 백성의 수준으로 장례를 지내고 정도(定陶)에서는 공황의 사당을 무너뜨려 없애버렸다[隳廢]. 의견을 억지로 만들어낸 냉포와 단유 등은 모두 합포(合浦)로 유배를 보냈고 다시 고창후 굉을 면직해 서인으로 삼았다. 단을 불러 공거(公車)에 이르게 해 관내후의 작위와 옛날의 식읍을 다시 내려주었다. 태황태후는 대사도, 대사공에게 조하여 말했다.

"무릇 다움이 있는 자는 기리고 큰 공로[元功]가 있는 자는 상을 내리는 것은 옛날의 빼어난 임금의 제도이자 그 어떤 왕이라도 바꿀 수 없는 도리다. 그래서 정도태후가 참호(僭號)를 사칭한 것은 참으로 의리에 어긋난 것이었다. 관내후 사단은 나랏일에 성실해 자신의 환난을 돌보지 않았으며 충성과 절의를 쥐고서 빼어난 법에 의거해 존비(尊卑)를 제대로 분명히 밝혔으니 확고하게 나라의 주석과도 같은 견고함을 갖고 있었고 대절(大節)에 임해 그 뜻을 빼앗을 수 없었다는 점에서 그는 이른바 사직의 신하라고 할 만하다. 유사에서는 이미 거짓된 칭호를 정하는 데 관여했던 간사한 신하들을 추방했으나 단의 공로에 대한 포상은 아직 이뤄지지 않았으니, 먼저 상을 주고 뒤에 벌하라는 의리에 거의 어긋남이 있어 다움이 있는 자는 표창하고 그 공로에 대해서는 보답하는 뜻에 맞지가 않다. 이에 후구현(厚丘縣)의 중향(中鄉) 2,100호를 갖고서 단을 봉해주고 의양후(義陽

侯)로 삼아라."

한 달쯤 지나 훙하니 시호를 절후(節侯)라고 했다. 아들 업(業)이 뒤를 이었으나 왕망이 패망하면서 끊어졌다.

찬(贊)하여 말했다.

"하무(何武)의 천거, 왕가(王嘉)의 간쟁, 사단(師丹)의 건의[○ 사고(師古)가 말했다. "하무는 공손록을 대사마에 천거했고, 왕가는 동현에게 봉읍을 더해주는 것에 대해 간쟁했으며, 사단은 정씨와 부씨에게 존호를 올려서는 안 된다고 의견을 냈다."]는 그 화복을 깊이 살핀 것이라 마침내 뒤에 효험이 있었다. 왕망이 일어나던[作=興] 때를 맞아 안팎은 모두 복종했고 동현에 대한 총애는 친척에 버금갔으며[疑=擬=比] 무(武)와 가(嘉)의 간절함은 마치 한 삼태기 흙을 지고서 장강과 황하를 막으려고 몸을 물속에 던진 것과도 같았다. 단과 동굉(董宏)은 서로 번갈아 상과 벌을 받아야 했으니 슬프도다. 그래서 (옛말에 이르기를) '세상에 기대면 도리를 내버리게 되고 세속을 거스르면 목숨이 위태롭다'라고 했으니 이는 옛 뛰어난 사람들이 작위를 받는 것을 어렵게 여긴 까닭이다."

권
◆
87

양웅전
揚雄傳

〖상〗

양웅(揚雄)은 자(字)가 자운(子雲)으로 촉군(蜀郡) 사람이다. 그의 선조는 주(周)나라의 (왕실의) 백교(伯僑)라는 자로부터 나와 왕실의 지족[支庶=支族]으로서 처음에는 진(晉)나라의 양(揚)을 채지(采地)로 삼았고 성씨도 거기서 나왔지만 백교가 어떤 왕의 분파인지는 알 수가 없다. 양(揚)은 황하와 분수(汾水)의 사이에 있으며 주나라가 쇠퇴하자 양씨(揚氏)가 혹후(侯)라고 칭해 양후(揚侯)로 불린 것 같다. 마침 진나라 6경(卿)이 권력 싸움을 벌이는 바람에 한(韓), 위(魏), 조(趙)나라가 일어나 범중항(范中行)과 지백(知伯)의 세력이 패퇴했다. 이런 때를 맞아 양후를 핍박하니 양후는 초(楚)나라 무산(巫山)으로 달아났고 그것이 계기가 돼 집안이 거기에 머물러 살았다. 초나라와 한나라가 일어날 때 양씨는 장강의 상류로 거슬러 올라가[溯=遡] 파군(巴郡) 강주현(江州縣)에 자리를 잡았다. 그리고 양계(揚季)는 관직이 여강(廬江)태수에 이르렀는데 한(漢)나라 원정(元鼎) 연간에 원수를 피해 다시 장강의 상류로 거슬러 올라가 민산(岷山)의 남쪽[陽]에 있는 피현(郫縣)〔○ 사고(師古)가 말했다. "郫는 발음이 (비가 아니라) 피(疲)다."〕에 살았는데 거기에서 100무의 땅과 한 구획의 주택을 소유하고서 대대로 농사와 누에치기를 업으로 했다. 계(季-양계)에서 웅(雄-양웅)에 이르기까지 5대를 내려오는 동안 계속 외아들로 이어졌고 그 때문에 촉(蜀) 땅에서 양씨 성을 가진 사람은 모두 웅의 일족이었다.

웅은 어려서 학문(-유학)을 좋아했지만 장구(章句)를 외우는 것을 위주로 하지는 않았고, 훈고(訓詁)에 정통했을 뿐이며, 널리 읽어서 모르는 것이 없었다. 사람됨은 대범하고[簡易] 느긋했으며, 어눌해 말을 빨리하지 못했고, 침묵하면서 어떤 일에 깊이 빠져 생각하는 것을 좋아했고, 청정(淸靜) 무위(無爲)해 욕심이 적어 부귀에 목 매달지[汲汲] 않았고, 빈천에 대해 근심 걱정을 하지 않았으며, 절조를 닦아 당대의 명예를 추구하려 하지도 않았다. 집안 재산이라고는 10금도 되지 않았고, 집에는 한 섬이나 두 섬의 쌀도 없었지만 한가로웠고, 스스로 큰 도량이 있다고 여겨 성철(聖哲)의 책이라고 하면 좋아하지 않는 바가 없었다. 의도적으로 그렇게 한 것은 아니지만 설사 부귀한 사람이라도 그 밑에 가서 벼슬을 살려 하지 않았고 도리어[顧=反] 일찍부터 사부(辭賦)를 좋아했다.

이보다 앞서 촉(蜀) 땅에는 사마상여(司馬相如)가 있어 그가 지은 부(賦)는 규모가 크고 화려했으며 따스하면서도 우아해[弘麗溫雅] 웅은 마음속으로 장대하다고 여겨 부를 지을 때마다 항상 그것을 모방하는 것을 하나의 법식으로 삼았다. 또 굴원(屈原)의 글이 상여(相如)보다 뛰어난데도 세상이 그것을 인정해주지 않자 「이소(離騷)」를 짓고 스스로 강에 몸을 던져 죽은 것을 이상하게 생각하고서 그 글을 슬퍼해 그것을 읽을 때마다 일찍이 눈물이 흐르지 않은 적이 없었다. 그는 생각건대 '군자는 때를 얻으면 크게 도리를 행하고 때를 얻지 못하면 용이나 뱀이 겨울잠을 자듯이 하니 우(遇-천명이나 알아주는 이를 만나는 것)나 불우(不遇)는 천명이건만 어찌 반드시 투신을 해야 했는가'라고 여겼다. 이에 글을 지어 먼저 「이소」의 글을 모은 다음에 그것을 반론하고서 그 글을 민산(岷山)에서 강물에 던져 흘러내려가게 함으로써 굴원을 위로했는데 이를 이름해 「반이소(反離騷)」라고 한다. 또 「이소」의 뜻에 부응해 거듭해서 한 편을 지었으니 이름해 「광소(廣騷)」라고 한다. 또 「석송(惜誦)」 이하 「회사(懷沙)」에 이르기까지의 시편에 부응해 한 편을 지었으니 이름해 「반뢰수(畔牢愁)」라고 한다. 「반뢰수(畔牢愁)」와 「광소(廣騷)」는 문장이 길어 여기에 싣지 않았고 오직 「반이소(反離騷)」만 실었는데 그 가사는 다음과 같다.

'유주씨(有周氏-주나라 왕실)의 친연(親緣)[蟬嫣=親連]이라 아마도[或] 분수(汾水)의 한 귀퉁이에 시조[鼻祖]가 계셨으리라〔○ 사고(師古)가 말했다. "웅 스스로 자신의 혈통이 주나라 왕실에서 나와 양(揚)에서 식읍을 받았다고 말했기에 그래서 시조가 분수의 한 귀퉁이에 살았으리라고 말한 것이다."〕[1]

신령스러운 후예의 첫 번째 계보[諜=譜]는 백교(伯僑)이고〔○ 응소(應劭)가 말했다. "백교부터 족보를 써 내려갈 수 있다는 말이다."〕 후예는 흘러

---

[1] 원문은 매 문장마다 7자, 6자의 형식을 취하고 있다.

흘러 양후(揚侯)에 이르렀도다

주나라와 초나라의 아름다운 공적[豐烈=盛業]을 사모해[淑=善] 서둘러[超=速] 황하와 장강의 큰 파도[皇波=大波]를 건넜도다[離=歷]

그 기회에 강수(江水) 변[潭=水邊]에서 글을 써서 초나라의 상류(湘纍)를 삼가[欽=敬] 조문하네〔○ 이기(李奇)가 말했다. "아무런 죄 없이 죽는 것을 류(纍)라고 한다. 굴원은 상수(湘水)에 몸을 던져 죽었기 때문에 상류(湘纍)라고 한 것이다."〕

생각건대[惟] 하늘의 길[天軌=天路]이 열리지 않아[不辟=不開] 어찌 순결한 사람으로 하여금 이 어려움[紛=難]을 마주치게[離=遇] 하는가〔○ 사고(師古)가 말했다. "『주역(周易)』에 이르기를 '하늘과 땅이 닫혀 있으면 뛰어난 이들은 숨는다'라고 했다."〕

류(纍-굴원)를 곤경에 빠뜨린 것은 저 더러운 자들[涊涊=穢濁]이요, 류를 어둡게 만든 것은 어지러운 분란[繽紛=交雜]이었도다

한나라 10세(世) 양삭(陽朔)의 해에 초요(招搖)가 주정(周正)에 있었는데〔○ 진작(晉灼)이 말했다. "10세란 고조(高祖), 여후(呂后)로부터 성제(成帝)까지를 헤아린 것이다. 성제 8년에 마침내 양삭이라는 연호를 썼다." 응소(應劭)가 말했다. "초요란 북두칠성의 두병(斗柄)을 말하는데 천시(天時)를 주관한다. 주정이란 주나라 역법으로 정월인데 음력 11월을 가리킨다." 소림(蘇林)이 말했다. "자신이 이때 굴원에게 조문한 것을 말한다."〕

황천(皇天)의 맑은 법칙을 바로 했고 후토(后土)의 방정(方正)함을 헤아렸도다[度]〔○ 사고(師古)가 말했다. "이는 웅이 스스로 마음가짐을 갖는 데 있어 하늘과 땅으로부터 법도를 취했음을 말하는 것일 뿐이다."〕

류(纍)의 족보를 살펴보니 저 큰 종족의 계통을 이었고 또한 류의 아름다운 글을 들여다보노라

구(鉤-자)를 허리에 띠고 형(衡-저울대)을 차고서 방형과 평형을 재어 참창(攙槍)² 의 족적을 밟아 신발 아래 장식[綦]으로 삼았도다

처음부터 여복(麗服)을 쌓아두었는데 어떤 꾸밈[文]은 풀려나가고 어떤 바탕[質]은 좁아지는가!〔○ 여순(如淳)이 말했다. "꾸밈이 풀려나간다[文肆]는 것은 멀리 가서 노는 것을 말한다. 바탕이 좁아진다[質狹]는 것은 세상이 자신을 써주지 않는 것을 한스러워해 물에 투신한다는 말이다."〕

여취(閭娵-고대의 미녀)와 오왜(吳娃)의 진귀한 머릿결을 타고났건만 단발의 구융(九戎)에 가서 이득을 구하려 했던 꼴이로다〔○ 사고(師古)가 말했다. "굴원이 뛰어난 행실을 갖고서 초나라에서 벼슬을 했던 것은 마치 미녀의 길고 아름다운 머리칼을 갖고서 구융에 팔아 이익을 구하려 했으나 반드시 이득을 보지 못한 것과 같은 신세라는 말이다."〕

봉황도 봉래(蓬萊)의 삼각주[陼] 위를 날게 된다면 어찌 기러기나 거위[駕鵝]에 미칠[捷=及] 수 있으리오

화류(驊騮-준마의 일종)도 굴곡 심한 험난한 곳을 달리게 한다면 당나귀나 노새[驢騾]와 나란히 갈 뿐이로다

탱자나무 가시[枳棘]가 뒤엉켜 무성하면 긴팔원숭이[蝯]나 긴꼬리원숭이[狖]도 두려워 감히 내려올 수 없고

영수(靈修)〔○ 복건(服虔)이 말했다. "영수는 초나라 왕이다."〕는 이미

---

2 요성(妖星)을 말하는데 여기서는 악인을 뜻한다.

(초나라 영윤(令尹-재상) 자초(子椒)와 자란(子蘭)의 참소하는 간사한 말[唻佞]을 믿었느니 내가 류(虆)를 조금이라도 일찍 보지 못했던고!

마름풀과 연(蓮)의 잎으로 물들인 녹색 옷을 두르고서[衿=帶] 부용(芙蓉)꽃의 붉은색 치마 입었네

방향(芳香) 냄새 진하디진하건만[酷烈] 아무도 맡지 못하니 옷 곱게 개어 별당[離房]에 가만히 숨겨둔 만 못하구나

여인들이 방 안에서 미모를 다투듯 서로 자신의 아름다운 화려함[佳麗]을 뽐내는구나³

아름다운 여인들이 질투하는 것을 알건만 어찌 반드시 류(虆)는 나방 눈썹을 들어 뽐내어야 했던가?

신룡(神龍)은 깊은 못에 잠기어 있어 아름답고 바람과 구름을 기다렸다가 장차 날아오르네〔○ 진작(晉灼)이 말했다. "용은 바람과 구름을 기다렸다가 날아오르고 선비는 밝은 군주를 만난 이후에야 벼슬에 진출한다는 말이다." 사고(師古)가 말했다. "용은 잠기어 머물러 구름이 나타날 때는 기다리니 아름다운 것이라 한 것은 굴원이 능히 다움을 숨기고서 기다릴 줄을 몰라 스스로 화를 불러들인 것을 기롱한 것이다."〕

봄바람이 아직 펴져 불지도 않았건만 누가 어찌 용이 있는 곳을 알겠는가?

내가 류(虆)의 향기가 진한 것을 걱정했던 것은 너무 향기로운 방령(芳苓-향기 나는 풀) 때문이었다네

---

3 많은 선비들이 서로 자신을 뽐내는 것이 마치 여인들이 미모를 다투는 것과 같다는 말이다.

늦여름 일찍 내린 서리를 만나는 바람에 아[慶]! 빨리 시들어 영화를
                                        경
잃어버렸도다

장강과 상수(湘水)를 가로질러 남쪽으로 가서 이곳 창오(蒼吾)⁴에 자리
잡았는데

넘실거리는 강 쪽으로 치달려 장차 순임금[重華]에게 충정을 호소하려
                                           중화
했다네

마음속 번뇌와 의혹을 풀어내도 중화(重華)께서 류를 받아주실까 걱
정했지

양후(陽侯)의 흰 파도를 올라타도[陵=乘] 어찌 내가 류를 홀로 인정해
                              능 승
줄 수 있겠는가?〔○ 응소(應劭)가 말했다. "양후는 옛날의 제후로 죄가 있
어 스스로 강물에 몸을 던져 그 신령은 큰 물결이 됐다. 이는 굴원이 양후
의 죄를 답습해 마음속 충정을 순임금에게 털어놓으려 했지만 아직은 홀
로 인정을 받지 못했다는 것을 말한다."〕

정교한 옥(玉)가루와 바람에 날리는 가을 국화 꽃잎으로 천수를 늘이
려 하더니

멱라수(汨羅水)에 몸 던질 때에는 아마도 해가 서산에 걸려 있음을 두
려워했으리라⁵

부상(扶桑)⁶에 묶인 해의 끈을 풀어 해를 내달리게 하고

---

4 순임금이 묻힌 곳이다.

5 굴원의 언행이 상반된 것을 기롱한 것이다.

6 중국 고대의 신화를 기록한 『산해경(山海經)』을 보면 동쪽 바다 해가 뜨는 곳에 신령스런 나무

난새와 봉황은 날아올라 얽매인 데가 없으니 어찌 비렴(飛廉-바람의 신 풍백)과 운사(雲師)뿐이랴!

(향추이) 벽지(薜茘)와 약혜(若蕙)를 돌돌 말아서 상수(湘水) 깊은 곳에 나아가 그것을 던졌고[7]

신초(申椒)와 균계(菌桂)를 묶어서[梱] 강호(江湖)로 나아가 물에 담갔도다[漚=漬]

산초와 고사 지낸 쌀을 바쳐 신에게 빌고 또 삼가 그 (신령스러운 풀인) 경모(瓊茅)를 구하네

신령스러운 점쟁이[靈氛] 점괘를 어기고 따르지 않더니 도리어 강변 놀이터[江皐]에 몸을 던졌구나

류(纍)는 이미 부열(傅說)를 사모한다고 해놓고서 어찌 그를 믿지 않고 끝내 마음대로 떠나가버렸는가[行=去]

헛되이 두견이[鵑] 장차 울어댈까 걱정해 도리어 먼저 온갖 풀들이 향기를 뿜지 못하게 한 것인가〔○ 사고(師古)가 말했다. "「이소(離騷)」에서 두견이의 울음소리는 온갖 풀들이 향기를 내지 못하게 한다고 했다."〕

애초에 류(纍)는 저 복비(宓妃)[8]를 버리고는 다시 요대(瑤臺)의 일녀(逸

가 있는데 그 이름이 부상(扶桑)이라고 했다.

7　향기가 난다는 것은 그만큼 덕행을 갖췄다는 것인데 어찌 그것을 물에 던졌는가 반문하는 것이다.

8　복희(伏羲)의 딸로 낙수(洛水)에 빠져 죽어 낙신(洛神)이 됐다고 한다.

女)⁹를 그리워했지〔○ 사고(師古)가 말했다. "이는 굴원의 마음이 일정하지 못함을 기롱한 것이다."〕

저 큰 짐(鴆)새를 중매로 삼는 듯하더니 어찌 다 헤어지고 단 한 명의 짝도 없는가!

무지개 타고 구름처럼 피어올라 곤륜산 바라보며 주유하고

사방[四荒]을 둘러보며 마음에 큰 뜻 품더니 어찌 꼭 저 고구(高丘-초나라)에 출사해야[女=仕] 했나

이미 성대하게 꾸민 난거(鸞車)도 없이 팔룡(八龍)의 구불구불한 길을 달리려 했던가

강가에 서서 눈물이나 훔치면서 어찌 구초(九招)와 구가(九歌)를 즐길 수 있으랴〔○ 사고(師古)가 말했다. "이는 슬픔과 기쁨이 서로 조화를 이루지 못함을 기롱한 것이다."〕

무릇 빼어나고 명철한 임금[聖哲]을 만나지 못한 것은 진정 때와 명운이 있어야만 한다네

비록 거듭해서 흐느끼고 오열해도 내가 보니 영수(靈修-초왕)는 깨달아 고치지 못할 듯

옛날에 중니(仲尼-공자)가 노(魯)나라를 떠나려 할 때 왔다 갔다 지체하며 시간을 끌었었고

마침내 옛날 고을로 돌아올 수 있었건만 (그대는) 어찌 반드시 상수 깊은 곳 급류에 몸을 맡겨야 했던가

---

9 유융(有娀)의 딸로 제곡(帝嚳)의 왕비 간적(簡狄)인데 은나라의 선조인 설(契)의 어머니다.

혼탁한 세상의 어부처럼 먹고 마시거나 깨끗이 목욕하고 옷을 털어입을 것이지

허유(許由)와 누자(老子)의 (은자와 같은) 뵤배ㅛ움을 버리고 팽함(彭咸)¹⁰이 갔던 길을 따라 떠나버렸도다.'¹¹

성제(成帝) 때 어떤 빈객이 있어 웅(雄)의 문장이 상여(相如-사마상여)와 비슷하다고 추천하자 상(上)은 마침 그때 감천궁 태치(泰時)와 분수의 남쪽[汾陰]에 있는 후토(后土)에게 교(郊)제사를 올려 후사를 얻게 해달라고 빌고 있었기 때문에 웅을 불러 (미앙궁에 있는) 승명전(承明殿) 뜰에서 대조(待詔)하게 했다. 정월에 상을 따라 감천(甘泉)에 갔다가 돌아와 「감천부(甘泉賦)」를 지어 풍자했다[風=諷]. 그 가사는 다음과 같다.¹²

'한(漢) 왕조가 10세대가 흘러 하늘에 제사를 지내려 할 때 태치(泰時)

---

10 은(殷)나라 때 사람으로 충신(忠臣)이며 현명하다는 칭송을 들었다. 임금에게 직간(直諫)했지만 듣지 않자 스스로 물에 빠져 죽었다. 굴원(屈原)이 「어부사(漁父辭)」에서 "어찌 깨끗하고 깨끗한 몸으로 남의 더러움을 받겠는가. 내 차라리 소상강(瀟湘江) 강물에 뛰어들어 강 물고기의 배 속에 장사 지낼지언정 어찌 희디흰 결백한 몸으로 세속의 더러운 먼지를 뒤집어쓰겠는가"라고 표현했는데 이 고사를 인용한 것이다.

11 이 부(賦)는 계속 「이소(離騷)」를 전제하고서 쓴 글이기 때문에 그것과 비교할 때 뜻을 더욱 정확하게 음미할 수 있다.

12 「감천부」는 이미 소명(昭明)태자가 편찬하고 국내의 김영문 등이 번역한 『문선역주(文選譯註) 2』에 포함돼 있고 권위 있는 해석이라 그대로 옮긴다. 이 부분은 공동 역자들 중에서 염정삼 교수가 옮겼다. 행갈이만 읽기 편하게 했음을 밝혀둔다.

에서 올리기로 확정해 신령의 아름다운 일을 돕게 하고 그 밝은 이름을 높이려 했습니다.

하늘이 한 왕조에 내려주신 조짐은 삼황(三皇)과 부합하고 한 왕조의 공적은 오제(五帝)의 것과 같았습니다.

오직 후사가 없는 것을 근심해 복을 내려주기를 갈망하니 그것으로 업적을 넓히고 왕통의 단서를 영원히 펼치려고 했습니다.

이에 백관들에게 명해 길일(吉日)을 잡고, 신령이 있는 기간을 맞추도록 하시니, 군신들은 별처럼 늘어서 천체의 운행처럼 행보했습니다.

초요(招搖)와 태음(太陰) 별자리의 운행에 따라 명령을 내리고, 구진(鉤陳) 별자리를 따라서 군대를 이끌었습니다.

하늘과 땅의 신 감여(堪輿)와 벽루(壁壘)의 별자리에 부탁하고, 괴수인 기(虁)와 허(魖)를 장대로 공격하고 사악한 괴수 휼광(獝狂)을 매질하며 나아갔습니다.

팔방의 신들이 달려와 왕을 호위하고, 신속하게 바퀴 소리를 울리며 달려와 군대의 복식으로 갖추었습니다.

치우(蚩尤)와 같은 무사들이 간장(干將)검을 차고 옥도끼를 잡고서, 날아갈 듯이 어지럽게 달려가 모두 대오를 지어 모였는데, 그 행렬이 질서 있기도 하고 이리저리 섞여 있기도 했으며, 그 기세는 질풍이 일어나 구름이 빠르게 흘러가는 듯, 갑자기 모였다 갑자기 흩어지기도 했습니다. 나란히 줄을 지어 늘어서 있을 때에는 물고기 비늘의 모양과 같고, 들쭉날쭉 어지럽게 섞여 있을 때에는 물고기가 아래로 가라앉고 새들이 하늘 위로 날아오르는 모양이었습니다.

신속하게 모이고 흩어지는 모양은 안개가 모여드는 듯, 땅의 기운이 합해지는 듯, 흩어지는 순간에 빛이 번쩍 찬란하게 터져 나와 아름다운 무늬를 이루었습니다.

이에 천자께서 봉황(鳳皇)에 장식하고 영지(靈芝) 모양의 덮개가 달린 수레에 오르시니, 그 수레를 끄는 말은 네 마리 푸른 용과 여섯 마리 흰 용과 같았습니다.

말들은 아름답고 여유롭게 앞으로 걸어 나가고 수레 장식은 아름답게 늘어져 있었습니다.

거마(車馬)가 모이고 흩어짐은 갑자기 구름이 가리는 듯하고 홀연히 해가 나오고 날이 개는 것과 같았습니다.

그것은 마치 맑은 구름 위로 올라가 아래에서 떠다니는 경치를 넘어가는 것과 같았으며, 새매의 그림, 용의 그림을 그려놓은 깃발이 높이 세워져 바람 따라 얼마나 가볍게 휘날리던지요!

모우(旄牛) 꼬리를 장식한 깃발은 번개처럼 빛나고, 물총새 깃털의 수레 덮개와 난새 장식 깃발은 모두 아름다웠습니다.

천자의 본영에 1만 명의 기병들이 모이고 옥 장식 수레가 1,000대나 진열했습니다.

수레 소리 성대하고 여기저기 일어나니, 가볍게 달리는 수레는 번개보다 빠르고 달리는 말은 질풍보다 빨랐습니다.

높고 넓은 산들을 달려서 넘어가고, 구불구불한 하천들을 뛰어 넘어갔습니다.

연란산(橡欒山)에 올라 하늘의 문을 어루만지고, 창합(閶闔)의 관문에 달려가 구천(九天)의 차가운 경계에 들어서는 것 같았습니다.

이때 아직 감천궁에 이르지 못했는데 멀리서 통천루(通天樓)의 성대한 모습이 바라보였습니다.

누대 아래에는 그림자가 드리워 춥고 떨렸으며, 누대 위로는 광채가 크고 어지럽게 뒤섞여 있었습니다. 산처럼 높이 솟아 하늘에 맞닿았으니 너무 높고 아름다워서 끝을 잴 수가 없었습니다.

평원은 광대하고 드넓게 펼쳐져 있고 향초들은 수풀에 늘어서 있었으며, 종려나무와 박하가 모여서 끝도 없이 어지럽게 흩어져 있었습니다.

언덕은 높이 솟아 있으며 깊은 물길이 험하게 펼쳐져 계곡을 이루었습니다.

여기저기 이궁(離宮)들이 퍼져서 서로 비추고 봉만(封巒)과 석관(石關)이 서로 이어져 끝이 없었으며, 성대한 건물이 구름이나 파도처럼 기이한 모습으로 높이높이 솟아 장관을 이루었습니다.

머리를 들어 위로 높이 쳐다보면 눈이 어지러워 제대로 볼 수가 없었습니다.

바로 사방을 둘러보니 넓고 트여 있어 좌우로 끝도 없이 펼쳐져 있었습니다.

이리저리 방황하다 보니 마음이 두려워 정신이 혼미해졌는데, 수레 창난간에 의지해 주변을 훑어보니 아득하고 광대해 끝이 어딘지 알 수가 없었습니다.

궁 안 비취(翡翠)·옥수(玉樹)는 푸릇푸릇하고, 벽옥(璧玉)·마서(馬犀)는 번쩍거렸습니다.

황금으로 만들어진 사람이 위용 있게 종거(鍾虡)를 받치고서, 비늘 갑옷을 입고 우뚝 서 있는데 마치 용의 비늘 같았으며, 빛이 뿜어져 나와 화톳불을 밝힌 듯이 밝고 환한 빛을 아래로 내리쬐고 있었습니다.

이곳은 바로 천신이 살고 있는 현포(縣圃)에 짝할 만하며, 그 위세와 신령함은 태일(泰壹)신과 같았습니다.

거대한 누대는 홀로 우뚝 솟아 북극에 닿을 듯 높았으며, 늘어선 별자리는 건물의 가장 높은 처마에 이어져 있고, 해와 달은 서까래 가운데의 평고대를 지나가고 있었습니다.

우르르 우레가 산 바위 사이로 울리고, 번쩍하고 번개가 담장 위로 치고 있는데 귀신도 그것을 따라잡지 못하고 반쯤 가다 아래로 떨어질 것입니다.

뒤집어진 그림자를 밟고 비량(飛梁)을 가로질러 건너자니, 날아다니는 미세한 먼지들이 하늘을 어루만지고 있었습니다.

왼쪽으로 혜성들이 보이고, 오른쪽으로는 현명(玄冥)의 신이 있으며, 앞에는 붉게 빛나는 대궐이요, 뒤에는 감천궁의 정문이었습니다.

누대는 서쪽 바다와 북해에 있는 유도(幽都)산을 가렸고, 예천(醴泉)이 솟아 빠르게 흐르며 개천을 만들었습니다.

궁의 동쪽 끝에는 교룡이 길게 구부려져 있고 백호(白虎)가 곤륜산(崑崙山)에서 무섭게 앉아 있었습니다.

고광궁(高光宮)의 구불구불한 모양을 구경하고 서쪽 행랑에서 한가롭게 방황하자니, 정전(正殿)은 높이 솟고 구슬 장식이 영롱했고, 처마 기둥을 버텨주는 서까래는 신들이 힘써 붙잡아주는 듯했습니다.

높은 문이 넓게 열려 광대하게 펼쳐지니 천자의 궁처럼 높고도 깊었습니다.

궁실의 누대가 나란히 이어져 끝이 없고, 길고 높게 뻗어 그 주위를 두르고 있었습니다.

구름을 넘는 높은 누대에 오르니 구름과 더불어 위아래가 됐으며, 누각들은 서로 어지럽게 얽혀 있어 혼연일체를 이루고서 무지개 빛깔을 끌어들여 번쩍였다가 푸른 기운을 완연하게 드날렸습니다.

이곳은 선실(琁室)과 경궁(傾宮)을 이은 곳이라 높이 올라 멀리 바라보면 망한 나라에 대한 감상으로 숙연히 깊은 연못 앞에 선 듯했습니다.

그곳에는 또한 회오리바람이 불어 거세게 요동하고 향나무가 흩어져 자라며 산앵두나무와 버드나무가 모여서 자라고 있었습니다.

하늘 위로 그 향기가 진하게 퍼져나가니, 마치 두공(枓栱)을 치고서 처마 끝까지 보내려는 것만 같았습니다.

바람소리가 울려 퍼지며 빠르게 흩어져 서로 밀어내고 휘리릭 그 소리가 종 위를 지나가는데, 옥문을 열고 문고리 장식을 당기니, 난혜(蘭蕙)와 궁궁이의 향기가 퍼져나갔습니다.

장막에 바람이 불어 흔들거리면서 조금씩 어두워지며 고요해지는데, 음양청탁(陰陽清濁)의 음조가 변음과 정음으로 조화를 이루어 울려 퍼지니, 마치 기(夔)와 백아(伯牙)가 거문고를 타는 듯했습니다.

이 궁전을 보면 노반(魯般)과 공수(工倕) 같은 뛰어난 장인들도 굽은 칼과 새김칼을 버리고 왕이(王爾)도 자를 던져버릴 것이며, 정교(征僑)와 악전(偓佺) 같은 신선들이라 해도 이 궁전에 있는 것을 마치 꿈에서나 본 일인 듯 아득하게 여길 것입니다.

　이러한 만물의 변화는 눈으로 보고도 놀랍고 귀로 들어도 의혹이 생깁니다.

　아마도 천자(天子)가 살면서 고요히 깊이 생각하는 곳, 그곳은 화려한 누대와 광활한 관사가 있으며, 옥장식 서까래가 아름다운 옥빛을 발하고 구불구불한 장식 도안들이 있는 곳일 것입니다.

　그것으로 마음을 깨끗하게 하고 영혼을 맑게 하며 정신을 모아 은혜를 내려주시기를 바라시니 하늘과 땅도 감동해 삼신(三神)의 복을 영접케 하시어 짝을 찾게 해주실 것입니다.

　고요(皐繇)와 이윤(伊尹)같이 도덕과 능력이 으뜸인 무리들이 「감당(甘棠)」에서 노래한 소백(邵伯)의 은혜를 품고 동쪽을 정벌한 주공(周公)의 생각을 지니고서, 양령궁(陽靈宮)에서 함께 재계할 것입니다.

　이에 벽려(薜荔)를 뉘여 자리를 만들고, 경지(瓊枝)를 잘라 옷을 장식하며, 맑은 하늘의 붉은 노을을 들이마시고, 약목(若木)의 꽃에 맺힌 이슬을 마셨습니다.

　신에게 제례하는 원유(苑囿)에 모여, 땅의 신을 노래하는 전당으로 올라갔습니다.

　빛나는 긴 깃발을 세우고, 화려한 수레 덮개의 성대한 모습을 드러내며, 북두성의 별 선기(琁璣)를 붙잡고 아래를 내려다보며, 삼위산(三危山)에서 눈을 이리저리 돌려 바라보았습니다.

　동쪽 언덕에 많은 수레들을 진열해놓았는데 옥으로 장식한 수레를 풀어 아래로 달리게 했습니다.

용연(龍淵)에 떠올라 천지 끝을 돌아 땅 아래를 살펴보고 위로 돌아왔습니다.

바람은 빠르게 수레바퀴를 밀었고, 난새와 봉황은 아름다운 색채를 어지럽게 보여주었습니다.

졸졸졸 흐르는 약수(弱水)에 다리를 놓아 구불구불한 부주산(不周山)에 올라가서, 서왕모(西王母)가 기뻐하며 장수를 기원해주기를 바라고서, 옥녀(玉女)를 멀리하고 복비(宓妃)도 물리쳤습니다.

그리하여 옥녀는 그 맑은 눈동자로 바라볼 곳을 잃고 복비는 아름다운 눈썹을 보일 수도 없었습니다.

이제 도덕(道德)의 정미하고 강건함을 펼쳐보려 하니 신명(神明)과 함께해 자문을 구하려 합니다.

이제 공경스럽게 시(柴)제사를 올려 존숭하며 복을 기원하고, 황천(皇天)에 섶을 태워 올려서 고요(皐搖)와 태일(泰壹)을 받들었으며, 홍이(洪頤)를 높이 들고, 영기(靈旗)를 세웠습니다.

제사에 바친 땔나무의 불꽃이 위로 솟아, 사방으로 퍼져나갔습니다.

동쪽으로는 창해(滄海)를 밝게 비추었고, 서쪽으로는 유사(流沙)를 비추었으며, 북쪽으로는 유도(幽都)를 빛나게 했으며, 남쪽으로는 단애(丹厓)에 불을 붙였습니다. 현찬(玄瓚)의 손잡이는 구부러져 있었고, 거창주(秬鬯酒)가 그곳에 가득 담겨 있었는데, 그 거창주의 향기는 아름답고 그윽하며 짙고 성했습니다.

땔나무의 불꽃은 황룡(黃龍)을 감화시키고, 불똥은 변해 석린(碩麟)이 됐습니다.

무당을 선발해 하늘의 문에서 소리를 지르게 해, 천제가 사는 궁실을 열고 여러 신들을 청했습니다.

신들이 성대하게 모여 손님을 접대하며 정숙한 제단으로 내려오니, 상서로운 기운이 많아져 산처럼 쌓였습니다.

이제 제사 일을 마치고 나니 제사의 공적은 크고 위엄이 있었습니다.

수레를 돌려 돌아오다가 삼만관(三巒觀)을 지나 당려궁(棠黎宮)에서 잠깐 쉬었는데, 하늘의 문이 터져 땅의 끝까지 열렸으니, 팔방의 황량한 땅들도 모이고 만국이 화합했습니다.

장평(長平)을 오르며 뇌고(雷鼓)를 울리니, 하늘의 소리가 일어나 용사들을 격려했습니다.

이때 구름이 날아와서 비가 흥건히 내렸으니, 모든 군신이 덕으로 보좌해 만세토록 빛날 것입니다.

총괄해 말합니다.

높고 높은 제천단(祭天壇)은 하늘을 가릴 만큼 융성했습니다.

오르막과 내리막이 비탈져서 크고도 구부러져 있었습니다.

층층이 겹쳐진 궁전은 들쭉날쭉 고르지 않고, 나란히 높이 솟아 있었습니다.

어둡고도 깊으며 빈 골짜기는 끝도 없이 아득했습니다.

높은 하늘이 하시는 일은 깊고도 오묘한 것이니, 성스러운 천자께서는 장엄하고 엄숙해 진실로 그의 짝이 되셨습니다.

교인(郊禋)의 제사에 공경을 다하셨으니, 신들도 그것에 의지해 그곳을 배회하며 방황했으며 신령(神靈)이 돌아다니며 쉬었습니다.

제사의 불꽃이 번쩍거리며 복을 기원해주었으니, 자자손손(子子孫孫) 길게 대를 이어 끝이 없을 것입니다.'

감천궁(甘泉宮)은 본래 진(秦)나라의 이궁(離宮)〔○ 사고(師古)가 말했다. "진나라의 임광궁(林光宮)이었다."〕이었기 때문에 이미 화려하고 장대했으며, 무제(武帝)가 다시 통천(通天), 고광(高光), 영풍(迎風)의 여러 궁전들을 증축했다. 궁궐 밖에는 가까이에 홍애(洪厓), 방황(旁皇), 저서(儲胥), 노거(弩阹)의 여러 궁궐들이 있고 멀리에는 석관(石關), 봉만(封巒), 지작(枝鵲), 노한(露寒), 당리(棠梨), 사득(師得)의 여러 궁궐들이 있는데 그것들을 노닐며 구경하면 모두 기이하고 아름답지만 나무는 다듬었으나 조각하지 않았고 담장은 칠을 했으나 그림을 그리지는 않았다. 이는 주(周)나라 선왕(宣王)이 지은 궁실이나 (은나라) 반경(般庚)이 천도해 조성한 궁궐, 하(夏)나라의 낮은 궁실, 요순(堯舜)이 다듬어지지 않은 목재로 짓고서 3단의 흙계단을 조성한 작은 궁궐과는 그 제도나 모습이 달랐다. 또 이것은 이미 오래된 것인 데다가 성제(成帝)가 조영한 것이 아니기 때문에 간언하려 한다 해도 때에 맞지 않고 (그렇다고) 침묵하려 해도 그냥 있을 수는 없기에 그래서 치켜올려 마침내 그것을 천제의 궁실인 자미궁(紫微宮)에 비유했고 그 때문에 말하기를 이는 사람의 힘으로 지은 것이 아니고 혹시[黨=儻] 귀신이라면 가능했을 것이라고 했던 것이다. 또 이때에는 조소의(趙昭儀)가 바야흐로 크게 총애를 받고 있을 때라 매번 감천에 올라갈 때면 항상 법가(法駕)를 타고서 뒤따랐으며 속거(屬車)의 사이에 표미(豹尾)의 수레가 있었다. 그래서 웅은 문득 많은 수레와 관원이 천지를 감동시켜 삼신

(三神)의 복을 받는 것은 아니라고 시시콜콜 말했던 것이다. 부(賦)가 완성돼 올라가자 천자는 탁월하다고 여겼다.

그 3월에 후토에게 제사를 하려고 상은 마침내 여러 신하들을 거느리고 대하(大河)를 건너 분음을 향해 나아갔다. 이미 제사를 마치고는 개산(介山)으로 가서 노닐다가 안읍(安邑)을 거쳐 용문산과 염지(鹽池)를 구경하고 역관(歷觀)에 올랐으며 다시 서악(西岳)에 올라 천하[八荒]를 살폈고 은나라와 주나라의 폐허를 지나면서 요임금과 순임금의 풍모를 사모했다. 웅은 냇가에 가서 물고기를 잡고 싶다면 돌아와 그물을 만드는 것만 못하다고 생각해서 귀경한 뒤에 「하동부(河東賦)」를 지어 올려 임금을 권면했는데 그 가사는 다음과 같다.

'이 해[伊年=是年][○ 사고(師古)가 말했다. "감천궁에 제사를 지내던 해를 말한다."] 늦은 봄[暮春] 장차 후토에게 제사 지내고자[瘞=祭] 신령스러운 신기(神祇)에게 예를 행하고

경사(京師)의 동쪽에 있는 분음(汾陰)으로 행차했는데 이를 계기로 높은 이름을 남기고 큰 업적을 드리우며 상서로움과 하늘의 복을 받아 삼가 신명의 가르침을 따랐으니[若=順] 성대하고 아름답도다. 이에 그것을 빠짐없이 기록하지 않을 수가 없도다

이에 여러 신하들에게 명해 정복을 가지런히 갖춰 입고 천자의 수레[靈輿]를 정비하고 취봉(翠鳳)으로 장식한 어거들을 따르게 하니 여섯 마리 날쌘[先景] 말들이 치달려 마치 유성처럼 천자의 깃발을 휘날리니 천랑성(天狼星)과 힘찬 호성(弧星)을 잡아당기는 듯하도다

밝게 빛나는 해의 검은 테두리 같은 깃발을 내걸고 왼쪽에는 소꼬리로 장식한 큰 깃발[纛]을 달고 구름을 새긴 깃발을 휘날렸다

번개처럼 채찍을 휘두르고 번개처럼 빠른 짐수레를 몰고 큰 종을 울리며 오색 깃발을 곧추세웠다

희화(羲和)는 태양을 관장하고 안륜(顏倫)은 수레를 모는데 회오리바람에 나부끼고 귀신이 달려 뛰어가듯 했도다

천승(千乘)은 우레처럼 달리고 만기(萬騎)가 힘차게 내달리니 모두가 의기양양해 하늘과 땅이 요동을 치는구나

작은 언덕은 날려버리고 큰 산은 뛰어넘어 위수(渭水)와 경수(涇水)를 건넜다

진(秦)나라 귀신도 두려워 떨고 잡귀들은 숨어버렸으며 황하의 큰 신령도 놀랐고 화산(華山)을 손에 쥐고 쇠산(衰山)을 발로 밟아버렸다

드디어 분음의 궁전에 이르렀는데 엄숙하면서도 화기 가득했고 근엄해 발걸음 하나하나가 다 절도에 맞았다[蹲蹲]

신령께서 이미 흠향하셨고 오방의 신이 이에 차례를 갖췄으며 천지의 기운이 왕성해 제사가 끝나자 크게 일어났다

이에 천자의 수레는 천천히 운행해 사방을 가만히 둘러보고는 개산(介山)을 유람하셨도다

문공(文公)과 개자추(介子推)를 추모했고 대우(大禹)가 온갖 고생을 하며 용문산(龍門山)을 뚫어 물길을 내어 홍수를 소통시켰고 구하(九河)를 동해 쪽으로 분산시킨 노고를 떠올렸도다

역산(歷山)의 관대에 올라 멀리 바라보며 문득 주유하고 경영하는도다

옛날의 유풍을 아름다이 여겨 순임금이 농사지었다는 역산을 지나가 노라

요임금의 높디높은 뜻을 느껴보고 융성했던 주나라의 번영을 바라다 본다

배회하느라 떠날 수가 없어 마음으로 해하(垓下)와 팽성(彭城)을 비껴 본다

남소(南巢)의 험한 땅은 싫고 빈(豳)과 기산(岐山)의 평평한 땅이 좋노라

취룡(翠龍-목(穆)천자의 말)에 올라 황하를 뛰어넘고 높고 험한 서악(西岳)에 오른다

구름이 피어 나와서 맞이하더니 비가 줄줄 내리고 무더워 시들었던 만물이 구름 따라 오는 비에 풍요롭도다

풍백(風伯)에게 소리쳐 남북을 다니게 하고 우사(雨師)로 하여금 동서로 뛰어다니게 하며 천지에 함께 참여해 우뚝 홀로 서니 끝없이 드넓은 천하에 상대할 바가 없도다

갔던 길 따라서 (경사로) 돌아와 여러 하[夏=諸夏]를 품은 대한(大漢)을 포용하니 저들〔○ 사고(師古)가 말했다. "저들이란 요, 순, 은나라, 주나라를 말한다."〕이 일찍이 어찌 한나라와 공적을 비교할 수 있으랴

건곤(乾坤)의 곧은 조짐을 세워 장차 온갖 용들을 다 거느릴 것이로다

동방과 서방의 신에게 수레를 끌게 하니 북방과 남방의 신도 복종하도다

여러 신들을 시켜 길을 닦게 하고 육경(六經)의 뜻을 널리 펴 칭송케 하도다

한나라의 왕성한 다음은 『시경(詩經)』의 어목(於穆)과 즙희(緝熙)를 뛰

어넘고 청묘(淸廟) 제사의 온화함을 능가하도다

　오제(五帝)의 아득한 행적을 넘어서 삼황(三皇)의 높은 종적을 이었도다

　이미 수레를 타고 평지를 내달리니 누가 길이 멀어 따라갈 수 없다 하는가.'

　그 해 12월에[13] (성제께서는) 사졸들을 거느리시고 등에 화살을 메고서 수렵하신 적이 있었는데, 나 웅(雄)도 뒤따랐다. 내가 생각기로 옛날 요(堯)·순(舜) 2제(帝)와 하(夏)·은(殷)·주(周) 삼대(三代)를 개국(開國)하신 황들이, 궁관(宮館)과 대사(臺榭)를 짓고 못과 넓은 습지를 만들며 산림과 원유(苑囿)를 조성하셨지만, 그분들의 수렵은 단지 천신(天神)과 종묘를 받들어 제사 지내고 빈객을 초대하며 궁중의 주장을 채우는 데 족하게 할 따름이셨다. 곡식을 심을 수 있는 비옥한 농토와 뽕나무나 산뽕나무를 심기에 적절한 백성들의 토지를 빼앗지 않아, 여자들이 짠 베가 남아돌았고 남자들이 생산한 곡물이 남아돌아, 나라의 재물은 넉넉하고 부유해 위아래가 함께 풍족했다. 그래서 단이슬이 궁정 뜰에 떨어지고 달콤한 샘물이 연못 안에서 솟아나 흘렀으며, 봉황이 나무에 집을 짓고 황룡(黃龍)이 연못에서 헤엄치며, 기린이 원유(苑囿)에 이르고 신작(神雀)이 산림에서 서식했다. 옛날에 우임금이 백익(伯益)에게 산림(山林)과 천택(川澤)을 주관하는 우(虞)

13　이하에서 「우렵부(羽獵賦)」까지는 이미 소명태자가 편찬하고 국내의 김영문 등이 번역한 『문선역주 2』에 포함돼 있고 권위 있는 해석이라 그대로 옮긴다. 이 부분은 공동 역자들 중에서 김영식 교수가 옮겼다. 행갈이만 읽기 편하게 했음을 밝혀둔다.

벼슬을 맡기시니, 산릉(山陵)과 소택(沼澤)이 조화롭게 되고 초목이 무성했다. 탕임금이 사냥을 좋아하셨지만 삼면(三面)의 그물은 열어두어 모두 잡지 않았기 때문에 천하 사람들의 물자(物資) 사용이 충분했으며, 주(周)의 문왕(文王)은 원유(苑囿)가 사방 100리였는데도 백성들이 오히려 작다고 여겼으며, 제(齊)의 선왕(宣王)은 원유가 사방 40리였는데 백성들이 크다고 여겼으니, 그것은 백성들의 것을 부유하게 하는 것[裕民]과 백성들의 것을 탈취하는 것[奪民]과의 차이인 것이다. 무제(武帝)께서는 상림원(上林苑)을 넓게 개척해, 동남쪽으로는 의춘궁(宜春宮), 정호궁(鼎湖宮), 어숙원(御宿苑), 곤오정(昆吳亭)에 이르고, 종남산(終南山)을 곁에 기대고 있다. 서쪽으로는 장양궁(長楊宮), 오작궁(五柞宮)에 이르고, 북쪽으로는 황산궁(黃山宮)을 둘러싸고 위수(渭水) 물가를 따라 동(東)으로 뻗어가니, 둘러싸인 면적의 남북 길이만도 수백 리에 달했다. 그 안에 곤명지(昆明池)를 파서 전하(滇河)를 상징해 수전(守戰)을 익히게 했다. 건장궁(建章宮), 봉궐궁(鳳闕宮), 신명대(神命臺), 삽사전(馺娑殿)을 건축했고, 점대(漸臺)가 있으며, 태액지(泰液池)는 바닷물이 방장(方丈), 영주(瀛州), 봉래(蓬萊) 세 선산(仙山)을 돌아 흐르는 것을 본떴다. 유람하는 곳이 사치스럽고 화려하니, 기묘함을 다해서 꾸몄고 아름다움을 극도로 살렸다. 비록 상림원의 동·서·북 세 가장자리의 땅을 상당히 베어서 평민들에게 주긴 했지만, 우렵(羽獵)할 때에 이르러서는 병거(兵車)와 전마(戰馬) 및 기계(器械)들이 대기하고서 금원(禁苑)을 둘러싸고 지키는 것이 여전히 지나치게 사치스럽고 화려하게 과시하니, 이것은 요임금, 순임금, 탕임금, 문왕(文王)이 세 가지 목적으로 인자하게 사냥하는 뜻이 아니다. 나는 또한 후세의 군주들이 전대(前代) 제왕의 사치하는 기호(嗜好)를 또다시 숭상하거나 노(魯)의 문공(文公)이 조상이 쌓은 천대(泉臺)를 헐어버린 것같이 절충(折衷)의 도(道)를 취하지 못할까 염려돼, 그래서 잠시 천자께서 교렵(校獵)하시는 기회를 빌려, 이 부(賦)를 지어 풍간(諷諫)한다. 그 문사(文辭)는 다음과 같다.

'어떤 사람이 복희(伏羲)와 신농(神農)의 검박(儉朴)함을 칭송하며, "어찌 후세 제왕들의 날로 더욱 문식(文飾)하는 경향이 있게 됐는가?"라고 했다. 이에 대해 다른 논자(論者)는 이렇게 말했다.

"그런 것이 아니다. 검박과 사치는 각자 제왕이 처한 시대적 추세와 함께해서 적절한 것을 취하는 것이지 어찌 꼭 전통 제도(傳統制度)와 같아야만 할 필요가 있겠는가? 후인이 꼭 전인을 따라야 한다면 태산(泰山)에서 단을 쌓아 하늘에 제사 지내는 데 어찌 72종의 서로 다른 의식이 있게 됐는가? 이러한 까닭에 왕업을 개창(開創)하고 그 전통을 이었던 제왕들은 (시대에 따라 제도를 세운 것으로) 모두 그 차이를 보이지 않았던 것이다. 또한 멀리로는 오제(五帝)와 가까이로는 삼왕(三王)이 후인의 칭송을 받지만 검박함을 숭상한 분도 있고 화려함을 추구한 분도 있으니 누가 그 옳고 그름을 알겠는가?"

그리하여 마침내 다음과 같은 송(頌)을 지었다.

'아름답도다, 신성하신 군주시여! 이 엄동(嚴冬)에 현궁(玄宮)에 거처하시니, 부유함은 이미 대지(大地)와 재물이 동등하시고 존귀함은 바로 하늘과 높이를 견줄 만하시도다

제(齊)의 환공(桓公)도 수레바퀴를 부축게 하기에 부족할 정도시고, 초(楚)의 장왕(莊王)도 호위하는 배승(陪乘) 노릇하기에 부족할 정도시다

덕은 삼왕(三王)의 비루함을 하찮게 여기셨고, 위엄은 산봉우리같이 솟아 높이 들리고 크게 흥하셨다

명성은 오제(五帝)의 고원(高遠)함을 밝으셨고, 삼황(三皇)의 높고 크심에 오르셨다

도덕을 세워 이것으로 스승이 되시었고 인의(仁義)를 가까이해 이것으로 친구가 되시었다

이에 엄동(嚴冬) 섣달, 천지가 극심하게 차가울 때, 초목 싹은 땅 아래서 꿈틀대기 시작하고 잎사귀는 땅 밖에 시들어 떨어졌는데, 황제께선 천자의 원유에서 장차 사냥하실 생각으로 북쪽 가장자리 땅을 열어서 서북풍의 살육하는 법칙을 받아들여, 시작부터 끝까지 동제(冬帝) 전욱(顓頊)과 동신(冬神) 현명(玄冥)이 주관하는 사냥의 전통을 받드시려 하는도다

이에 우인(虞人)에게 명을 내려 산택(山澤)을 관장하게 하시고서, 동쪽으로는 곤명지(昆明池) 가에까지 이르시고 서쪽으로는 창합문(閶闔門)으로 치닫는도다

사냥에 필요한 물자가 쌓여 대기하고 있고 시위(侍衛)하는 사졸들이 길을 끼고 가득 있도다

더부룩하게 난 가시덤불을 베어내고 들풀을 깎아 평평하게 했도다

견수(汧水)와 위수(渭水) 일대로부터 사람과 짐승을 막고서 지키며, 풍수(酆水)와 호수(鎬水) 지역도 사냥 구역으로 획정됐도다

호위하는 사졸들이 두루 돌며 왕래하니, 해와 달이 광대한 원유(苑囿)

에서 뜨고 지며, 하늘과 땅이 서로 이어져 아득해 끝이 없도다

이렇게 하여 울타리를 세 겹으로 둘러쳐, 밖에는 사마문(司馬門)을 설치했고 안에는 전문(殿門)을 달았는데, 원유(苑囿)를 둘러싼 직경은 100리에 달했도다

사마문 밖은 정남(正南)으로 남해(南海)에 이르고, (왼쪽으로는) 해 지는 곳이라는 우연(虞淵)과 비스듬히 경계로 삼고 있다

울타리 안은 수초(水草)가 끝없이 펼쳐져, 높은 산을 표지로 삼고 있도다

에워싸는 대오(隊伍)가 사방에 펼쳐지고, 그런 후에 백양관(白楊觀) 남쪽 곤명영소(昆明靈沼) 동쪽에, 연회(宴會) 기물(器物)을 먼저 차려놓았도다

맹분(孟賁)과 하육(夏育) 같은 용사들의 무리가, 방패로 몸을 가리고 우전(羽箭)을 등에 메고 큰 창을 손에 쥐고서 나열해 있는 자들이 1만 명을 헤아릴 정도로다

나머지의 사졸들은 하늘을 덮을 만큼 큰 그물을 어깨 위에 메었으며, 들판을 가득 덮는 거대한 토끼그물을 펼쳤도다

해와 달을 장식한 붉은 태상기(太常旗)를 휘두르고, 혜성(彗星)을 그려 넣은 펄럭이는 깃발을 흔들면서, 푸른 구름으로 정기(旌旗)의 댕기를 삼고, 붉은 무지개로 정기의 고리를 삼아, 무수한 기(旗)들이 서쪽 곤륜산(崑崙山)에까지 이어졌도다

광채의 찬란함은 천상의 별들이 나열된 듯했고 기세의 웅장함은 큰 물결이 일렁이는 듯하도다

사냥하는 사졸들은 물밀듯이 나아가고 앞뒤에서 막아서며 야수들을 추격한다

혜성이 (하늘에서) 영문(營門)이 되고, 명월이 높이 걸려 초소(哨所)가 되는도다

형혹성(熒惑星)이 천자의 호령(號令)을 발(發)하고, 천호성(天弧星)이 화살을 발사하는도다

사졸들은 날쌔게 달려나가 뒤섞여 흩어지고 계속 이어져 길에 가득 깔렸으며, 표기(標旗) 단 수레는 날쌔고 용감해 앞뒤로 이어져 차례대로 전진하고, 병거와 기마(騎馬)는 몹시도 성대(盛大)해 산언덕을 뒤덮고 산비탈에 이어졌다

깊숙하고 아주 멀리 나아간 부대는 고원(高原) 위에 모두 함께 줄지어 늘어섰다

우전(羽箭) 멘 기사들이 계속해 왕래하는데, 구분이 분명하고 맡은 일이 다르도다

어지러이 오고 가며 끊임없이 이어져서, 하늘의 뭇별처럼 반짝 나타났다 깜빡 사라지며, 울창한 푸른 숲에 가득하게 깔렸도다

이에 천자께선 햇살 돋는 아침에 비로소 북궁(北宮)에서 나오신다

황종(黃鍾)의 큰 종을 치고, 아홉 가닥의 댕기가 있는 용기(龍旗)를 세우고서, 여섯 필의 백호 같은 준마가 끄는 천자 전용 수레에 타셨도다

치우(蚩尤)가 수레를 나란히 해 가면서 호위하고, 몽공(蒙公)이 앞서 달려 길을 여는도다

하늘까지 닿는 높은 용기(龍旗)를 세우고 별을 스쳐가는 붉은 기를 펄럭인다

천둥이 울고 번개가 쳐서 불을 토해내고 채찍을 휘두른다

사졸들은 때론 모였다가 때론 흩어지니, 천자께서 중앙에서 사방팔방 지휘해 팔진(八鎭)의 관문 여닫으신 결과로다

바람의 신과 구름의 신도 따라가다 긴장돼 숨을 헐떡인다

사졸들이 물고기 비늘처럼 늘어서 대열을 이루었고 용의 긴 털과 같이 빽빽이 모였도다

병거와 기마가 '삐거덕'대고 '다닥'거리면서 치달려, 서원(西園)에 진입해 신광궁(神光宮)에 접근한다

평락관(平樂館)을 바라보며 죽림(竹林)을 질러가고, 혜초(蕙草) 동산 밟고 가서 난초 제방 통과한다

봉화를 높이 들어 불태우니 사방이 불빛으로 활활 타오르는데, 마부들은 수레 모는 기교를 펼쳐 뵈어, 나란히 달리는 병거가 1,000승(乘)이요 씩씩한 기병이 수만이다

맹호(猛虎)같이 포효하는 용사들의 군진(軍陣)이 종횡으로 엇섞였고, 광풍이 노호(怒號)하고 천둥소리 맹렬하듯 병거와 기마의 각종 소리 요란하게 일어난다

'두둥둥', '동동동' 북소리에 하늘이 흔들리고 땅이 들썩인다

인마(人馬)가 수천 리 밖에까지 흩어진다

장사들의 투지가 격동돼 각기 방향을 달리해서 금수를 추격해, 동서남북 사방 좋아하는 쪽으로 질주하고 가고 깊은 곳으로 달려가서, 푸른 돼지를 잡아끌고 무소와 이우(犛牛)를 짓밟으며, 떠돌아다니는 순록을 차서 밟고, 거대한 야수 거연(巨狿-큰 너구리의 일종)을 베어 죽이고, 검은 원숭이를 쳐 죽이고, 허공을 뛰어오르고, 길고 굽은 나무를 건너뛰며, 굽은 나

못가지를 뛰어넘고, 산골짝 시냇물 사이에서 장난치기도 한 이와 같은 일들로 먼지가 자욱하게 일어나니 산골짜기에서 이 때문에 광풍이 일고 총림(叢林) 사이에서 이 때문에 먼지가 날리는도다

금수를 잡아 죽이는 용감한 무리들에 이르러서는, 송백(松柏)을 차서 넘어뜨리고, 가시가 있는 남가새 풀을 손바닥으로 치며, 초목이 무성하고 빽빽한 곳에서 사냥하며, 잘 날아가는 새를 병거로 치고, 호랑이 같은 맹수 반수(般首)를 짓밟고, 긴 뱀을 잡아 허리띠로 삼으며, 붉은 표범을 갈고리로 끌어당기고, 코끼리와 무소를 밧줄로 끌고, 작은 산과 낮은 언덕을 뛰어넘고 연못을 건너뛰는도다

병거와 기마가 구름처럼 모여서 산릉(山陵)과 산곡(山谷)을 오르내리니 너무 많아 분별키도 어렵도다

태산(泰山)과 화산(華山)의 운기(雲氣)를 기(旗)의 댕기로 삼고, 웅이산(熊耳山)의 노을을 기의 장식으로 삼았도다

장사들이 이른 곳마다 나무들이 쓰러지고 산들이 휘감겨, 하늘 밖에 이른 듯 아득하게 끝이 없다

넓고 넓은 물가에서 소요(逍遙)하고, 광활한 우주 안에서 방랑(放浪)하는도다

이에 하늘은 맑고 구름 한 점 없는 날에 봉몽(逢蒙)이 눈초리가 찢어질 만큼 눈을 크게 뜨고 사냥감을 주시하며, 후예(后羿)가 활시위를 당겨 쏠 채비를 하는도다

천자의 수레가 성대한 장식을 하고 달려오니 광휘가 천지를 밝히며, 달의 수레를 모는 망서(望舒)가 고삐를 늦춰, 한가롭게 서서히 상란관(上蘭

觀)에 이르도다

그후 포위망을 옮기고 군진(軍陣)을 이동시켜, 점차로 부대(部隊)를 밀집시켰고, 곡대(曲隊)는 견고하고 엄밀(嚴密)한 중에 각기 대열을 따랐도다

벽루성(壁壘星)이 하늘에서 회전하듯 담장으로 둘러싸 금수들을 도망갈 곳 없게 하고, 천신(天神)이 채찍질하고 뇌전(雷電)이 들이치듯 재빠르고 맹렬하게 진격한다

금수가 그들을 만나면 뼈가 부서지고 그들에게 접근하면 몸이 상하게 되며, 새가 채 날지도 않아 떨어지고 짐승이 지나지도 않아 목숨을 잃는도다

군대가 움직이기 시작하자 금수들이 모두 잡혀 들판이 청소된 듯하도다

그물 실은 수레가 날듯이 달려가고 용감한 기병이 재빠르게 출격하자 비표(飛豹)를 짓밟고 규양(嘷陽)을 올가미로 씌워 잡는도다

괴수 천보(天寶)를 추적함에 있어서는 한쪽 방향에서 나오기에, '펑' 하는 소리에 응해서 유성(流星) 같은 광휘를 받아치고, 온 산과 들을 다 뒤져서 자웅 한 쌍을 잡아 자루에 넣어 묶는도다

사로잡힌 많은 금수들이 그물 속에서 꿈틀대며 숨을 헐떡인다

보(步), 거(車), 기(騎) 3군의 사졸(士卒)들이 많은지라, 도망가다 멈추거나 머뭇대는 짐승들을 끝까지 쫓아간다

다만 저 재빠른 금수들은 뛰어넘어 도망쳐서, 무소와 외뿔 들소가 들이받고 곰과 말곰이 용사들과 붙잡고서 치며, 호랑이와 표범도 두려워 떠는 것만 보이도다

오로지 무력하게 뿔을 땅에 쑤셔 박고 이마를 땅에 대고서 두려워할

뿐이며, 혼비백산해 수레바퀴에 부딪쳐 목이 바퀴살 사이에 끼어 죽는도다

화살은 마음대로 쏘아도 바라는 곳에 적중하며, 나아가나 물러서나 짓밟으며 잡는구나

칼날로 창상을 입기도 하고 바퀴에 치어 죽기도 해, 금수들이 언덕같이 포개지고 산릉(山陵)처럼 쌓였도다

이에 금수들이 거의 다 잡혀 사냥감이 줄어들자, 군신(君臣)들이 함께 조용하고 깊숙한 관사(館舍)에 모여 진귀한 못을 마주 대하고서 즐기신다

기산(岐山)과 양산(梁山)에서 흘러내린 물이 못으로 흘러들고, 못의 물이 넘쳐 강하(江河)로 흘러가는도다

동쪽으로 조망하니 눈길 닿는 끝까지 거치는 게 없고, 서쪽도 활짝 트여 끝도 가도 없도다

수후지주(隨侯之珠)와 화씨지벽(和氏之璧)이 못 제방에서 찬란하게 빛나며, 옥과 같은 돌이 높게 우뚝 치솟아 눈부시게 푸른빛을 발하도다

한수(漢水)의 여신은 물속에 잠겨 있고 기괴한 것은 깊은 곳에 숨어 있어 그 모습을 죄다 형용할 수 없도다

현란(玄鸞)과 공작, 그리고 물총새가 광채를 발하고, 저구(雎鳩)새는 '꾸욱꾸욱', 큰기러기는 '끼룩끼룩'하며 울고, 못 가운데서 여러 새들이 떼를 지어 놀며 '초초'거리면서 함께 우는도다

물오리와 갈매기 그리고 날갯짓하는 백로가 날아올랐다 내려갔다 하면서 '푸드덕'거리니 그 소리가 마치 천둥 치는 듯하도다

그리하여 잠수 기술이 뛰어난, 문신을 한 월나라 사람을 시켜 못에 들어가서 물고기나 자라 같은 수중동물을 때려잡게 하는도다

두꺼운 얼음을 개의치 않고 가공할 만한 심연(深淵)에 들어가, 물속 아래 바위동굴을 탐색하고 굽은 물가를 차례차례 수색해, 다가서서 교룡(蛟龍)과 이룡(螭龍)을 잡는도다

작은 수달과 큰 수달을 발로 밟고, 큰 자라와 악어를 잡으며, 큰 바다거북을 손으로 받들기도 하며, 사람이 못 밑바다 굴로 잠입해 창오산(蒼梧山) 아래에서 나오는도다

거린(巨鱗)에 올라타기도 하고 큰 물고기를 말처럼 타고서, 팽려(彭蠡) 대호(大湖)에서 떠서 놀며, 구의산(九嶷山)의 순임금 묘를 바라보는도다

또한 옥돌을 두드려보아 밤에 빛이 나는 유리를 꺼내고, 큰 조개를 갈라서 명월주(明月珠)를 꺼내며, 낙수(洛水)의 사악한 여신 복비(宓妃)를 채찍질하고, 굴원(屈原)과 팽함(彭咸), 오자서(伍子胥)를 술과 음식으로 제사지내노라

이에 덕행이 고상한 홍생(鴻生)과 대유(大儒)들이, 헌거(軒車)를 타고 높은 관을 쓰고, 여러 가지 다른 색깔의 의상을 입고서, 당요(唐堯)의 전장(典章)을 따르고, 아송(雅頌)의 시교(詩敎)를 바로잡아 드날리는도다

천자께서 예양(禮讓)·문덕(文德)을 전면에서 시행하시고 밝은 빛을 떨쳐 빛내시니, 그 영향이 사방에 빠르게 전해지는도다

천자의 어진 명성이 북적(北狄)에게까지 은혜를 누리게 하고, 무사(武事)상의 도의(道義)가 남방 이민족에게까지 감동케 하는도다

이러한 까닭으로 모직물을 걸친 유목민족의 군왕과 동북방의 호맥(胡貊)족 추장이 진귀한 공물을 가지고 와서 바치며 손을 들고 절하면서 신하로 일컫는다

천자를 배알하는 자들이 많은지라, 선두가 사냥터의 영문(營門) 입구에 들어섰는데 후미는 아직도 노산(盧山)에 배열해 있도다

문무(文武) 관료들과 시중(侍中) 및 양주(陽朱)아 묵적(墨翟) 같은 현덕지사(賢德之士)들이 모두 감탄하며 이렇게 칭송한다

'숭고하도다, 천자의 덕이여, 비록 당요(唐堯), 우순(虞舜), 대우(大禹), 성왕(成王), 강왕(康王)의 융성함이 있었다 해도 어찌 지금의 천자의 시대를 뛰어넘겠는가!

옛날에 동악(東嶽) 태산(泰山)과 양보산(梁父山)에서 봉선(封禪) 대전(大典)을 거행했던 성군들은 지금의 시대를 제쳐두고 누구와 도(道)를 함께 할 수가 있겠는가!'

그렇지만 황상께서는 아직도 겸양하시어 그렇다고 승낙하지 않으신다

그러면서 또한 위로는 일(日)·월(月)·성(星) 삼령(三靈)의 복을 취하시려 하고, 아래로는 솟아 흐르는 달콤한 샘물을 터뜨려 인덕(仁德)의 정사를 펴려 하시는도다

황룡의 동굴을 열고, 봉황의 둥지를 엿보며, 기린이 사는 원유(苑囿)에 가보시고, 신작(神雀)이 서식하는 숲에 행차하시도다

초왕(楚王)의 운몽택(雲夢澤) 사냥을 사치스럽다 여기시고, 송공(宋公)의 맹제택(孟諸澤) 수렵을 호사스럽다 여기시며, 장화대(章華臺)가 지나치게 화려함을 옳지 않다 여기시고, 문왕(文王)의 교화로 지어진 영대(靈臺)의 소박함을 옳다 여기신다

이궁(離宮)은 잘 가지 않으셨고 유람은 그만두셨도다

궁실의 담장을 쌓는 토건(土建)은 채식(彩飾)을 하지 않았고 기둥과 문

창(門窓) 등의 나무에도 조각하지 않으셨다

　농사짓고 누에 치는 일에 백성들의 관심을 높였고, 게으르지 않고 근면하도록 권하셨다

　남자와 여자에게 짝을 이루게 하셨으며, 결혼 적령기를 어기지 않게 하셨도다

　빈궁한 사람이 넘쳐나는 풍요로움을 두루 누리지 못할까 걱정해, 천자 전용의 금원(禁苑)을 개방하시고, 나라 곳간의 쌓인 재물을 방출했으며, 수렵하는 대신 도덕의 원유(苑囿)를 여시고, 인자함과 은혜로움의 정치를 크게 발양(發揚)하셨도다

　천자께선 신과 같이 밝히고 살피는 원유(苑囿)에서 말을 달려 사냥하면서 군신(群臣)들의 성취의 유무를 보시며, 꿩과 토끼를 놓아주고, 짐승과 토끼를 잡는 그물들을 거두신다

　순록과 사슴 등 짐승과 풀 베고 나무 하는 것 등, 천자께선 백성들과 함께 공유하시니, 이런 것들이 다 도덕과 인혜(仁惠)의 덕에 이르는 방법인 것이었다

　이제 천자께서는 크고도 통달한 덕을 더욱 순수하게 하시고, 번영하는 세상의 법도를 더욱 충실케 하시었다

　삼황(三皇)보다도 더욱 수고하셨고 오제(五帝)보다도 근면하셨으니, 이것이 또한 지극하지 않은가

　이에 공경·장엄·화목함에 힘쓴 무리들이 군신 간의 절도를 세우고 성현의 위업(偉業)을 숭상해 원유(苑囿)의 화려함과 유렵(游獵)의 사치스러움을 돌아볼 겨를이 없게 했다

그리하여 천자께서는 수레를 돌려 호화로운 아방궁(阿房宮)를 뒤로하시고 미앙궁(未央宮)으로 돌아가셨도다.'

권 87

양웅전
揚雄傳

【하】

이듬해 상은 (중국에) 금수가 많다는 것을 오랑캐들에게 크게 자랑했고 가을에 우부풍(右扶風)에게 명해 백성들을 징발해 종남산(終南山)으로 들어가 사냥을 하게 하니 서쪽으로는 포(褒)와 사(斜)의 계곡에서부터 동쪽으로는 홍농군(弘農郡)에 이르렀고, 남쪽으로는 한중(漢中)에까지 말을 달려 금수를 잡는 그물을 넓게 치고 곰과 호저(豪豬), 호랑이, 표범, 긴꼬리 원숭이, 큰 원숭이 그리고 여우, 토끼, 고라니, 사슴을 잡아서 함거(檻車)에 싣고 장양궁(長楊宮)과 사웅관(射熊館)으로 운반했다. 그물로 주위에 울타리를 치고 그 속에 금수를 풀어놓고 오랑캐들로 하여금 맨손으로 싸우게 해 잡은 짐승을 각자 취하게 하면서 상이 친히 관람했다. 이때 농민들은 추수를 할 수가 없었다. 내가 사웅관에까지 따라갔다가 돌아와서 「장양부(長楊賦)」를 지어 올렸는데 잠시 필묵으로 문장을 지었으므로 한림(翰林)이라는 이름을 빌려 주인으로 삼고 자묵(子墨)을 객경으로 삼아 (천자를)

풍자했다. 그 글은 다음과 같다.[1]

'자묵(子墨) 객경(客卿)이 한림(翰林) 주인에게 다음과 같이 말했다.

"대체로 듣건대 성군(聖君)이 백성을 부양하는 일은 어진 사랑으로 그 마음을 적셔주면서 은혜를 흡족하게 베풀고, 몸을 움직일 때도 임금 자신만을 위하지는 않는다고 합니다. 올해 장양궁(長楊宮)에서 사냥할 때는 먼저 우부풍(右扶風)에게 명령을 내렸고, 이어 왼쪽의 태화(太華)로부터 오른쪽 포사(褒斜)에 이르는 지역에서, 절알산(嶻嶭山)에 목책을 설치하고 종남산(終南山) 둘레에 그물을 쳐서, 숲속에 1,000승(乘)의 수레를 벌여놓고, 산언덕에 1만 명의 기병을 도열케 했습니다. 군대를 인솔하여 포위망을 만들고 오랑캐들에게 잡은 것을 주고 또 그들에게 포획하게 하자, 그들은 곰의 목을 틀어잡고 또 호저(豪猪)를 끌고 갔습니다. 외곽에 둘러친 목책과 죽책(竹柵)은 마을의 울타리처럼 보일 정도였습니다. 이것은 천하에 둘도 없는 대단한 구경거리였습니다. 비록 그렇지만 이는 또 농민들을 상당히 번거롭게 하는 일이었습니다. 30여 일 동안 그들은 지극한 수고를 했지만, 이 일은 그들이 의도한 것이 아닙니다. 아마 사정을 잘 모르는 사람은 밖으로 이 일이 임금의 개인 오락의 유흥이라고 여기고, 또 그것이 안으로 제수(祭需)를 장만하기 위한 것으로 생각하지 않을 것이니, 이것이

---

[1] 이하는 이미 소명(昭明)태자가 편찬하고 국내의 김영문 등이 번역한 『문선역주(文選譯註) 2』에 포함돼 있고 권위 있는 해석이라 그대로 옮긴다. 이 부분은 공동 역자들 중에서 김영문 교수가 옮겼다.

어찌 백성을 위한 일이라고 할 수 있겠습니까? 또 임금은 침착하고 조용한 정치를 정신으로 삼고, 담담하고 고요한 태도를 덕망으로 삼아야 하는데도, 지금 멀리까지 출정하여 위엄을 드러내는 것을 즐기고, 군대를 움직여 수레와 병졸들을 피곤하게 하는 일을 자주 일으키니, 이것은 근본적으로 임금이 행할 급무(急務)는 아닌 것 같아, 어리석은 저는 남몰래 의혹에 젖습니다."

한림 주인이 다음과 같이 대답했다.

"아, 객경께서는 어찌 이와 같은 말씀을 하십니까? 객경의 말과 같다면 이는 하나만 알고 둘은 보지 못한 것이며, 그 겉만 보고 속은 알지 못한 것입니다. 저는 일찍이 이에 대한 이야기를 피곤할 정도로 한 적이 있기 때문에, 일일이 상세한 내용을 말씀드릴 수가 없고, 청컨대 그 대체적인 상황을 대략 열거할 터이니, 객경께서 스스로 그 실제 내용을 살펴보시기 바랍니다."

객경이 "예, 예" 하고 응낙했다.

주인이 말했다.

"옛날 강포한 진(秦)나라는 거대한 멧돼지처럼 자신의 땅을 유린하고 알유(猰㺄)처럼 그 백성을 해쳤으며, 또 착치(鑿齒)의 무리처럼 서로 더불어 이빨을 갈며 다투었습니다. 호걸들이 죽처럼 들끓고 구름처럼 소란을 일으켜, 백성들이 이로 인해 편안하지 못했습니다. 그리하여 상제(上帝)께서 고조(高祖)를 보살피니, 고조께서 천명을 받들어 북두성의 기운에 순응하고 천관성(天關星)의 운행에 따랐습니다. 큰 바다를 가로지르고, 곤륜산을 뒤흔들었습니다. 칼을 빼들고 고함치며 지나는 곳마다 성곽에 아군의 깃발을 휘날리고 고을을 점령하면서, 적장을 항복시키고 적의 깃발을 끌어 내렸습니다. 하루 동안 치른 전투도 그 수를 다 기록할 수가 없습니다. 이처럼 부지런히 일하느라 머리가 헝클어져도 빗을 겨를이 없었고, 배가 고파도 요기를 할 시간이 없었습니다. 투구에는 서캐와 이가 생기고, 갑옷에는 눅눅한 땀이 배어드는데도 만백성을 위하여 하늘에 천명을 청했습니다. 이에 사람들의 억울한 일을 풀어주고, 사람들의 결핍된 부분을 구제했습니다. 억년의 규범을 세우고 제업(帝業)을 확장하자, 7년 사이에 천하가 안정됐습니다.

성스러운 문제(文帝) 시대에 이르러서도, 선대의 유풍을 따르고 그 은택에 순응하며, 바야흐로 천하가 태평하도록 마음을 기울였습니다. 몸소 검소함을 실천하여, 투박한 옷을 입어 잘 떨어지지 않도록 했으며, 질긴 가죽 신발을 신어 쉽게 구멍이 나지 않도록 했습니다. 고대광실에는 거주하지 않았고, 목기(木器)를 쓰면서 무늬도 넣지 않았습니다. 그리하여 후궁들은 진귀한 대모(玳瑁)를 천시했고, 아름다운 옥구슬도 하찮게 여겼으며, 비취로 꾸민 장식품도 물리쳤고, 옥조각을 아로새긴 고운 물건도 모두 없앴습니다. 화려함을 싫어하며 가까이하지 않았고, 향기를 배척하며 몸에 대지 않았습니다. 또한 현악기와 관악기로 연주하는 사악한 음악을 억눌러 금지하고, 정(鄭)나라, 위(衛)나라의 미묘한 음악[淫聲]도 듣기 싫어했으니 이러한 까닭에 북두성이 제 위치를 바로잡았고 삼태성(三台星)도 나란하게 배열됐습니다.

그 이후 흉노가 포악한 짓을 하고, 동이(東夷)도 함부로 반란을 일으켰으며, 강족(羌族)과 융족(戎族)도 눈을 부릅뜨고 노려보고, 민월(閩越)의 부족들도 서로 혼란을 조성했습니다. 먼 변방 백성들이 이 때문에 불안해했고, 중원 땅까지도 그 환란에 덮였습니다. 이때에 성스러운 무제(武帝)께서 분노하여, 곧바로 군대를 정돈했습니다. 그리고 표기장군(驃騎將軍)과 위장군(衛將軍)에게 명령을 내리니, 군사들이 소용돌이치듯 떨쳐 나아갔고, 구름이 몰려가고 번개가 내리치듯 진격했습니다. 폭풍처럼 몰아치고 물결처럼 쓸어가며, 쏜살같이 달려가고 벌처럼 날아갔습니다. 그 빠르기가 별똥별 같았고, 그 공격은 천둥과 같았습니다. (흉노의) 수레를 쳐부수고, 천막집을 파괴하고, 사막에 저들의 뇌를 흩뿌리고, 여오수(余吾水)에 저들의 골수가 떠다니게 했습니다. 마침내 저들의 왕정(王庭)을 짓밟은 뒤, 낙타를 몰아내고 마을을 불태웠습니다. 추장들을 분리시켜 쫓아내자, 저들은 무너져서 우리 속국이 됐습니다. 깊은 계곡을 메우고 우거진 초목을 뽑아내고 바위를 깎아 길을 내었습니다. 시체를 발로 밟고 병졸을 수레로 짓뭉개며, 적의 노약자를 포로로 잡았습니다. 화살과 창을 맞아 흉터가 즐비한 자들과 청동 화살촉에 중상을 입은 자들 수십만 명이 모두 이마를 조아리고 턱을 당기며 포복 자세로 개미처럼 기어왔습니다. 벌써 20여 년이 지났는데도 저들은 아직도 감히 숨조차 쉬지 못합니다. 무릇 천자의 군대가 사방을 정벌하여 북방의 고을을 먼저 공격한 뒤, 창끝을 돌려 남쪽을 가리키자, 남월(南越)이 자기들끼리 서로 싸웠습니다. 깃발과 부절을 들고 서쪽으로 원정 가니, 강족(羌族)과 북족(僰族)이 동쪽으로 달려와 항복했습니다. 이러한 까닭에 풍속이 상이한 먼 지방과 거리가 아득한 다른 나라들 중에서, 최상의 인정(仁政)에도 교화되지 않고, 성대한 덕치(德治)에도 귀순하지 않던 족속들이 모두 발돋움하고 우러르며 진귀한 조공품을 바치지 않는 경우가 없게 됐습니다. 그리하여 천하가 안정돼 변방의 재난과 전쟁의 근심이 영원히 사라졌습니다.

지금 조정에서도 순수하고 어진 정책을 펴고, 정도(正道)를 따르고, 대의(大義)를 드러내면서 학자들을 두루 포용하자, 성스러운 기풍이 구름처럼 퍼져나가, 꽃잎이 물 위에 떠가듯 어진 덕이 팔방에 가득 흘러넘칩니다. 드넓은 하늘이 덮어주는 곳이라면 이러한 은택에 젖어들지 않는 사람이 없습니다. 선비들 중에 왕도(王道)를 이야기하지 않는 사람이 있으면 나무꾼들도 그를 비웃습니다. (그런) 생각건대 일이 융성하면 쇠퇴하지 않는 경우가 없고, 사물이 극성하면 이지러지지 않는 경우가 없는 것입니다. 따라서 평화로울 때도 국난을 소홀히 해서는 안 되고, 안정된 시기에도 위기를 잊어서는 안 됩니다. 이에 때때로 풍년이 든 해에 병사를 내어, 수레를 정돈하고 군대를 격려합니다. 오조궁(五莋宮)에서 군사를 조련하고 장양궁(長楊宮)에서 병마(兵馬)를 훈련시킵니다. 교활한 짐승을 잡는 수렵에서 역사(力士)를 선발하고, 날랜 새를 잡는 사냥에서 무사(武士)를 가려냅니다. 그리고 수많은 군대를 거느리고 종남산(終南山)에 올라 오익국(烏弋國)을 굽어보니, 서쪽으로는 달이 지는 곳까지 굴복시키고, 동쪽으로는 해가 뜨는 지역까지 위세를 떨칩니다. 또 후대 황제들이 일시적인 사냥놀이에 빠져, 항상 이 일을 국가 대사로 삼고 수렵에 탐닉하면서, 나라가 점점 쇠미해가는데도 제어하지 못할까 근심합니다. 이러한 까닭에 사냥 수레를 편안하게 멈추지도 않고, 해그림자가 아직 기울지 않았는데도, 수많은 수행원들에게 분부를 내려 곧바로 돌아옵니다. 이 또한 고조(高祖)의 업적을 받들고, 문제(文帝)와 무제(武帝)의 법도를 준수하며, 삼왕(三王)의 사냥 규칙을 회복하고, 오제(五帝)의 산택(山澤) 관리 제도로 돌아가기 위함입니다. 그리하여 농민들이 경작을 그만두지 않게 하고, 여공(女工)들이 베틀에서 내려오지 않게 합니다. 또 때맞춰 결혼하게 하여 남자와 여자가 모두 혼기(婚期)를 넘기지 않게 합니다. 이에 (금상(今上)께서는) 화락한 도(道)를 드러내고, 간편하고 쉬운 정치를 행하면서, 수고로운 백성을 긍휼히 여겨, 그 노역을 쉬게 하여줍니다. 그리고 100세에 가까운 노인들을 접견하고, 외롭고 병약한 사람들을 위로하면서, 솔선하여 그들과 더불어 괴로움과 즐거움을 함께합니다. 그런 후에 종(鍾)과 북으로 음악을 연주하고, 소고(小鼓)와 경쇠로 화음을 넣고, 맹수를 새긴 경틀을 세워놓고 옥경을 연주하면서 팔일(八佾)을 춥니다. 믿음과 아름다움을 술처럼 마시면서, 함께하는 기쁨을 안주로 삼습니다. 묘당(廟堂)의 조화로운 음악소리 들으며, 조종 신령께서 내려주는 만복(萬福)을 받습니다. 노래 소리는 『시경(詩經)』의 송(頌)과 부합되고, 취주(吹奏)한 음악은 『시경(詩經)』의 아(雅)와 합치됩니다. 그 근면함이 이와 같기 때문에 진정으로 신령께서 위로해주는 것입니다. 바야흐로 상서로운 조짐을 기다려, 양보산(梁父山) 너른 터에서 땅에 제사를 지내고, 태산 정상에 단을 쌓아 하늘에 제례를 올립니다. 미래에도 그 업적이 계속 빛날 것이며, 옛날 성군과도 그 영광을 나란히 할 것입니다. 그러므로 어찌 다만 지나치게 사냥 구경을 즐기려고, 메벼와 벼가 심어진 논으로 말을 치달리게 하고, 배나무·밤나무가 있는 과수원으로 두루 순수(巡狩) 행차를 지나가게 한 것이겠습니까? 또 어찌 다만 꿀과 땔나무를 짓밟으며 뭇 백성들에게 위용을 과시하려고, 긴꼬리원숭이와 큰 원숭이를 성대하게 사냥하고, 고라니와 사슴을 다량으로 포획한 것이겠습니까? 또한 장님은 지척에 있는 물건도 보지 못하지만, 이루(離婁)는 1,000리 밖의 구석 자리까지도 환하게 봅니다. 객경(客卿)께서는 어찌 다만 호인(胡人)들이 우리 땅의 금수를 잡는 것만 아까워하시고, 우리가 이미 저들의 임금을 사로잡았다는 사실은 모르고 계십니까?"

말을 아직 마치지도 않았는데, 자묵(子墨) 객경(客卿)이 자리에서 내려와 재배하고 머리를 조아리며 다음과 같이 말했다.

"위대하도다! 나라의 법도여! 진실로 저 같은 소인배가 언급할 수 있는 바가 아닙니다. 이에 오늘 저의 무지몽매함을 깨우쳐주셔서 명쾌하게 이해가 됐습니다!'"

애제(哀帝) 때 정씨(丁氏), 부씨(傅氏), 동현(董賢)이 일을 제 마음대로 장악해 거기에 붙어 출세해[離=著] 사람들 중에 혹 집안을 일으켜 2,000석 관리가 된 사람도 있었다. 이때 웅(雄)은 마침 『태현경(太玄經)』² 의 초안을 쓰고 있을 때라 스스로를 지키며[自守] 담백하게 지내고 있었다. 어떤 사람이 현(玄)은 오히려 백(白)이라며 웅을 놀리자[嘲][○ 사고(師古)가 말했

---

2 『주역(周易)』에 비기어 우주만물의 근원을 논하고, 음양이원론(陰陽二元論) 대신 시(始)·중(中)·종(終)의 삼원(三元)으로써 설명하고 여기에 역법(曆法)을 가미했다. 현(玄)은 눈에 보이지 않는 우주의 본체이고, 태(太)는 그 공덕을 형용한 미칭(美稱)이다. 인간의 모든 현상은 노자(老子)가 주창한 '현(玄=무(無))'을 근원으로 하고, 천(天)·지(地)·인(人)을 기본요인으로 해 이를 짜맞춤으로써 포착될 수 있다고 보고, 81종(種)의 도식(圖式)을 만들고 다시 그 하나하나에 현상의 전개를 상징하는 9찬(贊)을 만들어 덧붙였으며, 이 729찬이 인간 매사의 전개를 남김없이 나타낸다는 것이다. 규칙이 바른 양웅의 도식을 높이 사는 학자도 있으나, 『역(易)』과 같은 흥미는 결여된 것으로 평가되고 있다.

다. "현(玄)은 검은색이다. 웅의 글이 아직 이뤄지지 못하자 그 색은 흰색과 같다고 한 것이니 이는 곧 웅이 아무런 녹위(祿位)를 갖고 있지 못한 것을 빗댄 것이다."] 웅은 그것을 변명하는 글 한 편을 지어 「해조(解嘲)」라고 불렀다. 그 글은 아래와 같다.

'객(客)이 양자(揚子)를 놀리며 말했다.

"내가 듣건대 옛날[上世]의 선비들은 많은 사람들의 모범과 표준이 됐고[人綱人紀=衆人之綱紀] 태어나지 않았다면 그만이지만 일단 태어난 이상 위로는 임금을 받들고 아래로는 부모님을 영광되게 하여 임금이 내리는 홀을 나눠 받고 다른 사람과 더불어 작위에 올라 임금이 내리는 부(符)를 품고 임금의 녹을 받아서 청색이나 자색 인끈에 붉은 칠을 한 수레(-고위직이 타는 수레)를 타는 고관이 됐다고 했습니다. (그런데) 지금 그대는 요행히 눈 밝으신 천자의 성대한 때를 만나 꺼릴 것 없는 조정에서 여러 뛰어난 이들과 같은 반열에 섰다지만 금마문(金馬門)을 지나고 옥당(玉堂)에 오른 지가 오래됐음에도 일찍이 특별한 정책이나 책을 올리거나 위로 임금을 기쁘게 하고 아래로 공경들과 담론을 나눈 적이 없습니다. 눈은 별처럼 밝고 혀는 번갯불처럼 빨라 종횡으로 누비며 감히 맞설 자가 없다는 듯이 토론을 해야 할 판에 도리어 태현 5,000문장을 짓고 지엽적인 설명을 늘어놓아 오로지 10만여 자를 논하면서 깊게는 황천(黃泉)에까지 이르고 높게는 저 푸른 하늘에 닿고 광대하게는 원기(元氣)를 포함하고 구석구석까지 털끝만큼의 잘못도 없다지만 그래봤자 지위는 시랑(侍郎)에 불과하여 겨우 급사황문(給事黃門)에 뽑혔을 뿐입니다. 생각해볼 때 현(玄)으로 자신의 미미한 관직[白]을 높여보려는 것 아닙니까? 어찌 관직을 그다지도 뜻을 얻지 못했습니까?"

양자는 웃으면서 응대해 말했다.

"객께서는 제가 붉은 칠을 한 수레를 타기를 바라시지만 한 번 넘어가게 되면 내 일족이 모두 피를 볼지도 모릅니다. 옛날에 주(周)나라가 쇠약해지면서 여러 제후들이 패권을 다퉜는데 나눠져 12국이 됐다가 합쳐져 6~7국이 돼 사분오열하는 전국시대가 됐습니다. 이때 선비들에게 일정한 주군이 없었고 나라에는 정해진 신하가 없었기에 관직을 얻으면 부자가 됐고 잃으면 가난해졌으며 각자 힘대로 이리저리 날아다니거나 마음대로 그만두었으니, 그래서 선비들 중에는 자루 속에 들어가서 벼슬을 구해 성대하게 된 자도 있고[3] 담을 뚫고 도망친 사람도 있습니다.[4] 이 때문에 추연(騶衍)은 부침을 겪으면서도[頡亢] 세상에 쓰여졌고[5] 맹가(孟軻-맹자)는 연속되는 어려운 세상을 만났으나 오히려 만승 대국의 스승이 됐습니다.

지금 대한(大漢)은 동해(東海)를 왼쪽으로, 거수(渠搜)를 오른쪽으로, 번우(番禺)를 앞으로, 도도(陶塗)를 뒤로 하고 있습니다. 동남쪽에는 하나의 위(尉-동해도위)가 있고 서북쪽에는 하나의 후(候-관후)가 있습니다. 죄 지은 자는 묶어서 (안휘성에서 나는) 묵으로 새기고 더 심한 자는 도끼로 처형하며 예와 악으로 다스리고 시서(詩書)로 교화하고 세월을 흘려보

---

3   위(魏)나라 사람 범수(范睢-혹은 범휴)는 자루 속에 들어가 진(秦)나라에 가서 벼슬을 구했다.
4   노(魯)나라 안합(顔闔)은 임금이 재상으로 초빙하려 하자 뒷담을 뚫고 도망쳤다.
5   제나라 경(卿)에 올랐다.

내며 오두막집을 짓고 살 수도 있습니다. 천하의 선비들은 우레처럼 움직이고 구름처럼 모이며 물고기 비늘처럼 서로 얽혀 천하 팔방에 각기 살면서, 집집마다 스스로를 직(稷)과 설(契)이라 여기고 사람마다 스스로를 고요(皐陶)처럼 뛰어나다 여기고서, 관을 쓰고 관끈을 맨 사람들이 이야기를 하면 모두 이윤(伊尹)을 생각하면서 오척 동자라도 안영(晏嬰)과 관중(管仲)가 비교되는 것도 부끄럽게 생각하고 있습니다.

벼슬길에 들어서면 청운(靑雲)에 오른 것이지만 벼슬을 잃으면 도랑이나 구덩이에 처박힌 것이며 아침에 권력을 잡으면 경상(卿相)이지만 저녁에 세력을 잃으면 필부이니, 비유하자면 마치 강호의 참새나 발해의 새가 네 마리라도 많은 것이 아니며 쌍으로 나는 오리를 적다고 생각지 않습니다. 옛날에 어진 사람 세 명이 떠나가자 은나라는 망했고,[6] 두 노인(백이(伯夷)와 숙제(叔齊))이 들어가자 주나라는 번성했으며[熾=盛], 자서(子胥)가 죽자 오나라는 망했고, 문종(文種)과 범려(范蠡)가 있어 월(越)나라는 패자(霸者)가 됐으며, 오고대부 백리해(百里奚)가 진(秦)나라에 가자 진나라가 기뻐했고, 악의(樂毅)가 떠나가자 연왕(燕王)은 두려워했으며, 범수(范雎)는 갈비뼈가 부러졌으나 양후(穰侯)를 위태롭게 했고, 채택(蔡澤)[7]은 주걱턱이

---

6 이는 『논어(論語)』 「미자(微子)」 편에 나오는 다음 구절을 염두에 둔 표현이다. 미자는 떠나가고, 기자는 종이 되고, 비간은 간하다가 죽임을 당했다. 이에 대해 공자는 말했다. "은나라에 세 명의 어진 사람이 있었다."

7 전국시대 연(燕)나라 사람이다. 변설이 좋았고 지략이 풍부해 제후(諸侯)들에게 다니면서 유세를 했다. 진소왕(秦昭王) 52년 진상(秦相) 범수(范雎)가 추천한 정안평(鄭安平)과 왕계(王稽)가 죄를 졌다는 소식을 듣고 진나라로 들어가 범수에게 사퇴할 것을 권고했고, 범수가 소왕에게 추천하여 객경(客卿)이 됐다. 얼마 뒤 범수가 병을 이유로 재상의 직위를 내놓자 마침내 범수

라 관상 보는 당거(唐擧)⁸에게 비웃음을 받았습니다. 그래서 일을 만나서야 사람이 있는 것이니 소하(蕭何), 조참(曹參), 장자방(張子房), 진평(陳平), 주발(周勃), 번쾌(樊噲), 곽광(霍光)이 없었다면 안정을 찾을 수 없었을 것이고 무사한 때를 만나면 부질없이 글이나 읽는 무리들은 같이 앉아서 옛 법도나 지킬 뿐이고 걱정 또한 하지 않았을 것입니다. 그러기에 세상이 빼어난 이나 명철한 이가 아무리 애를 써도 충분치 않지만 세상이 다스려지게 되면 용렬한 필부라 하더라도 편안하여 베개를 높이 하고 편안히 지낼 수 있는 것입니다.

무릇 아주 옛날의 인재들 중에는 혹 밧줄을 풀고서 재상이 됐고⁹ 혹 갈옷을 벗으면서 사부가 됐으며¹⁰ 혹 이문(夷門)에 기대어 웃었고¹¹ 혹 심연을 가로질러 어부가 됐고 혹 나이 70세에 각국을 유세했으나 자신을 알아주는 임금을 만나지 못했고[不遇]¹² 혹 서서 잠깐 이야기하고서 후(侯)

를 대신해 재상이 되고, 서주(西周)를 공격해 멸망시킬 계책을 내놓았다. 다른 사람이 모함하자 후환이 두려워 즉시 재상에서 물러나고 강성군(綱成君)이라 불렸다. 진나라에서 10여 년 동안 머무르면서 소왕, 효문왕(孝文王), 장양왕(莊襄王), 시황(始皇)까지 섬겼다. 진시황을 위해 연(燕)나라에 가 연나라의 태자(太子) 단(丹)이 진나라에 인질로 오도록 했다.

8 전국시대 양(梁)나라 사람으로 남의 형상(形狀)과 안색을 보고 그 길흉과 요상(妖祥)을 알아내었다고 한다.

9 관중(管仲)이다.

10 영척(甯戚)이다.

11 후영(侯嬴)이다.

12 공자(孔子)다.

에 봉해졌으며[13] 혹 천승의 왕이 누항(陋巷)으로 찾아갔고 혹 뛰어난 이를 맞이하며 빗자루를 들고 청소를 했습니다.[14] 이 때문에 선비들은 자못 혀를 놀리고 붓을 잡아 임금과 신하 상하 간의 틈을 막는 데 조금도 굽힘이 없었습니다.

(그런데) 지금에 와서는 현령(縣令)만 돼도 선비를 청하지 않고 군수는 스승을 맞이하지도 않으며 많은 공경들은 손님을 예로 대우하지 않고 장상(將相)은 고개를 숙일 줄 모릅니다. 기발한 계책을 말하는 자는 의심을 받고 특출한 행동을 하면 처벌을 받기에 이 때문에 담론을 하려는 자는 말을 아끼고 남들과 같이 말할 뿐이며 무엇인가를 행하려는 자는 참고서 그저 남들이 하는 것만 그대로 따라서 할 뿐입니다. 만일 옛날의 선비들이 지금 시대를 산다면 책문에서는 갑과(甲科)에 들지 못할 것이고 행실로는 효렴이나 방정으로 천거받지도 못할 것이니 다만 글이나 올리고 가끔씩 옳고 그름이나 따지다가 많이 올라가야 대조(待詔)가 되거나 안 되면 알고 있는 것을 아뢰었다고 내침을 당하게 될 것이니 이래가지고야 어찌 청색이나 자색 인끈을 받겠습니까?

또 내가 듣건대 아주 활활 타오르는 불도 꺼지며 아주 큰 천둥소리라도 없어지지만 우레 소리를 듣고 불을 보듯이 그 속을 잘 채운다면 하늘이 그 소리를 거두고 땅이 그 열기를 저장한다고 했습니다. 아주 잘나가는 집안은 귀신이 엿본다고 했습니다. 빼앗아 가지려는 자는 망하고 묵묵히

---

13 설공(薛公)이다.

14 추연(鄒衍)이 연나라에 갔을 때 연왕이 그렇게 했다.

지키는 자는 살아남습니다. 아주 높은 자리에 오르면 종족이 위험하게 되고 분수를 지키면 몸은 편안합니다. 그렇기 때문에 현(玄)을 알고 묵(默)을 알아서 두리의 극을 지키게 되면 여기에서 깨끗해지고 고요해지며 신(神)의 뜰에서 노닐며 오직 적막함만이 다움을 지키는 집이 될 것입니다.

세상이 바뀌고 일이 변화돼도 사람의 길[人道]은 다르지 않기 때문에 그들과 내가 시대를 바꿔 살아도 그 결과가 어찌 될지는 알 수가 없습니다. 지금 그대는 부엉이를 가지고서 봉황을 비웃고 도마뱀을 들고서 거북이나 용을 조롱하니 어찌 병이 나지 않겠습니까? 그대는 한갓되이 내가 현(玄)으로 관직이 없는 것을 높이려 한다지만 나 또한 그대의 병이 심한데도 유부(臾跗)나 편작(扁鵲)(같은 명의)을 만나지 못했으니 슬플 뿐입니다."

객(客)이 말했다.

"그렇다면 현(玄)이 아니고서는 이름을 남길 수 없습니까? 범수와 채택 이후로는 어찌 반드시 현(玄)입니까?"

양자가 말했다.

"범수(范雎)는 위(魏)나라의 망명자인데 갈비뼈와 허리뼈가 부러지고 포승줄에서 풀려나 어깨를 움츠리고 등을 구부리며 기어서 자루 속에 들어가서 만승의 군주를 격동시켜 왕의 동생 경양군(涇陽君)을 이간질해 양후(穰侯)를 치게 하여 승상의 자리를 대신 차지했으니 이는 그 상황에서는 마땅한 것[當]이었습니다.

채택(蔡澤)은 산동(山東)의 필부였는데 주걱턱에 콧등은 주저앉았고 눈물, 콧물을 흘리면서 서쪽으로 들어가 강대한 진(秦)나라의 승상에게 인사를 한 뒤에 그의 목을 조르고 숨을 끊으며 등 뒤에서 치고 그 자리를 차지했으니 이는 때를 잘 탄 것[時]입니다.

(유방(劉邦)에 의해) 천하가 안정되고 전쟁이 끝난 뒤에 낙양에 도읍했으나 누경(婁敬)은 짐수레를 끌던 일을 그만두고 세치 혀로 고조를 설득해 도읍을 장안으로 옮기게 했으니 이는 사안에 적중한 것[適=中]입니다.

오제(五帝)가 전범을 만들고 삼왕(三王)이 각종 예를 전해 백세(百世)가 지나도 바뀌지 않았는데 숙손통(叔孫通)이 전쟁의 한복판에서 몸을 일으켜 갑옷을 벗고 무기를 버린 뒤에 임금과 신하의 의례를 제정했으니 이는 자신의 뜻을 실천한 것[得]입니다.

(주나라 형벌인) 보형(甫刑)을 쓸 수가 없었고 진나라의 법은 너무 가혹해 한나라에서 새로운 법을 제정했으니 소하(蕭何)가 제정한 법은 시의적절한 것[宜]입니다.

그래서 소하의 법률은 요순시대에는 맞지 않습니다. 숙손통의 의례도 하나라와 은나라 시대였다면 혼란만 불러올 것입니다. 누경의 정책을 주나라에 적용한다면 잘못이고 범수와 채택의 주장을 김일제(金日磾), 장안세(張安世), 허광한(許廣漢), 사고(史高)에게 유세했다면 미쳤다고 했을 것입니다. 소하의 규정을 조참이 따라 했고 유후(留侯-장량)가 방책을 꾸미면 진평(陳平)이 기발한 계책을 실행한 공적은 태산과 같고 그 명성은 마치 산이 무너지듯 천하에 알려져 그의 풍부한 지혜를 알 수 있을지라도 오직 때를 제대로 만나야만 실행이 될 수 있는 것입니다. 따라서 이룰 수 있을 때에 이루려 하는 것은 순리이기 때문이고 해서는 안 될 때에 하지 않는 것은 흥하기 때문인 것입니다.

무릇 인상여(藺相如)는 진나라의 장대궁(章臺宮)에서 공을 거뒀고, 상산(商山) 사호(四皓)는 남산(南山)에서 영광을 누렸으며, 공손홍(公孫弘)은 금마문(金馬門)에서 대책을 올려 업적을 이뤘고, 표기장군 곽거병(霍去病)은 기련산(祁連山)에서 대승을 거뒀으며, 사마상여(司馬相如)는 아내 탁문군으로부터 재물을 얻었고, 동방삭(東方朔)은 고기를 잘라다가 아내에게 주었습니다.

저는 진실로 이와 같은 사람들처럼 할 수가 없기에 그래서 입을 다물고 홀로 나의 태현(太玄)을 지키는 것입니다."

웅(雄)이 생각할 때 부(賦)란 그것으로 상(上)을 풍자하려는 것이었기 때문에 반드시 유추에 의해 말을 했고 표현이 극도로 화려하고 아주 변화하며 글에 수식이 많아 다른 사람으로 하여금 더 보탤 말이 없을 정도여서 결과적으로 바른 도리에 귀결시키려는 것이었지만 그것을 읽는 사람들은 너무 지나치다고 여겼다. 옛날에 무제(武帝)가 신선을 좋아하자 사마상여가 대인부(大人賦)를 지어 올려 풍간하려 했으나 무제는 오히려 표표히 구름을 타고 노니는 뜻을 품었다. 이로써 말하자면 부는 단순히 권면하는 데서 그치지 않는 것이 분명하다. 그래도 자못 배우인 순우곤(淳于髡)이나 우맹(優孟) 같은 무리는 법도에 의거해 궁궐에 출입한 것이 아니었으며 뛰어난 이나 군자들이 볼 때 시부는 바른 도리가 아니어서 이로 인해 점점 없어지고 더 이상 시도되지 않았다는 것이다.

그래서 웅은 천상(天象)에 대해 크고 깊게 생각하여 현(玄-하늘)을 3방(方)으로 나누고 다시 방을 4단계로 나누고 또 81가(家)로 세분화했다. 크게는 삼모구거(三摹九据)로 하여 다하면 모두 729개의 찬(贊)이 있었는데 이 또한 자연스러운 도리이다. 그래서 역(易)을 살피는 사람은 그 괘(卦)를 보아 이름을 붙이고 (양웅의) 현(玄)을 살피는 자는 그 획을 세어서 점괘를 판정했다. 현의 첫머리에 사중(四重)이 있는데 이는 괘가 아니라 수(數)다. 그 용법은 천원(天元)에서부터 일주일야(一晝一夜)와 음양의 수로 율력(律曆)을 계산하는 법칙으로 삼으며 구구(九九)의 대운(大運)은 하늘과 함께 시작하고 끝났다. 그래서 현(玄)에는 3방(方), 9주(州), 27부(部), 81가(家), 243표(表), 729찬(贊)이 있는데 이를 3권으로 나누어 일이삼(一二三)이라 했고『태초력(泰初曆)』과 상응하게 했는데 이 또한 전욱(顓頊)의 역법을 이어받은 것이다. 삼책(三策)으로 점을 치는데 길흉으로 시작하고 나타난 현상을 아울러 사람의 일에 확대하며 오행(五行)으로써 꾸며 말하되 도덕과 인의와 예지(禮知)를 본떴다. 주된 것으로 삼는 것도 없고 말로 하는 것도 없이 오경(五經)과 합치시키려고 했으나 그 실상이 없을 경우에는 억지로 꾸며서 쓰지는 않았다. 그 뜻이 너무도 막연하고 알 수 없는 것도 있어서 그 때문에 수(首), 충(衝), 착(錯), 측(測), 이(攡), 영(瑩), 수(數), 문(文), 예(掜-비교하다), 도(圖), 고(告)의 11편으로 나눠 모두 현(玄)의 내용을 설명했지만 그 글이 산만하고 장구(章句)는 위의 11편에 오히려 들어 있지 않았다.『태현경(太玄經)』은 글이 많아서 여기에 수록하지 않았다. 이를 보는 사람은 알기가 어려웠고 이를 배우는 사람은 쉽게 성취를 이루지 못했다. 어떤 객(客)이『태현경(太玄經)』은 너무 심오해서 일반 사람들이 좋아하지 않는다고 하자 웅은 이 점을 해명하고 '해난(解難-어려움을 해명함)'이라고 불렀다. 그 글은 아래와 같다.

'객(客)이 양자를 비난하며 말했다.

"무릇 책을 쓴다는 것은 많은 사람들이 좋아하는 바를 위한 것이고 그 좋은 맛이 입에 맞고 멋진 가락에 귀가 즐거운 것과 같이 해야 할 뿐입니다. (그런데) 지금 그대는 마침내 글을 비틀고 설(說)을 모호하게 만들어 뜻을 넓디넓으면서도 가리키는 바는 가리워 오로지 유무(有無)의 경계를 넘나들면서 심오한 이론으로 도야했기에 아주 많은 사람들이 여러 해에 걸쳐 그대의 저술을 읽었지만 뜻을 깨친 사람은 거의 없습니다. 단지 정신을 허비하고 배우는 자들을 저리도 괴롭혔으니 비유하자면 그림을 그렸는데 형체가 없고 연주를 했는데 소리가 없는 것과 같으니 이것이 될 말입니까?"

양자가 말했다.

"그렇습니다[兪]. 저 큰 소리나 고상한 의견, 은미한 도리는 대체로 보는 사람마다 같을 수가 없습니다. 옛날 사람에게는 하늘에서 상(象)을 살피고 땅에서는 도(度)를 살피고 사람에게서는 법(法)을 살피는 자가 있어 이런 사람에게 하늘은 아름답고 땅은 넓고 깊으며 옛사람의 글은 금이나 옥과도 같았습니다. 그것들이 어찌 일부러 난해했겠습니까? 형세상으로 어쩔 수 없었기 때문입니다. 저 푸른 규룡(虯龍-용의 새끼)이나 붉은 교룡은 하늘에 오르려 할 때에는 언제나 창오(蒼梧)의 호수에서 몸을 솟구쳐 뜬구름을 딛지 않고 질풍을 날개 삼아 허공으로 올라가는데 상청(上淸)의 기운을 타지 않고서 하늘 끝에 오르는 것을 어찌 홀로 못 보겠습니까? 해와 달이 1,000리 길을 가지 않는다면 육합(六合)과 팔방(八方)의 끝을 다 밝힐 수 없고, 태산(泰山)이 아주 높지 않다면 구름이 크게 피어오르거나 기운이 위로 솟구칠 수 없을 것입니다.

이러했기에 복희씨는 역(易)을 지어 하늘과 땅을 연결하고 팔괘(八卦)를 근본 틀[經]로 삼았는데 여기에다 문왕(文王)이 육효(六爻)를 덧붙였고 공자는 그 형상을 교차시켜 단사(彖辭)를 지었습니다. 그런 연후에야 능히 하늘과 땅의 선함을 드러내고 만물의 기반을 다졌습니다. (『서경(書經)』의) 전(典)과 모(謨)의 여러 편들과 (『시경(詩經)』의) 아(雅)와 송(頌)의 성운(聲韻)이 온축되고 깊은 뜻이 없다면 큰 대업을 드러내고 광명을 밝히는 데 충분치 못할 것입니다. 대개 만물의 조화를 도와 주재하거나 보이지 않게 이뤄지는 조화를 주관하지도 못할 것입니다. 정말로 뛰어난 맛은 맛이 없는 것 같고, 정말로 좋은 음악은 희미하게 들리며, 아주 바른 말은 무슨 말인지 이해하기 어렵고, 큰 도리는 가만히 돌아가는 것처럼 보일 것입니다. 이 때문에 소리의 미묘함은 여러 사람의 귀에 똑같이 들리지 않고, 형체의 아름다움은 세속인들의 눈에 또렷하게 보이지 않으며, 진정 멋진 글은 일반 사람들의 귀에는 분명하게 들리지 않습니다. 예를 들어 지금 현(弦)을 팽팽히 당겼다가 갑자기 놓으면 추세를 따라 좋아하는 것만 따라다니는 사람은 앉아서는 따라갈 수 없습니다. 그런 사람을 위해 함지(咸池)를 연주하거나 육경(六莖), 소소(簫韶), 구성(九成)을 연주한다 한들 호응하지도 못할 것입니다. 그래서 종자기(鍾子期)가 죽자 백아(伯牙)는 현을 끊고 거문고를 부숴 다른 사람을 위해 더 이상 연주하지 않았으며, 요인(獿人)이 죽자 장석(匠石)은 도끼를 놓고 다시는 도끼질을 하지 않았습니다. 진(晉)나라 악사 사광(師曠)은 종을 조율하면서 음을 알아주는 사람이 자신의 뒤를 이어주기를 기다렸으며, 공자(孔子)는 『춘추(春秋)』를 지어 군자들 중에서 앞을 내다볼 줄 아는 사람이 나오기를 기대했습니다. 노자(老子)는 유언을 남겨 '나를 알아주는 자가 드무니 나는 귀하도다'라고 했지만 이것이 丁의 본래 뜻이었겠습니까?'"

웅(雄)이 볼 때 제자(諸子)의 책들은 자신이 알고 있는 것만 가지고 서로 다른 길을 내달리면서 대개 빼어난 이를 헐뜯고 곧바로 괴이한 곳으로 나아가 빼어난 이로부터 멀어졌으며, 교묘한 말과 거짓된 언사로 세상의 일을 뒤흔들고 미미한 변설로 끝내 큰 도리를 부수고 많은 이들을 미혹시켜 오직 자신이 들은 것에만 빠져 스스로가 잘못된 것도 몰랐다. 태사공(太史公-사마천)이 육국(六國)을 기록하며 초나라와 한나라를 거쳐 무제 때 기린을 잡은 시점에서 『사기(史記)』를 끝마쳤는데 이는 (양웅이 볼 때) 빼어난 이와 같지 않으며 옳고 그름[是非]이 경전과 자못 다르기 때문이었다. 그래서 아는 사람이 웅에게 종종 물으면 언제나 법도[法]를 가지고서 대답해주었는데 그중 좋은 내용을 골라 『논어(論語)』를 본떠 『법언(法言)』이라고 이름 붙였다. 『법언(法言)』은 문장이 많아 여기에 싣지 않았고 다만 그 편목(篇目)¹⁵만 차례대로 실었다.

'하늘이 백성을 내려보내 낳아주었을 때 인간은 아무것도 모르는 어리석은 상태에서 본능대로 행동하고 총명한 마음은 열리지 않았다. 이에 빼어난 이가 나와 사람들에게 각종 도리를 가르쳤다. 이에 처음으로 학행(學

---

15 이는 책 말미에 붙어 있는 법언서(法言序)를 가리킨다.

行)을 엮었다.

 주공(周公)에서 공자(孔子)에 이르러 예악으로써 천하를 다스리는 임금다운 도리가 완성됐다. 그런 뒤에 세상은 드디어 국가의 대법(大法)과 괴리됐고 제자백가가 도리를 쇠퇴시키려 했다. 이에 두 번째로 오자(吾子)를 엮었다.

 사물에는 본래 진짜 모습이 있어 그것이 뜻에 미쳐 베풀어지는 것이다. 이는 모두 몸에 뿌리를 두는 것이다. 이에 세 번째로 수신(修身)을 엮었다.

 넓고 아득해 끝을 알 수 없는 하늘의 도리는 옛 빼어난 이들에게서 찾아볼 수 있어 지나치면 적중함을 잃고[失中] 미치지 못하면 성취할 수 없으며 간사함으로 속이는 것은 불가능하다. 이에 네 번째로 문도(問道)를 엮었다.

 (빼어난 이의) 신령스러운 마음은 신비롭고 형용하기 어려운 마음의 자용으로 천지사방 모든 곳을 다스린다. 그 일은 도리와 다움, 어짊과 마땅함과 예 갖춤에 매여 있다. 이에 다섯 번째로 문신(問神)을 엮었다.

 눈 밝고 지혜로운 사람은 그 지혜의 밝음으로 온 세상을 밝혀 다함이 없고 생각지 못한 재앙을 피해 천명을 잘 보전한다. 이에 여섯 번째로 문명(問明)을 엮었다.

 원대한 말은 하늘과 땅에 고루 미쳐 신명의 활동을 돕고 그만큼 그윽하고 깊으며 광대한 것을 제 마음대로 부려 비근한 말을 뛰어넘는다. 이에 일곱 번째로 과견(寡見)을 엮었다.

 빼어난 이는 총명하고 깊고 아름다운 다움으로 하늘의 행동을 이어받아 신묘한 이치를 미루어 헤아려 만물의 무리에서 으뜸이며 모든 법도를 다스렸다. 이에 여덟 번째로 오백(五百)을 엮었다.

정치를 세우고 백성을 고무시켜 천하 만민을 감동시켜 교화하는 것 중에 중화(中和)보다 위에 있는 것은 없다. 중화의 다움을 행하기 위해서는 먼저 백성들의 실정에 밝아야 한다. 이에 아홉 번째로 선지(先知)를 엮었다.

중니(仲尼) 이래로 나라의 임금, 장상, 경사(卿士), 명신들이 들쭉날쭉해 일정하지 못했는데 모든 빼어난 이들의 도리를 일정하게 평목(平木)했다. 이에 열 번째로 중려(重黎)를 엮었다.

중니 사후 한나라 시대에 이르기까지 덕행으로 뛰어난 사람은 안연(顔淵)과 민자건(閔子騫)이 일컬어지고 고굉(股肱)으로는 소하(蕭何)와 조참(曹參)이 일컬어지니 여러 명장과 신하의 인품이나 글을 서술했다. 이에 열한 번째로 연건(淵騫)을 엮었다.

군자는 그 끝마침을 잘하며 이름이 알려지고 행동이 바르며 빼어난 이의 법도를 넓히는 사람이다. 이에 열두 번째로 군자(君子)를 엮었다.

효도 중에서 부모를 편안하게 해드리는 것보다 큰 것은 없고, 편안하게 해드리는 것 중에서 마음을 편안하게 해드리는 것보다 큰 것은 없으며, 마음을 편안하게 해드리는 것 중에서 사방에서 좋아하게 되는 것만한 것이 없다. 이에 열세 번째로 효지(孝至)를 엮었다.'

찬(贊)하여 말했다.

"이하는 웅(雄)의 자서(自序)를 기반으로 한 글이다. 애초에 웅은 나이가 40여 세가 되자 촉(蜀)에서 나와 경사(京師)에 와서 놀며 공부했다. 대사마 겸 거기장군 왕음(王音, ?~기원전 15년)¹⁶은 그의 글의 우아함[文雅]을 기이하게 여겨 불러서 문하사(門下史)로 삼았고 웅을 천거해 조서 작성에 대비토록 했다[待詔]. 1년여가 지나 「우렵부(羽獵賦)」를 지어 바쳐 낭(郎)에 제수돼 황문(黃門-환관)에서 일을 거들면서 왕망(王莽)이나 유흠(劉歆)과 어깨를 나란히 했다[竝=竝肩]. 애제(哀帝)의 초기에는 심지어 동현(董賢)과 같은 관직에 있었다. 성제와 애제와 평제 연간을 맞아 망(莽)과 현(賢)은 모두 삼공(三公)이 돼 그 권세는 임금을 기울일 정도였고 그들이 천거했을 때 발탁되지 않는 사람이 없었으며 웅은 이들 3대를 거치는 동안 자리를 이동하지 않았다. 마침내 망이 황위를 찬탈하기에 이르자 이야기를 일삼는 선비들이 부명(符命)을 이용해 공덕(功德)을 칭송하고 봉작을 얻는 경우가 너무 많았지만 웅은 다시 후(侯)에 봉해지지 못하고 늙어서까지 오랫동안 같은 자리에 머물러 있다가 대부가 돼 마침내 권세와 이익을 편하게 여기는 것이 이와 같았다. 사실 옛날 것을 좋아해 도리를 즐겨 자신의 뜻을 문장에 새김으로써 후세에 이름을 남기고자 했으나 경서 중에서는 『주역(周易)』보다 위대한 것이 없기 때문에 『태현경(太玄經)』¹⁷을 지었고 전(傳) 중에서는 『논어(論語)』보다 위대한 것이 없기 때

---

16 원제(元帝) 왕왕후(王王后) 정군(政君)의 종제(從弟)다. 대장군 왕봉(王鳳)에게 아부해 어사대부(御史大夫)에 올랐다. 성제(成帝) 양삭(陽朔) 3년(기원전 22년) 왕봉이 죽으면서 그의 추천으로 대사마(大司馬)와 거기장군(車騎將軍)에 오르고 상서(尙書)의 일을 대행했다. 홍가(鴻嘉) 원년(기원전 20년) 안양후(安陽侯)에 봉해졌다. 종구(從舅, 어머니 쪽 형제)로 정치를 보좌했지만 위세와 권력은 왕봉만 못했다.

17 10권으로 돼 있으며 『주역(周易)』을 염두에 두고서 우주만물의 근원을 논하고 음양이원론(陰陽二元論) 대신 시(始)·중(中)·종(終)의 삼원(三元)으로써 설명하고 여기에 역법(曆法)을 가미했

문에 (그것을 모방한) 『법언(法言)』을 지었다. 『사편(史篇)』[18] 중에서는 『창힐(倉頡)』[19]보다 좋은 것이 없기 때문에 『훈찬(訓纂)』을 지었고, 잠언(箴言) 중에서는 『우잠(虞箴)』보다 좋은 것이 없기 때문에 『주잠(州箴)』(○ 진작(晉灼)이 말했다. "아홉 주[九州]의 잠을 말한다.")을 지었다. 부(賦) 중에서는 (굴원의) 「이소(離騷)」만큼 깊은 것이 없어 반론하는 방식으로 그것의 범위를 크게 넓혔고, 사(辭) 중에서는 상여(相如)만큼 우아한[麗] 것이 없어 4개의 부를 지었는데 그것들은 다 상여의 것들을 참작해가면서 서로 모방하며 두루 섭렵했다[馳騁]. 그는 안으로 마음을 다 쓰면서도 밖으로는 (관직이나 명예 등을) 구하지 않아 당시 사람들은 다 그를 소홀히 여겼지만[習=忽=輕] 오직 유흠(劉歆)과 범준(范逡)은 그를 존경했고 환담(桓譚)은 그를 절륜(絶倫)(○ 사고(師古)가 말했다. "비할 바가 없다는 말이다[無比類]."]이라고 여겼다.

다. 현(玄)은 눈에 보이지 않는 우주의 본체이고 태(太)는 그 공덕을 형용한 미칭(美稱)이다. 인간의 모든 현상은 노자(老子)가 주창한 현(玄=無)을 근원으로 하고 천(天)·지(地)·인(人)을 기본 요인으로 해 이를 짜맞춤으로써 포착될 수 있다고 보고 81종(種)의 도식(圖式)을 만들어 다시 그 하나하나에 현상의 전개를 상징하는 9찬(贊)을 만들어 덧붙였으며 이 729찬이 인간 매사의 전개를 남김없이 나타낸다는 것이다. 규칙이 바른 양웅의 도식을 높이 사는 학자도 있으나 『주역(周易)』과 같은 흥미는 결여된 것으로 평가된다.

18 『사주편(史籒篇)』의 약자로 글자에 관한 책이다. 주(籒)는 전서(篆書)를 가리킨다. 사주(史籒)가 지은 15편의 고문자 책이다.

19 1편으로 된 책인데 원본은 진나라의 이사(李斯)가 편찬했다. 사주의 대전(大篆)을 고쳐 소전(小篆)으로 기록했다.

왕망의 시대에 유흠과 견풍(甄豐)은 다 상공(上公)[20]이 됐고 망은 이미 부명(符命)을 받았다며 스스로 황위에 올라섰지만 즉위한 다음에는 이 같은 부명의 원천을 끊어서 과거의 일들을 신비화하고[神] 싶던 중에 풍의 아들 심(尋)과 흠의 아들 분(棻)이 다시 부명을 바쳤다. 망은 풍 부자를 주살하고 분은 먼 곳으로 내쳤다. 사안이 부명과 연계된 것이면 즉각 체포하고 별도의 주청을 기다릴 필요가 없었다. 이때 웅은 천록각(天祿閣)에서 교서로 일하고 있었는데 옥사를 다스리는 관리가 와서 웅을 잡으려 하자 웅은 자신이 벗어나지 못하게 될 것을 두려워해 마침내 천록각 위에서 뛰어내려 거의 죽을 뻔했다. 망이 말하기를 '웅은 평소 그 일에는 관여하지 않았는데 어찌해서 이렇게 됐는가?'라고 하고서는 그 연유를 캐도록 하니 이에 유분(劉棻)이 일찍이 웅에게서 특이한 옛 문자[奇字]를 짓는 법을 배운 적이 있었고 웅은 부명을 짓게 된 정황을 알지 못한 것으로 드러나자 더 이상 문책하지 말라는 조서가 내려왔다. 그러나 경사(京師)에는 이런 말이 떠돌았다.

"적막하기만 한데
각에서 자신을 던졌으니
이에 깨끗하고 맑아서
부명을 지었구나."[21]

---

20 삼공 중에서도 윗자리라는 의미로 태부(太傅)나 태보(太保)를 가리키는 관직명이다.

21 양웅을 크게 비판한 글이다. 이것은 양웅이 왕망을 찬미한 글 「극진미신(劇秦美新)」과 더불어 양웅의 평판을 크게 떨어뜨렸다. '극진미신'이란 진나라를 극렬하게 비판하고 왕망이 세운 신나라를 미화했다는 뜻이다.

웅은 병으로 면직됐다가 다시 불려가 대부가 됐다. 집안은 평소 가난했고 술을 즐겼으며[耆=嗜] 그의 집을 찾는 이는 드물었다. 이때 호사가들이 술과 안주를 들고서 그에게 배우러 오기도 했지만 거록후(鉅鹿侯) 파(芭)는 웅을 곁에서 따르며 그의 『태현경(太玄經)』과 『법언(法言)』을 전수받았다. 유흠도 일찍이 『태현경(太玄經)』을 살펴보고서 웅에게 이렇게 말했다.

"헛되이 고생을 사서 했구나. 지금 배우는 자들은 벼슬과 돈을 준다 해도 일찍이 역(易)을 제대로 설명하지 못하는데 심지어 현(玄)은 어찌 공부했단 말인가! 후세 사람들이 그것을 장독 덮는 데나 쓸까 봐 걱정이로다."

웅은 웃기만 할 뿐 답하지 않았다. 71세이던 천봉(天鳳) 5년에 세상을 떠나니[卒] 거록후 파가 무덤을 만들고 3년상을 모셨다. 이때 대사공 왕읍(王邑)과 납언 엄우(嚴尤)는 웅이 죽었다는 소식을 듣고서 환담(桓譚)에게 "그대는 일찍이 웅의 책들을 칭찬했는데 어찌 그것을 후세에 잘 전할 수 있겠소?"라고 하니 담은 이렇게 말했다.

"반드시 전해질 것입니다. 다만 그대들과 이 담은 그리되는 것을 직접 보지는 못할 것입니다. 무릇 사람이란 누구나 자신의 가까이에 있는 것은 하잘것없다고 여기면서 멀리 있는 것은 귀하디귀하게 여깁니다. 양자운(揚子雲)에 대해서도 그의 벼슬이나 지위나 용모가 사람들을 감동시킬 정도가 안 된다는 것을 직접 보았기에 그래서 그의 책들을 가벼이 여기는 것입니다. 옛날에 노담(老聃-노자)은 허무(虛無)의 말 두 편[○ 사고(師古)가 말했다. "『도덕경(道德經)』을 가리킨다."]을 지어 어짊과 의로움[仁義]을 가벼이 여겼고 예와 배움[禮學]을 비판했지만 후세에 그를 좋아하는 사람들은 오히려 그것이 (유학의) 오경(五經)보다 낫다고 했고 한나라의 문제와 경제, 그리고 사마천도 모두 이런 말을 한 적이 있습니다. 지금 양자(揚子)의 책들은 그 글과 뜻[文義]이 지극히 깊어 빼어난 이[聖人][○ 사고(師古)가 말했다. "주공(周公)과 공자를 가리킨다."]의 도리에 어긋나는[詭=違] 바가 많다고 논해지지만 만약에 시의적절하게 그를 알아주는 임금을 만나 다시 그의 뛰어남과 지혜로움[賢知]을 살펴보게 돼 그의 좋은 점들이 칭송받게 된다면 반드시 제자(諸子)를 훨씬 뛰어넘을[度越=過越] 것입니다."

여러 유자(儒者)들 중에서 어떤 이는 웅이 빼어난 이가 아니면서 경(經)을 지은 것은 마치 춘추시대 때 오나라와 초나라의 임금이 스스로 왕(王)이라 참칭한 것[22]과 같으니 이는 대개 족멸의 죄에 해당한다고 비판했다. 웅이 죽고[沒] 지금에 이르는 40여 년 동안 그의 『법언(法言)』은 크게 읽히게 된 데 반해 『태현경(太玄經)』은 끝내 두드러지지 못했지만 그 책의 편적(篇籍)은 빠짐없이 다 갖춰져 현존하고 있다."

---

22 춘추시대에는 천자만이 왕(王)으로 칭할 수 있었는데 이 두 나라는 스스로 임금을 왕이라고 칭했다. 그것은 참람의 죄를 범한 것이다.

권
◆
88

유림전
儒林傳

옛날의 유자(儒子)는 널리 육예(六藝)[○ 사고(師古)가 말했다. "육예란 역(易), 예(禮), 악(樂), 시(詩), 서(書), 춘추(春秋)를 말한다."]의 애쓰는 법[文]을 배운 사람이다. 육예란 옛날의 뛰어난 임금의 가르침[王敎]을 조술(祖述)한 책들이며 옛날의 빼어난 이들이 하늘과도 같은 도리[天道]를 밝히고 인륜을 바로잡아 지극한 다스림을 이룩한 까닭을 담은 성법(成法)이다. 주(周)나라의 도리가 이미 쇠퇴하자 유왕과 여왕[幽厲]에 이르러 무너졌으며 예악과 전쟁이 (주나라 왕이 아닌) 제후들로부터 나왔고 200여 년 동안 점점 엉망이 되다가 공자가 나왔으나, 빼어난 다움[聖德]을 갖고 있으면서도 망해가는 시대[季世]를 만나는 바람에 그의 말이 세상에 쓰여지지 않고 도리가 행해지지 않자 마침내 탄식해 말했다.

"봉황새가 오지 않고 황하에서는 용마의 그림이 나오지 않으니, 나는

권88 유림전(儒林傳) 227

끝났구나!"[1]

"문왕(文王)이 이미 세상을 떠나셨으니 문왕이 이 몸에 있지 않겠는가?"

이에 제후들의 부류에 응해 예로써 답하고 마땅함[誼]으로써 행했다. 서쪽으로 주나라에 들어갔고 남쪽으로 초(楚)나라에 이르렀으며 광(匡) 땅에서 위협을 당했고 진(陳)나라에서도 큰 고생을 해 70여 군주들을 만났다. 제(齊)나라에 이르러서는 순(舜)임금의 음악인 소(韶)를 듣고 3개월간 고기 맛을 알지 못했고[2] 온갖 나라들을 주유하고서 위(衛)나라로부터 노(魯)나라로 돌아온 연후에야 음악을 바로잡으니 아(雅)와 송(頌)이 제자리를 찾았다.[3] 공자는 옛날과 당시의 여러 전적(典籍)들을 파고들고 살펴보고서 마침내 말했다.

"크시도다! 요임금의 임금다움이여. 높고 크도다! 오직 하늘(의 덕)만이 크시거늘 오직 요(堯)임금만이 이를 본받았으니 넓고 넓도다! 그 이룩한 공업은 높고 크며 그 문장은 찬란하도다!"[4]

또 말했다.

---

1 『논어(論語)』「자한(子罕)」편에 나오는 말이다. 길조가 없다는 것은 자신에게 아무런 기회가 오지 않음을 뜻하니 그것을 천명으로 받아들였다는 것이다.

2 『논어(論語)』「술이(述而)」편에 나오는 말이다. 공자가 제나라에 머물 때 소악(韶樂)을 듣고서는 석 달 동안 고기 맛을 보지 못했다. 공자가 말했다. "음악을 만든다는 것이 여기에까지 이를 줄은 미처 생각지 못했다."

3 『논어(論語)』「자한(子罕)」편에 나오는 말이다. 공자는 말했다. "내가 위나라에 갔다가 다시 노나라로 돌아온 뒤에 음악을 바로잡았더니 아(雅)와 송(頌)이 각각 제자리를 얻게 됐다."

4 『논어(論語)』「태백(泰伯)」편에 나오는 말이다.

"주나라는 하·은 2대를 비추어 살펴보았으므로 찬란하도다, 그 문화여! 나는 주나라를 따르리라."[5]

이에 『서경(書經)』의 차례를 정하면서 요전(堯典)에서 시작했고 악을 즐겼는데 소무(韶舞)를 본받게 했으며 『시경(詩經)』을 산삭하면서 주남(周南)을 첫머리에 두었다. 주나라의 예법을 이어 따랐고 노(魯)나라를 바탕으로 『춘추(春秋)』를 지어 12공(公-임금)의 일한 바를 열거하되 주나라 문왕, 무왕의 왕도로 바르게 잡아 왕법(王法)을 이룩했고 기린을 잡는 데서 끝냈다. 그리고 말년에는 역(易)을 좋아해 읽다 보니 가죽끈이 여러 번 끊어졌고 여기에 『십익(十翼)』을 지었다. 이 모두가 빼어난 이의 업적에 가까이하려는 노력으로 선왕의 교화를 확립하려는 뜻이었기에 "조술하되 새로 짓지 않았고[述而不作] 옛것을 좋아했으며[好古]",[6] "인간사를 배워 하늘과도 같은 도리를 깨치려 했으니 아마도 하늘이 나를 알아줄 것이다"[7]라고 말했다.

중니(仲尼)가 이미 몰(沒)하자 70제자들은 뿔뿔이 흩어져서 제후들에게 유세했는데 크게 된 자는 경상(卿相)이나 사부가 됐고 작게 된 자는 사대부의 벗이나 그들을 가르치는 사람이 됐고 혹자는 은둔해 세상에 나타나지 않았다. 그래서 자장(子張)은 진(陳)나라에 가서 살았고, 담대자우(澹臺子羽)는 초(楚)나라에 살았으며, 자하(子夏)는 서하(西河)에 가서 살았고,

---

5 『논어(論語)』「팔일(八佾)」편에 나오는 말이다.

6 『논어(論語)』「술이(述而)」편에 나오는 말이다.

7 『논어(論語)』「헌문(憲問)」편에 나오는 말이다.

자공(子貢)은 제(齊)나라에서 삶을 마쳤다. 전자방(田子方), 단간목(段干木), 오기(吳起), 금활리(禽滑釐) 같은 사람들은 모두 자하와 같은 무리에게서 배웠는데 임금다운 임금의 스승이 됐다 이때 오직 위(魏)나라 문후(文侯)만이 배움을 좋아했다. 전국시대에 천하가 서로 다툴 때 유술(儒術-유학)은 배척됐지만 그러나 제나라와 노나라 사이에서는 배우는 자들이 오히려 내팽개치지 않아 (제나라의) 위왕(威王)과 선왕(宣王) 때에는 맹자와 손경(孫卿) 같은 사람들이 모두 공자의 학업을 받들고 더욱 발전시켜 당대에 학문으로 두드러졌다.

진시황이 천하를 겸병하기에 이르자 시서(詩書)를 불태웠고 술사(術士-유자)들을 죽였기 때문에 육예는 이로 인해 텅 비게 됐다. 진섭(陳涉)이 왕이 되자 노나라 유생들은 공씨 집안의 예기(禮器)를 가지고 귀순했는데 이에 공갑(孔甲)은 진섭의 박사가 됐다가 결국 함께 죽었다. 진섭은 필부로 일어나 수자리 서는 말단 병졸로 있다가 스스로를 세워 왕이라 했고 1년도 안 돼 멸망해 그 업적이 미천했는데도 진신(搢紳) 선생들이 예기를 가지고 예물을 바치며 신하가 된 이유는 무엇이겠는가? 진나라가 학문을 금지했기 때문에 그 원한이 쌓여 진왕(陳王)이 그것을 풀어주기를 바랐기 때문이다.

고황제(高皇帝)가 항적(項籍-항우)을 주살하기에 이르자 군사를 이끌고 노(魯)나라를 포위했는데 노나라의 여러 유생들은 경전의 강독과 예의 연습을 숭상하고 현가(弦歌)의 소리가 그치질 않았으니 어찌 빼어난 이의 유풍이 남아 있는 교화와 호학의 나라가 아니겠는가? 이에 여러 유생들은 그 경학을 연구했고 대사례와 향음례를 강습했다. 숙손통이 한나라의 국가 의례를 제정해 봉상(奉常)에 임명됐고 함께 제정에 참가한 여러 제자들은 모두 인재로 선발됐는데 고조는 유학의 쇠퇴를 탄식하며 학문을 일으키려 했다. 그러나 여전히 전쟁이 계속 이어졌고 천하가 완전히 평정된 뒤에도 학교나 교육을 행할 겨를[皇=暇]이 없었다. 효혜제나 고후 때에 공경은 모두 무력을 쓰는 공신이었다. 효문제 때 자못 문학을 하는 인사들을 등용했다지만 본래 문제는 형명(刑名-법가)의 학설을 좋아했다. 효경제 때에도 유생을 등용하지 않았고 두태후(竇太后) 또한 황로술(黃老術)을 좋아해 여러 박사는 자리나 채우고 하문(下問)이나 기다렸으며 높이 나아가는 이는 없었다.

한나라가 일어나고서 역(易)을 말한 사람으로는 치천(淄川)의 전생(田生)이 있고 서(書)를 말한 사람으로는 제남(齊南)의 복생(伏生)이 있으며 시(詩)를 말한 사람으로는 노(魯)나라에서는 신배공(申培公), 제(齊)나라에서는 원고생(轅固生), 연(燕)나라에서는 한태부(韓太傅)가 있으며, 예(禮)를 말한 사람으로는 노나라의 고당생(高堂生), 춘추(春秋)를 말한 사람으로는 제(齊)나라에는 호무생(胡毋生), 조(趙)나라에는 동중서(董仲舒)가 있었다. 두태후가 붕(崩)하자 무안군(武安君) 전분(田蚡)이 승상이 돼 황로와 형명 등 백가의 학술을 모두 배격하고 문학과 유자들을 수백 명씩 초빙했는데, 공손홍(公孫弘)은 춘추(春秋)를 닦아 승상이 되고 제후에 봉해졌으며 천하의 학사들은 바람에 쏠리듯 유학을 연마했다. 홍(弘)은 학관(學官)이 돼 유학의 도리가 침체된 것[鬱滯]을 한탄해 마침내 다음과 같이 청했다.
'승상(-공손홍)과 어사대부(御史大夫-번계(番系))가 말씀드립니다. 제(制)하여 말씀하시기를 "대개 듣건대 백성을 이끌 때에는 예(禮)로써 하고 (풍속을) 교화시킬 때에는 악(樂)으로써 한다고 했다. 혼인이란 가족을 형성하는 큰 윤리다. (그런데) 지금은 예는 버려지고 악은 붕괴돼 짐은 심히 이를 우려하고 있다. 고로 천하에 품행이 방정(方正)하고 견문이 넓은 선비들을 초빙해 모두 조정의 관리로 등용하려 한다. 이에 예관(禮官)은 백성들이 예를 배우도록 권장하며 태상(太常)은 박사 및 그 제자들과 토의해 민간에서의 높고 뛰어난 인재들을 길러내도록 하라"라고 하셨습니다. 그래서 삼가 태상 공장(孔臧)과 박사 평(平) 등이 상의해 말씀드리기를 "듣건대 삼대(三代)의 (백성을 가르치는) 방법으로는 향리마다 교육기관이 있었는데 하(夏)나라 때는 교(校), 은(殷)나라 때는 서(序), 주(周)나라 때는 상(庠)이라 했습니다. 선을 권장하는 방법으로는 선을 행한 자에게 조정에서 표창하고, 악을 징계하는 방법으로는 나쁜 행동을 한 자에게 형벌을 내렸습니다. 이 때문에 교화를 시행하려면 먼저 도성에서부터 모범을 세워서 안으로부터 밖으로 미치게 해야 한다"라고 했습니다.

지금 폐하께서 지극한 다움[至德]을 훤히 밝히시고 큰 지혜를 여시어 하늘과 땅에 짝하고 인류에 뿌리를 두시며 학문을 권장하고 예를 닦아 교화를 숭상하고 뛰어난 이들을 격려함으로써 사방을 교화하고 계시니 이는 태평성대의 근원입니다. 옛날에는 정치와 교육이 조화를 이루지 못해 제도가 갖춰지지 못했습니다. 청컨대 옛날부터 있던 관원들에게 기대어 일으킬 수 있도록 해주십시오.

박사관(博士官)을 위해서는 제자 50명을 두고 그들의 요역(徭役)을 면제시켜주십시오. 태상(太常)은 18세 이상의 예의와 품행이 단정한 인물을 골라 박사의 제자로 삼게 해주십시오. 군국(郡國), 현관(縣官)에서 학문을 좋아하고 어른을 존경하며 정교(政教)를 잘 지키고 고을의 습속에 순응하고 언행과 품행이 들은 바와 틀림없는 자가 있으면 현령(縣令), 제후국의 재상, 현장(縣長) 및 현승(縣丞)들은 자신들이 소속된 2,000석 관리에게 천거하고, 2,000석 관리는 신중히 뽑아서 계리(計吏-지방의 회계를 중앙에 와서 보고하는 관리)와 함께 태상에게 보내 박사 제자들과 똑같이 교육을 받게 해주십시오. 1년이 지나면 모두 시험을 보게 해 한 분야 이상에 능통한 자는 문학(文學)이나 장고(掌故-법률제도의 역사적 사실을 담당하는 관리)의 결원 시에 그 자리에 채워 넣어야 합니다. 그리고 그중에 낭중(郎中)이 될 만한 우수한 인재가 있으면 태상이 명부를 작성해 위에 아뢰게 합니다. 만약에 특별나게 출중하면 언제든지 그 이름을 적어 아뢰게 합니다. 또한 학업에 노력을 기울이지 않거나 재능이 떨어져 한 가지 분야에도 능통하지 못하는 자는 바로 파면시키고 이런 부적격자를 천거한 자를 징벌하셔야 할 것입니다.

신들이 삼가 지금까지 발표된 조서와 율령들을 살펴보니 (상께서는) 하늘과 사람의 구별을 분명히 하고 고금의 마땅함에 정통하며 문장이 우아하고 바르며 훈계하는 내용이 깊고 두터우며 베푸신 은덕이 매우 아름다웠습니다. 그러나 낮은 벼슬아치들은 견문이 천박하고 비루해 이를 충분히 밝혀 펼 수가 없어 밑에 있는 백성들에게 잘 알리거나 일깨워주지 못합니다. 예(禮)를 다스리는 관리와 장고(掌故)는 문학과 예의로써 관리가 됐으나 승진 길은 막혔습니다. 청컨대 그 직급이 비(比) 200석 이상에서 100석까지의 관리 가운데 한 분야 이상에 능통한 자를 골라 좌·우내사(左右內史)나 대행(大行)의 졸사(卒史-군수 밑의 하급 관리)로 임명하고 비(比)

100석 이하는 군(郡) 태수의 졸사로 임명하되 각 군의 정원을 모두 두 명으로 하고, 변방에 있는 군에는 정원을 한 명으로 하십시오.

그리고 우선 경서를 많이 암송하는 자부터 채용하고, 만약에 인원이 부족하면 장고 중에서 선발해 중(中) 2,000석 관리의 속관으로 충원하십시오. 또한 문학과 장고에서 선발해 군국(郡國) 태수의 부관으로 충원해 관리의 인원을 채우도록 하십시오. 청컨대 이상의 내용을 공령(功令)에 기재하고 그 나머지는 율령대로 따르게 해야 할 것입니다.'

제(制)하여 말했다.

"그렇게 하라."

이때부터 공경(公卿), 대부(大夫), 사(士), 이(吏)에 문질(文質)을 겸비한 [彬彬]⁸ 문학의 선비가 많아졌다.

소제(昭帝) 때는 현량과 문학을 추천받아 박사 제자의 정원을 100명으로 했고 선제(宣帝) 때에는 아직 두 배로 늘지 않았다. 원제(元帝)는 유학을 좋아해 하나의 경전에 능통한 자라면 모두 요역과 부세를 면제해주었다[復]. 여러 해가 지나 인원이 부족하자 다시 정원을 1,000명으로 늘렸고 군국에서는 오경(五經)에 밝은 100석 졸사(卒史)를 두었다. 성제(成帝) 말기에는 어떤 사람이 공자는 포의(布衣)로 제자 3,000명을 길렀는데 지금 천자의 태학에는 제자가 적다고 건의해 이에 제자의 정원을 3,000명으로 했다.

---

8 『논어(論語)』「옹야(雍也)」편에 나오는 공자의 말이다. "바탕[質]이 꾸밈[文]을 이기면 거칠고 꾸밈이 바탕을 이기면 번지레하니, 바탕과 꾸밈이 잘 어우러진[文質彬彬] 뒤에야 군자가 될 수 있다."

1년여가 지나서 전과 마찬가지로 모두 요역과 부세를 면해주었다. 평제(平帝) 때 왕망(王莽)이 정권을 잡자 원사(元士)의 아들로 박사 제자처럼 수업을 받는 자의 정원을 제한하지 않았고 해마다 평가해 갑과(甲科) 40명을 낭중(郎中)에, 을과 20명을 태자 사인(太子舍人)에, 병과 40명을 문학 장고에 보임했다고 한다.

노(魯)나라의 상구자목(商瞿子木)[9]은 공자에게 역(易)을 배운 이래 그것을 노나라 교비자용(橋庇子庸)에게 전수해주었다. 자용은 강동(江東)의 한비자궁(馯臂子弓)에게 전수해주었다. 자궁은 연(燕)나라의 주추자가(周醜子家)에게 전수해주었다. 자가는 동무(東武-현)의 손우자승(孫虞子乘)에게 전수해주었다. 자승은 제(齊)나라의 전하자장(田何子裝)에게 전수해주었다. 진(秦)나라가 학문을 금지했을 때 역(易)은 점치는 책이라는 이유로 그것만 금지되지 않았기에 전수자가 끊어지지 않았다. 한(漢)나라가 일어나자 전하는 제나라 전씨로서 두릉(杜陵)으로 이주해 두전생(杜田生)이라 불렸는데 동무의 왕동자중(王同子中)과 낙양(雒陽)의 주왕손(周王孫), 정관(丁寬), 제나라의 복생(服生)에게 전수했고 이들은 모두 역을 해설한 역전(易傳) 여러 편을 지었다. 동(同)은 치천(淄川)의 양하(楊何)에게 전수했는데 그는 자(字)가 숙원(叔元)으로 원광(元光) 연간에 (조정에) 불려가 태중대부가 됐다. 제나라의 즉묵성(卽墨成)은 성양국(城陽國)의 재상에 이르렀고 광천국(廣川國)의 맹단(孟但)은 태자문대부(太子門大夫)가 됐다. 노나라 주패

---

9 상구는 성, 자목은 자(字)다. 이하 마찬가지다.

(周覇), 거(莒-현)의 형호(衡胡), 임치(臨淄)의 주보언(主父偃)은 모두 역(易)에 뛰어나 대관(大官)에 이르렀다. 요약하자면 역(易)을 강론한 자들은 전하에 뿌리를 두고 있다.

정관(丁寬)은 자(字)가 자양(子襄)으로 양(梁)나라 사람이다. 애초에 양나라의 항생(項生)은 전하로부터 역(易)을 전수받았는데 그때 관(寬)은 항생의 종자(從者)였고 역(易)을 정밀하게 읽어 재능이 항생보다 뛰어나 드디어 하를 섬겼다. 학업이 이뤄지자 하는 관에게 떠나라고 말했다[謝]. 관이 동쪽으로 돌아가자 하는 제자들에게 이렇게 말했다.

"역(易)이 동쪽으로 가는구나!"

관은 낙양에 이르러 다시 주왕손(周王孫)으로부터 역의 고의(古義)를 전수받았는데 이를 『주씨전(周氏傳)』이라고 한다. 경제(景帝) 때 관은 양나라 효왕(孝王)의 장군이 돼 오나라 및 초나라와 맞서 싸워 정(丁)장군이라고 불렸는데 『역설(易說)』 3만 자를 지었고 훈고(訓故)에서는 경의 대체적인 요지만 강조했으니 지금의 『소장구(小章句)』라는 것이 이것이다. 관은 같은 군(郡-양나라)의 탕현(碭縣)의 전왕손(田王孫)에게 전수했고 왕손은 시수(施讎), 맹희(孟喜), 양구하(梁丘賀)에게 전수해 이로부터 역(易)에는 시(施), 맹(孟), 양구(梁丘)의 학파가 있게 됐다.

시수(施讎)는 자(字)가 장경(長卿)으로 패군(沛郡) 사람이다. 패군과 탕군은 서로 가까이에 있었다. 수(讎)는 어릴 때부터 전왕손을 따라 역을 배웠다. 뒤에 수가 장릉(長陵)으로 이사하고서 전왕손은 박사가 돼 (장안에 오자) 다시 공부를 해 학업을 마치고 맹희, 양구하와 나란히 문인이 됐다. (시수는) 겸양해 늘 자신의 학문은 보잘것없다고 말하며 남을 가르치지 않았다. 양구하가 소부(少府)가 되자 일이 많아 아들 림(臨)과 나눠서 이끌고 있던 문인 장우(張禹) 등을 보내 수에게 배우게 했다. 수는 스스로 숨어서 가능한 한 나서려 하지 않았으나 하(賀)가 굳게 청하자 어쩔 수 없어 마침내 림 등을 가르쳤다. 이에 하는 수를 천거했다.

"머리를 묶고 스승을 모신 지 수십 년인데 하는 그를 따라갈 수가 없습니다."

조서로 불러 수를 제배해 박사로 삼았다. (선제(宣帝)의) 감로(甘露) 연간에 오경(五經)의 여러 유학자들과 석거각(石渠閣)에서 경서의 문구의 같고 다름에 대해 토론을 벌였다. 수는 장우와 낭야(琅邪)의 노백(魯伯)에게 전수했다. 백(伯)은 회계(會稽-군)태수가 됐고 우(禹)는 승상에까지 올랐다. 우는 회양(淮陽)의 팽선(彭宣)과 패군의 대숭자평(戴崇子平)에게 전수했다. 숭(崇)은 구경이 되고 선(宣)은 대사공이 됐다. 우와 선은 모두 전(傳)이 있다. 노백은 태산(太山)의 모막여소로(毛莫如少路)〔○ 사고(師古)가 말했다. "모는 성, 막여는 이름이며 소로는 자(字)다."〕와 낭야의 병단만용(邴丹曼容)에게 전수했는데 만용은 청렴하다고 이름이 났다. 막여는 상산(常山)태수에 이르렀다. 이상은 그중에서 이름이 난 자들이다. 이로부터 시가(施家)의 역에는 장우와 팽선의 학파가 있게 됐다.

맹희(孟喜)는 자(字)가 장경(長卿)으로 동해(東海) 난릉현(蘭陵縣) 사람이다. 아버지는 맹경(孟卿)〔○ 사고(師古)가 말했다. "당시 사람들이 경(卿)이라고 부른 것은 (일반적 경칭으로) 공(公)이라고 부른 것과 같다."]이라 불렸는데 예(禮)와 춘추(春秋)[10]를 잘 알았고 후창(后蒼)과 소광(疏廣)에게 전수해주었다 세상에 전해지는 『후씨예(后氏禮)』와 『소씨춘추(疏氏春秋)』는 모두 맹경으로부터 나왔다. 맹경은 『예경(禮經)』은 너무 많고 『춘추(春秋)』는 번잡하다고 생각해 이에 희(喜)로 하여금 전왕손을 섬겨 역을 배우게 했다. 희는 스스로 뽐내기를 좋아했는데 역가(易家)에서 음양(陰陽)과 재변(災變)을 알아차리는[候] 책을 얻었다면서 거짓으로 스승 전생(田生)이 장차 죽음을 앞두고 자신의 무릎을 베고 누워 오직 자신에게만 전수한 것이 있다고 하니 여러 유생들은 그것을 희의 영광으로 여겼다. 동문(同門)인 양구하는 분별을 해[疏通] 증거를 갖고서 밝히며 말했다.

"전생께서는 시수의 손에서 절명하셨으며 이때 희는 동해군으로 돌아가 있었는데 어찌 그럴 수가 있겠는가?"

또 촉(蜀) 사람 조빈(趙賓)은 하찮은 술수[小數]의 책을 좋아했고 뒤에 역을 배워 역의 글로 꾸며서 말하곤 했는데 한번은 "기자(箕子)의 명이(明夷)에서 음양의 기운이 기자를 망하게 했다. 기자란 만물이 바야흐로 그 뿌리가 번성한다[荄玆]"라는 뜻이라고 했다. (이처럼) 빈(賓)의 지론이 정교하고 지혜로워 역을 전공한 사람들도 제대로 논파하지는 못한 채 모두 그냥 "옛 법도가 아니다"라고만 했다. 그러면서 말하기를 맹희로부터 배웠다고 했고 희는 (명성을 얻고자 해서) 그 말이 맞다고 했다. 뒤에 빈이 죽자 어느 누구도 그 학설을 지지할 수 없었기 때문에 희는 제대로 인정

---

10 이는 반드시 예기(禮記)나 춘추(春秋)를 가리키는 것은 아니기에 책 표시 (『 』)는 하지 않았다.

을 받지 못했고 그로 인해 불신을 받았다. 희가 효렴(孝廉)으로 천거돼 낭(郎)이 돼 곡대전(曲臺殿)의 서장(署長)이 됐는데 병으로 면직됐다가 승상연(掾)이 됐다. 박사 자리에 결원이 생기자 많은 사람들이 희를 천거했다. 상은 희가 스승의 법도를 고쳤다는 말을 듣고서는 결국 희를 쓰지 않았다. 희는 같은 군의 백광소자(白光少子)와 패군의 적목자형(翟牧子兄)에게 (역을) 전수했는데 모두 박사가 됐다. 이로부터 적목, 맹희, 백광의 학파가 있게 됐다.

양구하(梁丘賀)는 자(字)가 장옹(長翁)으로 낭야(琅邪) 사람이다. 암산[心計]에 능해 무기(武騎-무장 기병)가 됐다. 태중대부 경방(京房)에게서 역(易)을 배웠다. 방(房)은 치천(淄川) 양하(楊何)의 제자다. 방이 지방으로 나가 제군(齊郡)태수가 되자 하(何)는 다시 전왕손을 섬겼다. 선제(宣帝) 때 경방이 역에 밝다는 말을 듣고서 그 제자를 찾았는데 하(賀)를 얻었다. 하는 이때 도사공령(都司空令)으로 있었는데 일에 연루돼 면직당해 서인이 됐다. 조명(詔命)을 황문(黃門)에서 기다리면서 여러 차례 궁중에 들어가 시중(侍中)들에게 경전을 강론하니 이 때문에 하(賀)를 불렀다. 하가 들어가 강의를 하니 상은 그것을 좋게 여겨 하를 낭(郎)으로 삼았다. 마침 8월의 종묘 음주 행사[飮酎]가 있어 상은 효소(孝昭)의 사당에 행차해 제사를 지냈는데 행렬 앞에 가던 깃발 끝에 꽂힌 칼이 땅에 떨어져 그 끝이 진흙 속에 처박히며 칼날이 수레 쪽을 향하자 말이 놀랐다. 이에 하를 불러 점을 치게 하니 병란을 일으키려는 모의가 있어 불길하다고 했다. 상이 돌아와 유사를 시켜 제사를 모시게 했다. 이때 곽씨(霍氏-곽공)의 사위인 대군

(대군(代郡) 태수 임선(任宣)이 모반에 연루돼 주살됐는데 선(宣)의 아들 장(章)은 공거승(公車丞)으로 있다가 달아나 위성(渭城)의 경내에 숨어 있다가 밤에 검은 옷을 입고 사당에 들어와 낭(郞)들 사이에서 창을 들고 사당 문을 지키는 척하면서 상이 도착하기를 기다려 시역(弑逆)하려고 했다. 일이 발각돼 복주됐다. 옛날에는 상은 늘 밤에 사당에 들어갔는데 이때부터는 날이 밝기를 기다려 들어가게 됐다. 이 일로부터 비로소 그렇게 된 것이다.

하(賀)는 점에 응험이 있었기 때문에 이로 말미암아 측근으로 총애를 받아[近幸] 태중대부 및 급사중이 됐고 소부(少府)에 이르렀다. 사람됨이 조심하고 주도면밀해[周密] 상은 그를 믿고 중하게 여겼다. 나이가 많아 관직에 있으면서 삶을 마쳤다[終官]. 아들 림(臨)에게 (역을) 전해 그도 들어가 강론해 황문랑(黃門郞)이 됐다. 감로(甘露) 연간에 사명을 받들어 석거각(石渠閣)에서 여러 유학자들과 토론했다. 림의 학문은 정밀하고 원숙했으며 오로지 경방의 방법을 따랐다. 낭야(琅邪)의 왕길(王吉)은 오경(五經)에 능통했는데 림의 강론을 듣고서 좋게 여겼다. 이때 선제(宣帝)는 재주가 뛰어난 낭 10명을 골라 림의 강론을 듣게 했는데 길(吉)은 그의 아들 낭중 준(駿)으로 하여금 소를 올려 림으로부터 역을 배우게 했다. 림은 오록 충종 군맹(君孟)의 후임으로 소부가 됐고 준은 어사대부가 됐는데 각각 독자적인 전(傳)이 있다. 충종은 평릉(平陵)의 사손장 중방(士孫張仲方), 패군의 등팽조 자하(鄧彭祖子夏), 제군(齊郡)의 형함 장빈(衡咸長賓)에게 전수했다. 장(張)은 박사가 돼 양주목(揚州牧)에 이르렀고 광록대부 급사중이 돼 집안 대대로 그 학업을 전수했다. 팽조는 진정(眞定)국의 태부가 됐다. 함은 왕망의 강학대부(講學大夫)가 됐다. 이로부터 사손, 등, 형의 학파가 있게 됐다.

경방(京房)은 양(梁) 땅 사람 초연수(焦延壽)[○ 사고(師古)가 말했다. "연수는 그의 자(字)이고 이름은 공(贛)이다."]로부터 역을 배웠다. 연수는 일찍이 맹희(孟喜)에게 역을 물었다고 전해진다. 마침 희가 죽자 방은 연수의 역이 곧 맹씨의 학문이라 여겼지만 적목(翟牧)과 백생(白生)은 인정하지 않고서 둘 다 그것이 틀렸다고 말했다. 성제(成帝) 때에 이르러 유향(劉向)이 교서(校書)하면서 역의 설들을 고찰해보니 역의 학파는 모두 전하(田何), 양숙원(楊叔元), 정장군(丁將軍-정관)을 이어온 것으로 그 큰 뜻은 대략 비슷하나 오직 경씨만 차이가 나는데 이는 혹시 초연수가 홀로 은사(隱士)의 학설을 받아들이면서 맹희에게 의탁했기 때문에 서로 같지 않은 것 같다고 보았다. 방(房)은 재이에 밝아 총애를 얻었는데 석현에게 주살됐고 독자적인 전(傳)이 있다. 방은 동해군 단가(段嘉), 하동군 요평(姚平), 하남군 승홍(乘弘)에게 전수했는데 모두 낭이나 박사가 됐다. 이로부터 경씨(京氏)의 학파가 있게 됐다.

비직(費直)은 자(字)가 장옹(長翁)으로 동래(東萊) 사람이다. 역을 배워 낭(郎)이 됐고 선보(單父)[○ 사고(師古)가 말했다. "單은 발음이 (단이 아니라) 선(善)이다. 父는 (부가 아니라) 보(甫)다."] 현령이 됐다. 점치는 데 능했고 역(易)의 장구 없이 다만 단(彖-판단)과 상(象)과 계사(系辭) 등 10편의 글로 상하의 경전을 풀이했다. 낭야군 왕황평중(王璜平中)은 이를 전수(傳

受)할 수 있었다. 황(璜)은 또 고문상서(古文尙書)를 전수했다.

고상(高相)은 패(沛) 사람이다. 역을 배웠는데 비공(費公-비직)과 동시대 사람이며 그의 학문도 장구는 없이 오로지 음양과 재이를 설파했으며 스스로 자신의 학문은 정장군에서 나온 것이라고 말했다. 상(相)에게 전해진 것은 다시 아들 강(康)과 난릉(蘭陵)의 무장영(毋將永)에게 전해졌다. 강은 역에 밝다 해 낭이 됐고 영은 예장도위(豫章都尉)에 이르렀다. 왕망이 거섭하게 되자 동군(東郡) 태수 적의(翟誼)가 군사를 일으켜 망을 주벌하려 모의했는데 사건이 터지기 전에 강은 동군에 병사가 일어날 것이라는 것을 미리 알고서[候知] 은밀하게 제자에게 말해주자 그 제자는 글을 올려 이를 (왕망에게) 말했다. 여러 달 뒤에 적의가 군대를 일으키자 망이 불러서 물었고 이에 (그 제자는) 스승 고강으로부터 들었다고 대답했다. 망은 그를 증오해 혹세무민한다고 여겨 강의 목을 벴다. 이로부터 역에는 고씨학(高氏學)이 있게 됐다. 고와 비는 둘 다 일찍이 학관(學官)에 세워지지 못했다.

복생(伏生)은 제남(濟南) 사람이다. 그전에는 진(秦)나라에서 박사를 지냈다. 효문(孝文) 때에 『상서(尙書)』에 능통한 자를 찾고자 했으나 천하에서 아무도 나타나지 않았는데 복생이 『상서』를 잘 안다는 소식을 듣고서 그를 부르려 했다. 이때 복생의 나이 90여 세로 늙어서 걸어 다닐 수가 없을 지경이었다. 이에 태상에게 조서를 내려 장고(掌故)인 조조(晁錯)를 그곳으로 보내 『상서』를 전수받게 했다. 진나라 때는 금서였기 때문에 복생은 벽 속에 『상서』를 감추었고 그후에 전란이 크게 일어나자 정처 없이 떠돌아다녔다. 한나라가 천하를 평정하자 복생은 고향으로 가서 감추었던 그 책을 찾았으나 수십 편이 유실되고 단지 29편만을 얻을 수 있었다. 이에 그는 제와 노나라 일대에서 남은 『상서』로 (제자들을) 가르쳤다. 제나라 학자들은 이로 말미암아 자못 『상서』를 이야기할 수 있었고 산동(山東)의 큰 선생들 중에서 『상서』를 섭렵하지 않고 가르치는 사람이 없었다.

복생은 제남 사람 장생(張生)과 구양생(歐陽生)을 가르쳤다. 장생은 박사가 됐고 복생의 손자가 『상서』를 익혀 (중앙 조정에) 불려갔지만 능히 명확하게 뜻을 상정하지는 못했다. 이후로는 노나라 주패(周覇)와 낙양의 가가(賈嘉)가 자못 『상서』를 말할 수 있었다고 한다.

구양생(歐陽生)은 자(字)가 화백(和伯)으로 천승(千乘) 사람이다. 복생을 섬겼으며 예관(兒寬)에게 가르침을 주었다. 관(寬)은 또 공안국(孔安國)에게 배웠는데 어사대부에 이르렀고 독자적으로 전(傳)이 있다. 관은 뛰어난 재주가 있어 무제(武帝)를 처음 알현했을 때 경학(經學)을 이야기했다. 상이 말했다.

"내가 처음에는 상서가 박학(樸學)이라 좋아하지 않았는데 관의 설명을 듣고 나니 봐줄 만하구나."

마침내 관에게 1편을 물었다. 구양과 대소 하후씨의 학은 모두 관에게서 나온 것이다. 관은 구양생의 아들을 가르쳐 그후 대대로 전해져 증손자 고자양(高子陽)에게까지 이르렀는데 그는 박사가 됐다. 고의 손자 지여장빈(地餘長賓)은 태자의 중서자(中庶子)로 태자를 가르쳤고 뒤에 박사가 돼 석거각에 참여했다.

원제(元帝)가 즉위하자 지여는 시중이 돼 총애를 받았고 소부(少府)에 이르렀다. 그 아들들을 경계시키며 이렇게 말했다.

"내가 죽거든 관속들이 너희에게 재물을 보내오겠지만 삼가고서 받지 말라. 너희는 구경이면서 유자의 자손이니 염결(廉潔)을 드러내야만 스스로 성공할 수 있다."

지여가 죽자 소부의 관속들이 수백만 전을 보내왔으나 그 아들들은 받지 않았다. 천자가 이를 듣고서 아름답게 여겨 100만 전을 내려주었다. 지여의 막내아들 정(政)은 왕망의 강학대부가 됐다. 이로부터 『상서(尙書)』에는 대대로 구양씨(歐陽氏)의 학파가 있게 됐다.

임존(林尊)은 자(字)가 장빈(長賓)으로 제남(齊南) 사람이다. 구양고(歐陽高)를 섬겼고 박사가 돼 석거각에 참여했다. 뒤에 소부와 태자태부에 이르렀고 평릉의 평당(平當)과 양나라의 진옹생(陳翁生)에게 전수해주었다. 당(當)은 승상에 이르렀는데 독자적으로 전(傳)이 있다. 옹생(翁生)은 신도국(信都國) 태부였는데 집안이 대대로 학업을 이어받았다. 이로부터 구양의 상서학에 평당과 진옹생의 학파가 있게 됐다. 옹생은 낭야국의 은숭(殷崇), 초나라의 공승(龔勝)에게 전수해주었다. 숭(崇)은 박사가 됐고 승(勝)은 우부풍이 됐는데 독자적으로 전(傳)이 있다. 한편 평당은 구강군의 주보 공문(朱普公文)과 상당군의 포선(鮑宣)에게 전수해주었다. 보(普)는 박사가 됐고 선(宣)은 사예교위가 됐는데 독자적으로 전(傳)이 있다. 따르는 무리가 더욱 성대해 그중에는 이름이 알려진 자들이 있었다.

하후승(夏侯勝)의 경우 그 선조가 하후도위(夏侯都尉)였는데 제남군의 장생(張生)으로부터 『상서(尙書)』를 이어받아 족자인 시창(始昌)에게 전해주었다. 시창은 승(勝)에게 전수해주었고 승은 또 같은 군의 간경(簡卿)을 섬겼다. 간경이란 사람은 예관의 제자다. 승은 조카인 건(建)에게 전해주었고 건은 다시 구양고를 섬겼다. 승은 장신소부에 이르렀고 건은 태자태부에 이르렀는데 독자적으로 전(傳)이 있다. 이로부터 『상서(尙書)』에는 대소(大小) 하후의 학파가 있게 됐다.

주감(周堪)은 자(字)가 소경(少卿)으로 제(齊)나라 사람이다. 공패(孔霸)와 함께 대하후승을 섬겼다. 패(霸)는 박사가 됐다. 감(堪)은 역관령(譯官令)으로서 석거각 회의에 참여했는데 경학에서는 최고였기에 뒤에 태자소부(少傅)가 됐고 공패는 태중대부로서 태자를 가르쳤다. 원제(元帝)가 자리에 나아가자 감은 광록대부가 돼 소망지(蕭望之)와 나란히 상서(尙書)의 일을 통솔했고 석현 등에게 참소를 당해 둘 다 면관됐다. 망지가 자살하자 상은 그것을 가슴 아프게 여겨 마침내 감을 발탁해 광록훈으로 삼았는데 상세한 이야기는 「유향전(劉向傳)」에 실려 있다.

감은 모경(牟卿) 및 장안현의 허상장백(許商長伯)에게 전수해주었다. 모경은 박사가 됐다. 패는 제(帝)의 스승으로 포성군(褒成君)의 작호를 받았고 아들 광(光)에게 전수해주었는데 그도 모경을 섬겼고 승상에 올랐으며 독자적으로 전(傳)이 있다. 이로부터 대하후(大夏侯)에 공광과 허상의 학파가 있게 됐다. 상(商)은 산술에 밝아 『오행논역(五行論曆)』을 저술했고 네 차례나 구경에 올랐으며 그의 제자들 중에는 패군의 당림자고(唐林子

高)가 덕행이 뛰어났고 평릉현의 오장위군(吳章偉君)이 언어에 뛰어났으며 중천현(重泉縣)의 왕길소음(王吉少音)은 정사에 뛰어났고 제나라 결흠유경(炔欽幼卿)은 문학에 뛰어났다.[11]

왕망 때에 이르러 림과 길은 구경에 올랐는데 스스로 스승의 무덤에 표를 올릴 때 대부, 박사, 낭리(郎吏)들 중에서 허상에게 배운 자들이 각자 제자들을 거느리고 모였다. 마침 모여든 수레가 수백 량으로 유자들은 그것을 영예로 생각했다. 결흠과 오장은 모두 박사가 됐는데 따르는 제자들이 더욱 성대했다. 장은 왕망에게 주살됐다.

장산부(張山拊)는 자(字)가 장빈(長賓)으로 평릉(平陵) 사람이다. 소하후 건(建)을 섬겼고 박사가 됐으며 석거각 회의에 참여했으며 (관직은) 소부(少府)에 이르렀다. 같은 현의 이심(李尋), 정관중 소군(鄭貫中少君), 산양현의 장무고자유(張無故子儒), 신도현의 진공연군(秦恭延君), 진류현의 가창자교(假倉子驕)에게 전수했다. 무고(無故)는 장구를 잘 닦아 광릉국 태부가 됐고 소하후의 학설을 지켰다. 공(恭)은 스승의 학설을 더욱 발전시켜 100만 자로 글을 지었으며 성양(城陽) 내사(內史)가 됐다. 창(倉)은 알자(謁者)로 석거각 회의에 참여했으며 교동국(膠東國) 재상이 됐다. 심(尋)은 재이를 잘 설명해 기도위(騎都尉)가 됐는데 독자적으로 전(傳)이 있다. 관중(貫

---

11 이는 공자가 자신의 제자들을 덕행, 언어, 정사, 문학의 사과(四科)로 나눠 평가한 것을 그대로 따른 것이다. 『논어(論語)』「선진(先進)」편에서 공자는 이렇게 말했다. "(그동안 나를 따랐던 제자들 중에) 덕행에는 안연, 민자건, 염백우, 중궁이요, 언어에는 재아, 자공이요, 정사에는 염유, 계로요, 문학에는 자유, 자하였다."

中)은 뛰어난 재주가 있어 박사로서 태자를 가르쳤고 성제(成帝)가 즉위하자 관내후의 작위와 식읍 800호를 받았으며 승진해 광록대부, 영상서사(領尙書事)가 돼 심히 존중을 받았다. 마침 질병으로 졸(卒)하자 곡영(谷永)이 소를 올려 말했다.

'신이 듣건대 빼어난 임금은 스승을 높이고 뛰어나고 특별한 인재를 기리고 공훈이 있는 자를 드러내어 쓰는데, 그들이 살아 있을 때는 작록을 지극히 해주고 죽어서는 예를 갖춘 시호[禮諡]를 각별하게 해준다고 했습니다. 옛날에 주공(周公)이 세상을 떠나자 성왕(成王)은 예를 바꿔 장례를 지냄으로써 하늘의 마음에 맞추었다고 합니다〔○ 사고(師古)가 말했다. "주공이 죽었을 때 성왕은 주공을 성주(成周)에서 장례를 지내려 했는데 하늘에서 마침 천둥이 치고 비바람이 몰아쳐 곡식이 죄다 쓰러지고 큰 나무가 단숨에 뽑히는 바람에 온 나라가 크게 두려움에 떨었다. 이에 성왕은 주공을 필(畢) 땅[12]에서 장례를 지내 감히 그를 신하로 대하지 않음을 보여주었다. 이 일은 『상서대전(尙書大傳)』에는 보이는데 『고문상서(古文尙書)』와는 내용이 같지 않다."〕. (위나라 대부인) 공숙문자(公叔文子)가 죽었을 때 위나라 임금[衛侯]은 아름다운 시호[美諡]를 내려주어 그의 이름을 드러냄으로써 후세의 모범이 됐습니다. 근래에 들어서는 대사공(大司空)[13] 주읍(朱邑)과 우부풍(右扶風) 옹귀(翁歸)가 그 다움이 성대했는데 일찍 죽으니 효선황제께서는 그들을 마음 아프게 여겨 책서(策書)를 내려주고 은

---

12 필공고(畢公高)의 봉국인데 장안의 서북쪽에 있다.

13 대사농(大司農)의 잘못이다.

택을 두터이 베푸심으로써 천명을 받은 임금을 보좌한 신하[贊命之臣]를 크게 높이지 않은 바가 없었습니다.

관내후 정관중은 안자(顏子-안회)와 같은 아름다운 자질을 갖고 있고, (역시 공자의 제자인) 자하(子夏)나 자유(子游)와 같은 문학(文學)의 재주를 품고서 오경(五經)의 신묘한 논의를 제대로 파악하고서 사부(師傅)라는 빛나는 지위를 세웠고, 궁중에 들어가면 요순[唐虞]의 바르고 큰 도리[閎道]를 권면해 빼어난 임금의 법을 풀어내어 빼어난 임금의 귀에 쏙쏙 들어가게 해주었고, 조정에 나와서는 총재(冢宰)의 무거운 직책을 맡아 그의 큰 공이 정사에 베풀어졌으며, 조정에서 물러 나와서 (반드시 집에서) 밥을 먹었고[退食自公]¹⁴ 사사로운 문[私門]은 열지 않았으며,¹⁵ 친인척들[九族]에게 조금이라도 있으면 나눠주었고 논밭을 조금도 늘리지 않았으니, 그의 다움[德]은 주공이나 소공(召公)에 필적하고[配] 그의 충성스러움은 (『시경(詩經)』의) 시 '고양(羔羊)'에 합치됩니다. 그런데도 사도(司徒)에 올라 가신(家臣)을 가져보지도 못한 채 갑자기 일찍 세상을 뜨니 원통함이 더욱 심합니다. 신의 어리석음으로 볼 때 마땅히 그의 장례를 더 높이고 또 아름다운 시호[令諡=美諡]를 하사하시어 스승을 높이고[尊師] 뛰어난 이를 기리고[襃賢] 공훈을 드러내는[顯功] 황제다움을 널리 펴소서.'

상은 관중을 조문하는 바를 더욱 두터이 했다. 이로부터 소하후에 정관중, 장무고, 진공, 가창, 이심의 학파가 있게 됐다. 관중은 동군(東郡)의

---

14 이 표현은 『시경(詩經)』「소남(召南)」'고양(羔羊)' 편에 나오는 구절이기도 하다.

15 사사로이 청탁을 받지 않았다는 뜻이다.

조현(趙玄)을 가르쳤고, 무고는 패군의 당준(唐尊)을 가르쳤으며, 공은 노나라의 풍빈(馮賓)을 가르쳤다. 빈은 박사가 됐고 준은 왕망의 태부였으며 현은 애제(哀帝) 때 어사대부가 돼 (모두) 높은 관직에 올랐고 이름이 알려진 자들이다.

공씨(孔氏)에게는 고문(古文)으로 된 『상서(尙書)』가 있었는데 공안국(孔安國)이 금문(今文)으로 해독하니 그 결과 집안의 일서(逸書-잃어버렸던 책)가 나왔을 때 그 뜻을 명확히 하게 돼 10여 편을 얻었는데 대개 상서는 이로 인해 좀 더 많아졌지만 무고(巫蠱)의 사건을 만나는 바람에 아직 학관에 세워지지는 못했다. 안국(安國)은 간대부가 돼 도위조(都尉朝)〔○ 사고(師古)가 말했다. "도위는 성이고 조는 이름이다."〕에게 학문을 가르쳤는데 사마천(司馬遷) 또한 안국에게 가서 뜻을 캐물었다. 천(遷)은 그의 책에서 요전(堯典), 우공(禹貢), 홍범(洪範), 미자(微子), 금등(金縢) 등의 여러 편을 실으면서 고문의 학설을 많이 받아들였다. 도위조는 교동국(膠東國)의 용생(庸生)에게 전수했다. 용생은 청하군(淸河郡)의 호상소자(胡常少子)에게 전수했고, 호상은 『곡량춘추(穀梁春秋)』에 밝아 박사와 부자사(部刺史)가 됐고 또 『좌씨』를 전수받았다. 상(常)은 괵현(虢縣)의 서오(徐敖)에게 전수해주었다. 오(敖)는 우부풍 연(掾-하급 관리)이 됐고 또 『모시(毛詩)』를 전수받아 왕황(王璜)과 평릉현의 도운자진(塗惲子眞)에게 전수해주었다. 자진은 하남군의 상흠군장(桑欽君長)에게 전수해주었다. 왕망 때 여러 학파들이 다 세워졌다. 유흠(劉歆)은 국사(國師)가 됐고 황(璜), 운(惲) 등은 모두 귀하게 현달했다. 세상에 전해져온 『백량편(百兩篇)』이란 책은 동래군의 장패(張霸)라는 사람에게서 나온 것으로 29편을 나누고 합쳐 수십 편으로 만들었고 또 『좌씨전』과 『서서(書敍)』에서 내용을 보충해 수미(首尾) 일관하게 만들어 모두 102편으로 편찬했다. 편이라고 하지만 어떤 편은 혹 죽간으로 몇 개밖에 안 돼 문장의 뜻이 얕고 비루했다. 성제(成帝) 때 고문에 밝은 자를 구하니 패(霸)가 『백량』에 아주 능하다 해 불려가 중서(中書)로서 그것을 교감하니 원래의 뜻과 맞지 않았다. 패는 그것을 자신의 아버지로부터 전수받았다고 말했고 아버지에게는 위지현(尉氏縣)의 번병(樊並)이 있다고 했다. 이때 태중대부 평당과 시어사 주창(周敞)이 상에게 권유해 그것을 남겨두자고 했다. 뒤에 번병이 모반을 하자 마침내 그 책을 없애버렸다.

신공(申公)은 노(魯)나라 사람이다. 어려서 초원왕(楚元王) 교(交-유교)와 함께 제(齊)나라 사람 부구백(浮丘伯)을 섬겨 시(詩)를 배웠다. 한나라가 일어나 고조(高祖)가 노나라를 지나갈 때 신공은 제자들을 데리고 스승을 따라서 노나라 남궁(南宮)에서 고조를 알현했다. 여태후 때 부구백이 장안에 있었기 때문에 초원왕은 아들 영(郢)을 보내 신공과 함께 학업을 마치게 했다. 원왕이 훙(薨)하고 영이 자리를 이어받아 초왕이 되자 신공을 자신의 태자 무(戊)의 사부로 삼았다. 무는 배움을 좋아하지 않아 신공을 싫어했다. 무가 세워져 왕이 되자 신공을 가두고서 노역을 시켰다. 신공은 이를 부끄럽게 여겨 노나라로 되돌아가 집에서 은거하면서 제자들을 가르쳤고 평생 집 밖을 나가지 않았다. 또한 모든 빈객의 방문을 사절했는데 오직 노공왕(魯恭王-유여(劉餘))의 명이 있을 때만 마침내 나갔다. 먼 지방에서 배우러 오는 제자들이 1,000여 명이나 됐는데 신공은 오로지 『시경(詩經)』의 뜻을 중심으로 해설하고 가르칠 뿐 그에 관한 자신의 저술은 남기지 않았고 의심스러운 것은 빼버리고 전하지 않았다.

난릉(蘭陵)의 왕장(王臧)은 이미 (신공에게) 시를 배워 통달했기 때문에 경제(景帝)를 섬겨 태자소부가 됐고 면직돼 직위를 떠났다. 무제(武帝)가 처음 즉위하자 장(臧)은 마침내 글을 올려 궁중에 숙위됐고 여러 차례 승진해 1년 만에 낭중령에 이르렀다. 대군(代郡)의 조관(趙綰) 또한 일찍이 신공에게 시를 배워 어사대부가 됐다. 관(綰)과 장(臧)은 명당(明堂)을 세워 제후들의 조회를 받을 것을 청했는데 그 일을 성취하지 못하자 마침내 스승 신공을 천거했다. 이에 상은 사자를 보내 비단과 벽옥을 싸고 안거(安車)에 부들포를 씌워 네 마리 말이 끄는 수레로 신공을 맞아오게 하니 제자 두 사람도 사자의 수레에 같이 타고 왔다. 장안에 이르러 상을 알현하자 상은 다스려짐과 어지러워짐의 일에 관해 물었다. 신공은 이때 이미 80여 세로 늙었는데 이렇게 대답했다.

"다스리는 자는 말을 많이 해서는 안 되고 도리어 무엇을 힘써 행할 것인지만 생각하면 됩니다."

이때 상은 바야흐로 문사(文辭)를 좋아할 때라 신공의 대답을 듣고서는 아무런 말도 하지 않았다. 그러나 이미 불렀기에 태중대부로 삼아 노나라 왕의 저택에 머물게 하고서 명당의 일을 토의하도록 했다. 태황(후) 두(竇)태후는 노자(老子)의 말을 좋아해 유술(儒術)을 싫어했기 때문에 관과 장의 허물을 알아내어 그것을 갖고서 상을 질책해[讓] 말했다.

"이들은 다시 신원평(新垣平)이 되려고 하는 자들이오."

상은 그로 인해 명당의 일을 폐기하고 관과 장을 옥리에게 내리니 두 사람 모두 자살했다. 신공 또한 병으로 면직돼 고향으로 돌아와 수년 뒤에 졸했다. 제자들 중에 박사가 된 사람이 10여 명인데 공안국은 임회(臨淮)태수에 이르렀고 주패(周覇)는 교서국 내사(內史), 하관(夏寬)은 성양국 내사, 탕현(碭縣)의 노사(魯賜)는 동해군 태수, 난릉현의 무생(繆生)은 장사국(長沙國) 내사, 서언(徐偃)은 교서국 중위(中尉), 추현(鄒縣) 사람 궐문경기(闕門慶忌)는 교동국 내사를 지냈는데 모두 관민을 다스림에 있어 청렴과 절의가 있다는 칭송을 들었다. 그의 학관 제자들 중에 행실이 비록 갖춰지지 않은 자들이 있었지만 대부나 낭 혹은 장고(掌故)에 이른 이가 100여 명에 이르렀다. 신공이 졸하고 나서 시와 춘추를 전수받은 자 중에서는 하구현(瑕丘縣)의 강공(江公)이 능히 그것을 잘 가르쳐 따르는 무리가 가장 성대했다. 노나라 허생(許生), 면중현(免中縣)의 서공(徐公)은 둘 다 스승의 학통을 지키며 제자들을 가르쳤다. 위현(韋賢)은 시를 다스려 박사인 대강공(大江公)과 허생을 섬겼고 또 예(禮)를 배워 승상에 이르렀다. 아들 현성(玄成)에게 전수했는데 현성은 회양국(淮陽國) 중위(中尉)로 석거각 회의에 참여했고 뒤에 그 역시 승상이 됐다. 현성과 그 형의 아들 상(賞)은 애제(哀帝)에게 시를 가르쳤는데 대사마 거기장군에 이르렀으며 독자적으로 전(傳)이 있다. 이로부터 노시(魯詩)에 위씨(韋氏)의 학파가 있게 됐다.

왕식(王式)은 자(字)가 옹사(翁思)로 동평국(東平國) 신도(新桃) 사람이다. 면중의 서공(徐公)과 허생(許生)에게 배웠다. 식(式)은 창읍왕의 스승이 됐다. 소제(昭帝)가 붕하자 창읍왕이 뒤를 이어 세워졌으나 행실이 음란해 폐위됐고 창읍의 여러 신하들도 모두 옥에 내려져 주살됐는데 오직 중위 왕길(王吉)과 낭중령 공수(龔遂)만이 여러 차례 간언을 올린 일로 인해 사형에서 감형됐다. 식이 옥에 갇혀 죽음을 앞두게 되자 일을 다스리는 사자가 질책하듯 말했다.

"사부는 어찌하여 간언하는 글을 올리지 않았소?"

식이 대답했다.

"신(臣)은 시 305편을 가지고 아침저녁으로 왕을 가르치면서 충신과 효자의 편에 이르러서는 일찍이 왕을 위해 반복해 그것을 암송시키지 않은 적이 없었소. 그리고 나라를 위태롭게 하거나 도리를 잃은 임금 편에 이르러서는 일찍이 왕을 위해 눈물을 흘리면서 그것을 깊이 진술하지 않은 적이 없었소. 신은 305편으로 간언했으니 이 때문에 따로 간언하는 글을 올리지 않았던 것이오."

사자가 이를 보고하자 그 또한 사형에서 감형돼 집으로 돌아갔으나 더 이상 제자를 가르치지 않았다. 산양군(山陽郡)의 장안유군(長安幼君)은 그에 앞서 식을 섬겼고 뒤에는 동평국의 당장빈(唐長賓), 패군의 저소손(褚少孫) 역시 와서 식을 섬기며 경전 여러 편을 물었지만 식은 사양하며 말했다.

"스승에게 들은 것이라고는 이것뿐이니 스스로 그것을 다듬어보라."

그러고는 더 이상 가르쳐주지 않았다. 당생(唐生)과 저생(褚生)은 박사의 제자 선발에 응시해 박사 앞에 이르러 옷깃을 여미며 당에 올라 예를 갖추고서 암송을 하는데 심히 법도가 있어 그를 잘 모르는 사람은 무슨 말을 해야 할지 몰랐다. 여러 박사들이 놀라 스승이 누구시냐고 묻자 식을 섬겼다고 대답했다. 모두 평소에 그의 뛰어남을 들은 바 있기 때문에 모두 식을 천거했다. 제수하라는 조서가 내려와 박사가 됐다. 식이 불려가 거의 도착할 무렵 박사 옷을 입었지만 관을 쓰지 않고서는 이렇게 말했다.

"형벌이 아직 남은 사람이니 어찌 다시 예관(禮官)에 채워질 수 있겠습니까?"

이미 장안에 이르러서는 관사에 머물렀는데 마침 여러 대부와 박사들이 술과 안주를 가지고 와서 식을 위로하며 모두가 주의를 집중해 그를 높이 우러러보았다. 박사 강공(江公)은 세상 사람들이 노시(魯詩)의 종주(宗主)라고 인정했는데 강공이 저술한 『효경설(孝經說)』에 이야기가 미치자 강공은 마음속으로 식을 질투해 술자리에서 노래를 부르고 있던 제자들에게 "여구(驪駒)를 불러보라"라고 했다. 이에 식이 말했다.

"스승님에게 듣기를 손님이 여구를 부르면 주인은 객무용귀(客毋庸歸)를 노래해야 한다고 들었습니다. 오늘은 여러분이 주인을 위해주는 날이고 아직 시간이 이르니 노래할 수 없습니다."

강옹(江翁)이 말했다.

"경전에 어디 그런 말이 있소?"

식이 말했다.

"「곡례(曲禮)」에 있습니다."

강옹이 말했다.

"무슨 개 같은 곡례인가?"

식은 부끄럽게 여겨 취한 척하며 땅에 넘어졌다. 식은 손님들이 다 가자 제자들을 꾸짖으며 말했다.

"나는 본래 오고 싶지 않았건만 너희들이 나에게 강권하는 바람에 결국 애송이에게 욕을 당했다."

드디어 병을 이유로 사직하고 고향으로 돌아가 집에서 생을 마쳤다. 장생(張生), 당생(唐生), 저생(褚生)은 모두 박사가 됐다. 장생은 석거각 회의에 참여했고 회양중위(淮陽中尉)에 이르렀다. 당생은 초나라 태부가 됐다. 이로부터 노시(魯詩)에 장씨(張氏), 당씨(唐氏), 저씨(褚氏)의 학파가 있게 됐다. 장생의 형의 아들 유경(游卿)은 간대부가 됐고 원제(元帝)에게 시를 가르쳤다. 그의 문인인 낭야군의 왕부(王扶)는 사수국(泗水國) 중위가 됐고 진류군(陳留郡)의 허안(許晏)에게 전수했는데 안(晏)은 박사가 됐다. 이로부터 장가(張家)에게 허씨(許氏)의 학파가 있게 됐다. 애초에 설광덕(薛廣德) 역시 왕식을 섬겨 박사로서 석거각 회의에 참여했고 공사(龔舍)에게 학업을 전수해주었다. 광덕(廣德)은 어사대부에 이르렀고 사(舍)는 태산(泰山)태수가 됐는데 둘 다 독자적으로 전(傳)이 있다.

원고(轅固)는 제(齊)나라 사람이다. 시(詩)를 닦아 효경(孝景) 때 박사가 됐고 상의 면전에서 황생(黃生)과 쟁론을 벌였다. 황생이 말했다.

"탕왕(湯王)과 무왕(武王)은 천명을 받은 것이 곧 아니라 군주를 시해한 것입니다."

고(固)가 말했다.

"그렇지 않습니다. 무릇 (하나라의) 걸왕(桀王)과 (은나라의) 주왕(紂王)은 황음에 젖어 어지러웠기에 천하의 마음이 모두 탕과 무로 돌아간 것이니 탕과 무는 천하의 마음을 바탕으로 해서 걸과 주를 토벌했던 것이고, 걸과 주의 백성들은 자기 군주의 부림을 받지 않고 탕과 무에게 귀순했기 때문에 탕과 무는 어쩔 수 없이 부득이 천자로 즉위했는데 이것이야말로 천명을 받은 것이 아니면 무엇이란 말입니까?"

황생이 말했다.

"모자는 아무리 낡아 해져도 반드시 머리 위에 써야 하고 신발은 아무리 새것이라도 반드시 발 아래에 신어야 한다고 했으니 어째서이겠습니까? 위와 아래를 구분하기 위해서입니다. 당시 걸왕과 주왕이 비록 도리를 잃었지만 그래도 군주로 윗자리에 있었습니다. 탕왕과 무왕이 비록 빼어났지만[聖] 신하로 아랫자리에 있었습니다. 대개 군주가 어긋나게 행동하면 신하가 바른 말로 그 잘못을 바로잡아 천자를 받들었어야 하는데 도리어 잘못을 트집 잡아 군주를 주살하고 그 대신 남면(南面)해 왕으로 즉위한 것은 사람을 죽인 것이 아니고 무엇이겠습니까?"

고가 말했다.

"반드시 당신이 말한 바대로라면 이는 고황제(高皇帝-유방)께서 진(秦)나라를 대신해 천자의 자리에 오른 것도 잘못된 것입니까?"

이에 상이 말했다.

"고기를 먹으면서 말의 간을 먹지 않는다고 고기 맛을 모른다고 할 수 있는가? 학자들이 탕왕과 무왕이 천명을 받은 것에 대해서 말하지 않는다고 어리석은 것은 아니다."

드디어 논쟁을 마쳤다.

두(竇)태후는 『노자(老子)』란 책을 좋아해 고를 불러 이에 대해 물은 적이 있다. 고가 말했다.

"이는 집안 심부름꾼들의 말일 뿐입니다."

태후가 화를 내며 말했다.

"어찌 사공(司空-법관)이 성단서(城旦書-축성 현장의 노역자)가 될 수 있겠느냐〔○ 복건(服虔)이 말했다. "도가는 유가를 급하다[急]고 여겼기 때문에 그것을 율령에 비유한 것이다."〕?"

마침내 고에게 우리에 들어가 돼지를 찔러 죽이게 했다. 상은 태후가 화가 났지만 고는 곧은 말을 한 것일 뿐 죄가 없다고 여겨 이에 고에게 날카로운 병기를 빌려주었다. 우리로 내려간 고는 단칼에 돼지의 심장을 찔러 쓰러뜨렸다. 태후는 가만히 있다가 다시 죄를 내릴 수 없다고 생각했다. 뒤에 상은 고가 청렴하고 곧다고 여겨 제배해 청하국(淸河國) 태부로 삼았는데 병으로 면직됐다.

무제(武帝)는 즉위한 초기에 다시 현량(賢良)으로 불러들였다. 여러 유생들은 대부분 그를 질시해 고는 늙었다고 헐뜯으니 파면돼 고향으로 돌아갔다. 이때 고는 이미 90여 세였다. 공손홍(公孫弘) 또한 부름을 받았는데 심히 꺼리면서 고를 섬겼다. 고가 말했다.

"공손자(公孫子)는 바른 학문[正學]으로 말하는 데 힘써야지 굽은 학문[曲學]으로 세상에 아첨해서는 안 된다네!"

제나라 사람들 중에 시(詩)로 현달한 사람들이 많았는데 이들은 모두 고의 제자들이었다. 창읍왕의 태부 하후시창(夏侯始昌)이 그중에서도 가장 정통했는데 독자적으로 전(傳)이 있다.

후창(后蒼)은 자(字)가 근군(近君)으로 동해 담현(郯縣) 사람이다. 하후시창을 섬겼다. 시창은 오경(五經)에 능통했는데 창(蒼) 또한 시와 예에 능통해 박사가 됐고 수부에 이르렀으며 익봉(翼奉), 소망지(蕭望之), 광형(匡衡)에게 전수해주었다. 봉(奉)은 간대부가 됐고 망지(望之)는 전장군(前將軍)이 됐고 형(衡)은 승상이 됐는데 모두 독자적으로 전(傳)이 있다. 형은 낭야군의 사단(師丹), 복리유군(伏理斿君), 영천(穎川)의 만창군도(滿昌君都)에게 전수해주었다. 군도는 첨사(詹事)가 됐고 복리(伏理)는 고밀국(高密國) 태부가 됐으며 가학으로 학업을 전했다. 단(丹)은 대사공이 됐는데 독자적으로 전(傳)이 있다. 이로부터 제시(齊詩)에는 익봉, 광형, 사단, 복리의 학파가 있게 됐다. 만창은 구강군 장한(張邯), 낭야군 피용(皮容)에게 전수해주었는데 모두 높은 관직에 올랐고 따르는 제자들이 더욱 성대했다.

 한영(韓嬰)은 연(燕)나라 사람이다. 효문(孝文) 때 박사를 지냈고 경제(景帝) 때 상산국 태부에 이르렀다. 영(嬰)은 시인의 뜻을 미루어 헤아려 수만 자로 된 『내외전(內外傳)』을 지었는데 그 말들이 자못 제나라 노나라와는 달랐지만 그러나 결국은 하나로 돌아왔다[歸一]. 회남국 비생(賁生)〔○ 사고(師古)가 말했다. "賁은 발음이 (분이 아니라) 비(肥)다."〕이 그에게 배웠다. 연나라와 조(趙)나라 일대에서 시를 말하는 자들은 한생(韓生)으로부터 나온 것이다. 한생은 또한 사람들에게 역(易)을 전수해주었는데 역의 뜻을 미루어 헤아려 전(傳)을 지었다. 연과 조나라 일대에서는 시를 좋아했기 때문에 역에 대한 관심은 미미했지만 오직 한씨(韓氏)만이 스스로 전을 지었다. 무제(武帝) 때 영(嬰)은 일찍이 동중서(董仲舒)와 상 앞에서 논전을 벌였는데 그 사람됨이 정밀하면서도 예리했고 처사가 분명해 중서는 쉽게 이길 수가 없었다. 뒤에 그의 손자 상(商)이 박사가 됐다. 효선(孝宣) 때 탁군(涿郡)의 한생(韓生)은 그의 후손으로 역(易)을 잘한다 해 조정에 불려가 대조전중(待詔殿中)으로 있으면서 이렇게 말했다.

"전수받은 역(易)은 돌아가신 태부께서 전해주신 것입니다. 일찍이 한시(韓詩)를 전수받았지만 한씨역(韓氏易)만큼 심오하지 않았기에 태부께서는 그 때문에 독자적으로 전을 지으신 것입니다."

사예교위 개관요(蓋寬饒)는 본래 역(易)을 맹희(孟喜)에게 전수받았으나 탁군의 한생이 풀이한 역을 보고서는 그것을 좋아해 곧장 다시 섬기며 역을 배웠다.

조자(趙子)는 하내군(河內郡) 사람이다. 연(燕)나라 한생을 섬겼고 같은 군의 채의(蔡誼)에게 전수해주었다. 의(誼)는 승상에 이르렀는데 독자적으로 전(傳)이 있다. 의는 같은 군의 식자공(食子公)과 왕길(王吉)에게 전수해주었다. 길(吉)은 창읍왕의 중위(中尉)였는데 독자적으로 전(傳)이 있다. 식생(食生)은 박사가 됐고 태산율풍(泰山栗豐)에게 전수해주었다. 길은 치천 장손순(淄川長孫順)에게 전수해주었다. 순(順)은 박사가 됐고 풍(豐)은 부자사(部刺史)가 됐다. 이로부터 한시(韓詩)에는 왕길, 식자공, 장손순의 학파가 있게 됐다. 풍은 산양장취(山陽張就)에게 전수해주었고 순은 동해발복(東海髮福)에게 전수해주었는데 둘 다 높은 관직에 올랐고 따르는 제자들이 더욱 성대했다.

모공(毛公)은 조(趙)나라 사람이다. 시를 익혀 하간헌왕(河間獻王)의 박사가 됐고 같은 나라 관장경(貫長卿)에게 전수해주었다. 장경(長卿)은 해연년(解延年)에게 전수해주었다. 연년(延年)은 아무(阿武)현령이 됐고 서오(徐敖)에게 전수해주었다. 오(敖)는 구강군(九江郡)의 진협(陳俠)에게 전수해주었고 왕망의 강학대부가 됐다. 이로부터 모시(毛詩)라는 말이 생겼는데 그것은 서오에서 비롯된 것이다.

 한나라가 일어나자 노(魯)나라 고당생(高堂生)이 『사례(士禮)』 17편을 전했고 노나라 서생(徐生)은 예용(禮容)[頌]을 잘했다. 효문(孝文) 때 서생은 예용에 능하다 해 예관(禮官)대부가 됐고 아들에게 전수했으며 손자 연(延)과 양(襄)에까지 이어졌다. 양은 타고나기를 예용(禮容)을 잘했으나 경전에는 별로 능통하지 못했고 연은 경전에는 자못 능했으나 예용을 잘하지는 못했다. 양 또한 예용에 능하다 해 대부가 돼 광릉내사(廣陵內史)에 이르렀다. 연과 서씨의 제자인 공호만의(公戶滿意), 환생(桓生), 선차(單次)는 모두 예관대부가 됐다. 그리고 하구(瑕丘)의 소분(蕭奮)은 예(禮)에 능하다 해 회양(淮陽)태수에 이르렀다. 예를 말하면서 예용을 잘하는 이들은 서씨(徐氏)로부터 비롯된 것이다.

 맹경(孟卿)은 동해(東海) 사람이다. 소분을 섬겼고 그리하여 후창(后倉)과 노나라의 여구경(閭丘卿)에게 전수해주었다. 창(倉)은 예에 관한 수만 자의 글을 지어 이름을 『후씨곡대기(后氏曲臺記)』라 했고 패군(沛郡)의 문인통한자방(聞人通漢子方)[○ 여순(如淳)이 말했다. "문인은 성, 통한은 이름이고 자방은 자다.")과 양(梁)나라의 대덕연군(戴德延君), 대성차군(戴聖次君), 그리고 패군의 경보효공(慶普孝公)에게 전수했다. 효공(孝公)은 동평국(東平國) 태수가 됐다. 덕(德)은 대대(大戴)로 불렸는데 신도국(信都國) 태부가 됐고 성(聖)은 소대(小戴)로 불렸는데 박사로서 석거각 회의에 참여했고 구강태수에 이르렀다. 이로부터 예에는 대대(大戴), 소대(小戴), 그리고 경씨(慶氏)의 학파가 있게 됐다. 통한(通漢)은 태자 사인(舍人)으로서 석거각 회의에 참여했고 중산중위(中山中尉)에 이르렀다. 보(普)는 노나라 하후경(夏侯敬)에게 전수해주었고 또 집안 자제 함(咸)에게 전수해주었는데 그는 예장(豫章)태수가 됐다. 대대는 낭양군의 서량유경(徐良斿卿)에게 전수해주었는데 그는 박사, 주목(州牧), 군수가 됐고 가학으로 대대로 전했다. 소대는 양나라 사람 교인계경(橋仁季卿)과 양영자손(楊榮子孫)에게 전수해주었다. 인(仁)은 대홍려가 됐고 가학으로 대대로 전했으며 영(榮)은 낭야(琅邪)태수가 됐다. 이로부터 대대에는 서씨(徐氏), 소대에는 교(橋)와 양씨(楊氏)의 학파가 있게 됐다.

호모생(胡母生)은 자(字)가 자도(子都)로 제(齊)나라 사람이다. 『공양춘추(公羊春秋)』를 다스려 경제(景帝)의 박사가 됐다. 동중서(董仲舒)와 배움을 함께했는데 중서는 글을 써서 그의 다움을 칭송했다. 나이가 들어 제나라로 돌아와 제자들을 가르쳤는데 제나라에는 춘추(春秋)를 말하는 사람이 많아 그를 종사(宗師)로 받들었고 공손홍 또한 그에게 많이 배웠다. 그리고 동생(董生-동중서)은 강도국(江都國) 재상이 됐는데 독자적으로 전(傳)이 있다. 제자들 중에 관직으로 나아간 이로는 난릉현(蘭陵縣)의 저대

(褚大), 동평국의 영공(嬴公), 광천현(廣川縣)의 단중(段仲), 온현(溫縣)의 여보서(呂步舒)가 있다. 대(大)는 양나라 재상에 이르렀고 보서(步舒)는 승상장사(丞相長史)가 됐으며 오직 영공(嬴公)만이 배움을 지키며 스승의 법도를 잃지 않았는데 소제(昭帝)의 간대부가 됐고 동해군의 맹경(孟卿), 노나라의 수맹(眭孟)에게 전수했다. 맹(孟)은 부절령(符節令)이 됐다가 재이를 말한 죄에 연루돼 주살됐는데 독자적으로 전(傳)이 있다.

엄팽조(嚴彭祖)는 자(字)가 공자(公子)로 동해(東海) 하비현(下邳縣) 사람이다. 안안락(顏安樂)과 함께 수맹(眭孟)을 섬겼다. 맹(孟)의 제자는 100여 명인데 오직 팽조(彭祖)와 안락(安樂)만이 명석해 질문하고 의문을 풀어내는 데 있어 각각 자신들의 소견이 있었다. 맹이 말했다.

"춘추의 뜻이 이 두 사람에게 있도다."

맹이 죽자 팽조와 안락은 각각 자신의 학파를 열어 제자들을 가르쳤다. 이로부터 『공양춘추(公羊春秋)』에 안안락과 엄팽조의 학파가 있게 됐다. 팽조는 선제(宣帝)의 박사가 돼 하남, 동군 태수에 이르렀다. 높은 치적 고과를 받아 장안에 들어와 좌풍익(左馮翊)이 됐고 태자태부로 승진했으며 청렴하고 곧아서[廉直] 권귀(權貴)들을 섬기지 않았다. 이에 어떤 사람이 그에게 유세해 말했다.

"하늘의 때도 사람의 일을 이기지 못하는 법이거늘 당신은 작은 예나 뜻을 굽히는 쪽에 관심이 없어[不修] 귀인이나 천자의 좌우에 있는 사람들의 도움을 받지 못하니 경전의 뜻에 아무리 밝다 한들 재상에 이르지는 못할 것이오. 바라건대 이런 쪽으로 조금이라도 신경을 써야 할 것입니다."

팽조가 말했다.

"무릇 경술에 통한다는 것은 진실로 마땅히 선왕의 도리를 닦고 실천하는 것인데 어찌 뜻을 굽혀 세속을 따르며 구차스럽게 부귀를 구한단 말이오!"

팽조는 결국 태부로서 관직 생활을 마쳤다. 낭야의 왕중(王中)에게 학업을 전수했고 중은 원제(元帝) 때 소부(少府)가 됐는데 대대로 가업으로 전수했다. 중은 같은 군의 공손문(公孫文)과 동문운(東門雲)에게 전수했다. 운(雲)은 형주자사(荊州刺史)가 됐고 문(文)은 동평왕의 태부가 됐는데 따르는 제자들이 더욱 성대했다. 운은 장강의 도적 떼에게 붙잡혀 그들에게 절을 해 임금의 명을 욕되게 했다는 죄에 연루돼 옥에 내려져 주살됐다.

안안락(顏安樂)은 자(字)가 공손(公孫)으로 노(魯)나라 설현(薛縣) 사람이며 수맹의 누이의 아들이다. 집안이 가난했지만 배움에 정력을 쏟았고 벼슬은 제군(齊郡) 태수 승(丞)에 이르렀고 뒤에 원한을 가진 집 안에 의해 피살됐다. 안락(安樂)은 회양군의 냉풍차군(冷豐次君)과 치천국(淄川國)의 임공(任公)에게 학업을 전수했다. 공(公)은 소부를 지냈고 풍(豐)은 치천태수가 됐다. 이로부터 안가(顏家)에는 냉풍과 임공의 학파가 있게 됐다. 애초에 공우(貢禹)는 영공(嬴公)을 섬겼는데 수맹에게 배워 학업을 이루고 어사대부에 올랐으며 소광(疏廣)은 맹경을 섬겨 태자태부에 이르렀는데 둘 다 독자적으로 전(傳)이 있다. 광(廣)은 낭야군의 관로(筦路)에게 전수했고 로(路)는 어사중승이 됐다. 우(禹)는 영천군의 당계혜(堂谿惠)에게 전수했고 혜(惠)는 태산명도(泰山冥都)에게 전수했는데 도(都)는 승상 사(史)

가 됐다. 도와 로는 다시 안안락을 섬겼기 때문에 안씨(顏氏)에게는 다시 관로와 명도의 학파가 있게 됐다. 로는 손보(孫寶)를 가르쳤는데 그는 대사농이 됐고 독자적으로 전(傳)이 있다. 풍(豐)은 마궁(馬宮)과 낭야군의 좌함(左咸)을 가르쳤다. 함(咸)은 군수와 구경이 됐는데 따르는 제자들이 더욱 성대했다. 궁(宮)은 벼슬이 대사도(大司徒)에 이르렀고 독자적으로 전(傳)이 있다.

하구(瑕丘)의 강공(江公)은 『곡량춘추(穀梁春秋)』와 시(詩)를 노나라 신공(申公)에게 전수받아 아들에게 전했고 손자에 이르러 박사가 됐다. 무제(武帝) 때 강공과 동중서는 나란히 섰다. 중서는 오경에 능통하고 논의를 견지했으며 문장을 잘 지었다. 강공은 말을 더듬어 상이 중서와 함께 토의하게 하면 중서만 못했다. 한편 승상 공손홍은 본래 공양학(公羊學)을 배웠는데 두 사람의 토의를 비교 편집해 결국 동생(董生)의 것을 썼다. 이에 상은 공양가(公羊家)를 존중하면서 태자에게 조(詔)하여 『공양춘추(公羊春秋)』를 배우게 했고 이로 말미암아 공양가가 크게 번성했다. 태자가 이미 이를 다 익히자 다시 사사로이 『곡량(穀梁)』을 물어 그것을 좋아했다. 그후에 점점 시들해지자 오직 노나라의 영광왕손(榮廣王孫)과 호성공(皓星公) 두 사람만이 곡량을 전수받았다. 광(廣)은 능히 시와 춘추를 모두 전수받았으며 재주가 뛰어나고 명민해 공양의 큰 스승 수맹 등과 논전을 벌여 여러 차례 그들을 곤경에 몰아넣었고 그 때문에 배움을 좋아하는 자들이 자못 다시 곡량을 전수받았다. 패군의 천추소군(千秋少君), 양나라의 주경유군(周慶幼君), 정성자손(丁姓子孫)은 모두 광에게서 곡량을 배웠다. 천추

(千秋)는 또 호성공을 섬겨 배움이 가장 튼실했다[篤]. 선제(宣帝)가 즉위해 위(衛)태자가 『곡량춘추(穀梁春秋)』를 좋아했다는 말을 듣고서 승상 위현(韋賢)과 장신궁 소부 하후승(夏侯勝) 및 시중이 낙릉후(樂陵侯) 사고(史高)에게 물었는데 이들은 다 노나라 사람이었다. 이들은 말하기를 곡량자(穀梁子)는 노나라 학문에 뿌리를 두고 있고 공양씨(公羊氏)는 제나라 학문에 뿌리를 두고 있으니 마땅히 곡량을 일으켜야 한다고 말했다. 이때 천추는 낭이 돼 상에게 불려가 공양가 학자들과 토론을 했는데 상은 곡량설이 좋다고 여겨 천추를 발탁해 간대부 급사중으로 삼았으나 뒤에 죄가 있어 평릉(平陵)현령으로 좌천됐다. 다시 곡량에 능한 자들을 찾으니 천추만한 사람이 없었다. 상은 그의 학문이 장차 끊어지게 될까 걱정해 마침내 천추를 낭중 호장(郞中戶將)으로 삼고 낭 10명을 뽑아 그를 따라 배우게 했다. 여남군(汝南郡)의 윤경시옹군(尹更始翁君)은 본래 스스로 천추를 섬겨 학설을 잘 풀이했는데 마침 천추가 병으로 죽자 강공의 손자를 불러 박사로 삼았다. 유향(劉向)은 전(前) 간대부로서 대조(待詔)에 통달했고 곡량을 배웠기 때문에 그를 돕게 하려고 했다. (그런데) 강(江)박사도 죽자 주경과 정성을 불러 대조보궁(待詔保宮-소부의 속관)으로 삼아 직원[卒] 10명에게 전수하게 했다. 원강(元康) 연간부터 처음으로 강론을 시작해 감로(甘露) 원년에 이르기까지 10여 년 동안 모두 밝게 익혔다. 이에 오경에 밝은 명유(名儒)인 태자태부 소망지(蕭望之) 등을 모두 어전에 불러 대대적인 토론을 벌여 공양과 곡량의 같고 다른 점을 확인하고 경문(經文)에 의거해 옳고 그름을 가리도록 했다. 이때 공양 박사는 엄팽조, 시랑 신만(申輓), 이추(伊推), 송현(宋顯), 곡량의랑은 윤경시, 대조 유향, 주경, 정성이 서

로 논쟁했다. 공양가는 자신들을 따르는 사람들이 많지 않은 것을 보고서 내시랑(內侍郞) 허광(許廣)을 포함시켜줄 것을 청하자 사자는 또한 곡량가 중에서 중랑 왕해(王亥) 등 각 5명을 추가로 합류시킨 뒤에 30여 가지의 일을 토의하게 했다. 망지(望之) 등 11명은 각각 경전에 의거해 대답을 했는데 다수는 곡량을 따랐다. 이로 말미암아 곡량의 학파가 크게 번성했다. 경(慶-주경)과 성(姓-정성)은 모두 박사가 됐다. 성은 중산국 태부에 이르렀고 초나라 신장창만군(申章昌曼君)에게 전수해주었는데 그는 박사가 됐다가 장사국(長沙國) 태부가 됐고 따르는 제자들이 더욱 성대했다. 윤경시는 간대부, 장락궁 호장이 됐는데 다시 『좌씨전(左氏傳)』을 배워 그중 이치에 맞는 것들을 골라 자구(章句)로 만들어 아들 함(咸)과 적방진(翟方進), 낭야군의 방봉(房鳳)에게 전수해주었다. 함은 대사농에 이르렀고 방진(方進)은 승상에 올랐는데 독자적으로 전(傳)이 있다.

방봉(房鳳)은 자(字)가 자원(子元)으로 (낭야군) 불기현(不其縣) 사람이다. 사책(射策-과거) 을과(乙科)에 뽑혀 태사 장고(太史掌故)가 됐다. 태상(太常)이 그를 방정(方正)으로 천거해 현령 도위(都尉)가 됐는데 관직을 제대로 감당하지 못했다[失官]. 대사마 표기장군 왕근(王根)이 아뢰어 장사(長史)에 임명했다가 봉(鳳)이 경술에 밝고 두루 통달했다 해 천거하니 뽑혀서 광록대부가 됐고 승진해 오관중랑장(五官中郞將)이 됐다. 이때에 광록훈 왕공(王龔)은 외척으로서 궐내를 책임지는 내경(內卿)으로 있었는데 봉거도위 유흠(劉歆)과 함께 교서(校書)를 담당하고 있었고 세 사람 모두 시중이었다. 흠(歆)이 건의해 『좌씨춘추(左氏春秋)』의 학관을 세워달라고 하니 애제(哀帝)가 그것을 받아들이고서 여러 유자들에게 물었으나 모두 아무런 답을 하지 않았다. 흠은 이에 승상 공광(孔光)을 바라보면서 『좌씨전』의 내용을 말하며 도움을 구했으나 광(光)은 끝내 수긍하지 않았다. 오직 봉(鳳)과 공(龔)만이 흠에게 동의해 드디어 함께 글을 보내 태상박사를 꾸짖었는데 상세한 이야기는 흠의 전(傳)에 실려 있다. 대사공 사단(師丹)은 선제(先帝)가 세워놓은 학관의 제도를 흠이 비난하고 훼손하려 한다고 아뢰었고 상은 이에 공(龔) 등을 밖으로 내보내는 인사 조치를 단행해 공은 홍농(弘農), 흠은 하내, 봉은 구강(九江)태수로 삼았는데 봉은 다시 청주목(青州牧)에 이르렀다. 처음으로 강(江)박사는 호상(胡常)에게 전수했고 상(常)은 양나라 소병군방(蕭秉君房)에게 전수했는데 그는 왕망 때 강학대부가 됐다. 이로부터 『곡량춘추』에는 윤경시, 호상, 신장, 방봉의 학파가 있게 됐다.

한나라가 일어나자 북평후(北平侯) 장창(張蒼)과 양나라 태부 가의(賈誼), 경조윤 장창(張敞), 태중대부 유공자(劉公子)는 모두 『춘추좌씨전(春秋左氏傳)』을 익혔다. 의(誼)는 『좌씨전 훈고(左氏傳訓故)』를 지었고 조(趙)나라 사람 관공(貫公)에게 전수했는데 (관공은) 하간헌왕(河間獻王)의 박사가 됐고 아들 장경(長卿)은 탕음(蕩陰)현령이 돼 청하군(清河郡)의 장우장자(張禹長子)에게 전수해주었다. 우(禹)는 소망지와 같은 때에 어사(御史)가 돼 여러 차례 망지에게 좌씨를 언급했고 망지는 그것을 좋아해 여러 차례 글을 올려 그 학설을 칭송했다. 뒤에 망지가 태자태부가 되자 우를 선제(宣帝)에게 천거하니 우를 불러 대조로 삼았는데 아직 상이 질문을 내리기도 전에 마침 병으로 죽었다. 윤경시에게 전수해주었고 경시는 아들 함(咸)이 적방진, 호상에게 전수해주었다. 상(常)은 여양(黎陽)의 가호계군(賈護季君)에게 전수해주었는데 그는 애제(哀帝) 때 대조로 낭(郞)이 됐고 창오군(蒼梧郡)의 진흠자일(陳欽子佚)에게 전수해주었는데 그는 좌씨를 왕망에게 전수해 장군에 이르렀다. 한편 유흠은 윤함(尹咸)과 적방진에게서 배웠다. 이로 말미암아 좌씨를 말하는 자들은 가호(賈護)와 유흠(劉歆)에 뿌리를 두게 된 것이다.

찬(贊)하여 말했다.

"무제(武帝)가 오경박사(五經博士)를 세운 때부터 (박사관에) 제자원(弟子員)을 두어 사람을 뽑는 과(科)를 두어 사책(射策)을 시행해 관록(官祿)을 권장했는데 원시(元始) 연간에 그만둘 때까지 100여 년 동안 학업에 전념한 자가 점점 번성했고 그 지엽(支葉)이 번성하는 바람에 경전 하나를 해설하는 데 100여만 자에 이르렀고 큰 스승 밑에 모이는 무리가 1,000여 명이나 됐던 것은 대개 그것이 벼슬과 이익[祿利]을 구하는 길이었기 때문에 그랬던 것이다. 애초에 『서경(書經)』에는 구양씨(歐陽氏)의 학(學), 『예(禮)』에는 후씨(后氏)의 학, 『역(易)』에는 양씨(楊氏-양하)만 있었고 『춘추(春秋)』에는 공양씨만이 있었을 뿐이다. 효선(孝宣)의 시대에 이르러 다시 『대소하후상서(大小夏侯尙書)』, 『대소대례(大小戴禮)』, 『시(施)·맹(孟)·양구(梁丘)·역(易)』, 『곡량춘추(穀梁春秋)』의 학관을 세웠다. 원제(元帝)의 시대에 이르러 다시 『경씨역(京氏易)』을 세웠다. 평제(平帝) 때 다시 『좌씨춘추(左氏春秋)』, 『모시(毛詩)』, 『일례(逸禮)』, 『고문상서(古文尙書)』를 두었다. 이는 유실됐던 학설들을 망라해 함께 보존하려 한 것인데 (거기에는 허무맹랑한 것들도 포함돼 있겠지만) 그 안에 바른 학설도 있다고 보았기 때문이다."

권
◆
89

순리전
循吏傳

● 사고(師古)가 말했다. "순(循)은 고분고분하다[順]는 뜻으로, 위로는 공법(公法)을 고분고분 따르고 아래로는 사람의 실정[人情]을 고분고분 따른다는 말이다."

한(漢)나라가 일어난 초기에는 진(秦)나라의 폐단과는 정반대로 백성들을 편안히 쉬게 했기 때문에 모든 일이 간편하고 쉬웠으며[簡易] 금령이나 법망도 느슨했고 상국(相國-재상) 소하(蕭何)와 조참(曹參)은 너그럽고 두텁고 깨끗하고 맑은 정치[寬厚淸靜]로 천하의 선봉이 됐기 때문에 백성들은 '화일(畫一)'[○ 사고(師古)가 말했다. "가사는 이러했다. '소하가 법을 만들어 선 하나를 그었더니 조참은 그를 이어 그것을 지키면서 하나도 잃지 않았네.'"]'이라는 노래를 지었다. 효혜(孝惠)는 옷을 드리운 채 팔짱만 끼고 있었고 고후(高后)는 여주(女主)라 대궐 문밖[房闥]을 나서지 않았는데도 천하는 평안했고 백성들은 농사일에 힘써 먹고 입는 것이 넉넉하게 생산됐다. 문제(文帝)와 경제(景帝)에 이르러 드디어 풍속이 바뀌기 시작했다. 이때 순리(循吏)였던 하남태수 오공(吳公)이나 촉군 태수 문옹(文翁) 같은 이들은 모두 몸가짐을 조심하며 솔선수범했고 청렴 공평해 엄격함에 이르지 않아도 백성들은 (그들의) 교화를 잘 따랐다.

효무(孝武) 시대에 밖으로는 사방의 오랑캐를 물리치고[攘=卻] 안으로는 법과 제도를 고쳤기에 백성들은 피폐해졌고 간사한 범죄들은 막을 수가 없었다. 이때 교화를 통해 다스릴 줄 아는 사람들이 적어 오직 강도(江都)의 재상 동중서(董仲舒)와 내사(內史) 공손홍(公孫弘), 예관(兒寬)만이 봐줄 만한 관리였다. 3인은 모두 유학자로 세상일에 정통했고 법리도 밝게 익혔으며 경술로써 관리의 일을 잘 표현해 천자는 그들을 그릇으로 여겼다. 중서는 여러 차례 병을 이유로 사직하고 물러났는데 홍(弘)과 관(寬)은 (벼슬이) 삼공(三公)에 이르렀다.

효소(孝昭)는 나이가 어려 곽광(霍光)이 정권을 장악했는데 (무제 때의) 사치와 군사 원정의 뒤를 이은 터라 나라 안이 텅 비었고 그래서 광(光)은 전례에 따라 직무를 그대로 지키면서 새롭게 바꾸는 것이 없었다. 원시(元始)와 원봉(元鳳) 연간 사이에 흉노가 투항하고[鄕化=向化] 백성들은 더욱 부유해졌으며 현량(賢良)과 문학(文學-유학)의 선비들을 들어 써 백성들의 고통과 병폐를 물어 이에 술의 전매[酒榷]를 폐지하고 염철(鹽鐵)(의 전매권)을 토의했다.

효선(孝宣)에 이르렀을 때 제(帝)는 미천한 생활을 하다가 지존(至尊)에 올랐고 향리에서 몸을 일으켰기 때문에 백성들의 일의 어려움을 잘 알고 있었다. 곽광이 훙(薨)한 뒤에 비로소 만기를 몸소 챙기면서 정력을 쏟아 통치에 힘을 써 5일에 한 번 정사를 들었는데 승상 이하 모든 신하들이 직무를 받들어 나아왔다. (지방의) 자사(刺史)나 군국의 태수나 재상을 제배할 때에도 그때마다 친히 만나보고 물었으며 그의 방책을 깊이 살폈고 물러나게 되면 그 사람이 했던 말을 기준으로 해서 실제 치적을 고찰해 만일 명실(名實)이 일치하지 않을 경우에는 왜 그렇게 됐는지를 반드시 알아냈다. 평소에 늘 이렇게 말했다.

"서민들이 전리(田里)에서 편안히 살면서 한탄이나 근심이나 한을 갖지 않을 수 있는 것은 정사가 공평하고 송사가 바를 때 가능하다. 나와 더불어 이런 통치를 해낼 수 있는 자들은 오로지 선량한 2,000석 관리(-자사나 태수)뿐일 것이다."

이는 태수를 관리나 백성의 근본으로 생각한 것이니 태수를 자주 바꾸게 되면 아래 백성들이 불안하고 태수가 오래 재임할 것임을 안다면 속이려 들지 않고 마침내 그들의 교화에 복종할 것이다. 그래서 2,000석을 통해 통치의 효과를 거두고자 수시로 새서(璽書)를 내려 격려하거나 작질을 높여주고 황금을 내려주었으며 경우에 따라서는 작위가 관내후(關內侯)에까지 이르게 해 공경(公卿)에 자리가 비게 될 경우 이미 표창한 사람들 중에서 골라 순차적으로 그들을 불러다 썼다.

이 때문에 한나라의 훌륭한 관리[良吏]들이 이때 성대했고 그래서 중흥(中興)을 이루었다고 칭송한다. 예를 들면 조광한(趙廣漢), 한연수(韓延壽), 윤옹귀(尹翁歸), 엄연년(嚴延年), 장창(張敞) 등이 모두 이런 자리에 어울리는 사람들인데 그러나 형벌을 받거나 혹은 죄에 걸려 주살되기도 했다. 왕성(王成), 황패(黃霸), 공수(龔遂), 정홍(鄭弘), 소신신(召信臣) 등이 다스린 곳의 백성들은 부유해졌고 떠난 뒤에는 모두 그리워했으며 살아서는 영예로운 칭송을 들었고 죽어서는 제사를 받았으니, 이는 풍채가 있어 다움을 베풀고 겸양했던 군자의 유풍(遺風)에 거의 가까웠다고 할 것이다.

문옹(文翁)은 여강군(廬江郡) 서현(舒縣) 사람이다. 어려서 배우기를 좋아해 『춘추(春秋)』에 정통했으며 군현의 관리로서 능력을 인정받아 위에 천거됐다. 경제(景帝) 말에 촉군(蜀郡) 태수가 됐는데 어짊과 사랑[仁愛]으로 교화하기를 좋아했다. 촉 땅은 궁벽져서 오랑캐의 풍속이 있는 것을 보고서 문옹은 그들을 이끌고 교화로 나아가기 위해 마침내 군현의 소리(小吏)들 중에 명민하고 재주가 있는 장숙(張叔) 등 10여 명을 뽑아 직접 격려해 경사(京師)로 보내 박사에게 수업을 받게 하거나 율령을 배우게 했다. 군(郡)의 소부(少府)의 재용을 절약하기 위해 촉 땅의 칼과 베를 팔아서 계리(計吏)에게 싸 가지고 가게 해 박사에게 보냈다. 여러 해가 지나 촉의 유생들은 모두 학업의 성취를 이뤄 돌아왔는데 문옹은 그들을 좋은 자리 [右職]에 배치했고 순차적으로 재능을 살펴 천거했는데 관직이 군수나 자사에 이른 자들도 있었다.

또 성도(成都) 시중에 학관(學官)을 세워 소속 현의 자제들을 불러 학관 제자로 삼아 그들에게는 병역과 부역을 면제해주었고 성적 우수자는 군현의 관리로 임명했으며 그다음 등급은 효제(孝弟)나 역전(力田)을 기준으로 제배했다. 항상 학관의 동자(僮子)들 중에서 뽑아 휴식하는 별좌(別坐)로 일을 보게 했다. 매번 현들을 순시할 때는 학관의 여러 유생들 중에서 경전에 밝고 행실이 뛰어난 자를 골라 함께 동행하도록 해 교령(教令)을 전달하게 했고 관사에도 들고 날 수 있게 했다. 현읍의 관리와 백성들은 이를 보고서 영예로 여겼기 때문에 몇 년이 지나자 다투어 학관 제자가 되고자 했고 부자는 돈을 내면서까지 뽑히려고 했다. 이로 말미암아 큰 교화가 이뤄져 촉에서 경사에 들어가 배우는 자가 제나라나 노나라와 비슷해졌다. 무제(武帝) 때에 이르러 천하의 군국에 모두 학교와 교관을 세우게 했는데 그것은 문옹으로부터 시작한 것이라고 한다.

문옹은 촉에서 죽었는데 관리와 백성들은 사당(祠堂)을 세웠고 해마다 때가 되면 제사가 끊어지지 않았다. 지금도 파촉(巴蜀)에서는 문아(文雅)를 좋아하는데 그것은 문옹이 교화한 결과다.

왕성(王成)은 어느 군(郡) 사람인지 알 수 없다. 교동국(膠東國) 재상이 됐고 다스림이 뛰어나 명성이 있었다. 선제(宣帝)가 가장 먼저 그를 포상해 지절(地節) 3년에 조서를 내려 말했다.

'대개 듣건대 공이 있는데도 상을 내리지 않거나 죄가 있는데도 주살하지 않는다면 비록 당우(唐虞-요임금과 순임금)라 하더라도 오히려 천하를 교화시킬 수 없을 것이다. 지금 교동(膠東)의 재상인 왕성은 노고를 하면서도 게으르지 않아 유민으로서 정착하게 된 것[自占]이 8만여 명인데 다스림이 있어 특별한 성과를 올렸다. 이에[其=於是] 녹질 중(中) 2,000석을 갖춰 관내후(關內侯)의 작위를 내린다.'

(그러나) 불러서 쓰기도 전에 마침 병에 걸려 재직 중에 죽었다. 그 뒤에 조서를 내려 승상과 어사로 하여금 군국의 1년 회계를 조정에 보고하는 장사(長史)와 수승(守丞-군의 태수 밑에 있는 관리)에게 정령(政令)의 득실을 묻도록 했다. 이에 어떤 사람이 말하기를 "전 교동의 재상인 왕성은 거짓으로 스스로를 부풀려서 큰 상을 받았습니다"라고 했다. 이후부터 속리(俗吏)들 중에는 헛된 명성을 추구하는 자들이 많았다고 한다.

황패(黃霸)는 자(字)가 차공(次公)으로 회양국(淮陽國) 양가현(陽夏縣) 사람이며 호걸의 몸으로 향리 사람들을 사역시키는 일을 했는데 운릉(雲陵)으로 이주했다. 패(霸)는 어려서 율령을 배웠고 관리가 되는 것을 좋아해[喜=好愛] 무제(武帝) 말기에 대조(待詔)로서 급전을 상납해 관직을 받았고 시랑알자(侍郎謁者)에 보임됐지만 형제의 죄에 연좌돼 탄핵을 받고 파면됐다. 뒤에 다시 심려군(沈黎郡)에 곡식을 바쳐 좌풍익 200석 졸사(卒史)에 보임됐다. 풍익은 패가 재물을 바쳐 관리가 됐다 해 좋은 자리[右職]에 두지 않았고 군의 돈과 곡식을 출납해 계산하는 일을 맡게 했다. 장부를 정리하는 것이 정확했고 청렴하다는 평가를 받아 불려가 하동군의 균수장(均輸長)에 보임됐고 다시 청렴하다는 평가를 받아 하남태수 승(丞)이 됐다. 패는 사람됨이 밝게 잘 살피고[明察] 눈치가 빨랐으며[內敏] 또 법리를 잘 익혔고 그러면서도 따스하고 온순하며 양보하는 마음이 있었고 지식이 충분했으며 대중을 잘 통제했다. 승(丞)이 돼 일을 처리하는 것이 법도에 맞고 사람들의 마음에 부합해 태수는 그를 깊이 신임했고 관리와 백성들은 그를 사랑하고 존경했다.

무제(武帝) 말기부터 법을 적용하는 것이 혹심했다. 소제(昭帝)가 들어섰지만 나이가 어려 대장군 곽광(霍光)이 정권을 쥐었고 대신들이 권력을 다투었는데 상관걸(上官桀) 등이 연왕(燕王)과 더불어 난을 일으킬 것을 모의하니 광(光)이 이미 그들을 주살하고는 드디어 무제의 법도를 그대로 존중해 형벌로 아랫사람들을 꽉 잡아 쥐니 이로 말미암아 속된 관리들은 엄혹하게 하는 것을 높여 그것을 유능하다고 여겼으나 패만은 오직 너그러움과 온화함[寬和]을 써서 이름을 얻었다.

마침 선제(宣帝)가 즉위했는데 민간에 살 때 백성들이 관리들에게 고통 받는 것이 심하다는 것을 알고 있었기 때문에 패가 법을 공평하게 집행한 다는 말을 듣고서 불러들여 정위정(廷尉正)으로 삼았는데 여러 차례 의옥(疑獄)을 판결하면서 정위의 법정에서도 공평하다는 칭송을 들었다. 임시로 승상 장사(長史)로 있을 때 공경들의 전체 회의에서 장신소부 하후승(夏侯勝)이 조서를 비판해 큰 불경을 범했다는 것을 알면서도 패가 아부해 그를 탄핵하지 않았다는 이유로 함께 정위에 내려져 감옥에 갇혔고 죄가 사형에 해당됐다. 패는 이때 승(勝)으로부터 옥중에서 『상서(尙書)』를 전수받았고 두 번이나 겨울을 넘기고서 3년째 될 때 마침내 감옥을 나왔는데 상세한 이야기는 「하후승전(夏侯勝傳)」에 실려 있다. 승은 출옥해 다시 간대부가 됐고 좌풍익 옹기(宋畸)로 하여금 패를 현량(賢良)으로 천거하게 했다. 승이 또 구두로 패를 상에게 천거하자 상은 패를 발탁해 양주자사(揚州刺史)로 삼았다. 3년이 지나 선제(宣帝)가 조서를 내려 말했다.

'어사에게 제조(制詔)하노라. 현량으로서 높은 인사 평가를 받은 양주자사 패를 영천(潁川)태수로 삼고 작질은 비(比) 2,000석으로 하며 관직에 있는 동안 특별히 높이 1장(丈)의 수레 덮개를 내려주고 수레 앞부분에 천으로 된 별가(別駕)와 주부(主簿)의 수레를 내려주어 그의 다움이 있음[有德]을 널리 알리도록 하라.'

이때 상이 다스림에 뜻을 두어[垂意] 여러 차례 은택을 베풀라는 조서를 내렸으나 관리들이 제대로 받들어 널리 펴지 않았다. 태수 패는 훌륭한 관리[良吏]들을 뽑고 골라 부서를 나눠 조령(詔令)을 선포하게 해 백성들이 모두 상의 뜻을 알게 했다. 우정(郵亭-역참)이나 향관(鄕官)에게는 모두 닭과 돼지를 길러 그것으로 홀아비나 과부, 빈궁한 자들을 돕게 했고 그런 다음에는 규정을 만들어 부로(父老), 사수(師帥), 오장(伍長)을 두어 민간을 순행하면서 선행을 장려하고 간사함을 막으려는 뜻을 권장하고 또 농사와 길쌈에 힘쓰고 재물을 아껴 재산을 늘리고 과일나무를 심고 가축을 기르며 말에게는 곡식을 먹이지 않도록 일깨워주었다. 쌀이나 소금은 아주 세밀해 처음에는 번잡스러웠지만 그러나 패는 정성을 다해 제대로 그것을 추진했다. 불러서 만나본 관리들로부터는 다른 비밀스러운 것들까지 캐물어 그것을 알아내 참고로 했다. 일찍이 사찰할 일이 있으면 나이가 많고 청렴한 관리를 보내 일을 주도면밀하게 진행할 것을 부탁했다. 어떤 관리가 출장을 갔는데 감히 우사(郵舍)에서 쉬지도 못하고 길가에서 밥을 먹는데 까마귀가 날아와 자신이 먹으려던 고기를 낚아채갔다. 백성 중에 어떤 사람이 태수의 관청에 올 일이 있어 왔는데 패가 이런저런 이야기를 유도하던 중에 그 일을 들어서 알게 됐다. 훗날에 관리가 돌아와 패에게 아뢰는데 패가 그를 만나보고서 위로하며 말했다.

"고생이 많았다. 길가에서 밥을 먹다가 까마귀에게 고기를 빼앗겼다고."

관리는 크게 놀라 패가 자신의 일거수일투족을 다 알고 있다고 여기고 묻는 말에 털끝 하나도 숨기지 않고 모두 다 털어놓았다. 환과고독(鰥寡孤獨) 중에 죽어서 장례를 지내줄 사람이 없다고 향관에서 글을 올리면 패는 갖춰 처리해 어디에 큰 나무가 있고 어느 우정(郵亭)에 제사에 쓸 돼지가 있는지를 말해주었는데 관리가 가서 보면 모두가 말한 그대로였다. 그 직무를 귀 밝고 눈 밝게 알고 있는 것이 이와 같았으니 관리와 백성들은 그런 기술이 어디서 나오는지를 알지 못해 모두 신명(神明)하다고 칭송했다. 간사한 자들은 떠나서 다른 군으로 가버렸기 때문에 도둑은 날마다 줄어들었다.

패(覇)는 (먼저) 교화에 힘쓴 다음에야 주벌을 시행했고 고을 수령들[長吏]을 쉽게 바꾸지 않고 오랫동안 일을 할 수 있게 해주는 데 힘썼다. 허현(許縣)의 승(丞)은 병들고 귀가 없어 (군수의 보좌관인) 독우(督郵)가 그를 내쫓을 것을 건의하자[白] 패가 말했다.

"그 승은 청렴한 관리로 비록 늙었다고는 하지만 오히려 얼마든지 절하고 일어나고 손님을 맞이하고 보낼 수 있는데 꼭 좀 듣지 못한다[重聽=難聽]고 해 무슨 문제가 있는가? 장차 그를 잘 도와서 뛰어난 사람을 잃는 일이 없도록 하라."

어떤 사람이 그 이유를 묻자 패가 말했다.

"고을 수령들을 자주 바꾸면 옛 수령을 보내고 새로운 수령을 맞이하는 비용이 생길 뿐만 아니라 간사한 하급 관리가 장부를 조작하거나 재물을 도적질해 공적·사적인 비용의 소모가 심하게 생길 수 있는데 이는 모두 백성들에게서 나와야 하며, 바꾼 새 수령이 또한 반드시 뛰어나지는 않아 옛 수령만 못할 수도 있으니 헛되이 서로 혼란만 일으킬 것이다. 무릇 백성들을 다스리는 도리는 대략 아주 심한 것만 없애면 될 뿐이다."

패(覇)는 겉으로는 너그럽고 안으로는 일에 밝아 관리와 백성들의 마음을 얻었기에 호구가 해마다 늘어나 그 다스림이 천하제일이었다. 불려가 수(守) 경조윤이 됐는데 작질은 2,000석이었다. (그러나) 백성들을 징발해 치도(馳道)를 공사하면서 미리 보고하지 않았고 또 기사(騎士)를 동원해 북군(北軍)에 이르게 하면서 마필의 수가 기사의 수와 맞지를 않아 죄를 받았고 군대의 동원을 제대로 하지 못했다고 탄핵을 받아 연이어 작질이 깎였다. 조서가 내려와 영천(潁川)태수의 관직으로 복귀했고 예전처럼 800석 관리로 삭감됐다. 전후 8년 동안 영천군은 더욱 잘 다스려졌다. 이때 봉황이나 신작(神爵)이 여러 차례 군국에 모여들었는데 영천에는 더욱 많았다. 천자는 패의 다스림이 결국은 장자(長者-덕행이 뛰어난 사람)의 그것이라 여겨 조서를 내려 칭송해 말했다.

'영천태수 패(霸)는 조령을 선포해 백성들을 교화함으로써 효자와 공손한 젊은이와 정숙한 부인과 온순한 손자들이 날로 많아졌고 농부들은 밭두둑을 양보하고 백성들은 길에 떨어진 물건을 줍지 않았으며 홀아비와 과부를 보살펴 길러주고 가난한 백성들을 구휼하고 도왔으며 감옥에는 8년 동안 중죄를 지은 죄수가 없고 관리들은 교화에 힘써 행실의 마땅함을 권장했으니 이른바 뛰어난 이이자 군자라고 할 것이다.『서경(書經)』에 이르지 않았던가?

'고굉(股肱-신하)이 훌륭하도다〔○ 사고(師古)가 말했다. "「우서(虞書)」 '익직(益稷)' 편에 나오는 말이다."〕!'

이에 관내후의 작위와 황금 100근 그리고 작질 중(中) 2,000석을 내리노라.'

그러고는 영천군의 효제(孝弟) 중에 행의(行義)가 있는 백성, 삼로(三老), 역전(力田)에게는 모두 차등 있게 작위와 비단을 내려주었다. 수개월이 지나 패를 불러 태자태부로 삼았고 어사대부로 승진시켰다.

오봉(五鳳) 3년에 병길(丙吉)을 대신해 승상으로 삼았고 건성후(建成侯)에 봉했는데 식읍은 600호였다. 패(霸)의 재능은 백성들을 다스리는 데는 두드러졌지만 승상이 돼 기강을 총괄하고 호령하게 되자 그 풍채가 병길이나 위상(魏相) 혹은 우정국(于定國)에 미치지 못했고 공명(功名)도 군을 다스릴 때에 비해서는 떨어졌다. 이때 경조윤 장창(張敞)의 집에 있던 갈작(鶡雀-꿩 비슷한 파랑새)이 승상부에 날아들자 패는 그것을 신작(神雀)이라 여겨 토의를 한 뒤에 상에게 보고하려 했다. 창(敞)이 패(覇)에게 아뢰어 말했다.

"가만히 보건대 승상께서는 중(中) 2,000석 관리 및 박사들에게 군국의 상계(上計)를 맡은 장리(長吏)나 수승(守丞)들과 공동으로 백성들을 위해 이익을 일으키고 해악을 제거해 큰 교화를 일으킬 수 있는 길을 물어 그 대책을 올리게 했는데, 거기에는 농사짓는 사람들이 밭의 경계를 서로 양보하고 남자와 여자가 길을 갈 때 따로 가며 백성들은 길에 떨어진 물건을 줍지 않고 또 효자와 공손한 젊은이와 정숙한 부인을 천거했던 자들은 하나의 무리를 만들어 먼저 승상부에 올리게 하고 천거를 했으나 그 인원수를 알 수 없는 경우는 그 다음으로 올리게 하며 교화를 제대로 하지 않는 자는 뒤에서 사죄하게 했다고 했습니다. 승상께서 비록 그리하라고 말씀하지는 않았지만 마음으로는 그렇게 하고 싶으셨을 것입니다. 장리와 수승들이 대책을 올릴 때에 신 창의 집에 있던 갈작들이 날아서 승상부 옥상에 내려앉았는데 승상 이하 그것을 본 사람이 수백 명입니다. 변방의 관리들은 대부분 그것이 갈작임을 알고 있었지만 정작 물었을 때는 모두 겉으로는 모른다고 했습니다. 승상께서는 토의해 그것을 위에 이렇게 아뢰려 했습니다.

'신이 상계의 장리와 수승에게 교화를 일으킬 수 있는 조건들을 물었을

때 황천이 보답해 신작(神雀)을 내려주셨습니다.'

 그러나 뒤에 신 창(敞)의 집에서 그것이 날아왔다는 것을 알고서 마침내 그만두셨습니다. 군국의 관리들은 승상께서 어질고 두터우시며[仁厚]지략을 갖추고 계시지만 기괴한 일을 쉽게 믿는다고 몰래 웃을지도 모릅니다. 옛날에 급암(汲黯)이 회양(淮陽)태수가 돼 이사를 하고 그곳으로 부임하면서 대행(大行) 이식(李息)에게 이렇게 말했습니다.

 '어사대부 장탕(張湯)은 간사한 마음을 품고 위의 뜻에 아첨해 조정을 기울게 하려고 하니 공(公)들이 빨리 건의하지 않을 경우 모두 함께 주륙을 당할 수 있습니다.'

 식(息)은 탕(湯)이 두려워 끝내 감히 말을 하지 못했습니다. 뒤에 탕이 주륙돼 패망하자 상은 암(黯)이 식에게 했다는 말을 듣고서 마침내 식의 죄를 더 이상 묻지 않고 암의 작질을 제후의 재상에 준하도록 높여주었는데 이는 그의 생각이 충성을 다했음을 받아들인 것입니다. 신 창(敞)은 감히 승상을 헐뜯으려는 것이 아니라 진실로 많은 신하들이 건의를 하지 않는 것과, 장리와 수승이 승상의 뜻만 두려워해 법령을 따르지 않고 각자 사사로운 지시만 받아 업무를 늘려가거나 순박한 기풍을 점점 없애며 거짓과 위선을 행해 점차 유명무실해지고 기강이 해이해지며 심한 경우 요상한 짓을 할까 두려워서입니다. 가령 경사(京師)에서 먼저 밭의 경계를 양보하고 남녀가 길을 달리 하며 길에 떨어진 물건을 줍지 않는다 해 실제로 청렴과 탐욕, 정숙과 음란한 행실에는 아무런 실익이 없을 것이며 천하에 앞장서서 위선을 행하는 것이니 진실로 안 될 일입니다. 만약에 제후들이 먼저 그것을 시행한다 해도 거짓된 명성이 경사에 넘칠 것이니 그것은 작은 일이 아닙니다. 한나라 왕실에서는 병폐를 바로잡기 위해 율령을 제정했고 선행을 권장하며 악행을 막기 위해 법조문이 상세히 갖춰져 있으니 더 이상 보탤 것이 없습니다. 마땅히 고위 관리로 하여금 장리나 수승들을 밝게 깨우치게 하고 2,000석 관리들에게 알리고 삼로(三老), 효제(孝弟), 역전(力田), 효렴(孝廉), 염리(廉吏)를 천거토록 해 적임자를 찾아낸다면 군의 일은 모두 마땅히 법령대로 진행될 것이니 자의적으로 조목을 지시할 필요는 없습니다. 감히 거짓 행위를 저지르면서 명예나 얻으려는 자가 있다면 반드시 먼저 주륙의 형벌을 받게 함으로써 좋고 나쁜 것을 바르게 밝혀야 할 것입니다."

(이 말이 올라가자) 천자는 창의 말을 아름답게 여기고 받아들여[嘉納] 상계의 관리를 불렀고 시중으로 하여금 창의 뜻을 분명하게 깨우쳐주게 했다. 패는 크게 부끄러워했다. 또 낙릉후(樂陵侯) 사고(史高)는 외척이면서 구은(舊恩)이 있어 시중으로 귀하게 됐는데 패가 고(高)를 천거해 태위(太尉)가 될 수 있었다. 천자는 상서를 시켜 패를 불러 묻게 했다.

"태위의 관직은 폐지한 지가 오래됐고 승상이 그것을 겸해왔는데 이는 무(武)를 억제하고 문(文)을 일으키기 위함이었다. 만일 나라에 좋지 못한 일이 있고 변경에 일이 있다면 좌우의 모든 신하들이 장수가 돼 군대를 이끌어야 한다. 무릇 교화를 펴서 밝히고 그윽하거나 숨어 있는 일에도 통달하며 억울한 옥살이나 형벌을 없게 하고 읍마다 도적이 없게 하는 것이 그대의 직분이다. 장상(將相)의 관직을 맡기는 것은 짐의 임무다. 시중 낙릉후 고(高)는 유악(帷幄-황제의 치장) 안의 근신으로 짐이 가까이하는 자이지만 그대가 어찌해서 월권을 해서[越職] 그를 천거하는가?"

상서령이 승상의 대답을 받으려 하자 패는 관을 벗어 사죄했고 여러 날이 지나서야 마침내 죄 없이 해결됐다[決]. 이때부터 감히 다시는 아무런 청을 올릴 수가 없었다. 그러나 한나라가 일어난 이래로 백성을 잘 다스린 관리를 말할 때 패(霸)가 최고였다.

승상이 되고 5년째가 되던 감로(甘露) 3년에 훙(薨)했는데 시호는 정후(定侯)라 했다. 패가 죽은 뒤에 낙릉후 고는 마침내 대사마가 됐다[○ 사고(師古)가 말했다. "사고가 이렇게 높이 올라갔다는 것은 진실로 패가 고를 태위로 천거했던 것이 사안에 맞았다는 것을 말해준다."]. 패의 아들 사후(思侯) 상(賞)이 뒤를 이었고 관도위(關都尉)가 됐다. 그가 훙하자 아들 충후(忠侯) 보(輔)가 뒤를 이었는데 위위(衛尉)로 구경에 올랐다. 그가 훙하자 아들 충(忠)이 후의 자리를 이었는데 왕망에 이르러 마침내 끊어졌다. 자손 중에 2,000석 관리가 된 사람이 5, 6명이다.

애초에 패가 어려서 양가현(陽夏縣) 유요(游徼-도둑 잡는 일을 담당)가 됐을 때 관상을 잘 보는 사람과 친해 함께 수레를 타고 외출을 했다. 한 부인을 보고서 그 관상쟁이가 말했다.

"이 부인은 마땅히 부귀해질 것이다. 그렇지 않다면 관상 보는 책들은 쓸 데가 없다."

패가 캐물어보니 마침 그녀는 그 동네 무녀의 딸이었다. 패는 즉각 그 여자를 아내로 삼았고 평생을 함께했다. 승상이 되고서 뒤에 두릉(杜陵)으로 이주했다.

주읍(朱邑)은 자(字)가 중경(仲卿)으로 여강군(廬江郡) 서현(舒縣) 사람이다. 젊은 시절 서현의 동향(桐鄕)의 색부(嗇夫-지방 아전)가 됐는데 청렴하고 공평했으며 가혹하지 않았고 사람을 아끼고 이익을 탐하지 않아 일찍이 다른 사람을 때리거나 욕하지 않았으며 노인이나 고아나 과부를 잘 챙기면서 그들을 만나게 되면 은혜를 베푸니 해당 지역 관리나 백성들이 그를 아끼고 존경했다. 승진해 태수의 졸사(卒史)가 됐다가 현량으로 천거돼 대사농 승(丞)이 됐으며 승진해 북해(北海)태수가 됐고 치적[治行]이 제1등이라 (중앙 조정에) 들어와 대사농이 됐다. 사람됨이 순후(淳厚)하고 옛 친구들에게 독실했으나 성품이 공정해 사사로이 교결을 맺지는 않았다. 천자는 그를 그릇으로 여겼고 조정은 그를 존경했다.

이때 장창이 교동국 재상이 돼 읍(邑)에게 글을 보내 말했다.

'밝은 임금은 아주 옛날에 마음을 두어 널리 좋은 선비[茂士=善士]를 구하시니 이는 진실로 충성스러운 신하가 자신의 생각을 남김없이 바쳐야 할 때입니다. 다름 아닌 창(敞)은 멀리서 다스리기 아주 곤란한 군을 맡아 승묵(繩墨)을 따르면서도 가슴이 답답해 참으로 별다른 기발한 계책도 없습니다. 설사 있다 한들 어찌 펴 보일 수 있겠습니까? 족하께서는 맑고 밝은 다움으로 대사농[周稷]의 직분을 수행하고 계시니 마치 굶주린 자에게는 거친 음식이라도 맛이 있고 풍년에 밥과 고기가 남아도는 것과 같을 것입니다. 어찌 그러하겠습니까? 있고 없고의 형세가 다르기 때문입니다. 옛날에 진평(陳平)이 비록 뛰어났다고는 하지만 모름지기 위천(魏倩)의 천거를 받아 출세했고, 한신(韓信)이 비록 기이한 선비였지만 소하(蕭何)의 도움으로 뜻을 펼 수 있었습니다. 이처럼 옛날의 인재라 해도 그 시대에 맞는 영웅이 나오는 것이니 만약에 이윤(伊尹)과 여상(呂尙) 같은 인물이

라도 족하의 천거를 받지 못했다면 뜻을 펴지 못했을 것입니다.'

읍은 창의 말에 감동해 뛰어난 선비와 대부를 천거했고 조력자를 많이 얻을 수 있었다. 몸은 열경(列卿)에 속했어도 거처하는 바는 검소하고 절약했으며 녹봉이나 하사품은 향당의 구족들과 함께했기에 집 안에 남은 재산이 없었다.

신작(神爵) 원년에 졸(卒)했다. 천자가 가련하게 여겨 조서를 내려 그를 칭송해 말했다.

'대사농 읍은 염결 수절해 조정을 물러나 휴가 기간에도 조정을 따랐고 외부와의 교제에도 예물을 건네지 않았으니 이른바 맑은 사람으로 군자라 할 만하다. 갑자기 세상을 떠나는 일을 만났으니 짐은 심히 마음 아프게 여긴다. 이에 읍의 아들에게 황금 100근을 내려줌으로써 그의 제사를 지낼 수 있게 하노라.'

애초에 읍이 병들어 장차 죽으려 하자 그는 아들에게 부탁했다.

"나는 옛날에 동향의 관리였고 그 사람들이 나를 아껴주었으니 반드시 나를 동향에 장례 지내도록 하라. 후세 자손들이 나의 제사를 가을에 받든다 할지라도 동향 사람들만 못할 것이리라."

(읍이) 죽자 아들은 그를 동향의 서쪽에 묻었는데 백성들이 과연 함께 주읍의 무덤을 만들고 사당을 세워 제사를 지냈는데 지금까지도 끊어지지 않고 있다.

공수(龔遂)는 자(字)가 소경(少卿)으로 산양군(山陽郡) 남평양현(南平陽縣) 사람이다. 경전에 밝아 관리가 돼 창읍국(昌邑國)의 낭중령(郎中令)에 이르렀고 창읍왕 하(賀)를 섬기게 됐다. 하는 행동거지가 바르지 못한 데가 많았는데 수(遂)는 사람됨이 충성스럽고 도타울 뿐만 아니라 성품이 강직하고 큰 절의가 있어 안으로는 왕에게 간언했고 밖으로는 왕의 사부(師傅)와 재상을 꾸짖었다. 경전에 나오는 의로운 일[經義]을 인용하고 눈물까지 흘리며 화복(禍福)의 이치를 말했는데 그 충성스러운 마음에서 우러나오는 일을 그치지 않았다. 왕의 잘못을 면전에서 간언하면 왕은 귀를 가리고 일어나 달아나면서 "낭중령은 사람을 부끄럽게 하는 데 능하다"라고 말하기까지 했다. 급기야 창읍의 온 나라 사람들이 모두 그를 두려워하고 꺼리게 됐다. 왕이 일찍이 오래도록 수레꾼, 마부, 요리사들과 놀이하고 먹고 마시며 상을 내렸는데 거기에 절제가 없었다. 그러자 공수가 궁에 들어가 왕을 알현하고 눈물을 흘리면서 무릎으로 기어가자 좌우에서 모시는 자들이 모두 눈물을 흘렸다. 왕이 물었다.

"낭중령은 지금 무엇 때문에 곡을 하는가?"

수가 답했다.

"신은 사직이 위태롭게 된 일을 가슴 아프게 여기기 때문입니다. 바라건대 여유로운 시간을 신에게 베풀어 신의 어리석은 생각을 말씀드릴 수 있게 해주십시오."

이에 왕이 좌우의 사람들을 물리치자 공수가 말했다.

"대왕께서는 교서왕(膠西王)이 도리를 잃어 망하게 된 원인을 알고 계신지요?"

왕이 "모르겠다"라고 하자 공수는 다음과 같이 말했다.

"신이 듣건대 교서왕에게는 아첨꾼 신하 후득(侯得)이 있었고 왕의 소행은 걸주(桀紂)에 비견될 만했습니다. 그런데 후득은 왕의 소행을 요순의 행적이라고 여겼습니다. 교서왕이 후득의 아첨하는 말을 즐거워해 일찍이 그와 더불어 함께 잠을 자기도 하면서 후득이 하는 말이라면 다 따랐기 때문에 망하는 지경에까지 이르렀습니다. 지금 대왕께서 여러 소인배들과 가까이 지내시어 점차 간사한 습관에 젖어들고 있습니다. 대왕께서는 사느냐 죽느냐의 갈림길에 계시니 신중하게 대처하지 않으면 안 됩니다. 신은 경술에 통달하고 행실과 의로움을 갖춘 낭관을 뽑아 대왕과 더불어 기거를 함께하며 앉아서는 시서(詩書)를 읊조리고 서서는 예절을 익히시기를 청합니다. 그러면 분명 유익한 일이 있을 것입니다."

왕이 이를 허락했다. 수가 낭중 장안(張安) 등 10인을 뽑아 왕을 모시게 했다. 그러나 며칠 지나서 왕은 장안 등을 다 내쫓았다. 오랜 시간이 지나 궁중에 요사스럽고 괴상한 일이 여러 차례 일어나자 왕은 그것들에 관해 수에게 물었고 수는 큰 우환이 생겨 궁실이 장차 텅 비게 되리라고 보았다. 상세한 이야기는 「창읍왕전(昌邑王傳)」에 실려 있다. 마침 소제(昭帝)가 붕(崩)하고 아들이 없어 창읍왕 하(賀)가 뒤를 이어 세워지니 (창읍왕의) 관속들이 모두 불려 들어갔다. 왕의 재상 안락(安樂)은 승진해 장락도위(長樂都尉)가 됐는데 수가 안락을 만나보고는 눈물을 흘리며 말했다.

"왕이 세워져 천자가 되시자 날로 교만함이 넘쳐 간언을 해도 듣지 않으시고 지금은 애통해하는 상기(喪期)가 다 끝나지 않았는데도 날마다 근신들과 함께 술을 마시고 즐기며 호랑이나 표범 등 맹수 싸움을 구경하고 수레에 호랑이 가죽을 씌우며 천자의 깃발을 다 휘날리면서 동서로 내달리고 있으니 이는 도리에 어긋나는 것입니다. 옛날 제도는 너그러워 대신은 은퇴를 할 수도 있었으나 지금은 떠나가는 것이 불가능하고 거짓으로 미친 척해도 남들이 알까 두려우며 자신의 몸은 물론 후사까지도 주륙을 당할 터이니 어찌해야 합니까? 그대는 폐하의 옛 재상이니 마땅히 지극한 간쟁을 올리지 않으면 안 될 것입니다."

왕은 (천자에) 즉위한 지 27일 만에 결국 음란하다는 이유로 폐위됐다. 창읍의 여러 신하들은 왕을 악과 부도(不道)에 빠뜨렸다는 죄에 걸려 모두 주살됐는데 죽은 이가 200여 명이었고 오직 수와 중위 왕양(王陽)만이 여러 차례 간쟁을 했다 해 감형돼 머리를 깎고 성을 쌓는 노역에 동원됐다[城旦].

선제(宣帝)가 즉위하고 시간이 흘러 발해군(渤海郡)과 그 주변 군들에 해마다 기근이 생겨났고 도적들이 연이어 일어나자 2,000석 관리들이 제대로 통제를 할 수 없었다. 상은 능히 이를 다스릴 수 있는 자를 뽑았는데 승상과 어사가 모두 수(遂)를 쓸 만하다고 천거하니 상은 그를 발해태수로 삼았다. 이때 수는 나이가 70여 세였고, 불러서 만나보니 키가 작고 체구도 왜소해 선제는 멀리서 바라보며 듣던 바와는 일치하지 않아[不副=不稱] 내심 가벼이 여기며 수에게 일러 말했다.

"발해가 내버려지고 어지러워 짐은 심히 근심하고 있다. 그대는 어떻게 그 도적 떼를 그치게 해 짐의 뜻에 부합하려고 하는가?"

수가 대답했다.

"바닷가 땅이 너무 멀어 폐하의 교화가 미치지 못하고 그 백성들이 굶주림과 추위에 힘들어 하는데도 관에서 제대로 구휼하지 못해 폐하의 어린 자식들이 나라의 병기를 훔쳐 물가에서 장난을 치고 있는 것일 뿐입니다. 지금 폐하께서는 신이 그들을 꺾어버리기를 원하십니까? 아니면 그들을 편안케 하기를 원하십니까?"

상은 수의 대답을 듣고 크게 기뻐하며 말했다.

"뛰어나고 훌륭한 신하[賢良]를 고르는 까닭은 진실로 백성들을 편안케 하기 위함이다."

수가 말했다.

"신이 듣건대 어지러운 백성들을 다스리는 것은 헝클어진 실을 정돈하는 것과 같아서 서둘러서는 안 됩니다. 오직 천천히 해야만 그런 연후에 다스려질 수 있습니다. 신이 바라건대 승상이나 어사 또한 신을 법으로 구속하지 말고 모든 일을 그 사안에 따라 처리할 수 있게 해주소서."

상은 허락하고 황금을 내려주었으며 또한 승전(乘傳-역마)을 이용할 수 있게 해주었다. 발해의 경계에 도착하자 군에서는 새로운 태수가 온다는 말을 듣고서 군사를 동원해 영접했는데 수는 모두 돌려보내고 소속된 각 현에 문서를 보내 도둑을 잡는 일을 일절 중지하도록 했다. 그리고 호미나 낫 같은 농기구를 들고 다니는 자는 양민이니 조사하지 말고 무기를 들고 다니는 자는 곧 도적이니 체포하라고 했다. 수는 자기 수레만 타고서 태수부에 도착하니 군 안의 사람들은 모두 좋아했고 도적들 역시 모두 흩어졌다. 발해에서는 또 강압에 의해 어쩔 수 없이 도적을 따르던 자들도 수의 교령(教令)을 듣고서는 즉시 해산했고 활 같은 무기들을 버리고 호미나 괭이를 메었다. 이에 도적 떼는 모두 평정됐고 백성들은 논밭에 안주하며 즐거이 생업을 일삼았다. 수는 마침내 창고를 열어 빈민들에게 곡식을 빌려주었으며 훌륭한 신하들을 뽑아 써서 백성들을 위로하고 잘 길렀다.

수(遂)는 제(齊)나라 풍속이 사치스럽고 잡기를 좋아하며 농사에 힘쓰지 않는 것을 보고서는 마침내 몸소 검약함을 보이고 백성들에게는 농사와 길쌈에 힘쓰도록 권장해 집집마다 느릅나무를 심고 염교 100본, 파 50본, 부추 한 두둑을 심게 했으며 집집마다 암퇘지 2마리, 닭 5마리를 기르게 했다. 백성들 중에 칼을 메고 다니는 자는 칼을 팔아서 소와 송아지를 사게 하면서 "어찌 소나 송아지를 차거나 메고 다닐 수 있겠는가?"라고 했다. 그래서 봄과 여름에는 밭에서 일을 하지 않을 수 없었고 가을과 겨울에는 거두고 저축해 과일과 마름의 비축이 늘어났다. 노역은 순차적으로 동원했고 군 안의 백성들의 비축이 늘면서 관리와 백성들은 모두 부유하고 튼실해졌다. 옥송(獄訟)도 그쳤다.

여러 해가 지나 상은 사자를 보내 수를 불렀는데 의조(議曹)의 왕생(王生)이란 사람이 따라가고 싶다고 했다. (그러나) 공조(功曹)에서는 왕생이 평소 술을 좋아하고 절도가 없어 데리고 가서는 안 된다고 했다. 수는 차마 물리칠 수가 없어 그를 데리고 경사에 이르렀다. 왕생은 날마다 술을 마셨고 태수는 안중에도 없었다. 마침 수가 그를 데리고 입궁하려는데 왕생은 술에 취해 뒤를 따라오며 소리쳤다.

"명부(明府-군수의 존칭)께서 잠시 멈추시면 드릴 말씀이 있습니다."

수가 돌아보며 그 연유를 묻자 왕생이 말했다.

"천자께서 군(君)께 발해를 어떻게 다스렸냐고 물으시면 군께서는 대답을 하지 않을 수 없으니 마땅히 '모두 성주(聖主)의 은덕이지 소신의 힘이 아닙니다'라고 말씀하셔야 합니다."

수는 그 말을 받아들였다. 이미 어전에 이르자 상은 과연 군을 다스린 상황에 대해 물었고 수는 왕생이 말한 대로 대답했다. 천자는 그의 겸양함을 기뻐하며 웃으며 말했다.

"그대는 어찌 장자(長者)와도 같은 말로 짐의 뜻을 맞추는가?"

수는 전날의 일을 이야기했다.

"신이 이를 알고서 그랬던 것이 아니라 곧 신의 의조가 신을 가르쳐 경계시킨 것입니다."

상은 수가 나이가 많아 공경(公卿)은 맡기지 않고 제배해 수형도위(水衡都尉)로 삼았고 의조 왕생은 수형 승(丞)으로 삼았는데 이는 다 수를 포상해 드러낸 것이라고 했다. 수형은 상림의 금원(禁苑)을 관장하고 궁궐에 필요한 것들을 제공하며 종묘의 희생을 준비하는 곳이라 관직이 천자와 친근했기에 상도 그를 매우 중히 여겼는데 관직에 있으면서 생을 마쳤다 [壽卒=壽終].
수졸   수종

소신신(召信臣)은 자(字)가 옹경(翁卿)으로 구강군(九江郡) 춘현(春縣) 사람이다. 명경(明經) 갑과로 급제해 낭(郎)이 됐고 지방으로 나가 곡양현(穀陽縣) 장(長)에 보임됐다. 치적이 우수해 상채현(上蔡縣) 장으로 승진했다. 그가 백성을 다스리는 것은 마치 자식을 돌보는 것과 같아 가는 곳마다 칭송을 들었다. 등급을 뛰어넘어 영릉(零陵)태수가 됐고 병으로 귀향했다. 다시 불려가 간대부가 됐고 승진해 남양(南陽)태수가 됐는데 그 다스림은 상채현에서와 같았다.

신신(信臣)은 사람됨이 부지런하고 실행력이 있으며 방략을 갖추고 있어 백성들을 위한 이익을 일으키기를 좋아해 백성들을 부유하게 해주는

데 힘썼다. 몸소 농사짓기를 권장해 경작지를 직접 들고 나면서도 쉴 때는 향정(鄕亭)을 피하고 편히 쉬는 경우가 거의 없었다. 군 안의 하천이나 연못을 시찰하고 수로를 개통하고 수문의 개폐장치를 수십 군데나 만들어 관개 지역을 넓혔는데 이를 해마다 늘려가니 3만여 경(頃)에 이르렀다. 백성들이 그 이익을 누려 저축하며 여유가 있었다. 신신은 백성들에게 물을 균등하게 배분하겠다고 약속했으며 경계선에는 돌을 세워 분쟁을 미리 막았다. 결혼과 장례에 사치를 금지했으며 검약함을 숭상하도록 힘썼다. 태수부나 현리의 집안 자제가 놀기를 좋아하고 농사일을 하지 않으면 그 자리에서 그를 내쳤고 심한 경우에는 그 불법을 조사해 선악을 감시했다. 교화가 크게 이뤄져 군에서는 힘써 농사일을 하지 않는 사람이 없었으며 떠나갔던 백성들은 돌아와 호구가 배로 늘어났고 도적이나 옥송은 점점 줄어들었다. 관리와 백성들은 신신을 제 몸처럼 여기며 사랑했고 그래서 그를 소부(召父)라고 불렀다. 형주(荊州)자사가 신신이 백성들을 위한 이익을 일으키고 군을 크게 부유하게 만든 사실을 상께 아뢰자 상은 황금 40근을 내려주었다. 승진해 하남(河南)태수가 됐는데 다스리는 치적이 늘 제1등이었고 다시 여러 차례 작질이 올랐고 황금을 하사받았다.

경녕(竟寧) 연간에 불려가 소부(少府)가 돼 구경의 반열에 올랐고 청을 올려 상림원 먼 곳에 있어 행차하지 않는 여러 궁궐은 다시 수리하거나 늘리지 말자고 했고 또 악부(樂府)와 황문(黃門)과 광대와 놀이기구나 궁궐의 여러 병기나 집기 등을 절반으로 줄일 것을 청했다. 태관(太官)이 씨를 뿌려 겨울에도 자라게 하는 파, 부추 등의 채소는 건물을 지어 덮어야 하고 밤낮으로 불을 지펴 온기가 있어야 자라는 것이었다. 신신이 볼 때 이는 제철의 채소가 아니므로 사람에게 해를 끼치기 때문에 마땅히 그것으로 공향을 해서는 안 되며 그밖에도 다른 법도에 어긋나는 식물들은 모두 없애야 한다고 주청해 해마다 수천만 전의 비용을 줄일 수 있었다. 신신은 나이가 들어 관직에 있으면서 졸했다.

원시(元始) 4년에 조서를 내려 백성들에게 유익함을 주었던 모든 관리[百辟=百官]나 경사(卿士)에게 제사를 지내라고 했는데 촉군(蜀郡)에서는 문옹(文翁)을, 구강에서는 소부(召父)를 올렸다. 해마다 때가 되면 군에서는 2,000석 관리가 관속들을 이끌고 예를 행하고 신신의 무덤에 제사를 올렸는데 (이와 별도로) 남양군(南陽郡)에서도 그를 위한 사당을 세웠다.

권
◆
90

혹리전
酷吏傳

공자(孔子)가 말했다.

"백성들을 법령으로 이끌고 형벌로 단속하면 백성들이 처벌을 면하려고만 하고 부끄러움을 느끼지 않는다. 그러나 다움으로 인도하고 예로 가지런히 하면 백성들이 부끄러움을 느껴서 더욱 바르게 된다."[1]

노자(老子)는 이렇게 말했다.

"고상한 덕을 지닌 자는 스스로 덕이 있다고 의식하지 않기 때문에 덕을 지니게 되고, 하찮은 덕을 지닌 자는 그 덕마저 잃지 않으려 하기 때문에 덕을 지닐 수 없다. 법령이 세밀해질수록 도적은 그만큼 더 많아진다."[2]

이런 말씀은 참으로 믿을 만하다. 법령이란 다스림의 도구일 뿐 백성의

---

1 『논어(論語)』「위정(爲政)」편에 나오는 말이다.

2 『도덕경(道德經)』「덕경(德經)」편에 나오는 말이다.

맑음과 탁함을 다스리는 근원은 아니다. 옛날 (진나라에는) 천하의 법망이 일찍이 치밀했으나 간사함과 거짓을 일삼는 자들이 더욱 일어나 극심해지자 관리들과 백성들이 서로를 속이고 나라의 정치는 구제할 수 없는 지경[不振]에 이르렀다. 이런 때를 맞아 관리들은 불은 그대로 둔 채 끓는 물만 식히려는 것처럼 정치를 조급하게 했다. (이런 상황에서) 강하고 준엄하며 혹독한 사람이 아니고야 어떻게 그 임무를 즐겁게 감당할 수 있었겠는가! 설령 도덕을 제창하는 자들도 반드시 그 직책을 다하지 못했던 것이다. 그래서 공자는 이렇게 말한 적이 있었다.

"송사를 처리하는 것은 나도 남과 다를 바가 없으나 반드시 처음부터 송사가 일어나지 않게 할 것이다."[3]

노자 또한 이렇게 말했다.

"하찮은 선비는 도를 들으면 그저 크게 웃기만 할 뿐이다."[4]

이는 빈말이 아니다.[5]

한(漢)나라가 일어나자 (고조(高祖)는) 모난 것을 깨뜨려 둥글게 만들고 화려한 조각 장식을 깎아 소박하게 만들어 법망을 배를 삼킬 만한 큰 고기도 빠져나갈 수 있을 만큼 너그럽게 했다. 그리하여 관리의 다스림은 순

---

3 『논어(論語)』「안연(顏淵)」 편에 나오는 말이다. 소송이나 송사 자체가 일어나지 않게 하는 것이 바른 정치라는 말이다.

4 『도덕경(道德經)』「도경(道經)」 편에 나오는 말이다.

5 이 부분은 고스란히 사마천(司馬遷)의 『사기(史記)』를 그대로 옮겨온 것이다. 특히 '이런 말씀은 참으로 믿을 만하다' 이하는 모두 사마천의 평을 그대로 실은 것이다.

박하고 두텁게 돼 간악한 데로 빠지지 않고 백성들도 모두 태평무사한 생활을 영위하게 됐다.

이상을 통해 살펴보면 백성을 다스리는 근본은 혹독한 법령에 있는 것이 아니라 도리와 다움[道德]에 있다.

고후(高后) 때 혹리(酷吏-혹독한 관리)로는 오직 후봉(侯封)이었는데 그는 황족들을 모질게 압박했으며 공신들에게 모욕을 주었다. 여씨(呂氏)들이 이미 패망하자 결국 후봉의 일족도 주멸됐다. 효경(孝景) 때 조조(晁錯)는 혹심하게 자못 법술(法術)을 써서 자신의 재능을 발휘했으나 오(吳), 초(楚)나라 등 7개국의 반란은 조(錯)에 대한 분노가 폭발한 것이며 조는 결국 죽임을 당했다. 그후에는 (유명한 혹리로) 질도(郅都)와 영성(寧成) 같은 무리[倫-類]가 있었다.

질도(郅都)는 하동군(河東郡) 대양(大陽) 사람이다. 낭으로서 문제(文帝)를 섬겼다. 경제(景帝) 때 중장랑이 돼 과감하게 직간을 했고 조정에서는 대신들에게 면박을 주기도 했다. 일찍이 상을 따라 상림원에 갔는데 가희(賈姬)〔○ 사고(師古)가 말했다. "가(賈)부인으로 조(趙)나라 경숙왕(敬肅王) 팽조(彭祖)와 중산정왕(中山靖王) 승(勝)을 낳았다."〕가 변소에 있을 때 멧돼지가 변소로 돌진하자 상이 도(都)에게 눈짓을 했는데도 도는 움직이지 않았다. 상이 스스로 병기를 들고서 가희를 구하려 하자 도가 상 앞에 엎드려 말했다.

"후궁 한 사람이 없으면 다시 세우면 되는데 천하에 어찌 후궁 한 사람이 없겠습니까? 폐하께서 이처럼 가벼이 처신하시면 종묘와 태후는 어찌 되겠습니까?"

상이 돌아서자 멧돼지도 가희에게 상처를 입히지 않았다. 태후는 이를 듣고서 도에게 황금 100근을 내려주었고 상 또한 100근을 내려주었는데 이로부터 도를 중하게 여겼다.

제남(濟南)의 한씨(瞷氏)는 집안이 300여 가(家)로 토호인 데다가 간활한 짓을 많이 해 2,000석 관리(-제남태수)도 감히 통제할 수 없었는데 이에 경제(景帝)는 도를 제배해 제남태수로 삼았다. 도는 부임하자마자 한씨(瞷氏)의 우두머리 일가를 모조리 주살하자 나머지 한씨들이 모두 놀라 두 다리를 떨었다. 1년 남짓 지나자 군(郡)에서는 길에 물건이 떨어져 있어도 주워가는 사람이 없게 됐고 주위 10여 군의 군수들도 모두 도를 마치 대부(大府)를 대하듯 두려워했다.

도는 인품이 용감하고 기개와 힘이 넘쳤으며 청렴 공정했다. 그는 사적인 청탁 서신은 아예 뜯어보지도 않았고 뇌물은 일절 사양했으며 남들의 청탁도 들어준 적이 없었다. 그는 항상 평소에 스스로 말했다.

"이미 부모 곁을 떠나와 관리가 됐으니 이 몸은 마땅히 직분을 다하고 목숨을 바쳐 절개를 지키다가 관직에서 죽을 뿐이며 끝내 처자식조차 돌보지 않겠다."

도가 중위(中尉)로 승진했을 때 승상 조후(條侯-주아부)가 최고의 관직에 있어 교만했는데[居=驕傲] 도는 그를 만나면 단지 읍만 할 뿐이었다. 이때에 백성들은 질박해 죄를 범할 것이 두려워 모두 법을 준수하며 말과 행동을 조심했다. 그러나 도 홀로 엄격하고 가혹한 법을 제일로 여겨 법을 적용할 때 귀족이나 외척도 피하지 않았다. 그래서 제후나 황족들은 도를 볼 때마다 곁눈질을 했고 보라매[蒼鷹](-융통성이 없는 가혹한 관리)라고 불렀다.

임강왕(臨江王-경제의 아들 유영(劉榮))이 중위부(中尉府)로 소환돼 심문을 받은 적이 있었다. 이때 임강왕은 필기도구를 빌려 천자에게 사죄하는 편지를 올리려고 했는데 도는 법에서 금하는 것이라 해 부하들에게 필기도구를 빌려주지 못하게 했다. 그런데 위기후(魏其侯-두영(竇嬰))가 사람을 보내 몰래 필기도구를 임강왕에게 전해주었다. 이에 임강왕은 황제에게 사죄의 편지를 쓴 뒤에 곧바로 자살했다. 두태후(竇太后)는 이 소식을 듣고 격노해 엄중한 법으로 질도를 다스려야 한다고 모략하자 결국 도는 파직돼 집으로 돌아갔다. 경제(景帝)는 사자에게 부절(符節)을 지니고 도에게 찾아가서 안문(雁門)의 태수로 임명한다는 명을 내렸다. 더불어 도로 하여금 명령을 받는 즉시 하직인사 없이 안문으로 부임하도록 하고 안문의 실제적 상황에 근거해 독단적으로 정사를 처리할 수 있는 권한을 주었다.

흉노(匈奴) 사람들은 평소 도의 꼿꼿한 행적에 대해 익히 알고 있었으므로 도가 안문에 부임하자 흉노 병력을 철수했다. 그리고 도가 죽을 때까지 감히 안문을 넘보지 않았다. 흉노 사람들은 심지어 도를 본뜬 나무 인형을 만들어 기병들로 하여금 말 위에서 달리면서 그 나무 인형을 향해 화살을 쏘게 했으나 아무도 적중시키지 못했다. 도를 꺼려했던 것이 이와 같았다. 흉노 사람들은 도를 우환거리로 여겼다.

그 뒤에 두태후는 끝까지 질도를 한나라의 법률에 적용해 중상모략했다. 이에 경제가 이렇게 변호했다.

"도는 충신입니다."

그리고 용서하려 했다.

두태후가 말했다.

"임강왕은 충신이 아니었다는 말씀입니까?"

이에 도를 참수했다.

영성(寧成)은 남양군(南陽郡) 양현(穰縣) 사람이다. 그는 낭관(郎官)과 알자(謁者)로 경제(景帝)를 섬겼다. 그는 남을 이기기를 좋아하고 남의 부하 관리로 있을 때에도 반드시 상관을 속이고 깔보았으며 자신이 상관으로 있을 때에는 부하 관리들을 심하게 다루었다.

그는 교활하고 잔인했으며 제멋대로 위세를 부렸다. 차츰 승진해 제남도위(濟南都尉)가 됐는데 마침 질도가 제남태수(濟南太守)로 있었다. 이전에 부임했던 몇몇 도위들은 모두 태수의 관저에 걸어 들어가 하급 관리를 통해서 태수에게 인사를 드렸다. 이는 마치 관내의 부하 현령(縣令)들이 상관인 태수를 배알하는 것 같았는데 모두가 도를 두려워한 것이 이와 같았다. 그러나 성(成)은 부임하고 나서 곧바로 질도를 꺾어 누르고 올라섰다. 도는 평소 영성의 명성을 들었기 때문에 그에게 잘 대우했고 친교를 맺었다. 얼마 뒤에 도가 죽었고 그후에 장안(長安) 인근의 황족들 중에 흉악하고 난폭하게 법을 어기는 자들이 많아지자 경제(景帝)는 성을 불러 중위(中尉)로 삼았다. 그가 다스리는 방법은 도를 많이 본떴으나 청렴한 면에서 도만 못했는데 황족들과 호걸들은 모두 성을 두려워했다.

무제(武帝)가 즉위하자 성은 내사(內史)로 옮겼다. 이때에 황제의 외척(外戚)들이 성의 단점을 들추어서 헐뜯자 성은 법에 따라 머리를 깎고 목에 칼을 씌우는 처벌을 받게 됐다. 이때에 구경(九卿)의 신분으로서 법을 어겨 사형 판결을 받으면 곧바로 자살을 해 일반적인 형벌을 받는 경우는 드물었다. 성은 중한 형벌을 받았으니 이에 스스로 다시는 조정에 중용되지 못할 것이라 여기고 형틀을 풀고 석방 문서를 위조해 몰래 함곡관(函谷關)을 빠져나와서 고향집으로 돌아갔다. 그는 이렇게 말했다.

"벼슬해 봉록 2,000석을 받는 고관이 되지 못하고 장사를 해서 천만금의 부를 쌓지 못한다면 어떻게 사람이라고 할 수 있으랴!"

이에 그는 돈을 빌려서 1,000여 경(頃)의 농경지를 사들여 가난한 농민들을 고용해 경작하게 했는데, 수천의 가노(家奴)를 부렸다. 몇 년이 지나 사면을 받았다. 이때에 성의 가산은 이미 수천 금의 재산을 축적한 상태였고 성은 스스로 협객을 자처해 관리들의 비리를 파헤쳐서 그들을 자기 마음대로 좌지우지하고 있었다. 그가 외출할 때에는 수십 기마(騎馬)를 탄 하인들이 수행했고 그가 백성을 부릴 때의 권위는 군수(郡守)보다 더 위엄과 무게가 있었다.

주양유(周陽由)는 그 아버지 조겸(趙兼)이 회남왕(淮南王) 유장(劉長)의 외숙의 신분으로 주양후(周陽侯)로 봉해졌기 때문에 주양(周陽)을 성으로 삼았다. 유(由)는 외척이란 이유로 낭관(郎官)에 임명돼 문제(文帝)를 섬겼다. 경제(景帝) 때 유는 군수(郡守)가 됐다. 무제(武帝)가 즉위했을 때는 관리들이 정사를 처리함에 법도를 준수하고 매사 신중하게 처신하는 것을 숭상했다. 그러나 유는 봉록 2,000석을 받는 관리 중에서 가장 포악하고 잔혹했으며 교만 방자했다. 그는 자기가 애호하는 사람은 만약에 죽을죄를 지어도 법률을 멋대로 유권해석을 해서 살려주고, 그가 증오하는 사람은 법령을 왜곡시켜서라도 사형 판결을 내렸다. 그는 부임하는 군마다 그곳 호족들을 주멸하고 태수가 되면 도위를 현령처럼 쳐다보며 도위가 되면 반드시 태수를 업신여겨 그 힘을 빼앗았다. 냉혹한 점에서는 급암(汲黯)에 비견할 만했다. 법을 악용해 남을 해치던 사마안(司馬安)조차도 같은 2,000석 신분이지만 수레를 같이 타는 경우 감히 (부들을 깐) 자리에 나란히 앉지 않고 수레의 가로막대에 함께 기대지도 못했다.

뒤에 유가 하동군(河東郡) 도위로 있을 때 그곳의 태수 승도공(勝屠公-신도(申屠))과 더불어 권력 다툼을 벌이다가 서로 상대방의 죄행을 고발하는 지경에 이르렀다. 결국 승도공은 죄가 있다고 판결을 받자 자신은 도의상 형벌을 받을 수 없다며 자살해버렸고, 유는 사람이 많이 모인 곳에서 목을 베이고 그 시체를 길거리에 버려두는 처참한 형벌을 받았다.

성과 유 이후 정사(政事)는 더욱 번잡해졌고 백성들은 교활한 수단으로 법망을 피해나갔으며 관리들은 대부분 성이나 유처럼 처리하는 것을 잘한다고 여겼다.

조우(趙禹)는 태현(斄縣-부풍현) 사람이다. 좌사(佐史)로 중도관(中都官)으로 임명됐다. 청렴하다고 평가돼 영사(令史)가 돼 태위(太尉) 주아부(周亞夫)를 섬겼다. 아부(亞夫)가 승상이 되자 우(禹)는 승상 사(史)가 됐다. 승상부 사람들은 모두 그가 청렴하고 공평하다고 칭송했다. 그러나 아부는 그를 중용하지 않고 이렇게 말했다.

"나는 우가 비할 바 없이 걸출한 인물이란 것을 잘 알고 있다. 그러나 법을 지나치게 엄격하게 써서 상급 관청의 관리로 쓸 수가 없다."

 무제(武帝) 때 우는 도필리(刀筆吏-문서를 기록하는 관리)로서 쌓은 공로를 인정받아 차츰 승진해 어사(御史)가 됐다. 무제는 그가 유능하다고 여기고 또다시 태중대부(太中大夫)로 승진시켰다. 그는 장탕(張湯)과 더불어 각종 율령(律令)을 제정했으며 견지법(見知法-관리가 범죄를 보고도 묵살하면 그 관리도 똑같이 처벌하는 법)을 만들었는데 관리들은 이후로 반드시 서로 감시하고 고발했다. 법 집행이 가혹해진 것은 대개 이때부터 비롯됐다.

 우는 사람됨이 청렴하면서도 거만해[廉倨] 관리가 된 뒤로 그의 집에는 찾는 이[食客]가 없었다. 공경(公卿)이 서로 찾아와서 우에게 청탁을 해도 우는 끝내 답례인사도 하지 않았다. 그 이유는 친구나 빈객들의 청탁을 끊고 홀로 자기의 생각대로 맡은 일을 하고자 했을 뿐이었기 때문이다. 하급 관리가 법과 조문에 따라 판결하면 그것을 곧장 따랐고 진실로 그들의 일을 다시 조사해[覆案] 하급 관리들의 숨은 죄[陰罪]까지 찾아내려 하지 않았다. 우는 한때 관직을 그만두었지만 얼마 안 있어 정위(廷尉)가 됐다. 애초에 조후(條侯)는 우가 너무 가혹하다고 했는데 우는 소부(少府)로 구경이 돼서도 혹심했다. 만년이 될수록 일은 더 많아졌다. 관리들은 더욱 엄격한 쪽으로 나아갔지만 우의 일처리는 점점 완화됐기에 공평하다는 이름을 얻게 됐다. 왕온서(王溫舒)처럼 뒤에 등용된 사람의 일처리는 우보다 엄격했다. 우는 늙어서 연(燕)나라 재상이 됐는데 몇 년 뒤에 일을 잘못 처리한 과오 때문에 사직하고 귀향했다. 그 10여 년 뒤에 집에서 천수를 누리고 죽었다[壽卒].

의종(義縱, ?~기원전 117년)은 하동군(河東郡) 사람이다. 젊어서 장차공(張次公)이라는 사람과 함께 지나가는 사람의 물건을 빼앗거나 떼도둑질을 했다. 종(縱)의 누이는 의녀(醫女)로 왕(王)태후의 신임을 받고 있었다. 태후가 물었다.

"자식이나 형제 중에 관리가 될 만한 사람이 있는가?"

누이가 말했다.

"동생이 있는데 행실이 안 좋아 안 됩니다."

태후는 마침내 상에게 말씀을 올렸고 상은 의종을 중랑으로 삼았다가 상당군 중령(中令)에 임명했다. 종은 과감하게 다스렸고 온정을 조금도 두지 않아 현의 일이 지체되지 않았기에 성적이 제일이었다. 승진해 장릉(長陵)과 장안(長安)현령이 됐고 오직 법대로 다스렸으며 귀척이라 해 피하지 않았다. 심지어 태후의 외손자 수성(脩成)의 아들 중(中)을 법대로 처리했는데 상은 그를 유능하다고 여겨 승진시켜 하내(河內)도위로 삼았다. 임지에 도착하자마자 그곳 세력가 양씨(穰氏) 일족을 족멸시키자 하내에서는 길에 물건이 떨어져 있어도 줍는 자가 없었다. 그리고 장차공 역시 낭이 돼 용감하게 종군해 과감하게 적진 깊숙이 들어가 공로를 세우자 봉해 안두후(岸頭侯)로 삼았다.

영성(寧成)이 고향집에 머물고 있을 때 상이 그를 군수로 삼고 싶어 하니 어사대부 홍(弘-공손홍)이 말했다.

"신이 산동에서 하급 관리였을 때 영성은 제남도위였는데 그가 백성을 다스리는 것은 마치 이리가 양 떼를 모는 것 같았습니다. 성은 백성을 직접 다스리게 해서는 안 될 것입니다."

상은 이에 성을 제배해 관도위(關都尉)로 삼았다. 1년여가 지나 관문 관리들이 군국에서 출입하는 자들을 가로막고 그들에게 물어보니 그들이 말했다.

"차라리 젖을 물리는 어미 호랑이를 만날지언정 화가 난 영성은 만나지 말아야 한다."

그의 사나움이 이와 같았다. 의종이 하내(河內)에서 남양군(南陽郡) 태수(太守)로 옮겨갈 때 영성(寧成)이 남양의 집에서 머물고 있다는 말을 들었다. 종(縱)이 함곡관에 도착하자 영성은 옆에서 걸으며[側行]⁶ 마중하고 배웅했건만 종은 기세등등해[氣盛] 답례도 하지 않았다. (종은) 남양군에 도착해서는 드디어 영씨들을 샅샅이 조사해 그 일족을 모조리 파멸시켰다[破碎]. 성(成)이 죄를 입게 되자 (남양군의 또 다른 호족인) 공씨(孔氏)와 포씨(暴氏)의 무리도 모두 도망쳐버렸다. 남양군의 관리와 백성들은 다리를 포개 한쪽 다리로 서 있어야 할 만큼 공포에 질렸다. 그리고 평지현(平氏縣)의 주강(朱彊)과, 두연현(杜衍縣)의 두주(杜周)는 종의 발톱이나 어금니 같은 관리[爪牙之吏]였는데 이때 (중앙 조정에) 임용돼 자리를 옮겨 정위(廷尉)의 (속관인) 사(史)[廷史]가 됐다.

(이때) 군대가 자주 정양군(定襄郡)에 출동했으므로 정양군의 관리와 백성들은 혼란과 낭패에 빠졌다. 이에 종(縱)을 옮겨 정양군 태수로 삼았다. 종은 (정양군에) 도착하자마자 정양군(定襄郡) 감옥에 있던 중죄인과 죄가 가벼워 형틀을 차지 않은 200여 명과 빈객이나 형제로 사사로이 감옥

---

6   예를 차린 것이다.

에 들어와서 면회를 한 200여 명도 모두 붙잡았다. 종은 일시에 이들을 붙잡아 국문하면서 이렇게 말했다.

"이자들은 죽을죄를 지은 죄인들을 빼주려 했다."

이날 모두 400여 명이 죽임을 당했다. 그 뒤로 정양군(定襄郡) 안에서는 춥지도 않은데 덜덜 떨었고 교활한 백성들[猾民]은 관리에게 빌붙어 그의 다스림을 도왔다. 이 당시 조우(趙禹)와 장탕(張湯)은 법을 가혹하게 써서 [深刻=刻深] 구경(九卿)에 올랐지만 그들의 다스림에는 아직도 너그러움이 있었으며 법률은 정치를 보완할 뿐이었으나 종(縱)은 매가 날개를 펴서 작은 새를 덮치듯 다스렸다. 그 뒤에 마침 오수전(五銖錢)과 백금(白金)을 유통시키자 백성들이 그것을 위조했는데[爲姦] 경사(京師-장안)에서 특히 심했기 때문에 마침내 종을 우내사(右內史)로, 왕온서(王溫舒)를 중위(中尉)로 삼았다.

온서(溫舒)는 아주 흉악해 자신이 하는 일을 종에게 미리 말하지 않았지만 의종은 반드시 기세로 그를 꺾어 눌러[陵=凌] 그의 공로를 없애버렸다[敗壞]. 그는 일을 처리하며 주살한 자가 아주 많았으나 결국 작은 성과만을 낼 뿐이었기 때문에 위조범들이 더욱 늘어나 이루 다 헤아릴 수 없었기 때문에 직지(直指)[7]라는 벼슬을 처음으로 두었다. 당시 관리들이 지방을 다스리는 방식을 보면 그저 목 베어 죽이거나[斬殺=斬戮] 잡아 가두는 것[縛束]에만 힘썼는데 염봉(閻奉)이란 자는 악독하다는 이유로 등용됐다. 종은 청렴했고 그의 다스리는 방식은 질도를 본받았다. 상은 정호궁(鼎

---

7 조정에서 파견된 일종의 지방관리 감찰관이다.

湖宮)에 행차했다가 병석에 오래 누워 있었다. 얼마 후에 마침내 일어나서 감천궁으로 향하게 됐는데 도로가 정비돼 있지 않았다. 상은 화를 내며 말했다.

"종은 내가 이 길을 다시는 행차하지 않으리라 생각한 것인가?"

이 일을 마음에 두었다. 겨울이 되자 양가(楊可)가 고민(告緡-화폐) 업무를 맡았는데 종은 이를 백성을 혼란케 하는 정책이라 여겨 종의 부하가 양가의 사자들을 체포했다. 천자는 이를 듣고서 두식(杜式)을 보내 종을 다스렸는데 조서의 시행을 가로막은 죄라 해 종을 기시했다. 1년 뒤에는 장탕 또한 죽었다.

왕온서(王溫舒, ?~기원전 104년)란 자는 양릉현(陽陵縣) 사람이다. 젊어서 사람을 몽둥이로 쳐 죽이고 (증거인멸을 위해) 그 사람을 땅에 파묻는[椎埋] 등의 간악한 짓을 했다. 그 뒤에 현(縣)의 정장(亭長)의 시보(試補)가 됐으나 여러 차례 쫓겨났고 관리가 돼서는 옥사를 다스리다가 정위(廷衛)의 사(史)가 됐다. 장탕(張湯)을 섬겼는데 승진해 어사(御史)가 됐다. 도적을 단속하면서 너무나 많은 사람을 죽이거나 다치게 했고 점점 승진해 광평군(廣平郡)의 도위(都尉)에 이르렀다. 군(郡) 안에서 호쾌하고 과감해[豪敢] 일을 맡길 만한 10여 명을 골라 심복[爪牙]으로 삼았는데 온서(溫舒)는 그들이 몰래 저지른 중죄를 모두 파악한 다음에 도적을 단속하게 하니 그들은 왕온서가 얻고자 하는 바가 있으면 어떻게든 그 뜻을 만족시켜주었다. 이자들이 100가지 죄가 있어도 처벌을 하지 않았지만[弗法=不治] 만약에 주어진 업무를 피하는 자가 있으면 과거에 저지른 일을 들어서 그들을 죽이고 또 그 일족까지 멸했다. 그렇기 때문에 제나라와 조나라의 근교에서 날뛰던 도적들이 감히 광평군(廣平郡)에는 접근할 수 없었고 그리하여 광평군에서는 길에 물건이 떨어져 있어도 줍지 않는다는 소문이 널리 퍼졌다. 상은 이를 듣고서 (온서를) 승진시켜 하내군(河內郡) 태수(太守)로 삼았다.

(온서는) 평소 광평군에 있을 때에도 하내군의 토호 집안과 간사한 집안을 다 알고 있었는데 그가 부임했을 때는 9월경이었다. 군에 영을 내려 개인 소유의 말 50필을 차출해 하내군(河內郡)에서 장안(長安)에 이르는 각 역에 배치했고,[8] 부하들에 대해서는 광평군에서와 같은 방략을 써서 군내의 토호나 교활한 자[豪猾]들을 잡아들였는데 군내에서 이들과 연좌된 호족이 1,000여 가구였다.

글을 올려 청하기를 '죄가 큰 자는 처벌이 일족에게 미치게 하고 죄가 작은 자는 당사자만 죽인 다음 그들의 가산을 모조리 거둬들여 그들이 부당하게 빼앗은 자들에게 변상토록 하겠습니다'라고 했다. 글을 아뢴 지 2~3일도 지나지 않아 그리하라는 허락을 얻었다. 이에 따라 논보(論報)하니[9] 처형된 자들이 흘린 피가 10여 리까지 흘렀다. 하내의 백성들은 모두 그가 아뢰는 글이 귀신처럼 빠른[神速] 것을 괴이하게 여겼다. 12월이 다 갈 무렵이 되자 군(郡) 안에서는 (온서에 대한) 원성이 하나도 들리지 않

---

8 천자와의 통신을 신속하게 하기 위함이었다.

9 논보(論報)란 하급 관아(官衙)에서 상급 관아에 대해 어떠한 일을 조사해 의견을 붙여 보고하던 일을 말한다.

았고 감히 밤에 나다니는 자도 없어졌으며 들판에는 개를 짖게 하는 도둑들[犬吠之盜]도 사라졌다. 어쩌다가 잡지 못해 이웃의 군국(郡國)으로 달아나버린 도둑들은 거기까지 가서 잡아왔다.

때마침 봄이 되자 온서는 발을 구르며[頓足] 탄식해 말했다.

"아! 겨울을 한 달만 더 늘일 수 있다면 나의 일을 다 처리했을 텐데!"

그가 사람을 죽이고 주벌하기를 좋아해 위세나 부리면서 다른 사람들을 사랑하지 않는 것이 이와 같았다.

천자는 이 소식을 듣고서 그를 유능하다고 여겨 승진시켜 중위(中尉)로 삼았다. 그가 백성들을 다스리는 방식은 하내에 있을 때를 그대로 본떴고 뒤에는 여러 악명 높은 자들[名禍]과 교활한 관리들[猾吏]을 불러 모아 함께 일을 했으니 하내군에서는 양개(楊皆)와 마무(麻戊), 관중에서는 양공(揚贛)과 성신(成信) 등이 있었다. 의종은 내사로 있으면서 온서를 꺼려해 마음대로 힘을 쓰지 못했다. 종이 처형당하고 탕이 자살한 뒤에 온서는 정위가 됐다. 그리고 윤제(尹齊)가 중위로 죄를 지어 법에 걸리자 온서가 다시 중위(中尉)가 됐다. (온서는) 사람됨이 꾸밈이 적고[少文] 정위(廷尉)로 있을 때에는 아주 흐리멍덩해[惛惛] 일을 제대로 가려서 할 줄 몰랐으나 중위가 되면서 일에 눈을 뜨게 됐다[心開]. 그래서 도적 떼를 단속하게 됐는데 평소 관중(關中)의 습속에 익숙해서 토호와 간악한 관리들을 꿰뚫어보았기 때문에 토호와 간악한 관리들은 온서를 위해 (도적 떼를 단속하는 데) 온 힘을 다하며 그 방략을 바쳤다. 관리들이 가혹하게 감시하자 도적이나 불량배들이 투서함[缿]에 간사한 자들을 고발하는 투서를 넣었고 일정한 거리나 마을마다 장(長)을 두어 간악한 자나 도적들을 감시해 잡아들이도록 했다.

온서는 사람됨이 권세를 가진 자[有勢者]에게는 아첨해[諛=詔] 잘 섬겼고 권세가 없는 자는 노비를 보듯 했다. 권세가에 대해서는 그의 간사함이 산더미처럼 쌓여 있어도 모른 척했지만[弗犯], 권세가 없는 자에 대해서는 그가 설사 임금의 친척[貴戚]이라도 반드시 침해해 욕을 보였다. 하층민들 중에서 교활한 자들에 대해서는 법조문을 교묘하게 적용해 반드시 죄를 들춰냄으로써[舞文巧] 세력이 큰 토호들을 경계시켰다. 그가 중위(中尉)로 있을 때 다스림은 이와 같았다. 간사하고 교활한 무리는 끝까지 다스렸는데[窮治] 대부분 다 (심한 고문으로) 감옥 안에서 몸이 썩거나 문드러져[靡爛=糜爛] 재심의 기회를 얻어[行論] 감옥을 나서는 자가 없었다. 그의 손발이 돼준 관리들은 사람의 탈을 쓴 호랑이[虎而冠]였다. 그래서 중위의 관할 범위 안에 있는 사람으로 적당히 교활한 자[中猾] 이하의 사람은 모두 엎드린 채 감히 꼼짝도 못했고 권세가들은 그의 명성을 퍼뜨리며 그의 다스림을 칭송했다. 그가 다스린 몇 해 동안 그의 부하 관리들 중 많은 사람들은 직권을 이용해 부자가 됐다.

온서가 동월(東越)을 치고 돌아와서 낸 의견들 중에 황제의 뜻에 맞지 않는 것이 있어 사소한 법에 걸려 죄를 입고 면직됐다. 이때 천자는 마침 통천대(通天臺)를 만들고 싶어 했으나 사람이 없었는데, 온서가 청하기를 중위의 관할 지역에 있던 자들로 아직 부역을 마치지 않은 채 달아난 자 수만 명을 찾아내 작업을 시키자고 했다. 상은 기뻐하며 그를 제배해 소부(少府)로 삼았다가 승진시켜[徙=遷] 우내사(右內史)로 삼았는데 그의 다스림은 예전과 같았고 간사함을 거의 막지 못했다. 그리고 법에 걸려 관직을 잃었다. (그후) 다시 우보(右輔)가 돼 중위(中尉)의 일을 맡았으나 예전의 다스림과 다름이 없었다.

1년여쯤 지나 마침 (한나라 황제는) 대완국(大宛國) 정벌을 위한 군대를 일으키면서 조서를 내려 호기로운 관리[豪吏]들을 불러들였는데 온서는 자신의 부하 관리 화성(華成)을 숨겨주었고, 아울러 어떤 사람이 고변하기를 온서가 기병으로부터 뇌물을 받았고 또 다른 간사한 일로 이권에 개입했다고 하니 그 죄는 친족에까지 미치는 것이었으므로 스스로 목숨을 끊었다. 그 무렵 두 동생과 양쪽 사돈 집 안에서도 또한 각각 다른 죄를 지어서 멸족당했다. 광록(光祿) 서자위(徐自爲)는 말하기를 "슬픈 일이로다! 무릇 옛날에는 삼족을 멸하는 형벌[三族]이 있었을 뿐인데 왕온서의 죄는 동시에 오족(五族)을 멸하는 데에 이르렀도다!"라고 했다. 왕온서가 죽었을 때 그의 집 안에는 1,000금이 쌓여 있었다.

윤제(尹齊)는 동군(東郡) 치평현(茌平縣) 사람이다. 도필리에서 점차 승진해 어사에 이르렀다. 장탕(張湯)을 섬겼는데 탕(湯)은 그가 청렴하다고 여러 차례 칭찬했다. 무제(武帝)가 도적을 잡는 일을 맡겼는데 귀족이나 세력가를 가리지 않고 참벌했다. 관도위(關都尉)로 승진해 영성(寧成)보다 더 이름이 났다. 상은 그를 유능하다고 여겨 제배해 중위로 삼았다. 관리와 백성들은 더욱 피폐해졌는데 제(齊)가 고집이 세고 배운 것은 없어 포악한 관리들은 숨어서 나오지를 않았지만 선량한 관리들 또한 제대로 다스림을 펼 수가 없어 결국 이 때문에 일이 많이 폐기돼 죄에 걸려들었다. 뒤에 다시 회양도위가 됐다. 왕온서가 패퇴한 지 여러 해가 지나 병으로 죽었는데 그의 집 재산은 50금도 되지 않았다. 제가 주멸시킨 자는 특히 회양군(淮陽郡)에 많았기 때문에 그가 죽자 원수진 집안사람들[仇家]이 그의 시신을 불태우려 하니 아내가 그 시신을 몰래 옮겨 고향으로 돌아와 장사를 지냈다.

양복(楊僕)은 의양현(宜陽縣) 사람이다. 천부(千夫)[10]의 자리를 맡아 관리가 됐다. 하남군(河南郡) 태수(太守)가 그의 재능을 살펴보니 유능하다고 판단해 천거해 자리를 옮겨 어사(御史)로 삼아 관동(關東) 지방의 도적들을 단속하게 했다. 그의 다스림은 윤제(尹齊)를 그대로 본떠 일처리가 과감하면서 맹렬했다[敢摯=敢鷙]. 점점 승진해 주작도위(主爵都尉)에 이르렀고 상은 그를 유능하다고 여겼다. 남월(南越)이 반란을 일으키자 (천자는) 그를 제배해 누선장군(樓船將軍)으로 삼았는데 공을 세우자 장량후(將梁侯)에 봉했다. 동월(東越)이 반란을 일으키자 상은 다시 그를 장군으로 삼으려 했는데 그가 예전의 공로를 과시했기에 상은 글을 보내 그를 꾸짖었다.

'장군의 공은 오로지 홀로 (남월(南越)의 험한 땅인) 석문(石門)과 심협(尋陿)을 깨뜨린 것뿐이고 적장을 베거나 그들의 깃발을 뽑아버린[搴=騫] 실적은 없는데 아, 어찌 다른 사람들에게 교만할 수 있겠는가? 앞서 번우(番禺-광동성)를 깨뜨렸을 때 투항해온 자들을 포로라 했고 죽은 자를 땅에서 파내어 사로잡았다고 했으니 이것이 첫 번째 잘못이다. (남월의 임금

---

10 한(漢)나라 때 부족한 군량을 조달하기 위해 설치한 무관직의 일종이다. 천부장이라 하면 1,000인의 군사를 거느리는 장수를 의미한다.

인) 조건덕(趙建德)과 (그의 재상인) 여가(呂嘉)가 천하에 용서 못할 대역 죄인인데도 장군은 정예 군대를 묶어두고서 끝까지 추격하지 않아 (건덕으로 하여금) 동월의 원조를 이끌어낼 수 있게 했으니 이것이 두 번째 잘못이다. 군졸들이 들판에서 노숙하기를[暴露] 몇 년째 했는데 조회 때는 술자리를 베풀지 않았고 장군은 군졸들의 부지런함과 노고를 생각지 않으면서 낯빛은 아름답게 그리고 말은 정교하게 하려고 꾸며댔고 공무용 수레[傳車]를 타고 요새에 다니기를 청했으며 이어 집으로 돌아와서는 은도장과 금도장[銀黃]을 품은 채 세 가지 인끈[三組]¹¹을 매달고 다니며 고향에서 자랑하고 다녔으니 이것이 세 번째 잘못이다. 때를 잃고 집안일이나 생각하면서¹² 길이 나쁘다는 식으로 변명해 존귀한 일을 높여야 하는 차례[尊尊之序]를 잃었으니 이것이 네 번째 잘못이다. 그대에게 촉(蜀)의 칼값을 물으니 겉으로 모르는 척하면서 임금을 모독하고 범하려 했으니 이것이 다섯 번째 잘못이다. 조서를 받고서도 난지(蘭池-난지궁)로 오지 않고 다음 날도 해명을 하지 않았는데 가령 장군의 소리(小吏)가 물어도 대답을 하지 않고 명령을 해도 따르지 않았다면 그 죄는 무엇이겠는가? 그대의 이런 마음을 미루어 헤아려볼[推] 때 밖의 강해(江海)에 나가 있을 때 내가 믿을 수 있겠는가? 이제 동월이 깊이 들어왔으니 장군은 무리를 인솔하고 가서 잘못을 만회할 수 있겠는가 없겠는가?'

---

11 남월을 정복한 공으로 양복은 주작도위(主爵都尉)가 됐고 또 누선장군(樓船將軍)과 장양후(將梁侯)를 겸해 세 가지 인끈[組=印綬]을 받았다.

12 처첩의 일을 말한다.

복(僕)은 두려워해 답했다.

"목숨을 다 바쳐 속죄하겠습니다."

왕온서와 함께 동월을 깨뜨렸다. 뒤에 다시 조선 정벌에 나섰다가 좌장군 순체(荀彘)에게 묶이는 처지가 됐는데 상세한 이야기는 「조선전(朝鮮傳)」에 실려 있다. 돌아와 면직돼 서인이 됐다가 병으로 죽었다.[13]

감선(咸宣)은 양현(楊縣) 사람이다〔○ 사고(師古)가 말했다. "咸의 발음은 (함이 아니라) 감생(減省)의 감이다. 양현은 하동군의 읍이다."〕. 좌사(佐史)로서 하동(河東) 아래에서 일했다. 위청(衛靑)장군의 사자가 하동에 말을 사러 왔다가 감선의 재능[無害]을 보고 상에게 말하니 상이 불러 구승(廐丞)으로 삼았다. 일을 사전에 준비하는 데 능해 점점 승진해 어사와 중승(中丞)에 이르렀고, 주보언(主父偃)과 회남왕의 모반 사건을 처리하게 했는데 세밀한 법조문을 적용해 그들의 죄상을 빈틈없이 파헤쳤기 때문에 이 사건으로 연루돼 죽음을 당한 자들이 심히 많았지만 과감하게 잘 판결한다는 칭찬을 받았다. 그러나 자주 파직됐다가 또 자주 복직돼 어사와 중승으로 재직한 시간이 거의 20여 년이었다.

왕온서가 중위에서 면직됐을 때 선(宣)은 좌내사(左內史)였다. 그는 쌀과 소금 등을 관리하는 사소한 업무부터 사건이 크든 작든 간에 모두 자신의 손을 거쳐야 직성이 풀렸다. 그리하여 친히 관할하는 현(縣)의 각 부문마다 재산과 기물을 확인했기에 현장(縣長)과 현승(縣丞)을 비롯한 현의

---

13 사마천의 『사기(史記)』에는 "거기서 오래 머물다가 병으로 죽었다"라고 돼 있다.

관리들은 마음대로 바꿔놓을 수가 없었다. 이를 어길 경우에는 심지어 중한 법으로 그들을 다스렸다.

그는 관리로 임명된 지 몇 년 동안 사소한 사건까지 손수 처리하다보니 정상적인 부서 운영이 어려웠다. 중도에 파직됐다가 뒤에 다시 우부풍(右扶風)이 됐는데 부하 성신(成信)을 몹시 미워했고 그래서 성신이 도망쳐 상림원(上林苑)에 숨자 감선은 미현(郿縣)현령을 시켜 관졸들을 거느리고 상림원 잠실문을 들어가 성신을 죽이려고 화살을 쏘았는데 그중 한 화살이 상림원의 문에 적중했다. 이 일로 말미암아 선은 옥리에게 넘겨져 심문을 받게 됐고 그 결과 대역죄(大逆罪)로 멸족당하게 되자 선은 자살했다. 그리고 그 자리에는 두주(杜周)가 임용됐다.

이 무렵 군수나 도위나 제후의 2,000석 관리로서 (군이나 국을) 다스리려 하는 자들은 다스림을 위해 대개 다 온서를 모방했지만 관리와 백성들은 더욱더 쉽게 법을 어겼고 도적들은 더욱더[滋] 일어났다. 남양(南陽)에 매면(梅免)과 백정(白政)이 있었고, 초(楚)나라에는 은중(殷中)과 두소(杜少)가 있었으며, 제(齊)나라에는 서발(徐勃)이 있었고, 연(燕)나라와 조(趙)나라 사이에는 견로(堅盧)와 범생(范生)의 무리가 있었다. 큰 무리는 수천 명에 이르렀는데 제멋대로 스스로의 이름을 내걸고 성읍을 공격해 무기고의 병기들을 훔쳐갔으며 사형수들을 풀어주고 군(郡)의 태수와 도위를 결박해 욕을 보이고 2,000석 관리를 죽이고 각 현에는 격문을 돌려 자신들의 식량을 갖추어놓을 것을 촉구했다. 작은 무리라 해도 100여 명 정도는 됐고 고을을 약탈하는[掠鹵] 자들은 이루 다 헤아릴 수가 없었다.

이에 상(-무제)은 비로소 어사중승(御史中丞)과 승상장사(丞相長史)를 시켜 도적들을 단속하도록 했다. (그럼에도) 오히려 제대로 도적을 막을 수 없게 되자 마침내 광록대부(光祿大夫) 범곤(范昆)과 여러 좌우 내사와 도위(都尉) 및 구경(九卿)을 지낸 장덕(張德) 등에게 어사의 제복[繡衣] 을 입게 하고 부절(符節)을 지니고서 호부(虎符)로 군대를 발동해 이들을 치게 했는데 머리를 벤 것이 많을 경우에는 혹 1만여 급에 달했고 또 도적들에게 음식물을 제공한 자는 법에 따라 주살했다[法誅]. 이 법에 걸려 함께 처벌된 자들[坐連]이 여러 군에 걸쳐 있었는데 심한 경우에는 수천 명이나 됐다.

몇 년 뒤에야 마침내 겨우 그들의 우두머리들[渠率=渠帥=渠首]을 잡았다. 흩어진 졸개들은 뿔뿔이 도망쳤다가 또다시 무리를 이루어 산천의 가파른 곳에 기대어 이곳저곳 무리를 지어 살았으므로 어찌할 도리가 없었다. 이에 침명법(沈命法)[14]을 만들어 '도둑 떼가 일어났는데도 발견해 신고하지 않거나 발각하고서도 전원을 체포하지 못하는 자가 있으면 2,000석 관리 이하부터 하급 관리들까지 해당자는 모두 사형에 처한다'라고 했다. 그후 하급 관리들은 주살될까 두려워 비록 도적이 있어도 감히 적발하려고 하지 않았으니 이는 체포하지 못할 경우 결국 군부(郡府)에 연좌돼 누(累)를 끼칠까 두려워했고 군부(郡府)에서도 그들에게 이 같은 사실을 입 밖에 내지 못하게 했다. 그리하여 도적 떼들은 점점 많아졌고 위아래 관리들은 서로 숨겨줌으로써 거짓 문서[文辭]를 꾸며 법에 저촉되는 것을 피했다.

---

14 도둑을 숨겨주는 자를 처형하는 법률이다.

전광명(田廣明)은 정현(鄭縣) 사람이다. 낭(郞)으로 천수사마(天水司馬)가 됐다. 연공서열에 따라 승진해 하남도위(河南都尉)가 됐고 살벌한 방식으로 다스렸다. 군국에서 도적 떼들이 나란히 일어나자 광명(廣明)을 승진시켜 회양태수(淮陽太守)로 삼았다. 1년여가 지나서 옛 성보(城父)현령이던 공손용(公孫勇)과 빈객 호천(胡倩) 등이 모반했는데 천(倩)은 광록대부를 사칭하며 기병 수십 명을 거느리고 도적 체포를 감독한다며 진류현(陳留縣)의 전사(傳舍)에 머물며 태수를 만나보겠다며 잡아서 죽이려 했다. 광명은 이를 알아차리고서 군사를 동원해 모두 붙잡아 목을 벴다. 그리고 공손용은 비단 관복을 입고서 네 마리 말이 끄는 수레를 타고 어현(圉縣)에 가서는 하급 관리들로 하여금 시중을 들게 했는데 역시 진짜가 아님을 알아차리고서 현위(縣尉)의 직무대리 위불해(魏不害)와 마구간 색부(嗇夫) 강덕(江德), 위사(尉史) 소창(蘇昌) 등이 함께 그를 붙잡았다. 상은 불해(不害)를 봉해 당도후(當塗侯)로 삼고 덕(德)을 요양후(轑陽侯), 창(昌)을 포후(蒲侯)로 삼았다.

　애초에 네 사람이 함께 어전에서 절을 올리자 소사(小史-소창)가 할 말이 있다는 듯이 머뭇거렸다. 무제가 물었다.

"무슨 할 말이 있는가?"

대답했다.

"후가 된 사람이 동쪽으로 안 갈 수도 있습니까?"

상이 말했다.

"너는 귀한 자리에 오르기 싫으냐? 네 고향은 어디냐?"

대답했다.

"유향(遺鄕)입니다."

상이 말했다.

"유향을 너에게 주겠노라!"

이에 소사에게 관내후의 작위를 내려주고 유향 600호를 식읍으로 삼도록 했다.

상은 광명이 큰 범인들을 대부분 체포했다 해 조정으로 불러들여 대홍려(大鴻臚)로 삼았고 광명의 형 운중(雲中)을 발탁해 광명을 대신해 회양태수로 삼았다. 소제(昭帝) 때 병사를 이끌고 익주(益州)를 친 다음에 돌아오니 관내후(關內侯) 작위를 내렸고 위위(衛尉)로 옮겼다. 뒤에 외직으로 나가 좌풍익(左馮翊)을 맡았는데 잘 다스렸다는 명성이 있었다. 선제(宣帝)가 처음 즉위하자 채의(蔡義)를 대신해 어사대부(御史大夫)에 임명됐고 그에 앞서 좌풍익으로 있을 때 선제를 세우는 결정에 참여했다 해 창수후(昌水侯)에 봉해졌다. 1년여 뒤에 기련장군(祁連將軍)으로 병사를 이끌고 흉노(匈奴)를 쳤는데 요새를 나가 수항성(受降城)에 이르렀다. 수항도위는 이미 전사해 시신의 관이 아직 집에 있었는데 광명이 그 과부 아내를 불러 함께 정을 통했다. 이미 성을 나섰으나 약속 기일을 지키지 못해 그냥 군대를 이끌고 빈손으로 돌아왔다. 태수 두연년(杜延年)에게 넘겨져 고발 문건에 따라 심문을 받고서 광명은 궁궐 아래에서 자살했고 봉국은 없어졌다. 형 운중은 회양태수였는데 그 또한 감히 자살을 하려 했으나 관리와 백성들이 궁문을 지키면서 고소했기 때문에 결국 기시됐다.

전연년(田延年)은 자(字)가 자빈(子賓)으로 그 선조는 제(齊)나라 전씨(田

氏)이며 (고제 때) 양릉(陽陵)으로 이주했다. 연년은 재주와 지략이 있어 대장군 막부에 있었으며 곽광(霍光)이 그를 중히 여겨 승진해 장사(長史)가 됐다. 지방으로 나가 하동(河東)태수가 됐고 윤옹귀(尹翁歸)를 뽑아서 심복으로 삼아 호강한 자들을 주살하고 억누르니 간사한 자들이 감히 날뛰지 못했다. 그로 인해 뽑혀 들어가 대사농이 됐다. 마침 소제(昭帝)가 붕(崩)하고 창읍왕이 뒤를 이어 즉위했으나 음란해 곽장군은 근심하고 걱정해 공경들과 함께 토의해 그를 폐위시키려 했는데 감히 아무도 의견을 말하는 이가 없었다. 연년(延年)은 칼을 매만지며 여러 신하들을 질타해 그날로 결정이 이뤄졌다. 상세한 이야기는 「곽광전(霍光傳)」에 실려 있다. 선제(宣帝)가 즉위하자 연년은 계책을 정한 공로로 양성후(陽城侯)에 봉해졌다.

이에 앞서 무릉(茂陵)의 부자 초씨(焦氏)와 가씨(賈氏)는 수천만 전을 들여 몰래 숯과 갈대 등 장례 물품을 사재기해 놓았다. 소제(昭帝)의 장례 때 대사를 갑자기 당해 소요 물품이 급히 필요해졌을 때 연년이 아뢰어 말했다.

"상인들이 간혹 장례에 쓸 기물들을 미리 사놓고서 급히 필요로 할 경우에 그 이익을 얻으려 한다면 신하 된 백성의 도리가 아니니 청컨대 현관(顯官)에 몰수해야 합니다."

상주는 받아들여졌다. 부자들은 재물을 손해 보게 돼 모두 원한을 품고서 돈을 내어 연년의 죄를 캐냈다. 애초에 연년이 대사농으로 있을 때 백성들의 소 수레[牛車] 3만 대를 동원해 다리 아래의 모래를 파서 봉분으로 운반하면서 수레당 비용 1,000전을 주었는데 장부에는 수레당 2,000전을 준 것으로 늘려 기록해 총 6,000만 전 지출 중에 절반을 횡령했다. 초씨와 가씨 양 집 안에서는 이를 고발했고 일은 승상부로 넘겨졌다. 승상부에서 토의한 끝에 연년이 업무를 주관하면서 국고 3,000만 전을 착복한 부도한 죄를 저질렀다고 아뢰었다. 곽장군은 연녀을 불러 물어보며 빠져나갈 길을 만들려 했으나 연년은 거절하며 말했다.

"본래 장군의 문하에서 이만한 작위를 받았지만 그러지는 않았습니다."

광이 말했다.

"정말 아무 일이 없었다면 끝까지 조사를 받아야 한다."

어사대부 전광명이 태복 두연년(杜延年)에게 말했다.

"춘추(春秋)의 대의에 따르면 공적으로 과오를 상쇄한다고 했습니다. 창읍왕 폐위를 결정할 때 전자빈(田子賓)의 말이 아니었으면 큰일이 이뤄지지 못했을 것입니다. 지금 현관에서 3,000만 전을 주었다 하면 어떻습니까? 이런 저의 생각을 대장군에게 말씀해주십시오."

연년이 이를 대장군에게 전하자 대장군은 이렇게 말했다.

"정말 그렇다면 전광명은 용감한 선비로다. 조정에서 모두 대대적으로 토의할 때 조정은 진동할 것이오."

광은 이어서 손을 들어 자신의 가슴을 쓰다듬으며 말했다.

"나는 지금 마음이 슬플 뿐이오! 전(田)대부(-전광명)에게 말해 대사농(-전연년)을 설득해 옥에 가게 하고서 공적으로 토의해봅시다."

전대부가 사람을 보내 연년에게 말하자 연년이 이렇게 말했다.

"다행히 현관이 나에게 너그럽게 한다 해도 무슨 면목으로 감옥에 들어가 조사를 받겠으며 대중들은 나를 손가락질하고 비웃으니 결국은 내 등에 침을 뱉을 것이오!"

곧바로 문을 닫고 혼자서 재계하는 방에서 한쪽 어깨를 드러내 칼을 쥐고서 이리저리 왔다 갔다 했다. 며칠 후에 사자가 연년을 불러 정위에 가라고 했다. 연년은 북소리를 듣고서 스스로 목을 찔러 죽었고 나라는 없어졌다.

엄연년(嚴延年)은 자(字)가 차경(次卿)으로 동해(東海) 하비(下邳) 사람이다. 그의 아버지는 승상 연(掾)이었고 연년은 젊어서 승상부에서 법률을 공부해 고향으로 돌아와 군리(郡吏)가 됐다. 선발돼 어사 연(掾)이 됐다가 시어사(侍御史)에 천거됐다. 이때 곽광(霍光)이 창읍왕(昌邑王)을 폐하고 선제(宣帝)를 높여 세웠다. 선제가 처음 즉위했을 때 연년은 광을 탄핵했다. '마음대로 폐하고 세워서 남의 신하 된 예를 지키지 않아 부도하다'는 것이었다. 상주한 것은 비록 기각됐지만 그러나 조정은 숙연해 그를 존경하고 꺼렸다. 뒤에 연년은 다시 대사농 전연년이 무기를 들고 황제의 속거(屬車)를 뒤졌다고 탄핵했는데 대사농은 스스로 속거를 뒤진 적이 없다며 맞소송을 했다. 일이 어사 중승에게 내려졌는데 중승은 연년이 궁전문에 이르러 공문을 왜 보내지 않아 고발당한 죄인인 대사농의 궁전 출입을 막지 않았느냐고 연년을 견책했다. 이에 연년은 죄인이 궁궐에 들어오게 한 죄로 고발됐는데 법률로는 사형에 해당했다. 연년은 달아났다. 마침 사면령이 있어 승상부와 어사부에서 같은 날에 부르는 문서가 도착했다. 연년은 어사부의 문서가 먼저 도착했다 해 어사부에 가서 다시 연(掾)이 됐다. 선제(宣帝)가 그를 알아보고 제배해 평릉(平陵)현령으로 삼았으나 무고한 자를 죽인 죄에 연루돼 관직에서 쫓겨났다. 뒤에 승상부 연이 됐다가 다시 호치(好畤)현령으로 뽑혔다. 선제 신작(神爵) 연간에 서강(西羌)족이 반기를 들자 강노(强弩)장군 허연수(許延壽)는 연년을 데려다가 장사(長史)로 삼았고 종군해 서강족을 패퇴시킨 뒤에 돌아와 탁군태수(涿郡太守)가 됐다.

이때 군에는 자주[比=頻] 무능한 태수가 오는 바람에 탁군 사람 필야백(畢野白) 등이 이로 말미암아 법을 무시하며 소란을 피웠다. 큰 성씨인 서고씨(西高氏)와 동고씨(東高氏)들에 대해서는 군리 이하 모든 사람들이 두려워해 피했는데 아무도 감히 뜻을 거스르지 못하고 모두 이렇게 말했다.

"차라리 2,000석 관리에게 죄를 지을지언정 대가 호족의 뜻을 거슬러서는 안 된다."

그 집의 빈객이 마구 도둑질을 해서 고발이 돼도 곧장 고씨 집에 들어가버리면 관리는 감히 따라 들어갈 수가 없었다. 점점 날이 지날수록 길거리에서도 활이나 칼을 가지고 다녀야 할 만큼 어지러움이 심했다. 연년이 부임하자 군 관리인 여오현(蠡吾縣)의 연리(掾吏) 조수(趙繡)를 보내 고씨를 붙잡아 사형에 해당하는 죄를 찾아내게 했다. 수(繡)는 연년이 새로운 장수 출신인 것을 알고 내심 두려워해 일단 두 가지 방법을 생각해 먼저 그 가벼운 쪽을 보고해 연년의 뜻을 엿보고 화를 내면 그때 가서 무거운 쪽을 고발하려고 했다. 연년은 이미 그가 이와 같이 하리라는 것을 알고 있었다. 조수가 돌아와 과연 그 가벼운 쪽을 고발하자 연년은 그 품속을 뒤져 무거운 쪽으로 고발하는 문서를 꺼내 즉시 범인을 붙잡게 해 옥에 가뒀다. 밤에 가뒀는데 다음 날 새벽에 시장에서 판결을 내려 사형에 처하니 먼저 고발된 자가 사형당하는 것을 보고 관리들은 모두 크게 두려위했다. 다시 관리들을 보내 고씨들을 나눠 조사시켰는데 철저히 그 간사함을 파헤쳐 각각 수십 명을 주살했다. 군내가 떨며 두려워했고 길거리에 떨어진 물건을 줍는 자가 없었다.

3년 뒤에 하남태수로 승진했는데 황금 20근을 하사받았다. 호족들은 모두 숨을 죽였고 들에도 도둑질하는 자가 없었으며 위엄은 주변 군들도 떨게 했다. 그의 통치 방식은 호강한 자들을 꺾고 빈약한 자들을 돕는 데 힘썼다. 빈약한 사람들은 설사 법을 어겨도 법조문을 달리해 꺼내주었지만 호강한 자들 중에 힘없는 백성을 침탈하면 법조문을 억지로 꾸며서라도 집어넣었다. 많은 이들이 마땅히 죽을 것이라 했던 사람이 하루아침에 나오고 마땅히 살아서 나올 것이라 했던 사람이 어떻게든 죽었다. 관리와 백성들은 아무도 그 뜻의 깊고 낮음을 제대로 헤아릴 수가 없어 벌벌 떨며 감히 금법을 어기지 못했다. 일단 옥에 갇혀 조사를 받게 되면 조문이 치밀해 되돌릴 방법이 없었다.

연년은 사람됨이 키가 작고 깐깐했으며[精悍(정한)] 일에 민첩해 설사 (공자의 제자인) 자공(子貢)이나 염유(冉有)가 정사(政事)에 능통했다 하더라도 그보다 뛰어날 수는 없었다.[15] 관리들 중에 충실하고 절의를 다하는 자에 대해서는 골육처럼 두텁게 예우하며 모두에게 친밀했고 몸을 버리는 것을 돌보지 않았기에 이 때문에 아랫사람들은 실상을 숨기는 바가 없었다. 그

---

15 『논어(論語)』「선진(先進)」편에 나오는 공자의 말을 끌어들인 것이다. 그러나 내용이 정확히 일치하지는 않는다. 공자는 말했다. "진나라와 채나라에서 나를 따르던 제자들이 모두 다 성문에 이르지는 못했구나! (그동안 나를 따랐던 제자들 중에) 덕행에는 안연, 민자건, 염백우, 중궁이요, 언어에는 재아, 자공이요, 정사에는 염유, 계로요, 문학에는 자유, 자하였다."

러나 질투심이 너무 강해 다치는 자가 많았으며 특히 옥사와 관련된 글을 잘 쓰고 관청 문서를 너무 잘 알아 죽이려 마음먹고 직접 상주문을 작성하면 중간에 문서를 다루는 가까운 주부(主簿)라 하더라도 그것을 알 수가 없었다. 사형에 해당되는 상주 문서는 마치 귀신처럼 빨리 썼다. 겨울철이면 현에 갇힌 죄수들을 군에 모아 군부(郡府)에서 처형을 결정하고 그 피가 몇 리에 걸쳐 흘렀기에 하남의 군민들은 그를 불러 '도백(屠伯-도살자의 우두머리)'이라고 했다. 명령이 잘 시행돼 금지령이 잘 지켜져 군 안은 참으로 깨끗했다.

이때 장창(張敞)이 경조윤(京兆尹)으로 있었는데 평소 연년과 사이가 좋았다. 창(敞)의 다스림이 비록 엄격했지만 그러나 오히려 자못 풀어주는 바가 있었고 연년이 형벌을 쓰는 것이 각급(刻急)하다는 말을 듣고서는 이에 편지를 보내 그를 타일렀다.

'옛날에 명견 한로(韓盧-전국시대 한씨의 검은 개)는 토끼를 사냥할 때 위로 주인의 뜻을 살펴서 잡았기 때문에 그렇게 많이 죽이지는 않았다고 합니다. 바라건대 차경(次卿)께서는 조금 주벌을 완화해 이런 방법을 생각해 실행하도록 하시오.'

연년이 답서를 보냈다.

'하남은 천하의 인후(咽喉-목구멍)인데 옛날 주나라의 악습이 전해져 오고 있으며 잡초가 무성해 곡식이 묻히는데 뽑지 않을 수 있겠습니까?'

연년은 자신의 능력을 기꺼이 자랑하며 끝내 형벌을 완화하지 않았다.

이때 황패(黃霸)가 영천태수로 있으면서 너그러움과 용서로 다스리니 군 안은 역시 태평하고 여러 해에 걸쳐 풍년이 들었으며 봉황이 내려오고 상은 그가 뛰어나다고 여겨 조서를 내려 그의 치적을 칭찬하고 황금과 작위의 상을 더해주었다. 연년은 평소에 패(霸)의 사람됨을 가벼이 여겼는데 이웃해 있는 군의 태수로서 자기 앞에서 도리어 칭송을 받으니 마음속으로 불복했다. 하남의 경계에 또 황충의 피해가 심각해 하남 부승(府丞) 호의(狐義)가 황충 때문에 출장을 갔다가 돌아와 연년을 만나뵙자 연년이 말했다.

"이 메뚜기들은 봉황이 왜 잡아먹지 않는 것인가?"

의(義)가 또 사농중승 경수창(耿壽昌)이 상평창(常平倉)을 시행해 백성들을 이롭게 해주었다고 말하자 연년이 말했다.

"승상과 어사대부가 무지해서 그런 것이니 마땅히 자리를 비켜야 한다. 수창이 어찌 그런 권한을 행사할 수 있단 말인가?"

그 뒤에 좌풍익에 결원이 생기자 상은 연년을 부르려 해 부절을 가진 사자가 이미 출발을 했는데 그가 잔혹하다는 명성 때문에 다시 중지시켰다. 연년은 그것이 소부인 양구하(梁丘賀)가 헐뜯었기 때문이라고 여겨 내심으로 미워했다. 그때 낭야태수가 재직 중에 오랫동안 병이 있어 3개월의 병가가 다 차서 연년은 파직될 것이라 생각하고서 승에게 일러 말했다.

"이 사람은 오히려 관직을 그만둘 수 있는데 나는 도리어 맘대로 떠날 수 없는 것인가?"

또 연년이 옥사(獄史-옥리)가 청렴하다고 여겨 천거했는데 뇌물을 받았다 해 입신하지 못했고 연년은 부실한 인재를 추천한 죄에 걸려 작질이 깎이자 웃으며 말했다.

"앞으로 누가 사람을 천거하겠는가?"

승 의(義)는 나이가 많아 자못 심사가 어지러웠는데 평소 연년을 두려워해 그로부터 중상을 당할까 봐 두려워했다. 연년은 본래 일찍부터 의와 함께 승상 사(史)로 일한 적이 있어 실제로 그에게 아주 잘해주었고 헐뜯거나 중상할 뜻이 전혀 없었으며 선물도 아주 두텁게 주었다. 의는 그럴수록 더욱더 두려워하며 혼자 점을 쳐보니 죽는다는 점괘까지 나오자 전전긍긍 마음이 편치 못해 휴가를 내고[取告] 장안에 가서 글을 올려 연년의 죄목 10가지를 말했다. 이미 상주되자 독약을 마시고 자살하면서 자신의 글은 조금도 거짓이 아니라고 밝혔다. 일을 어사 승에게 내려 조사를 해보니[案驗] 이 중에 몇 가지는 실제로 있었고 연년과 결부된 것으로 드러나 정치를 원망하고 비방하는 부도(不道)한 죄에 연루돼 기시됐다.

애초에 연년의 어머니가 동해군(東海郡)에서 와서 연년의 납제(臘祭)를 지내려고 낙양에 도착했고 마침 한 죄수가 판결을 받는 것을 보고 크게 놀라 마을 도정(都亭)에 머물며 기꺼이 태수부에 들어가려고 하지 않았다. 연년이 나와 도정에서 어머니를 만나보려 했으나 어머니는 문을 닫고 만나려 하지 않았다. 연년이 관을 벗고 머리를 조아리고 합(閤) 아래에서 한참 있다가 어머니가 마침내 그를 만나보며 여러 차례 연년을 꾸짖었다.

"요행히 군수가 돼 사방 1,000리를 홀로 다스리면서 어짊과 사랑으로 교화해 어리석은 백성들을 온전하게 보호하고 있다는 소식을 듣지 못하고 형벌로 많은 사람을 죽여 위신을 세우려 한다면 어찌 백성의 부모 된 자의 뜻이겠느냐?"

연년이 잘못을 빌고 머리를 거듭 조아리며 사죄했고 이어 직접 어머니를 싣고 수레를 몰아 태수의 관사로 돌아왔다. 어머니가 납제를 마치고서는 연년에게 일러 말했다.

"하늘의 도리는 신명스러워서 남을 죽이면 나도 죽게 된다. 나는 늙었는데 뜻밖에도 형벌로 죽는 젊은 사람을 보았구나! 나는 떠나야겠다. 너를 버려두고 동쪽으로 가서 묘지나 청소하련다."

드디어 어머니는 떠나갔다. 동해군으로 돌아가서는 형제와 친척들을 만나보고는 다시 그 말을 했다.

1년여가 지나 연년은 과연 패망했다. 동해군에서는 그의 어머니의 뛰어남과 지혜로움을 칭송하지 않는 사람이 없었다. 연년의 형제 다섯 명은 모두 관리로서의 재능이 있어 고위 관리에 이르렀기 때문에 동해 사람들은 그의 어머니를 '1만 석 작질의 노파'라고 불렀다. 바로 아래 동생 팽조(彭祖)는 태자태부에까지 올랐는데 (그에 관한 이야기는)「유림전(儒林傳)」에 실려 있다.

윤상(尹賞)은 자(字)가 자심(子心)으로 거록군(鉅鹿郡) 양씨현(楊氏縣) 사람이다. 군리(郡吏)로서 청렴함을 인정받아 누번(樓煩)의 장이 됐다. 무재(茂才)로 천거돼 율읍(栗邑)현령이 됐다. 좌풍익(左馮翊) 설선(薛宣)이 관리로서 자질이 뛰어나다고 천거해 빈양(頻陽)현령이 됐다가 잔학한 죄에 연루돼 면직됐다. 뒤에 어사로서 천거를 받아 정현(鄭縣)현령이 됐다.

(성제(成帝) 때인) 영시(永始)와 원연(元延) 연간에 상이 정사에 게을러졌고 고관과 인척들은 교만 방자했으며 홍양후(紅陽侯-원후(元后)의 이복동생 왕립(王立))의 자식인 크고 작은 형제들이 협객과 서로 한패가 돼 범죄를 짓고 도망친 자들을 숨겨주었다. 그리고 북지군(北地郡)의 큰 호족 호

상(浩商) 등은 원수를 갚는다며 의거(義渠)현의 현장의 처자 6명을 죽이고 장안에 들어왔다. 승상과 어사는 관리를 보내 일당을 추격하고 조서를 내려 체포하게 했는데 한참이 지나서야 겨우 잡을 수 있었다. 장안에는 간사한 범법자들이 점점 많아졌고 마을의 젊은 패거리는 관리를 죽이거나 뇌물을 받고 원수를 갚아주며 패거리끼리 탄알 꺼내기를 해서 붉은 탄알을 고른 자는 무신(武臣)을 죽이고 검은 탄알을 뽑은 자는 문신(文臣)을 죽이며 흰 것을 고른 자는 장례를 해준다고 역할을 분담했다. 성안에는 저녁 무렵에 연기가 피어오를 때면 죽이고 겁탈하는 일이 벌어지고 죽고 다친 자들이 널려 있었으며 북소리가 끊이질 않았다.

상(賞)은 삼보(三輔)의 관내에서 치적이 가장 우수해 뽑혀서 장안현령 직무대리가 됐고 상황에 따라 자신이 독자적으로 모든 것을 처리할 수 있었다. 상은 부임하자마자 장안 감옥을 손질했고 땅속을 몇 길로 깊이 파낸 뒤에 거기에 벽돌을 쌓아 칸막이를 한 뒤에 큰 돌로 입구를 덮어놓고 '호랑이 구멍[虎穴]'이라고 불렀다. 그러고는 호조(戶曹)의 관리, 향리, 정장, 이정(里正), 부로, 오인(伍人) 등을 부서별로 조직한 뒤에 합동으로 장안성 안의 경박한 젊은 악당이나 시장의 명부에 등록하지 않고 장사하는 자, 사치스러운 옷이나 군복을 입고 방패나 무기를 들고 다니는 자들을 검거한 뒤에 수백 명의 명단을 작성했다. 상은 어느 날 장안현의 관리들을 모두 모이게 해서 수레 수백 량에 태워 여러 지역을 다니며 명단에 오른 자들을 체포한 뒤에 모두를 도적에게 음식을 제공한 죄로 고발했다. 상이 직접 조사하면서 10명에 한 사람 정도 풀어주고 그 나머지는 모두 100명을 단위로 해서 순차적으로 호랑이 구멍에 집어넣고 덮개를 막아버렸다. 며칠이 지나 한번 열어보니 모두 서로를 베고 죽어 있어 바로 수레로 실어 내어 관청 팻말 기둥 동쪽에 묻었다. 작은 팻말에 그 이름을 써놓은 뒤에 100일이 지난 후 죽은 자의 집에서 각자 시신을 파서 가지고 가라고 했다. 친척들이 통곡했고 도로에서는 모두 슬피 울었다. 장안에서는 이를 두고 노래했다.

"죽은 아들을 어디서 찾으리오
동쪽 팻말에 젊은이가 묻혀 있도다
살아서도 크게 챙기지 않았는데
백골을 묻어서 무엇하리오!"

상이 풀어준 자들은 모두 그 우두머리이거나 아니면 옛 관리의 선량한 자제들로 불량한 세계에 빠졌다가 잘못을 뉘우친 자들로 겨우 수십 명 내지 100명 정도였는데 그 죄를 줄여주고 공로를 세워 죗값을 치르기로 약속했다. 온 힘을 기울여 노력하는 자는 상이 친히 앞잡이로 만들었는데 이들은 도둑들을 정확하게 잡아냈으며 간악한 짓을 좋아하기로는 보통 관리보다 더했다. 상이 장안현령으로 일한 몇 달 만에 도둑은 사라졌고 이웃 군국에서 도망 왔던 자들은 뿔뿔이 흩어졌으며, 각자 갈 곳으로 돌아가버려 감히 장안을 넘보지 못했다.

장강과 동정호 일대에 도적이 많아 상(賞)을 강하(江夏)태수로 삼았는데 장강의 도적과 피살된 관리와 백성이 너무나도 많아 잔혹한 죄에 연루돼 면직됐다. 남산(南山-종남산)에 도적 떼가 일어나자 상을 우보(右輔)도위로 삼았고 집금오(執金吾)로 승진시켜 큰 범죄자들을 감독하게 했다. 삼보의 관리와 백성들은 그를 심히 두려워했다.

수년 뒤에 관직에 있으면서 졸(卒)했다. 병으로 장차 죽으려 하자 그 아들들에게 경계시켜 말했다.

"장부가 관리가 돼 비록 백성을 해쳐 면직되더라도 그 공로를 생각한다면 다시 쓰일 수 있다. 일단 연약해 책무를 감당해내지 못한다면 죽을 때까지 버려져 다시 사면되더라도 등용되지 못하니 그 치욕은 탐욕과 오직(汚職)으로 뇌물죄에 연루되는 것보다 더 심하다. 그렇지 않게 되도록 조심해야 할 것이다."

상의 아들 네 명은 모두 군수에 이르렀고 장남 립(立)은 경조윤이 됐으며 모두 위엄을 숭상해 치적으로 이름을 얻었다.

찬(贊)하여 말했다.

"질도(郅都) 이하 모두가 가혹하기[酷烈]로 이름이 났지만 그러나 도(都)는 강직했고 시시비비의 도리를 가지고 대체(大體)를 잘 가렸다. 장탕(張湯)은 지혜를 갖고서 임금의 안색에 아첨했고 더불어 위아래가 같은 다움[同德]으로 일을 처리해 옳고 그름을 헤아려 국가가 그 덕을 보았다. 조우(趙禹)는 법에 의거해 올바름을 지켰다. 두주(杜周)는 아첨을 했지만 말수가 적고 중후했다. 장탕이 죽은 후에 법망은 촘촘하고 일은 많아지는[罔密事叢] 바람에 점점 허약하고 피폐해져 구경(九卿)은 직무에 급급하느라 나라에 필요한 일(-임금의 허물을 바로잡는 일 등)들을 바로잡지 못했으니 형벌 이외의 일에 대해 어느 겨를에 논할 수나 있었겠는가! 이때로부터 애제와 평제[哀平]에 이르기까지 혹리(酷吏)가 너무도 많아 다 셀 수는 없지만 여기에 기록된 자들은 그나마 이름이 난 자들이다. 그중에 청렴한 자는 충분히 모범이 될 만하고 그중에 오명이 있다 하더라도 방책은 취할 만하며 교도하는 바가 있기도 하고 한때의 간악스러움을 막았으니 이 또한 그 자질에 문과 무를 겸비했다고 할 것이다. 비록 가혹하기는 했지만 그 지위에는 어울리는 사람들이었다. 장탕과 두주의 자손들은 귀하고 성대하게 됐기 때문에 별도의 전(傳)이 있다."

권
◆
91

화식전
貨殖傳

옛날 선왕(先王)의 제도에서는 천자(天子), 공후(公侯), 경(卿), 대부(大夫), 사(士)로부터 마구간 하인[皂隷=馬丁], 문지기[抱關=門衛], 야경꾼[擊柝=夜警]에 이르기까지 그 작위, 봉록, 봉양, 궁실, 탈것과 의복[車服], 관과 곽, 제사, 사생(死生)의 제도에 각각 차등이 있어 작은 것[小]은 큰 것[大]을 넘볼 수 없었고 낮은 것[賤]은 높은 것[貴]을 뛰어넘을 수 없었다. 무릇 그러해야만 그 때문에 위아래의 순서가 있게 되고 백성들의 뜻이 안정된다. 이에 그 토지, 내와 못[川澤], 구릉에 대해서는 지형의 평탄함, 관개(灌漑), 광대함[原=廣], 습도의 마땅함을 변별해 백성들이 심을 나무와 기를 가축을 가르쳐주었다. 또 오곡과 여섯 가지 가축[六畜], 그리고 어별(魚鱉), 조수(鳥獸), 왕골, 재목, 기계 등과 같은 물자에 이르기까지 평소 생활하거나 장례를 하는 데 필요한 도구들이 있어 어느 하나라도 길러주지[育] 않는 것이 없었다. 때에 맞춰 길러주었고 그것을 쓸 때는 절도가 있었다. 초목이 아직 낙엽을 떨구기 전까지는 도끼를 들고 산림에 들어갈 수 없었다. 승냥이와 수달이 아직 돌아다니지 않을 때는 들판이나 수택에 짐승이나 물고기 잡는 그물을 칠 수가 없고 새매가 아직 사냥을 하지 않으면 새를 잡는 주살을 샛길에 칠 수 없었다. 이처럼 때에 맞춰 얻어야만 했으니 그렇지 않을 경우 산에는 어린 나무가 자랄 수 없고 수택의 어린 것을 잡지 않아야 어린 생물이나 짐승, 새알을 키울 수 있기에 일정한 금지 기간이 있었던 것이다. 그렇게 해야만 계절에 따라 생산되고 만물이 잘 번식해야 비축과 용도에 대비할 수 있었다. 이 같은 준비를 갖춘 다음에야 사민(四民-사농공상)은 그 토지의 마땅함에 따라 각자의 지력(智力)에 맡겨 아침에 일어나고 저녁에 잠을 자며 자신의 생업을 다스리고 서로 공력을 통하게 하고 일을 고쳐가며 각자의 이익을 교환해야 서로 넉넉해지는[贍=足] 것이니 징발이나 기회(期會)¹가 없다면 먼 곳과 가까운 곳이 모두 넉넉해지는 것이다. 그래서 『주역(周易)』에 이르기를 "임금은 재물로써 교화를 이뤄 하늘과 땅의 마땅함에 참여함으로써 백성들을 돕는다"²라고 했고 "만물을 잘 이용해 공적을 쌓아 백성을 이롭게 함에 있어 빼어난 이보다 더 위대한 사람은 없다"³라고 했던 것이니 그것은 바로 이것을 가리켜 말한 것이다. 『관자(管子)』⁴에 이르기를 옛날의 사민은 서로 섞여 살지 않

---

1 일을 시행하기 위해 날짜를 약속한 모임을 말한다.

2 태(泰)괘(䷊)의 상(象)풀이다.

3 「계사전(繫辭傳)」에 나오는 말이다.

4 관중(管仲)의 책이다.

았다고 했다. 사(士)는 서로 한가한 틈을 타서 어짊과 마땅함[仁誼=仁義]
을 함께 이야기했고, 공인(工人)은 관청에서 기술이나 기예에 관해 함께 이
야기했으며, 상인은 시장에서 함께 재리(財利)를 따졌고, 농민은 들판에서
함께 농사일을 이야기하며 아침저녁으로 자기 일에 전념하느라 다른 일에
관심을 갖거나 그쪽에 신경을 쓰지 않았다.

그래서 그 부형들의 가르침은 엄숙하지 않아도 시행이 됐고, 자제의 배
움은 크게 수고를 들이지 않더라도 유능해졌으니 각자가 자신의 처지에
서 편안히 지내며 생업을 즐겼고, 자신의 음식을 달게 여기고 자신의 옷
을 아름답게 여겨 설사 화려하고 잘 꾸민 옷을 보더라도 자신에게는 익숙
지 않은 것이기에 융적와 오월이 서로 멀리 떨어져 사는 것처럼 서로에게
개입하지 않았다. 이 때문에 욕심은 적었고 일에는 절도가 있었으며 재물
은 풍족해 서로 다투지 않았다. 이에 백성의 위에 있는 자는 다움으로 인
도하고 예로써 가지런히 했기에 백성들은 부끄러움을 알았고 공경했으며
의로움을 높이 여기고 이익을 낮춰 보았다. 이것이 바로 삼대(三代)가 곧은
도리[直道]로써 행한 것이니 엄격하지 않아도 다스려진 까닭의 대략이다.

주나라 왕실[周室]이 쇠약해져 예법이 무너지자 제후들은 서까래에 화
려한 무늬를 새기고 기둥에 붉은 칠을 했으며 대부는 기둥 위에 여러 무
늬를 새겨 넣었고 뜰에서 팔일(八佾)의 춤을 추게 했으며 (천자의 노래인)
옹(雍)을 부르며 철상을 했다.[5] 그런 풍조는 사(士)와 서인에게까지도 퍼져

---

5   장문중(臧文仲)이 기둥 위에 여러 무늬를 새겨 넣었고 계씨(季氏)가 팔일무를 추게 하고 옹을
    부르게 했는데 모두 『논어(論語)』에 나오는 비례(非禮)의 사례다.

제도를 벗어나고 근본을 내버리지 않은 바가 없어 농사를 짓는 백성들은 줄어들어 떠돌았고 장사꾼은 많아져 곡식은 부족했으며 (사치품과 같은) 재물은 남아돌았다.

  이 같은 무너져 내림[陵夷=凌夷]은 제나라 환공과 진나라 문공[桓文] 이후에는 예의(禮誼)가 크게 붕괴돼 위아래가 서로 올라타고 나라마다 정사가 달랐으며 집안마다 풍습이 다르고 욕망이 통제되지 않아 참람되고 차별하는 것이 끝이 없었다. 이에 상인이 돌아다녀도 재화를 유통시킬 수가 없었고 공인들은 쓸모없는 기계들만 만들었으며 사(士)는 도리에 반하는 행위를 함으로써 시속이 좋아하는 쪽만 따라가며 천하의 재물만을 차지하려 했다. 또한 위선에 물든 백성들은 실질은 외면한 채 명예만 얻으려 했고, 간사한 무리들은 남을 해치면서까지 이익을 구하려 했으며, 임금을 시해하고 나라를 빼앗은 자들이 왕공(王公)이 되고, 남들의 것을 빼앗아 자기 것으로 만드는 자가 웅걸(雄傑)이 됐다. 예의도 군자를 억제하기에는 힘이 부족했고, 형륙도 소인을 위압하기에는 힘이 모자랐다. 부자들은 목기나 토기 대신 무늬가 화려한 비단을 입었고 사냥개와 말이 먹는 고기와 곡식은 남아돌았지만 가난한 사람들은 짧은 갈옷도 제대로 갖추지 못해 콩잎을 먹고 맹물을 마셔야 했다. 부자건 가난한 사람이건 모두 보통의 평민으로서 동렬에 있었지만 부자는 재력으로 임금을 도울 수 있었고 가난한 사람은 노비나 포로가 된다 한들 오히려 서운한 표정조차 지을 수 없었다. 그래서 무릇 변절하고 사기쳐서 간사한 짓을 하는 자들은 한 세대만으로도 부족함이 없이 지냈지만 도리를 지키고 이치를 따르는 자들은 굶주림과 추위의 근심을 면하지 못했다. 이런 풍조는 위에서부터 생겨났지만 실은 법도가 없는 데서 비롯된 것이다. 그래서 이런 일들을 열거해 세태의 변천을 전하고자 한다.

옛날에 월왕(越王) 구천(句踐)은 회계산(會稽山)에서 곤욕을 치르고 나자[6] 마침내 범려(范蠡)와 계연(計然)을 썼다. 계연이 말했다.

"싸움을 안다면 대비를 해야 하고 때와 쓰임을 알면 그때 필요한 물건을 알게 됩니다. 이 두 가지를 분명하게 알면 모든 재화의 실상을 알 수 있습니다. 그래서 가뭄이 들면 배를 사들이고 수해가 있는 해에는 미리 수레를 준비해두는 것이 사물의 이치입니다."

(구천은) 이런 이치를 미루어 헤아려 잘 대비해 10년 만에 나라를 부유하게 하고 군자들에게 넉넉하게 상을 주니 마침내 강력한 오나라에 복수하고 회계에서의 치욕을 씻었다.

범려가 탄식해 말했다.

"계연의 계책 10개 중에서 월은 다섯만 쓰고도 뜻을 얻었다. 나라에 베풀어보았으니 내가 집에다 활용해보고 싶구나!"

그러고는 조각배를 타고 강호를 떠다녔는데 성과 이름까지 바꾸고서 제나라에 가서는 치이자피(鴟夷子皮)라 했고, 도(陶)에 가서는 주공(朱公)이라 했다. 주공은 도 지역이 천하의 중심으로 사방 제후의 나라들과 통해 화물이 교역될 곳으로 판단했다. 이에 장사를 시작해 물건을 사들이고 때맞추어 사고팔되 사람의 노력에 기대지는 않았다. 그러므로 장사를 잘하

---

6 오왕(吳王)에게 항복했던 일을 말한다.

는 사람은 장사할 상대방을 잘 골라 때에 맡기는 것이다. (범려는) 19년 사이에 세 번이나 천금을 모아 두 번은 가난한 친구들과 먼 친척들에게 나누어주었다. 이것이 이른바 "부유하면 그 덕을 즐겨 행한다"라는 말이다. 그 뒤 나이가 들어 늙자 자손들에게 일을 맡겼고 자손들은 사업을 잘 꾸려 재산을 불렸는데 드디어 억만금에 이르렀다. 그래서 부자를 말할 때면 모두 도주공을 꼽는 것이다.

자공(子贛=子貢)은 일찍이 중니(仲尼-공자)에게서 배운 다음에 위(衛)나라에서 벼슬을 했는데 조(曹)나라와 노(魯)나라를 오가며 물건을 비축했다가 사고팔았다. 70명에 이르는 공자의 제자들 중에서 사(賜-자공)가 가장 부유했는데 (수제자인) 안연(顏淵)은 대나무 그릇에 밥을 먹고 표주박 바가지로 물을 떠서 마시며 궁벽한 마을에 살았다. 자공은 네 마리의 말이 끄는 마차에 또 두 마리를 더 끌고 다녔으며 이런저런 예물을 들고 제후들을 만났는데 그가 가는 곳마다 국군들과 대등하게 예를 나누지 않는 경우가 없었다. 그러나 공자는 안연을 뛰어나게 여긴 반면에 자공은 기롱해 이렇게 말했다.

"안회는 (천명을 받아들여) 도에 가까운 삶을 살았으나 누차 끼니를 걸렀다[屢空]. 자공은 천명을 받아들이지 않고 재화를 늘렸으나[貨殖] 그의 억측이 자주 중화(中和)에 이르렀다[屢中]."[7]

---

7 『논어(論語)』「선진(先進)」편에 나오는 이 말은 그렇다고 반드시 안회를 칭찬하고 자공을 비판한 글로만 볼 필요는 없다. 우선 화식(貨殖)이라는 말이 등장한다는 점에서 의미가 있고 또한

백규(白圭)는 주(周)나라 사람이다. 위(魏)나라 문후(文侯) 때 이극(李克)은 농토를 최대한 활용하는 데 힘썼고 백규는 시류의 변화를 잘 살펴서 남이 버리면 취하고 남이 취하면 내다 팔았다. 나쁜 음식을 먹고 욕망을 억제하고 의복에 들어가는 비용을 아끼면서 사업을 할 때 하인들과 동고동락하며 일했고 때가 맞으면 맹수가 새를 잡듯이 달려들었다. 그는 이렇게 말했다.

"내가 산업을 경영할[治生] 때는 이윤(伊尹)과 여상(呂尙)이 모략을 구사하듯, 손자(孫子)와 오자(吳子)가 군대를 부리듯, 상앙(商鞅)이 법을 시행하듯이 했다. 따라서 임기응변할 지혜가 없거나, 결단을 내릴 용기가 없거나, 주고받을 자애로움이 없거나, 신의를 지켜낼 강단이 없으면 나의 기술을 배우려 해도 끝내는 말해줄 수가 없다."

대개 천하에서 산업을 경영하는 것을 말하면 백규를 원조로 받든다.

(노나라 선비) 의돈(猗頓)은 염지(鹽池)의 소금으로 일어났고 한단(邯鄲)의 곽종(郭縱)은 쇠를 야금 주조해 생업에 성공해 그 부유함이 왕자(王者)들과 대등했다[埒=等=匹敵].

인생이란 역설적으로 자공이 천명을 받아들이지 않았음에도 중화에 이르게 할 수도 있다는 것을 공자는 말한 것이라고 볼 때 좀 더 음미할 필요가 있는 구절이다. 덜 유가적이었던 사마천은 그래서 같은 「화식열전」 '자공' 편에서 이 인용문 대신에 공자가 자공 덕에 세상에 이름이 날 수 있었다고 쓰고 있다. 반고(班固)는 그 부분을 빼고 이 공자의 말을 인용했다. 서로 간의 입장 차이가 확연히 보이는 대목이다.

오지현(烏氏縣)의 영(嬴)은 목축업을 했는데 가축이 많아지자 모두 팔아서 각종 비단 옷감을 구해서 몰래 융(戎)의 왕에게 바쳤다. 융의 왕은 10배로 보상했는데 영은 가축을 길러 골짜기 단위로 셀 정도가 됐다. 진시황(秦始皇)은 영을 봉군처럼 대우해 때마다 조정 대신들과 함께 만나보았다.

파군(巴郡)의 과부인 청(淸)은 그 선조가 단사(丹砂) 광산을 얻어 몇 대째 그 이익을 독점해 가산이 헤아릴 수 없을 정도였다. 청은 과부였으나 가업을 유지하고 재산으로 자신을 지켜내 침범당하지 않았다. 진시황은 정조가 있는 부인으로 여겨 그녀를 손님처럼 대하는 한편 그녀를 위해 여회청대(女懷淸臺)를 지어주었다.

진나라와 한나라의 제도에서는 열후로서 봉군(封君)된 자는 영지의 조세를 식읍으로 하는데[食] 해마다 가구당 200전을 거뒀다. 1,000호의 군(君)이라면 20만 전인데 그것으로 조근(朝覲)하고 손님을 접대하고 제사를 지내는 비용으로 썼다. 서민 중에서 농민, 공인, 상인의 경우 또한 원금 1만 전에 대한 이자가 2,000전이었으니 100만 전을 가진 사람이라면 20만 전을 거둘 수 있었는데 거기서 다시 요역과 조세와 부역의 비용을 내더라도 입고 먹는 것은 아주 좋았다. 그래서 말하기를 "육지의 목축으로는 말 50필, 소 167두, 양 250마리, 연못에 돼지 250마리가 있거나 물가에는 해마다 물고기 1,000석(1석은 120근), 산에는 1,000장(章)의 큰 나무가 있는 것과 같다네. 안읍(安邑)에서는 대추나무 1,000주, 연(燕)과 진(秦)에서는 밤나무 1,000주, 촉군과 한중군, 강릉(江陵)에서는 귤나무 1,000주, 회수(淮水)의 북쪽과 형택(滎澤)의 남쪽 및 하수(河水)와 제수(濟水) 지방에서는 가래나무 1,000 주, 진현(陳縣)과 하현(夏縣)의 옻나무 밭 1,000무(畝), 제(齊)와 노(魯)에서는 뽕나무나 삼 밭 1,000무, 위수(渭水)에서는 대나무 밭 1,000무, 그밖에 이름 있는 나라의 1만 호 성읍에서는 근교에 1무에 1종(鐘)을 수확할 수 있는 1,000무의 밭, 1,000두둑의 생강이나 부추 밭을 가진 사람은 그 수입이 봉읍 1,000호의 후(侯)와 같다"라고 했다.

속담[諺]에도 "가난한 사람이 부자가 되려 할 때 농사는 수공업만 못하고 수공업은 장사만 못하며 손바느질은 시장의 장사만 못하다"라고 했듯이 이 말은 상공업[末業]이 가난한 사람의 밑천[資]이 된다는 뜻이다.

대도시라면 1년에 술 1,000항아리, 식초와 간장 1,000병, 소·양·돼지를 각각 1,000마리 도축하고, 곡식 1,000종(鍾)을 팔고, 1,000수레의 땔감을 소비하고, 전체 1,000장(丈) 길이의 배에 실은 땔감용 건초, 목재 1,000장(章), 대나무 대 1만 개, 말이 끄는 수레 100대, 소가 끄는 우차 1,000대, 칠기 1,000건, 구리 그릇 1,000균(鈞), 나무그릇·철그릇·치자나무꽃이나 꼭두서니꽃 1,000섬, 말 200마리, 소 500마리, 양이나 돼지 각 2,000마리, 노비 100명, 짐승 힘줄과 뿔과 단사, 1,000근의 비단, 솜, 모시 1,000균, 색이 있는 비단 1,000필, 거친 삼베와 피혁 1,000석, 옻 1,000말, 누룩과 메주 각 1,000홉, 복어와 갈치 각 1,000근, 건어물 1,000섬, 자반 1,000균, 대추와 밤 각 3,000석, 여우와 담비의 갖옷 각 1,000장, 염소와 양의 갖옷 각 1,000석, 털자리 1,000장, 과일과 야채 각 1,000종 등을 팔면 1,000관을 얻게 된다. 중간에 욕심 많은 상인은 1/3을 이자로 취하고 양심 있는 상인은 1/5을 이자로 취한다. 이들의 수입은 1,000승의 집에 비할 수 있는데 대체적인 정황이 이렇다.

촉군(蜀郡) 탁씨(卓氏)의 선조는 조(趙)나라 사람으로 제련업으로 치부했다. 진(秦)나라가 조나라를 공격해 탁씨를 촉 땅으로 이주시켰는데 부부 두 사람은 수레를 밀면서 이사 갔다. 이주하는 자들 중에 재물이 조금이라도 남은 자들은 다투어 관리에게 재물을 바치고 가까운 곳으로 가게 해 달라고 구걸해 가맹현(葭萌縣)에 머물렀다. 유독 탁씨만은 "이곳은 땅이 좁고 척박하다. 내가 듣기에 민산(汶山) 아래는 땅이 기름져 큰 감자가 많이 나서 굶어 죽을 일은 없으며, 사람들이 베를 짜서 시장에서 사고팔기를 잘하니 장사하기에 편하다고 하더라"라고 하고는 먼 곳으로 가겠다고 했다. 임공(臨邛)으로 보내지자 크게 기뻐하며 바로 철광산에서 철을 제련하는 한편 여러 가지 계책을 운용해 전(滇)과 촉 지역의 인민들을 자기 쪽으로 끌어들이니 그 부가 노복 800명에 이르렀고, 전원과 연못에서 사냥하고 고기 잡는 즐거움이 군(君)과 맞먹었다[擬].

정정(程鄭)은 산동(山東)에서 이주한 포로였다. 역시 제련업을 했고 머리를 방망이 모양으로 틀어 올린 (서남이) 사람들과 교역했다. 부가 탁씨와 견줄 만했다[埒].

정(程)과 탁(卓)이 이미 쇠퇴하고 나서 성제와 애제 연간에 이르러 성도(成都)의 나부(羅裒)가 거만의 재산을 모았다. 애초에 부(裒)는 경사에서 장사를 하면서 몸에 수십 내지 수백만 전을 갖고 다녔는데 평릉현의 석씨(石氏)에게 돈을 맡겼다. 그 사람은 힘이 셌다. 석씨는 그 돈을 여씨(如氏)나 저씨(苴氏)에게 빌려주었는데 부는 그를 믿고서 많은 돈을 맡겼고 파촉을 왕래하며 장사를 하게 해 수년 동안 1,000여만 전을 벌었다. 부는 그 돈의 절반가량을 곡양후(曲陽侯-왕근)와 정릉후(定陵侯-순우장)에게 뇌물로 바치고서 그 권력에 기대 여러 군국에 고리대금을 놓았는데[賖貸] 감히 떼먹는 사람이 없었다. 또 염정(鹽井)의 이익을 독점해 1년에 두 배 이상 벌어들여 마침내 그 재산을 크게 늘렸다.

(하남) 완(宛) 땅의 공씨(孔氏)의 선조는 양(梁)나라 사람으로 야철을 업으로 삼았다. 진(秦)나라가 위(魏)나라를 멸망시키고 공씨를 남양(南陽)으로 이주시켰는데 그곳에서 대규모 제련업과 저수지와 제방 사업을 했다. 제후들과 놀면서 그것을 통해 장사의 이익을 얻었는데 유한공자(游閑公子)라는 명성을 얻었다. 그러나 이득을 크게 남기고 잘 아꼈기에 집안의 재산은 수천 금에 이르렀고 그 때문에 남양의 장사꾼들은 죄다 공씨의 온화한 포용심을 본받으려 했다.

제(齊)의 습속은 노비를 천시했으나 초한(刀閑)〔○ 사고(師古)가 말했다. "刀는 발음이 (도가 아니라) 초(貂)다."〕만은 노비를 아끼고 귀하게 여겼다. 용맹하고 교활한 노예는 사람들이 두려워했는데 유독 초한이 그들을 거두어 생선과 소금을 거래해 이익을 보게 하니, 심지어 말과 수레를 잔뜩 몰고 가서 태수나 제후국의 재상들과 교류할 정도였다. 그럴수록 그들을 더욱 신임했고 결국은 그들의 힘을 빌려 수천만 금의 부를 쌓았다. 이 때문에 '고관대작과 부딪칠지언정 초한의 노비들은 만나지 말라'라는 말까지 나왔다. 호탕한 노비들을 잘 부려 그들의 힘을 다하게 함으로써 자신도 부자가 됐다는 말이다. 초한이 이미 쇠퇴하자 성제와 애제 연간에 임치(臨淄)의 성위(姓偉)의 재산이 5,000만 전에 이르렀다.

주(周)나라 사람들은 원래 인색했는데 사사(師史)는 더욱 심해 수레 100여 량을 동원해 군국을 돌면서 장사를 해 이르지 않는 곳이 없었다. 낙양은 제(齊)와 진(秦), 초(楚)와 조(趙)의 중앙에 위치하고 있어 가난한 사람은 부잣집에서 일을 배웠다. 이들은 오랫동안 외지에서 장사하는 것을 서로 자랑했는데 낙양을 몇 차례 지나면서도 자기 집에 들르지 않았다. 이들에게 일을 나누어 맡겨서 사사는 억만금을 치부할 수 있었다.

사사가 이미 쇠퇴하자 성제와 애제 그리고 왕망의 시기에 낙양의 장장숙(張長叔), 설자중(薛子仲)의 재산 또한 억만에 이르렀다. 망이 이들을 모두 납언사(納言士)로 삼아 무제(武帝)를 본받으려 했지만〔○ 사고(師古)가 말했다. "무제가 복식(卜式), 동곽(東郭), 함양(咸陽), 공근(孔僅) 등을 써서 관리로 삼았던 일을 말한다."〕 그러나 결국 그 이득은 보지 못했다.

선곡(宣曲) 임씨(任氏)의 선조는 본래 독도(督道)의 창고를 관리했다. 진(秦)나라가 패망하자 호걸들은 죄다 금과 옥을 쟁취했으나 임씨만은 창고의 식량을 땅에다 파묻어두었다. 초와 한이 형양(滎陽)을 사이에 두고 서로 맞서자 백성들은 농사를 지을 수 없었고 쌀 한 섬이 1만 전이나 나갔다. 이에 호걸들의 금과 옥은 모두 임씨 차지가 됐고 임씨는 이것으로 부를 일으켰다. 부자들이 다투어 사치를 일삼을 때 임씨는 몸을 낮추고 근검절약하면서 농사와 목축에 힘썼다. 농사짓고 목축하는 사람들은 값이

싼 것을 쟁취하려 했지만 임씨는 비싸도 품종이 좋은 것을 샀고 그 부는 몇 대를 갔다. 임공(임씨의 아버지)은 자기 땅과 가축에게서 나온 것이 아니면 먹고 입지 않고, 공사(公事)가 끝나지 않으면 술과 고기를 먹지 않는다는 집안의 규칙을 지켰다. 이 때문에 마을의 모범이 됐고 그래서 부자인데도 상이 그를 존중했다.

변방이 개척되면서 오직 교요(橋姚)라는 사람만이 말 1,000필, 소는 그 두 배, 양 1만 마리가 됐고 1만 종에 이르는 곡식을 갖고 있었다.

오초(吳楚)를 비롯한 7국이 군대를 일으키자 장안의 제후들과 봉국의 국군들이 군을 따라 출정하면서 고리대금업자들에게 돈을 빌려야 했다. 그러나 돈 가진 자들은 관동(關東)의 성패가 확실치 않다며 돈을 빌려주려고 하지 않았다. 오직 무염씨(毋鹽氏)만이 1,000금을 내어 빌려주었는데 그 이자가 월 10분의 1이었다. 석 달 뒤에 오초의 난이 평정됐다. 1년도 못 돼 무염씨는 10배의 이자를 받았는데 이는 관중(關中) 전체의 부와 맞먹었다.

관중의 부유한 상인들은 대부분 전씨(田氏) 집안으로 전색(田牆), 전란(田蘭) 등이다. 그밖에 위가(韋家) 지역의 율씨(栗氏), 안릉(安陵)과 두씨(杜氏) 역시 억만금을 지녔다. 이전의 부자들이 쇠퇴한 뒤로 원제와 성제에서 왕망에 이르기까지 경사 일대의 부자로는 두릉의 번가(樊嘉), 무릉의 지망(摯網), 평릉의 여씨(如氏)와 저씨(苴氏)가 있고 장안에는 단(丹)의 왕군방(王君房), 메주 상인 번소옹(樊少翁)과 왕손대경(王孫大卿)이 천하의 큰 부자였는데 번가는 5,000만, 그 나머지는 모두 거만의 재산가였다. 왕손경은 재산을 가지고 선비들을 길러 영웅호걸들과 교류했고 왕망은 그를 경사시사(京司市師)로 삼았는데 이는 한나라의 사동시령(司東市令)이다.

이상은 부호들 중에서도 특히 두드러졌던 사람들이다. 나머지는 여러 군국의 부자들로 이런저런 사업을 겸하면서 이익을 독점하고 재물을 뇌물로 제공하며 힘을 쓴 자들인데 이들은 이루 다 헤아릴 수 없다. 그리하여 진양(秦楊)은 농사로 한 주(州)에서 으뜸가는 부자가 됐고, 옹백(雍伯)은 우지(牛脂)를 팔아 향리에서 제일 큰 부자가 됐으며, 장씨(張氏)는 장유(醬油)를 팔아 분수에 넘치는 사치를 했고, 탁씨(濁氏)는 동물 위장을 육포로 떠서 팔아 좋은 수레를 탔으며, 장리(張里)는 짐승의 병을 고쳐 종과 북을 울리고 살았는데, 모두가 예법에 어긋한 일이었다. 그러나 자신의 본업을 잘 지키고 오랫동안 이익을 축적하며 점차로 집안을 일으킨 사람들이다.

촉군의 탁씨, 완의 공씨, 제의 초한 등은 공적으로 산천과 구리나 철광산, 어장이나 소금의 시장에 진입해 계획을 세워 운영하면서 위로는 왕자(王者)와 이익을 다투고 아래로는 백성을 구제할 생업을 독점하고서 모두 법도에 어긋나고 분에 넘치는 사치를 하는 죄악을 저질렀다. 심지어 남의 무덤을 도굴하거나 도박을 하는 등 법을 어기면서 부자가 된 곡숙(曲叔)이나 계발(稽發), 옹락성(雍樂成) 같은 무리들도 함께 부자의 반열에 올라 교화를 해치고 풍습을 무너뜨렸으니 큰 어지러움을 불러온 도리[大亂之道]라 할 것이다.

권
◆
92

유협전
游俠傳

옛날에 천자가 나라를 세우고[建國] 제후들이 집안을 세워[立家] 경대부로부터 서민에 이르기까지 각각 차등이 있었기 때문에 이로 인해 백성들은 복종해 그 위를 섬겼고 아랫사람들은 위에 대해 원망하는 마음을 품지 않았다. 공자가 말하기를 "천하에 도리가 있으면 정사가 대부에게 있지 않다〔○ 사고(師古)가 말했다. 『논어(論語)』 「계씨(季氏)」 편에 나오는 말이다. 권력이 아래로 내려가지 않는다는 말이다."〕"라고 했다. 백관과 유사(有司)는 법을 받들고 명령을 이행함으로써 자신들의 맡은 직분을 다하고 직분을 잃으면 주벌이 있었고 남의 직분을 넘보면 처벌이 있었다. 무릇 그러했기에 위아래가 서로에 대해 고분고분했고 모든 일들이 잘 다스려졌다[理=治].

주(周)나라 왕실이 이미 쇠미해지자 예악(禮樂)과 정벌(의 권한)이 제후들로부터 나왔다. 제나라 환공과 진나라 문공[桓文] 이후에 대부는 대대로 권력을 장악했고 배신(陪臣)이 명을 집행했다. 점점 더 왕도가 허물어져 전국시대에 이르자 (제후들은) 합종(合從)하고 연횡(連衡)하면서 힘에 의한 정치를 추구하며 강대국이 되려고 다투었다. 이로 말미암아 여러 나라들의 공자(公子)들을 보면 위(魏)나라에는 신릉군(信陵君)이 있었고 조(趙)나라에는 평원군(平原君)이 있었고 제(齊)나라에는 맹상군(孟嘗君)이 있었고 초(楚)나라에는 춘신군(春申君)이 있어 모두 왕공(王公)의 힘을 빌려[藉=借] 경쟁적으로 유협(游俠)을 자처하며 계명(雞鳴)이나 구도(狗盜)와 같은 하찮은 무리들까지 빈례(賓禮)로 대우하지 않는 경우가 없었다. 그리고 조나라 재상 우경(虞卿)은 나라를 버리고 주군을 배반하면서까지 빈궁에 처한 벗 위제(魏齊)의 환난을 구제해주었다. 신릉군 무기(無忌)는 병부(兵符)를 훔쳐내고 왕명을 위조하며 장수를 죽이고 교체하면서까지 조나라 평원군의 위급함을 타개해주었다. 이로 인해 그들은 제후들에게 중시됐고 천하에 이름을 드날렸다. 팔을 잡아 서로 격려하며 유협을 말하는 자들은 이들 네 호걸을 첫째로 꼽았다. 이에 공(公)을 버리고 (사사로운) 당(黨)을 위해 죽겠다는 의견들이 형성돼 직위[戰=職]를 지켜 임금을 받들겠다는 의리는 폐기돼버렸다.

한(漢)나라가 일어나기에 이르러서도 금령과 법망[禁網]은 느슨했고 아직 그것들이 바로잡히거나 고쳐지지 않았다. 이 때문에 대(代)나라 재상 진희(陳豨)를 따르는 수레는 1,000승이나 됐고 오왕 비(濞)와 회남왕은 모두 1,000여 명에 이르는 빈객들을 불러들였다. 외척 대신 위기(魏其-위기후 두영)나 무안(武安-무안후 전분) 같은 부류는 경사에서 경쟁하며 다퉜고, 포의로서 유협인 극맹(劇孟), 곽해(郭解) 같은 무리는 향리에서 마구 내달렸으며, 그들의 권세는 1개 주를 휩쓸 정도여서 공후(公侯)라도 힘으로 꺾어버렸다. 많은 사람들은 그들의 명성과 행적을 영광으로 여기며 행적을 살펴가면서 흠모했다. 심지어 사형을 당하거나 스스로 몸을 죽여 이름을 이루려 했으니 (공자의 제자인) 계로(季路-자로)나 (송나라 대부) 구목(仇牧)은 죽으면서도 조금도 후회하지 않았다. 그래서 (공자의 제자인) 증자(曾子)는 말하기를 "위에서 도리를 잃어 백성들이 뿔뿔이 흩어진 지 오래됐다"[1]라고 했다. 눈 밝은 임금이 위에 있으면서 간악한 자들을 잘 살펴 예법으로써 가지런히 하지 않는다면 백성들이 어찌[曷] 금하는 바를 알아서 바른 길로 돌아올[反正] 것인가!

옛날의 바른 법도로 보자면 오패(五伯)는 삼왕(三王)의 죄인이고 (전국시대의) 육국(六國)은 오패의 죄인이다. 무릇 네 호걸은 또한 육국의 죄인이다. 하물며 곽해의 무리는 필부의 별 볼일 없는 신분으로 살생의 권한을 훔쳐 마구 휘둘렀으니 그 죄는 이미 주살을 당하고도 남음이 있다. 그런데 (그들이) 온량한 마음으로 널리 대중들을 아껴주어 곤궁한 사람들을 도와주고 겸양하며 뒤로 물러서서 스스로 자랑을 하지 않은 것[不伐]을 살펴본다면 이 또한 모두 특이한 자세라 할 수 있다. 그러나 아쉽게도 도리와 다움[道德]의 경지에 들지 못했고 다만 말류에 마구 자신을 맡겼을 뿐으로, 자신을 죽이고 집안을 망하게 했으니[殺身亡宗] 불행이 아니겠는가!

위기(魏其), 무안(武安), 회남(淮南) 이후로 천자가 절치부심하자 위청이나 곽광은 고쳐서 절조를 지켰다. 그러나 군국의 호걸들은 곳곳에 널려

---

1 『논어(論語)』 「자장(子張)」 편에 나오는 말이다.

있었고 경사에 있는 친척들이 도로에서 관(冠)과 수레 덮개가 서로 잇닿을 만큼 긴밀히 연계를 맺는 것 또한 고금의 일정한 도리였으니 족히 말할 것이 못 된다. 그런데 특히 성제(成帝) 때에는 외가인 왕씨의 빈객들이 성대했고 (그들 중) 누호(樓護)는 장수가 됐다. 왕망 때에 이르러서는 여러 공자들 사이에 진준(陳遵)이 영웅이었고 시골 마을의 협객으로서는 원섭(原涉)이 우두머리[魁]였다.

주가(朱家)는 노(魯)나라 사람으로 한나라 고조와 같은 때 사람이다. 노나라 사람들은 모두 유교(儒敎)를 배웠지만 주가는 협객으로 이름을 냈다. 숨겨서 살려준 호걸들이 100여 명이었고 그 나머지 보통 사람들은 말로 이루 다할 수 없이 많았다. 그러나 끝까지 자신의 능력을 떠벌리지 않았고 자신의 은덕을 내세우지 않았으며 자신이 베푼 사람들을 만나는 것을 꺼려했다. 넉넉지 못한 사람을 구제할 때는 가난하고 천한 사람부터 시작했다. 집에 남아도는 재물은 없었고 옷은 무늬가 보이지 않을 정도였으며 음식은 두 가지 이상을 먹지 않았고 타는 것도 소달구지가 전부였다.

오로지 남이 급할 때 달려가는데 자기 일보다 더 심각하게 여겼다. 일찍이 곤경에 빠진 계포(季布)장군을 남몰래 구해주었는데 포(布)가 나중에 귀하신 몸이 됐지만 죽을 때까지 계포를 만나지 않았다. 함곡관 동쪽 사람들로서 그와 사귀려고 목을 길게 빼지 않은 사람이 없었다. 초(楚)나라에는 전중(田仲)이 협객으로 소문이 났는데 주가를 아버지 섬기듯 하면서 스스로 주가에는 미칠 수 없다고 생각했다. 전중이 죽고 나자 극맹(劇孟)이 나왔다.

극맹(劇孟)은 낙양(洛陽) 사람이다. 주(周-낙양)나라 사람들은 장사하는 자질이 있었지만 극맹은 유협을 자처했다. 오(吳)와 초(楚)가 반란을 일으켰을 때 조후(條侯) 주아부(周亞夫)는 태위(太尉)로서 마차를 타고 동쪽으로 가서 하남(河南)에 이르러 극맹을 만나 크게 기뻐하며 말했다.

"오, 초가 대사를 일으키면서 극맹을 찾지 않았다니 그들이 무능해 이미 끝났다는 것을 내가 알겠다"라고 했다. 천하가 소란할 때 대장군이 극맹을 얻는다는 것은 적국 하나를 얻는 것과 같았다. 극맹의 행동은 주가와 대체로 비슷했지만 맹은 도박을 좋아했고 대부분 젊은이들과 어울렸다. 그러나 맹(孟)의 어머니가 죽자 먼 지방에서 문상하러 온 수레가 1,000여 대에 이르렀다. 맹이 죽은 뒤 집에는 재산이 10금도 안 됐다. 부리현(符離縣)의 왕맹(王孟) 역시 유협으로 장강과 회수 사이에 이름을 알렸다. 이 무렵 제남(濟南)의 한씨(瞯氏)와 진(陳)의 주부(周膚) 또한 호걸로 이름이 났다. 경제(景帝)가 이를 듣고는 사자를 보내 이 무리들을 모두 주살했다. 그 뒤에 대군(代郡)의 여러 백씨(白氏), 양(梁)나라의 한무피(韓母辟), (영천의) 양적현(陽翟縣)의 설황(薛兄), (섬주의) 섬현(陝峴)의 한유(寒孺) 등이 요란하게 다시 나타났다.

곽해(郭解)는 하내군(河內郡) 지현(軹縣) 사람으로 온현(溫縣)의 관상을 잘 보는 허부(許負)의 외손자다. 해(解)의 아버지는 임협(任俠-유협)으로 효문(孝文) 때 주살당했다. 해는 사람됨이 침착하고 강인하며 술은 마시지 않았다. 젊었을 때는 몰래 나쁜 짓을 많이 했고 기분이 나쁘면 직접 사람을 죽이는 일도 많았다. 목숨을 걸고 친구를 위해서 복수했고 도망친 사람들을 감추어주었으며 간악한 짓과 강도 짓도 서슴지 않았고 가짜 돈을 주조하고 남의 무덤을 파헤치는 일도 수없이 많았다. 그때마다 천운이 좋아 급한 궁지에서도 늘 빠져나왔는데 마치 사면을 받는 것과 같았다.

나이가 들면서 평소의 지조를 바꿔 검소해졌고 덕으로 원한을 갚았으며 두텁게 베풀면서도 대가를 바라지 않았다. 그러나 스스로 유협적인 행동을 즐겨 하는 것은 더 심해졌다. 남의 목숨을 구해주고도 그 공을 자랑하지 않았지만 음험한 마음이 발동하면 다른 사람을 눈을 부릅뜨고 째려보았다. 젊은이들은 그의 행동을 사모해 그를 위해 복수하고도 그에게 알리지 않았다.

해(解)의 누나 아들이 해의 위세를 등에 업고 누군가와 술을 마시다가 그에게 잔을 비우게 했는데 그가 더는 버티지 못하자 억지로 술을 따라주었다. 그 사람이 화가 나서 칼을 뽑아 해의 조카를 찔러 죽이고 도망쳤다. 해의 누나는 화를 내며 "누군가 내 아들을 죽였는데 옹백(翁伯-곽해의 자)도 범인을 잡지 못하는구나"라며 아들의 시체를 길에 버리고는 장례를 치르지 않으면서 해를 모욕 주려고 했다. 해는 사람을 시켜 범인의 거처를 알아내게 했다. 범인은 궁지에 몰리자 스스로 돌아와 사실대로 모든 것을 해에게 알렸다. 해는 "그대가 조카를 죽인 것이 당연했군. 내 조카가 옳지 못했다"라며 그 범인을 풀어주었다. 조카에게 죄가 있다고 말하고서 시신을 거둬 장례를 치렀다. 사람들이 이를 듣고는 모두 해의 의협심을 칭찬하면서 더욱 그를 따랐다.

해가 밖에 나가면 사람들은 모두 그를 피했는데 유독 한 사람이 양다리를 벌리고 앉아 그를 바라보았다. 해가 사람을 보내 그의 이름을 물어보게 하니 객(客)이 그를 죽이려 하자 해가 말했다.

"마을에 살면서 존경을 받지 못하는 것은 나의 다움[德]이 모자라서 그렇지 그가 무슨 죄가 있겠는가?"

곧바로 몰래 위사(尉史)에게 말했다.

"이 사람은 내가 소중히 여기는 사람인데 수자리를 교체할 때 빼주시오."

매번 수자리가 바뀔 때 몇 번 차례가 왔지만 관리는 그를 찾지 않았다. (그 사람이) 이를 이상하게 여겨 그 까닭을 물었더니 해가 그를 빼주었다는 것을 알게 됐다. 다리를 벌리고 앉아 있던 자는 웃통을 벗고 사죄했다. 젊은이들이 이를 전해 듣고는 더욱더 해의 행동을 사모했다.

낙양 사람 중에 서로 원수처럼 지내는 두 집안이 있었는데 성안의 현자와 호걸들이 이들을 화해시키려고 10명 이상 중재에 나섰지만 끝내 성공하지 못했다. 빈객이 해를 만나 그들의 화해 중재를 권유했다. 이에 해가 원수 사이인 두 집을 방문해 화해를 설득하자 해의 제의를 받아들였다. 이에 해가 말했다.

"제가 듣건대 낙양의 여러 인사들이 나서서 당신들을 화해시키고자 했으나 듣지 않았다고 하더군요. 이제 나의 말을 듣고 화해하시겠다니 다행입니다. 그런데 저 해는 다른 고을에서 온 자로서 어찌 이 고을 현사들의 권위를 뺏을 수 있겠습니까?"

그러고는 그날 밤 몰래 그곳을 떠났다. 또 그들에게 "일단은 제가 말한 대로 하지 마시고 제가 떠난 다음 낙양 인사들에게 중재에 나서게 해 그들의 말을 따르도록 하십시오"라고 말했다.

해는 사람됨이 몸집이 작고 공손하며 겸손해 외출할 때 거느리는 사람이 없었고 함부로 수레를 타고 현의 관청에 가는 일이 없었다. 가까운 군국(郡國)에 가서 남을 위해 일을 꾀할 때도 할 수 있는 일은 틀림없이 잘 해냈고 반면에 (자신이) 할 수 없는 일은 청탁한 사람이 만족할 만큼 잘 설득하고 술과 음식을 대접했다. 여러 사람들은 이 때문에 그를 중하게 여겼고 다투어 해가 불러주기를 원했다. 마을의 젊은이와 이웃 현의 현자, 호걸들이 밤에 해의 집을 지나갈 경우 늘 수레 10여 대가 멈추어 섰는데 해를 손님으로 초청해 자기 집으로 모시고 싶다는 사람들이었다.

(무제(武帝)가) 부호들을 무릉(茂陵)으로 이주시킬 무렵 해의 집은 가난해 거기에 해당하지 않았지만 관리는 겁을 먹고 감히 옮기지 않을 수 없었다. 위장군 위청(衛靑)장군이 "해의 집은 가난해 이주시키기에는 적절치 않습니다"라고 했다. 상은 "평민인데 장군이 그런 말을 하는 걸 보니 그 집안이 가난하지 않은 것이오"라고 하니 해의 집은 마침내 이주하게 됐다. 여러 사람들이 (곽해를) 환송하기 위해서 내놓은 돈이 1,000만 전을 넘었다. 지(軹) 사람인 양계주(楊季主)의 아들은 현의 연(掾)이었는데 그가 여러 사람들이 전송하려는 것을 막자 해의 형의 아들이 이 현리 양씨의 목을 잘랐다.

해가 관중(關中)에 들어오자 현자나 호걸들은 그를 알든 모르든 그의 명성을 듣고서 다투어 해와 사귀려 했다. 얼마 뒤에 마을 사람이 양계주를 죽였는데 양계주 집 안에서 글을 올리자 누군가가 궁궐 앞에서 글을 올리러 온 그 사람을 또 죽였다. 상이 이를 듣고는 관리를 시켜 해를 체포하게 했다. 해는 도망을 쳐서 어머니와 집안 식구들을 하양(夏陽)에 두고 자신은 임진(臨晉)으로 갔다.

임진의 적소옹(籍少翁)은 본래 해를 알지 못했지만 해가 나갈 수 있게 해주었다. 적소옹이 이미 해를 내보내준 뒤에 해는 역마를 타고 태원(太原)으로 들어갔는데 도중에 지나는 곳마다 주인에게 자신이 갈 곳을 말해 주었다. 관리들이 그의 자취를 추적해 소옹(少翁)에게 이르렀는데 소옹은 자살함으로써 스스로의 입을 막았다. 오래 지나서 해를 붙잡았는데 엄하게 취조를 했으나 해가 사람을 죽인 사건들은 모두 사면령이 내려오기 이전의 일이라 해는 사면됐다.

지 땅의 한 유생이 사자를 모시고 함께 앉아 있었는데 (곽해의) 객이 해를 칭찬하자 유생이 말했다.

"해는 그저 국법을 어긴 자이거늘 어찌 뛰어나다[賢]는 것인가?"

객이 이 말을 듣고는 이 유생을 죽이고 혀를 잘랐다. 관리가 이것을 갖고서 해를 문책했으나 해는 실제로 그 살인자를 알지 못했고 살인자 또한 누구를 위한 살인인지를 알지 못했다. 결국 관리는 해는 무죄라고 보고했다. 어사대부 공손홍(公孫弘)이 말했다.

"해는 평민으로 유협을 자처하며 권력을 휘두르고 자신을 노려보기만 해도 사람을 죽입니다. 해가 (살인자를) 모른다고 하지만 이 죄는 해가 알고서 사람을 죽인 것보다 더 심하니 대역무도입니다."

마침내 해는 족멸당했다[族=族滅=夷滅].

이후로도 유협이라는 자들이 아주 많았으나 유협이라 꼽을 만한 사람은 별로 없었다. 그러나 그중에서 관중과 장안(長安)의 번중자(樊仲子), 괴리현(槐里縣)의 조왕손(趙王孫), 장릉(長陵)의 고공자(高公子), 서하(西河)의 곽옹중(郭翁中), 태원(太原)의 노옹유(魯翁孺), 임회(臨淮)의 예장경(兒長卿), 동양(東陽)의 진군유(陳君孺)가 비록 협객이기는 했으나 근신하며 물러설 줄 알고 겸양해 군자의 풍모를 지니고 있었다. 그러나 북도(北道)의 요씨(姚氏), 서도(西道)의 여러 두씨(杜氏), 남도(南道)의 구경(仇景), 동도(東道)의 타우공자(佗羽公子), 남양(南陽)의 조조(趙調)는 (노나라의 큰 도적인) 도척(盜跖) 같은 사람이면서 민간에 섞여 살았을 뿐이니 어찌 족히 거론할 수 있겠는가! 이들은 곧 옛날에[鄕者] 주가(朱家)도 부끄럽게 여기던 자들이다.

거장(萬章)〔○ 사고(師古)가 말했다. "萬는 발음이 (우가 아니라) 거(拒)다."〕은 자(字)가 자하(子夏)로 장안(長安) 사람이다. 장안이 한창 번성할 때[熾盛] 거리마다 호걸과 유협들이 있었는데 장(章)은 성의 서쪽 유시(柳市)에 살아 '성 서쪽의 거자하(萬子夏)'라고 불렸다. 경조윤의 문하독(門下督)이 됐는데 경조윤을 따라 전중(殿中)으로 들어가니 시중이나 제후, 그리고 귀인들이 다투어 장에게 인사를 하려고 했으나 (정작) 경조윤과 이야기를 나누는 사람은 없었다. 장은 멈칫거리며 크게 두려워했다. 그후에 경조는 두 번 다시 그를 데리고 다니지 않았다.

중서령 석현(石顯)과 서로 가까웠는데 역시 현(顯)의 권력에 힘입어 그의 문 앞에는 수레가 항상 줄을 이었다. 성제(成帝) 초에 이르러 석현은 권력을 독점해 권세를 좌지우지했던[專權擅勢] 죄에 연루돼 관직에서 쫓겨나 고향 군으로 유배를 갔다. 현의 재산[貲]은 거만이었는데 관직을 떠나게 되자 상석(床席), 기물(器物) 등 수백만 전어치를 남겨서 장에게 주려고 했지만 장은 받지 않았다. 빈객들이 혹 그 이유를 물으면 장은 탄식하며 말했다.

"내가 포의(布衣)로서 석군(石君)의 아낌을 받았는데 지금 석군의 집안이 풍비박산나도 그를 도울 힘이 없소. 그런데 그의 재물을 받는다면 이는 석씨의 재앙이면서 나에게는 도리어 복이 되는 것이오?"

여러 사람들은 이 때문에 탄복해 그를 칭송했다.

하평(河平) 연간에 왕존(王尊)이 경조윤이 돼 호걸과 유협들을 체포하고 깨뜨리면서 장을 비롯해 화살 만드는 장회(張回), 시장에서 술을 파는 조군도(趙君都), 가자광(賈子光) 등을 죽였는데 모두 장안의 이름난 호걸들로 원수를 갚아주거나 자객을 기른 자들이었다.

누호(樓護)는 자(字)가 군경(君卿)으로 제(齊)나라 사람이다. 아버지는 대대로 의원(醫員)이었는데 호(護)는 어려서 아버지를 따라 장안에서 의원이 돼 귀척의 집안들을 출입했다. 호는 의경(醫經), 본초, 방술 수십만 자를 줄줄 외웠기 때문에 (장안의) 장자(長者)들은 모두 그를 아끼고 중하게 여겨 모두 이렇게 말했다.

"군경과 같은 재주를 갖고 있으면서 어찌하여 벼슬할 공부[宦學]를 하지 않는가?"

그로 인해 아버지를 떠나 경전을 배웠고 경조의 관리로 여러 해 있으면서 심히 명예를 얻었다.

이때 왕씨(王氏)들이 바야흐로 성대해 빈객들이 문을 가득 채웠고 다섯 후(侯)의 형제들은 이름을 다퉜으며 그 빈객들은 각각 두터운 대접을 받았지만 서로 옮겨 다닐[左右=經過] 수는 없었는데 오직 호만은 그들의 집을 모두 다 다닐 수 있었고 모두로부터 환심을 샀다. 사대부와 친교를 맺으면 마음을 쏟지 않는 바가 없었고 장자와 교유를 할 경우에는 더욱더 친애함을 보였기 때문에 많은 이들이 이 때문에 감복했다. 사람됨은 체구가 작고 말을 잘했으며[精辯] 논의는 항상 명분과 절의에 바탕을 두었기 때문에 그것을 듣는 이들은 모두 삼가며 두려워했다. 곡영(谷永)과 함께 다섯 후의 상객(上客)이 되자 장안 사람들은 "곡자운(谷子雲-곡영)의 필찰(筆札)과 누군경(樓君卿)의 언변[脣舌]"이라고 말했는데 이는 그에 대한 믿음을 보여주는 것이다. 어머니가 죽었을 때 문상을 온 수레가 2,000에서 3,000량에 이르니 마을 사람들은 노래를 불러 "다섯 후가 누군경의 상을 치러주었다네"라고 했다.

오랜 후에 평아후(平阿侯-왕담(王譚))가 호를 방정(方正)으로 천거해 간대부가 됐고 군국에 사자로 나갔다. 호는 관에서 빈민들에게 물자를 빌려준 것을 감독했는데[假貸] 비단을 많이 싸가지고서 제(齊) 땅을 지나면서 조상들의 무덤에 글을 올려 청하고서 마침 종족이나 옛 친구들을 만나게 되면 친소(親疏)에 따라 비단을 나눠줬는데 하루에 (많을 때는) 100금의 비용을 지출했다. 사자의 임무를 마치고 돌아와 일을 보고하니 상의 뜻에 맞아[稱意] 뽑혀서 천수(天水)태수가 됐다. 몇 년 뒤에 면직돼 집안은 장안에 살았다. 이때 성도후(成都侯) 상(商-왕상)이 대사마 위(衛)장군이었는데 조회를 마치고 호의 집을 방문하고자 하니 주부(主簿)가 간언했다.

"장군께서는 지존의 몸이시니 마땅히 여항(閭巷-민간 마을)에 들어가서는 안 될 것입니다."

상은 듣지 않고 드디어 가서 호의 집에 이르렀다. 집이 협소해 관리들은 수레 옆에 서 있었고 시간이 흘러 하늘에서는 비가 내리려 하자 주부가 서조(西曹)의 여러 연(掾-하급 관리)들에게 일러 말했다.

"좀 더 세게 간언하지 않는 바람에 도리어 선 채로 민간 골목에서 비를 맞게 됐다."

상이 돌아오자 어떤 사람이 주부가 했던 말을 그대로 전했고 상은 서운하게 여겨 다른 직책으로 주부를 내쫓은 뒤에 종신토록 그를 쓰지 않았다[廢錮].

뒤에 호(護)는 다시 천거를 받아 광한(廣漢)태수가 됐다. 원시(元始) 연간에 왕망(王莽)이 안한공(安漢公)이 돼 정권을 독점하자 망(莽)의 장남 우(宇)는 손위 처남[妻兄] 여관(呂寬)과 모의해 망의 저택 문에 피를 발라 망에게 두려움을 느끼게 해서 정권을 (천자에게) 되돌리려 했다. 일이 발각되자 망은 크게 노해 우를 죽이고 여관은 달아났다. 관(寬)의 아버지는 평소 호와 서로 잘 알고 지냈는데 관이 광한에 이르러 호를 방문했는데[過] (관은) 일을 사실대로 말하지 않았다. 그가 온 지 며칠 지나 이름을 지목해[名] 관을 체포하라는 조서가 내려오자 호는 관을 붙잡았다. 망은 크게 기뻐해 호를 (조정으로 불러) 들어오게 해 전휘광(前輝光)〔○ 사고(師古)가 말했다. "망은 삼보(三輔)를 나눠 전휘광과 후승렬(後丞烈)을 두었다."〕으로 삼고 식향후(息鄉侯)에 봉했는데 이로써 호는 구경의 반열에 올랐다.

망이 섭위에 있을 때[居攝] 괴리현(槐里縣)의 큰 도적 조명(趙明), 곽홍(霍鴻) 등이 무리를 지어 일어나 전휘광의 관내에까지 세력을 뻗는 바람에 호는 이에 책임을 지고 면직돼 서인이 됐다. 그가 전휘광으로 있을 때 그의 작위와 질록, 뇌물로 들어온 것 등을 그 즉시 다 써버렸다. 이미 시골 마을에 물러나 지내게 됐을 때는 다섯 후는 이미 죽었고 그의 나이 또한 많아서 세력을 잃었고 빈객들도 점점 줄어들었다. 왕망이 천자의 자리를 찬탈하고 나자 옛 은혜를 생각해 호를 불러서 만나보고는 그를 봉해 누구리(樓舊里)의 부성(附城)〔○ 사고(師古)가 말했다. "망은 이를 작위의 이름으로 삼았는데 옛날의 부용국(附庸國)을 본뜬 것이다."〕으로 삼았다. 그리고 성도후 상의 아들 읍(邑)이 대사공이 되자 귀하고 높아지니 상의 옛 빈객이나 벗들은 모두 읍을 공경하며 섬겼는데[敬事] 오직 호만은 스스로 옛날의 절조를 그대로 하니 읍도 그를 아버지처럼 섬겼고[父事] 감히 예를 소홀히 하지 않았다. 이 무렵 한번은 읍이 빈객들을 청해 불러서 잔을 들어 "천자(賤子)가 장수를 비옵니다"라고 말했다. 자리에 앉았던 100여 명의 빈객들은 모두 자리에서 물러나 엎드렸지만 호만이 홀로 동쪽을 바라보고 정좌(正坐)하고서 읍의 자(字)를 부르며 이렇게 말했다.

"공자(公子)의 귀하신 몸으로 어찌 이러십니까?"

애초에 호에게는 오랜 벗 여공(呂公)이 있었는데 자식이 없어 호에게 신세를 지고 있었다[歸]. 호 자신은 여공과 함께, 그리고 아내는 여공의 처와 함께 식사를 했다. 호가 (관직에서 물러나) 집에 있게 되자 그의 처자식들은 자못 여공을 싫어했다. 호는 그것을 듣고서 눈물을 흘리며 그 처자식들을 꾸짖어 말했다.

"여공은 나의 옛 친구로 늙고 궁하게 돼 나에게 몸을 맡겼는데[託身=歸] 의리상 마땅히 잘 모셔야 한다."

드디어 여공이 죽을 때까지 봉양했다. 호가 졸(卒)하자 아들이 그 작위를 이어받았다.

　진준(陳遵)은 자(字)가 맹공(孟公)으로 두릉(杜陵) 사람이다. 할아버지 수(遂)는 자(字)가 장자(長子)로 선제(宣帝)가 (천자에 오르기 전) 한미했던 시절에 친분이 있어[有故] 서로 도박과 바둑을 두었는데 여러 차례 지는 바람에 노름빚을 졌다. 선제가 즉위하게 되자 수를 썼는데 점점 승진해 태원(太原)태수에 이르렀고 이에 수에게 새서(璽書)를 내려 말했다.

　'태원태수에게 제조(制詔)하노라. 관직은 높고 녹봉도 많으니 도박 빚을 갚아야 할 것이다. 그대의 아내 군녕(君寧)이 그때 곁에 있었으니 그 사정을 잘 알 것이다.'

　수는 이에 사례하며 이렇게 말했다.

　"그 일은 원평(元平) 원년 사면령이 있기 이전의 일입니다."

　그에 대한 선제의 두터움이 이와 같았다. 원제(元帝) 때 수는 불려와 경조윤이 됐고 정위(廷尉)에까지 이르렀다.

　준(遵)은 어려서 고아가 됐는데 장송백송(張竦伯松)과 함께 경조 사(史)가 됐다. 송(竦)은 널리 배우고 두루 통달해 청렴과 검소함으로 스스로를 지키는 바[自守]가 있었지만 준은 방종하고 어디에도 얽매이지 않아[不拘] 서로의 행실에 차이가 있었지만 서로 친한 친구가 돼 애제(哀帝) 말년에 둘 다 이름을 날렸고 젊은 관리들의 우두머리 역할을 했다. 나란히 공부(公府)에 들어갔는데 공부의 하급 관리들[掾史]은 모두 비쩍 마른 말이 끄는 초라한 수레를 타고 눈에 확 띄는 것을 숭상하지 않은 반면에 준(遵)만이 홀로 수레와 말, 그리고 의복의 화려함을 좋아해 문 밖에서 거기(車騎)

가 교차하곤 했다. 또 날마다 외출해서는 술에 취해 돌아와 부서의 업무를 여러 차례 폐기하곤 했다. 서조(西曹)가 선례에 따라 적발했고 부하 관리가 관사에 와서 준에게 건의해 말했다.

"진경(陳卿)께서는 오늘 아무 일로 적발당하셨습니다."

준이 말했다.

"100번을 채우거든 그때 알려주시오."

전례에 따르면 100번 적발된 자는 배척을 당했는데 100번을 채우자 서조에서 그를 배척할 것을 청했다. 대사도 마궁(馬宮)은 큰 유학자로 선비들을 두텁게 예우했기에 더욱이 준을 존중해 서조에 일러 말했다.

"이 사람은 도량이 큰 선비인데 어찌 작은 법령[小文]으로 그를 문책하는가?"

마침내 준을 천거해 삼보 중에서도 아주 다스리기 험한 현도 잘 다스릴 수 있을 것이라 하니 (우부풍의) 욱이(郁夷)현령으로 삼았다. 얼마 뒤에 부풍(扶風)과 뜻이 맞지 않아 스스로 관직을 그만두고 떠났다.

괴리현(槐里縣)의 큰 도적 조명(趙明), 곽홍(霍鴻) 등이 무리를 지어 일어났을 때 준은 교위(校尉)가 돼 명(明)과 홍(鴻)을 쳐서 공로를 세워 가위후(嘉威侯)에 봉해졌다. 장안에 살 때 열후, 근신, 귀척들은 모두 그를 중하고 귀하게 여겼다. 목사나 군수로서 지방관으로 나가거나 군국의 호걸들 중에 경사를 찾는 이들 중에서 그때마다 준의 집을 방문하지 않는 사람들이 없었다.

준은 술을 좋아해 매번 크게 마셨는데 빈객들이 집 안을 가득 채우면 문득 문을 닫아버리고 손님들의 수레바퀴에 끼는 굴대의 고정 못을 뽑아

우물에 던져버려 아무리 급한 일이 있어도 끝내 나갈 수가 없었다. 일찍이 부자사(部刺史)가 일을 아뢸 게 있어 준을 방문했다가 마침 한창 술을 마실 때라 자사가 큰 곤란에 빠진 적이 있는데 준이 크게 취한 때를 틈타[候]준의 어머니에게 달려 들어가 머리를 숙이고서 상서(尙書)와 만나기로 한 약속을 직접 설명하자 어머니가 이에 뒷문을 통해 내보내주었다. 준은 대부분 늘 취해 있었으나 그렇다고 또한 일을 내팽개치지는 않았다.

키가 8척이 넘었고 긴 얼굴에 코도 커서 용모가 참으로 당당했다[偉]. 주요 경전이나 각종 기록들을 대략 섭렵했고 문사(文辭)가 풍부했다. 천성적으로 책을 좋아하고 사람들에게 책이나 글[尺牘]을 주었을 때 그 사람이 그것을 보관하면 영광으로 여겼다. 그가 부탁을 하면 사람들은 감히 거절하지 못했고 그가 가는 곳마다 의관을 갖춘 이들이 그를 불러 예를 갖춰 대접하면서 오직 제대로 대우하지 못하면 어떻게 할까만을 걱정했다. 이때 열후 중에 준과 같은 성(姓)과 자(字)를 쓰는 사람이 있었는데 (그 사람이) 매번 다른 사람의 집을 방문할 때마다 "진맹공(陳孟公)이 왔습니다"라고 하면 자리에 있던 사람들 중에 놀라지 않는 사람이 없었는데 정작 보면 진준이 아니었기 때문에 그다음부터는 사람들이 그에 대해서는 (좌중의 사람을 놀라게 한다고 해서) 진경좌(陳驚坐)라고 불렀다고 한다.

왕망은 평소 준의 재주를 기이하다고 여겼고 높은 자리에 있는 사람들 중에 많은 이들이 그를 칭찬하고 높였기 때문에 이로 말미암아 그를 (평민에서) 일으켜[起] 하남(河南)태수로 삼았다. 이미 부임하게 되자 종사(從史)를 서쪽으로 보낼 일이 생겼는데 이에 글씨를 잘 쓰는 관리 10여 명을 불러서 경사의 벗들에게 감사의 사신(私信)을 쓰게 했다. 준은 안석에 기

대어[馮=憑] 서리들에게 구술했고 또 관청의 업무를 결재하면서 편지 수
　　　풍　빙
백 통을 친소(親疏)에 따라 각기 뜻을 달리해 쓰게 하니 하남(河南)(사람
들)이 크게 놀랐다. (그러나) 몇 달 뒤에 면직됐다.

　애초에 준이 하남태수일 때 아우 급(級)도 형주(荊州)목사로 관직을 맡
고 있었는데 두 사람이 장안의 부자인 고(故) 회양왕(淮陽王)의 외가인 좌
씨(左氏) 집에 들러 술을 마시고 즐겼다. 뒤에 사직(司直) 진숭(陳崇)이 이
를 듣고서 탄핵하는 주문을 올렸다.

　'준(逡) 형제는 상의 총애를 얻고 은혜를 입어 서열과 직위를 뛰어넘어
특진을 해 진준은 열후(列侯)에 올라 군수가 됐고 진급은 주목(州牧)의 자
리에 올랐으니 두 사람 다 곧은 자를 들어 올리고 굽은 자를 잘 살펴 골
라내[擧直察枉] 폐하의 교화[聖化]를 널리 펴는 것이 그들의 직무인데 몸
　　　　거직　찰왕　　　　　　성화
을 바로 하지 않고 스스로 조심하지 않았습니다. 애초에 진준은 처음 제
배(除拜)되자 요란하게 장식한 가리개 수레[藩車]를 타고서 저잣거리[閭巷]
　　　　　　　　　　　　　　　　　　　　번거　　　　　　　　　여항
에 들어갔는데 과부 좌아군(左阿君)의 집을 방문했을 때 술과 음악을 베
풀었고 이때 진준은 일어나 춤을 추며 어깨를 들썩거렸고 좌석에 엎어졌
다가 해가 저물면 그 집에서 밤을 지내니 여종들에게 기대고 눕기까지 했
습니다. 진준은 술을 마시고 연회를 즐길 때에도 절도가 있다는 것을 알
고 있을 것입니다. 그리고 예법에 과부의 집 문에는 들어갈 수 없게 돼 있
습니다. 그런데도 심하게 술을 마시고 정신 줄을 놓아[混淆] 남녀의 분별
　　　　　　　　　　　　　　　　　　　　　　　　혼효
을 어지럽히고 작위를 가벼이 하며 욕되게 해 인끈을 수치로 더럽혔으니
어찌 차마 듣고 있을 수 있겠습니까? 신이 청컨대 두 사람 다 면직시켜야
합니다.'

준이 면직돼 장안으로 돌아오니 빈객들이 더욱 흘러넘쳤고 그는 자기 마음대로[自若] 먹고 마셨다. 오래 지나서 다시 구강(九江)과 하내(河內) 도위가 됐으니 모두 세 차례에 걸쳐 2,000석 관리를 지냈다. 한편 장송(張竦) 또한 단양(丹陽)태수에 이르러 숙덕후(淑德侯)에 봉해졌다. 뒤에 두 사람 모두 관직을 그만두고서 열후(列侯)의 자격으로 장안으로 돌아왔다. 송(竦)은 가난하게 살았고 빈객도 없었으며 간혹 일을 좋아하는 자들이 그에게 와서 의문 나는 일들을 바로잡아달라고 물어오거나[質=正] 경서를 논하고 말할 뿐이었다. 반면에 준의 경우에는 밤낮으로 사람들이 와서 떠들썩했고 수레와 말이 문 앞에 가득했으며 술과 고기가 끊임없이 이어졌다[相屬=連續]. 이에 앞서 황문랑 양웅(揚雄)이 '주잠(酒箴)'을 지어 성제(成帝)에게 은근히 간언했는데[諷諫] 그 글은 주객(酒客)을 내세워 법도를 따지는 선비를 힐난하는 것으로 사람을 사물에 비유했다.

'그대는 마치 술병과도 같네요

병이 놓여 있는 곳을 살펴보니

우물 주변[眉][○ 사고(師古)가 말했다. "눈썹[眉]이란 우물 주변을 말한다. 이는 마치 사람의 눈 바로 위에 눈썹이 있는 것과 같다."]이거나

높은 곳 아니면 깊은 곳에 있어 조금만 움직여도 늘 위태롭군요

청주는 말할 것도 없고 탁주도 입에 들어가기 어렵고

물을 가득 담아놓으면 좌우로 꼼짝도 할 수 없어

포승줄에 묶인 듯하네요

일단 막히거나 벽돌에 부딪히게 되면

몸을 황천에 던지고 골육은 진흙이 됩니다
그것이 어디에 쓰이는지를 보니 술 담는 자루[鴟夷]만도 못하네요
이 자루나 활계(滑稽)를 보면 배는 항아리처럼 큼지막하고 종일토록
술을 가득 채우고 있으며 사람들은 계속 술을 사다가 채웁니다
언제나 나라의 중요한 그릇으로 천자를 따르는 수레에 몸을 맡겨
양 궁(兩宮-천자와 태후의 궁)에 드나들며 조정에서도 경영한답니다
이로 말미암아 말하건대 술이 무슨 잘못이랍니까?'

준은 이 글을 크게 좋아하며 늘 장송에게 일러 말했다.

"나와 그대도 바로 이와 같소. 족하가 경서를 암송하며 늘 스스로를 다잡아[自約] 감히 도리에 벗어나는 일을 하지 않으려 하지만 나는 뜻을 마구 풀어놓아 내키는 대로 하고 세상을 따라 부침했지만 관작과 공명은 그대에게 뒤처지지 않았고 비록 혼자서 즐기는 즐거움이기는 해도 돌이켜보면 (내가) 더 낫지 않겠소!"

송이 말했다.

"사람마다 각자의 개성이 있는 것이니 그 길고 짧은 것이야 스스로 재량하는 것이지요. 그대가 나를 닮으려 해도 진실로 불가능하고 내가 그대를 닮으려 해도 그 또한 안 되는 것이지요. 그럼에도 불구하고 나를 따라 배우는 자는 쉽게 가질 수 있지만 그대를 따라 배우는 자는 어려울 것이니 내 쪽이 정상적인 길[常道]입니다."

왕망이 패망하자 두 사람은 함께 (좌풍익의) 지양현(池陽縣)으로 몸을 숨겼는데[客] 송은 적병(賊兵)에게 피살됐다. 경시(更始)가 장안에 들어오

자 대신들은 준을 천거해 대사마 호군으로 삼았는데 귀덕후(歸德侯) 유립(劉颯)〔○ 사고(師古)가 말했다. "颯은 발음이 (삽이 아니라) 립(立)이다."〕과 함께 흉노에 사신으로 갔다. 선우(單于)는 준을 위협해 투항시키려고 했으나 준은 그렇게 했을 경우의 좋은 점과 나쁜 점을 열거하며 그에게 곡직(曲直)을 다 말하자 선우는 그를 크게 기이하게 여겨 돌려보내주었다. 마침 경시가 패망하자 준은 삭방(朔方)에 그대로 머물렀는데 적에게 패했고 그때 술에 취해 살해됐다.

원섭(原涉)은 자(字)가 거선(巨先)이다. 할아버지는 무제(武帝) 때의 호걸로 (영천(潁川)의) 양적현(陽翟縣)에서 무릉(茂陵)으로 이주했다. 섭(涉)의 아버지는 애제(哀帝) 때 남양(南陽)태수를 지냈다. 천하는 크게[殷] 풍요로웠고 큰 군의 2,000석 관리가 재임 중에 죽으면[死官] 부렴으로 장례 비용에 보내는 돈이 1,000만 전 이상으로 처자는 그것을 모두 받아서 집안 생계를 안정시킬 수 있었다. 그때는 또한 3년상을 행하는 사람이 드물었다. (그런데) 섭은 아버지가 죽자 남양에 보내온 부의를 사양하며 모두 돌려보냈고 무덤 옆 여막에서 3년상을 지냈는데 이로 말미암아 경사에까지 그의 이름을 떨쳤다. 장례를 마치자 부풍이 그를 불러서 의조(議曹)로 삼았고 고위 관리들[衣冠]은 그를 흠모해 잔뜩 몰려들었다[輻輳]. 대사도 사단(史丹)은 그가 골치 아픈 현도 잘 다스릴 것이라며 천거해 (좌풍익의) 곡구(谷口)현령이 됐는데 이때 그의 나이 20세 남짓이었다. 곡구에서는 그의 이름을 듣고서 아무런 말을 하지 않아도 잘 다스려졌다.

이에 앞서 섭의 작은아버지가 무릉의 진씨(秦氏)에게 피살됐는데 섭이 곡구현령이 된 지 반년쯤 지났을 때 스스로를 탄핵해 직위를 버리고 복수를 하고자 했다. 곡구의 호걸이 그를 위해 진씨를 죽여주었기 때문에 1년여 동안 도망을 다니다가 사면령을 만나 세상에 나왔다. 군국의 여러 호걸 및 장안과 오릉(五陵)〔○ 사고(師古)가 말했다. "장릉(長陵), 안릉(安陵), 양릉(陽陵), 무릉(茂陵), 평릉(平陵)을 말한다."〕의 여러 기개와 절의가 있는 사람들이 모두 그를 흠모해 몸을 의탁했다. 수는 드디어 몸을 기울여 [傾身] 그들을 예우해 그 사람이 뛰어나건 그렇지 않건 똑같이 대해주니 경신
문 앞이 언제나 붐볐으며 그가 사는 마을에는 빈객들로 가득했다. 어떤 사람이 섭을 기롱해 말했다.

"그대는 본래 2,000석 관리의 자손으로 머리를 묶으면서부터 스스로를 닦았고 상례에 재물을 사양해 이름을 날렸는데 다른 것도 아니고 원수를 갚는다며 새로운 원수를 만들었으니 아직 어짊과 의로움을 잃어버리지는 않았지만 어찌하여 결국 방종하며 가벼이 협객의 무리가 되려는 것입니까?"

섭이 답해 말했다.

"당신 홀로 민간의 과부를 보지 못한 것입니까? 처음에 과부가 돼 스스로 다짐할 때는 결국 송백희(宋伯姬)나 진효부(陳孝婦)를 사모하지만 불행하게도 일단 도적에게 더럽혀지고 나면 드디어 음행을 하게 되는 것이니 그것이 예가 아님을 알지만 스스로 바른 도리로 돌아오지 못하는 것입니다. 나도 이와 같은 것이오."

섭은 스스로 전에 남양에서 보내온 부의를 사양해 그 자신은 명성을 얻었지만 선친의 분묘를 검약하게 한 것은 효가 아니라고 생각했다. 이에

분묘를 대대적으로 수리해 거기에 주각(周閣)과 중문(重門)을 설치했다. 애초에 무제(武帝) 때 경조윤 조씨(曹氏)는 무릉에 묻혔는데 백성들은 그 길을 경조천(京兆仟)이라고 불렀다. 섭은 그것을 흠모해 마침내 땅을 사들이고 길을 열어 남양천(南陽仟)이라는 푯말을 세워놓았는데 정작 사람들은 그것을 따르려 하지 않고 그것을 원씨천(原氏仟)이라고 불렀다. 거기에 들어간 비용은 모두 부자나 높은 사람들이 댔고 그 자신은 의복이나 수레를 겨우 갖출 정도일 뿐이어서 처자식은 안으로 곤궁했다. 왜냐하면 그는 전적으로 빈궁한 사람들을 위해 베풀거나 남의 위급한 일을 돕는 데만 힘을 썼기 때문이다.

어떤 사람이 일찍이 술자리를 베풀어 섭을 초청하니 섭이 마을에 들어갔는데 다른 빈객이 말해주기를 섭이 알고 있던 사람의 어머니가 병에 걸려 피병을 위해 그 마을의 집에 있다고 했다. 섭은 즉각 가서 문병을 하려고 그 집 문을 두드렸다. 집 안에서 곡소리가 나니 섭은 그대로 들어가 조문을 하고서 상사(喪事)에 관해 물었다. 집 안에는 아무런 재산도 없다고 하자 섭이 말했다.

"일단은 집 안을 깨끗이 청소하고 시신을 목욕시킨 다음에 내가 올 때까지 기다리시오."

그러고는 자신을 초청한 주인에게 가서 여러 빈객들을 보며 탄식해 말했다.

"아는 사람의 모친이 돌아가셨는데 시신을 수습하지도 못하고 있으니 내가 무슨 마음으로 여기서 음식을 마주할 수 있겠습니까? 바라건대 술과 음식을 치워주시겠습니까?"

빈객들은 자신들이 무엇을 할 수 있냐며 다투어 물었고 섭은 이에 자리를 피해 앉아 목간을 깎아 장부를 만들어 수의나 시신의 이불, 관곽의 목재나 제사용품과 부장품을 모두 기록해 빈객들에게 나눠 부탁했다. 여러 빈객들이 서둘러 시장으로 가서 물품들을 구입해오니 해가 질 무렵 모든 것이 갖춰졌다. 섭은 직접 그것들을 살펴보고서 그것을 끝마치자 주인에게 말했다.

"차려주신 술과 음식을 먹겠습니다."

이미 함께 술을 마시고 음식을 다 먹었는데 섭은 홀로 배불리 먹지 않고 마침내 관과 물건들을 챙겨서 빈객과 함께 상가에 이르러 염을 해 입관하고 빈객들의 노고에 감사하며 장례를 잘 마쳤다. 그가 급한 일을 당한 사람을 위해 일을 주선하는 것[周急]이 이와 같았다. 뒤에 어떤 사람이 섭을 헐뜯으며 말하기를 "간사한 자들의 우두머리"라고 하자 그 상가의 아들 한 명이 즉시 그 사람을 칼로 찔러 죽였다.

(섭의) 빈객들 중에 법을 어긴 사람들이 많아 그 죄와 허물이 여러 차례 상에게까지 보고됐다. 왕망은 몇 차례 그들을 잡아 가둬 죽이려 했으나 그때마다 반복해서 사면령이 내려져 그들은 풀려나왔다. 섭은 이를 두려워해 관직을 구해 구경 관부의 연사(掾史)가 돼 빈객들을 피하려 했다. (원제의 황후인) 문모태후(文母太后)의 장례 때 임시 복토(復土)교위가 됐다. 이미 중랑이 됐다가 뒤에 면직됐다. 섭은 선친의 분묘에 가서 빈객들을 만나지 않으려고 몰래 옛 친구와 만나기로 약속을 했다. 섭은 혼자 수레를 타고 무릉에 갔다가 어두워진 다음에 그 마을에 들어가니 스스로를 숨겨 남들의 눈에 띄지 않았다. 노비를 시장에 보내 정육을 사오라고 했는

데 노비가 섭의 힘을 믿고서 도살자와 언쟁을 벌이다가 도끼로 그에게 상처를 입히고 도망쳤다. 이때 무릉의 임시 현령인 윤공(尹公)이 새로 부임해 일을 보았는데 섭은 아직 만나보지 못한 상태였고 윤공은 이를 알고서 크게 화가 났다. 섭이 이름난 유협임을 알고서 그는 자신의 위엄을 드러내 보이고 풍기를 단속해야겠다고 생각해 관리 두 사람을 보내 섭을 겁박하며 감시하게 했다. 한낮이 돼도 노비가 나오지 않자 관리들은 섭을 죽이고 돌아가야겠다고 생각했다. 섭은 궁지에 몰려 어찌해야 할지를 몰랐다. 마침 섭을 따라서 분묘에 가고 싶어 하는 수레 수십 량이 모여들었고 모두 호걸들이라 함께 윤공을 설득했다. 윤공이 들어주지 않자 여러 호걸들은 이렇게 말했다.

"원거선(原巨先)의 노비가 법을 어겼는데도 붙잡지 못했으니 범인의 웃통을 벗겨 귀에 화살을 꿰어 현청에 나아가 사죄하게 하면 그대의 권위도 충분히 설 수 있을 것이오."

윤공이 허락했다. 섭이 약속한 대로 사죄를 하자 옷을 다시 입게 하고서 돌아가게 해주었다.

애초에 섭은 신풍현(新豐縣)의 부자 기태백(祁太伯)과 친구였는데 태백의 동복 동생 왕유공(王游公)은 평소 섭을 질투했다. 이때 현의 하급 관리로 있으면서 윤공을 설득해 말했다.

"당신은 현령 대리로 원섭에게 이처럼 모욕을 당했는데 만일 정식 현령이 내려온다면 당신은 다시 홀로 수레를 타고 우부풍의 관리로 돌아갈 것이고 섭의 자객은 구름처럼 많아 살인을 해도 누가 주범인지 알 수도 없으니 참으로 한심한 일입니다. 섭의 봉분 주변 저택은 화려하며 법도를 뛰어넘었으며 그간의 여러 죄상은 주상께서도 알고 계십니다. 지금 당신을 위한 계책으로는 섭의 봉분과 저택을 헐어버리는 것보다 더 좋은 것이 없으며 과거 그가 저지른 죄악을 낱낱이 열거해 아뢴다면 당신은 반드시 정식 현령이 될 것입니다. 이렇게 되면 섭은 진실로 감히 원망을 품지도 못할 것입니다."

윤공은 그 계책을 따랐고 왕망은 과연 그를 정식 현령으로 삼았다. 섭은 이로 말미암아 왕유공에게 원한을 품고서 빈객 중에서 사람을 골라 장남 초(初)와 함께 수레 20여 대를 끌고 가서 왕유공의 집을 겁박했다. 유공의 어머니는 곧 기태백의 어머니였는데 여러 빈객들이 그를 보고서는 모두에게 절을 올리며 전해 말했다.

"기부인을 놀라게 하지 맙시다."

드디어 유공과 그 아버지를 죽여 목을 잘라서 갔다.

섭(涉)은 성품이 대략 곽해(郭解)와 비슷했고 겉으로는 따스하고 어질며 겸손했지만 안으로는 몰래 살인을 좋아했다. 시중에서 눈을 흘겨보았다 해 죽여버린 자가 아주 많았다. 왕망 말기에 동방에서 반군이 일어났을 때 여러 왕이나 자제들은 섭이 능히 죽기를 각오한 병사들을 많이 갖고 있다고 천거해 쓸 만하다고 했다. 망은 이에 불러서 보고는 그간의 죄들을 꾸짖은 다음에 사면하고서 제배해 천수(天水)태수로 삼았다. 섭이 부임한 지 얼마 안 돼 장안이 무너졌고 군현에서 임시 칭호를 받고서 군사를 일으킨 자들은 2,000석 관리들을 죽이며 한나라에 호응했다. 여러 임시 칭호를 받은 세력가들은 평소 섭의 명성을 들었기에 다투어 원섭이 어디에 있는지를 물으며 찾아와 배알했다. 이때 망의 치하에서 주목(州牧)으로 섭에게 귀의한 자들은 모두 목숨을 구했다. 역마를 통해 섭을 장안에 보내니 경시(更始)의 해에 서병(西屛)장군 신도건(申屠建)이 섭을 청해 만나보고는 그를 크게 중하게 여겼다. 전(前) 무릉현령 윤공은 섭의 봉분과 저택을 허물었는데 이때 건(建)의 주부로 있었지만 섭은 본래 그에 대해서는 원한이 없었다. 섭이 건을 따라서 나오자 윤공은 일부러 나와서 섭에게 절을 하며 말했다.

"세상이 바뀌었으니 마땅히 서로 원망하지 않았으면 합니다."

섭이 말했다.

"윤군은 어찌 지난번에 나를 어육으로 만들려 했던가?"

섭은 이에 화를 냈고 자객을 보내 주부를 찔러 죽였다.

섭은 도망치려 했고 신도건은 속으로 한을 품어 치욕스럽게 생각했지만 겉으로 이렇게 말했다.

"나는 원거선과 함께 삼보를 진압하려 하는데 어찌 일개 관리 하나 죽였다 해서 마음을 바꾸겠는가?"

빈객이 이 말을 전해 섭으로 하여금 자수해 옥으로 들어가 사죄할 것을 청하니 건은 허락해주었다. 빈객이 수레 수십 량을 끌고서 섭과 함께 옥에 이르렀다. 건은 병사를 보내 도중에 섭의 수레를 쳐서 뿔뿔이 흩어지게 한 다음에 드디어 섭의 목을 베어 장안의 시장에 그것을 내걸었다.

애제(哀帝)와 평제(平帝) 연간 사이에 군국 곳곳에 호걸들이 있었지만 그러나 족히 열거할 만한 사람은 없다. 그 이름이 그나마 주군에 알려진 자들로는 패릉(霸陵)의 두군오(杜君敖), 지양(池陽)의 한유유(韓幼孺), 마령

현(馬領縣)의 수군빈(繡君賓), 서하군(西河郡)의 조중숙(漕中叔) 등이 있는데 모두 겸양하는 풍모가 있었다. 왕망이 거섭할 때 호걸과 협객들을 주살하면서 명분은 조중숙을 잡는다는 것이었지만 체포하지 못했다. (조중숙은) 평소 강노(强弩)장군 손건(孫建)과 가까웠는데 망은 건이 그를 숨겨주었을 것이라고 의심해 겉으로는 아무렇지도 않은 척하면서 건에게 물으니 건이 대답했다.

"신이 그를 잘해준다고 알려져 있으니 신을 주살해 문책하시옵소서."

왕망은 성품이 과감하고 잔인해 용서하는 바가 없었지만 그러나 건을 중하게 여겼기 때문에 결국 문책을 하지 않았고 끝내 조중숙을 붙잡지 못했다. 중숙의 아들 소유(少游)도 유협으로 세상에 이름이 알려졌다고 한다[云].

권
◆
93

영행전
佞幸傳

한(漢)나라가 일어나고서 아첨을 잘한[佞幸] 총신(寵臣)으로는 고조(高祖) 때 적유(籍孺)가 있고 효혜(孝惠) 때 굉유(閎孺)가 있다. 이 두 사람은 재능이 있었던 것이 아니라 다만 순전히[婉=順] 아첨[媚]을 잘해 총애를 얻어 상과 함께 눕고 일어났으며 공경들은 모두 이들을 통해 말씀을 올렸다[關說]. 그래서 효혜 때 낭과 시중들은 모두 준의(鵔鸃-꿩이나 금계의 털)로 장식한 관을 쓰고 조개껍질로 꾸민 허리띠를 매었으며 지분(脂粉)을 발라 굉유나 적유의 무리처럼 꾸몄다. 두 사람은 집을 안릉(安陵)으로 옮겼다. 그후에 총신(寵臣)으로는 효문(孝文) 때 그냥 선비로는 등통(鄧通)이 있었고 환자로는 조담(趙談), 북궁백자(北宮伯子)가 있었다. 효무(孝武) 때는 그냥 선비로는 한언(韓嫣)이 있었고 환자로는 이연년(李延年)이 있었다. 효원(孝元) 때는 환자로 홍공(弘恭), 석현(石顯)이 있었다. 효성(孝成) 때는 그냥 선비로는 장방(張放), 순우장(淳祐長)이 있었다. 효애(孝哀) 때는 동현(董賢)이 있었다. 효경(孝景), 소(昭), 선(宣) 때는 총신이 없었다. 경제(景帝) 때는 다만 낭중령 주인(周仁)이 있었다. 소제(昭帝) 때는 부마도위 투후(秺侯) 김상(金賞)이 아버지 거기장군 일제(日磾)의 작위를 이어받아 후가 됐는데 두 사람의 총애는 일반 사람보다는 뛰어났지만 그렇다고 심하지는 않았다. 선제(宣帝) 때 시중 중랑장 장팽조(張彭祖)가 젊은 시절 제가 한미하던 때 같은 자리에서 글공부를 했기에 제가 존위(尊位)에 나아가게 되자 팽조는 구은(舊恩)이 있다 해 양도후(陽都侯)에 봉해져 늘 참승(驂乘)해 애행(愛幸)을 받는다는 소리를 들었다. 그의 사람됨은 삼가고 몸단속을 잘 해 도리를 허물거나 어기는 바가 없었는데 자신의 소첩에게 독살당해 나라가 없어졌다.

등통(鄧通)은 촉군(蜀郡) 남안(南安) 사람으로 배를 잘 저어 황두랑(黃頭郎-뱃사공)이 됐다. 문제(文帝)가 일찍이 꿈에서 하늘에 오르려다가 오르지 못하고 있으니 한 황두랑이 뒤를 밀어주어 하늘에 올라갔는데 뒤를 보니 그 황두랑의 옷에 등 뒤로 띠를 맨 곳의 옷솔기가 터져 있었다. 잠에서 깬 뒤 점대(漸臺)로 가서 꿈속에서처럼 밀어준 황두랑을 은밀히 찾다가 등통을 보니 그의 옷의 등 뒤가 터진 것이 꿈에서 본 것과 같았다. 그를 불러 성과 이름을 물었더니 성은 등(鄧), 이름은 통(通)이었다. 문제는 아주 기뻐했고 총애하니 하루하루가 달랐다. 통(通) 역시 삼가며 신중한 데다가 밖에 나가 사람 사귀는 것도 좋아하지 않았고 휴가를 주어도 밖으로 나가려 하지 않았다. 이에 문제는 억만 전을 내린 것이 10여 차례였고 벼슬은 상대부(上大夫)에 이르렀다.

문제는 종종 통의 집에 가서 놀았는데 그러나 통에게는 별다른 재능은 없었고 인재를 추천할 수도 없었으며 오로지 자기 한 몸 근신하며 상의 비위를 맞출 뿐이었다. 상이 관상 잘 보는 사람에게 통의 관상을 보게 했더니 이렇게 말했다.

"가난해져 굶어 죽을 상입니다."

상이 말했다.

"통에게는 그를 부유하게 만들어줄 수 있는 내가 있거늘 어찌 가난해진다 하는가?"

이에 통에게 촉군 엄도(嚴道)의 구리 광산을 주어 자기 돈을 주조할 수 있게 해주었다. 등씨전(鄧氏錢)이 천하에 퍼졌으니 그의 부유함이 이런 정도였다.

문제가 일찍이 종기를 앓은 적이 있는데 통은 늘 상을 위해 그 고름을 빨아냈다. 문제는 마음이 편치 않아 조용히 등통에게 물었다.

"천하에서 누가 나를 가장 사랑하느냐?"

통이 말했다.

"마땅히 태자를 따를 사람이 없지요."

태자가 문병을 오자 문제는 태자에게 종기를 빨라고 시켰다. 태자는 종기를 빨기는 했으나 난처해했다. 얼마 뒤에 (태자는) 등통이 늘 황제를 위해서 고름을 빨아낸다는 말을 듣고 마음속으로 부끄러워했지만 이 때문에 통을 원망했다.

문제가 붕(崩)하고 경제(景帝)가 들어서자 통은 벼슬을 그만두고 집에 있게 됐다. 얼마 안 가서 누군가가 등통이 몰래 국경 밖으로 그가 주조한 돈을 실어내고 있다고 고발했다. 관리에게 넘겨 조사를 하게 하니 그런 일이 제법 많아 마침내 결국 죄를 물어 통의 집 재산을 모조리 몰수하고 수만금의 빚을 지게 만들었다. 장공주(長公主)가 등통에게 재물을 내렸으나 관리가 그때마다 재빨리 그것을 몰수했기 때문에 통은 비녀 하나조차 몸에 지닐 수 없었다. 이에 장공주는 빌려준다는 명목으로 통에게 입을 것과 먹을 것을 보내주었다. 통은 끝내 단 한 푼의 돈도 없이 남의 집에 빌붙어 살다가 죽었다.

조담(趙談)이란 자는 별의 기운을 잘 살펴 총애를 받았고 북궁백자(北宮伯子)는 장자(長者)의 면모가 있고 다른 사람을 아껴주어 상이 가까이했지만 그러나 두 사람 모두 등통에 비할 바가 아니었다.

한언(韓嫣)은 자(字)가 왕손(王孫)으로 궁고후(弓高侯) 퇴당(積當)의 손자다. 무제(武帝)가 교동왕(膠東王)으로 있을 때 언(嫣)은 상과 함께 글을 배우고 서로 아껴주었다. 상이 태자가 되자 더욱더 언을 가까이했다. 언은 말을 잘 타며 활을 잘 쏘았고 영특했다. 상이 즉위해 오랑캐를 정벌하고자 했는데 언이 전부터 군사의 일을 잘 알고 있어 그 때문에 더욱 존귀해졌고 벼슬이 상대부에 이르렀으며 내려주는 상은 등통에 버금갔다[儗=比].

비로소 이 무렵부터 언은 늘 상과 함께 자고 일어났다. 강도왕(江都王)이 입조하니 상을 따라서 상림(上林)에서 사냥을 했다. 천자가 행차하기에 앞서 먼저 언에게 뒤따르는 수레를 타고 수행원 수십 기를 거느리고 가서 사냥할 짐승들을 살피게 했다. 강도왕이 멀리서 보고는 천자인 줄 알고 시종들을 물리치고 길옆에 엎드려 인사를 드렸다. 언이 빠르게 지나가느라 보지를 못했다. 이미 지나가고 나자 강도왕이 화가 나서 황태후에게 눈물을 흘리며 "나라를 반납하고 언처럼 (주상을) 지키길 청합니다"라고 했다. 태후가 이 일로 언에게 감정을 품었다[銜].
함

언은 상을 모시고 (일반인의) 출입이 금지돼 있는 영항(永巷)을 출입하며 간통을 일삼는다는 사실이 황태후 귀에 들어갔다. 태후가 노해 언에게 죽음을 내렸다. 상이 사죄했지만 끝내 말리지 못했고 언은 마침내 죽었다.

언의 동생 열(說)도 총애를 받았고 군사적 공로로 안도후(案道侯)에 봉해졌는데 무고(巫蠱) 때 여태자에게 살해됐다. 아들 증(增)이 용락후(龍雒侯)에 봉해져 대사마 거기장군이 됐는데 독자적으로 전(傳)이 있다.

이연년(李延年)은 중산(中山) 사람으로 자신과 부모 형제가 모두 예인(藝人)이었다. 연년이 법에 연루돼 부형(腐刑-궁형)을 받았고 구감(狗監-황제의 사냥개 담당)에서 일을 했다. 연년의 누이동생이 상의 총애를 받아 이부인(李夫人)이 됐고 「외척전(外戚傳)」에 실려 있다. 연년은 노래를 잘했고 새 악곡도 지었다. 이때 상이 바야흐로 하늘과 땅에 대한 제사를 일으키고 악시(樂詩)를 지어 음악에 맞추어 노래를 부르게 하려고 했는데 사마상여(司馬相如) 등에게 시가를 짓게 했다. 연년은 그때마다 그 뜻을 잘 받들어 음악에 맞추어 악시를 연주하고 새 악곡을 지었다. 그런데다가 이부인이 창읍왕(昌邑王)을 낳았고 연년은 이로 말미암아 귀하게 돼 협률도위(協律都尉)로 임명받아 2,000석 관리의 인끈을 찼고 상과 함께 자고 일어났으며 크게 총애를 받은 것이 한언에 버금갔다[埒=等齊]. 한참 뒤에 연년의
랄 등제

동생 계(季)가 궁녀와 난잡한 짓을 일삼으면서 들고 나는 것이 교만방자했다. 그 누이동생인 이부인이 죽은 뒤에 그에 대한 총애도 시들해졌고 상은 드디어 연년 형제와 그 일족을 주살했다.

그 이후로 총신은 대체로 외척 집안이었다. 위청(衛青), 곽거병(霍去病)은 모두 총애를 받았지만 그러나 그들은 또한 공로와 능력을 통해 스스로 승진한 것이기도 했다.

석현(石顯)은 자(字)가 군방(君房)으로 제남(濟南) 사람이다. 홍공(弘恭)은 패군(沛郡) 사람이다. 둘 다 어려서 법에 걸려 부형(腐刑)을 당해 중황문(中黃門-환관)이 됐는데 뽑혀서 중상서(中尚書)가 됐다. 선제(宣帝) 때 중서관(中書官)이 됐는데 공(恭)은 법령과 고사에 밝아 주청을 잘했고 그 직무를 잘 처리했다. 공은 (중서)령(令)이 됐고 현(顯)은 복야(僕射)가 됐다. 원제(元帝)가 즉위하고 몇 년이 지나 공이 죽자 현이 그 자리를 이어 중서령이 됐다.

이때 원제(元帝)는 병치레를 자주 하는 바람에 직접 정사를 챙기지 못했고 바야흐로 음악을 너무 좋아해 현이 오랫동안 일을 관장했고 중인(中人-대궐 내 환관이라는 뜻이다)이어서 밖으로 추종하는 무리[黨]를 만들지 않고 오직 일에만 전념해 신임을 받을 수 있었는데 (원제의 잦은 병치레로 인해) 마침내 정사를 전부 맡겼다. 크고 작은 일을 가리지 않고 현이 도맡아서 상주하고 결정해 귀한 총애를 받게 되니 조정이 그에게로 기울었고 모든 관리들이 다 현을 삼가며 섬겼다.

현은 그 사람됨이 재주가 많고 머리가 좋아 일을 익혀서 임금의 작은 뜻까지도 능히 깊이 알아차렸고 속으로는 도적과도 같은 생각을 깊이 하면서 궤변으로 다른 사람들을 중상모략하고 자신을 고깝게 본[睚眦] 사람들에게는 반드시 원한을 품어 번번이 법으로 보복을 가했다.

초원(初元) 연간에 전장군 소망지(蕭望之) 및 광록대부 주감(周堪), 종정 유경생(劉更生) 등이 모두 급사중(給事中)으로 있었다. 망지(望之)는 상서사를 통솔하고 있었는데 현이 전권을 휘두르며 간사한 짓을 한다는 것을 알고서 건의를 올려 말했다.

"상서(尚書)는 백관의 뿌리로 나라의 기틀이므로 마땅히 공명정대하게 일을 처리해야 합니다. 무제(武帝)께서는 후궁에서 놀이를 즐기셨기에 환자를 썼지만 이는 옛 제도는 아닙니다. 마땅히 중서(中書) 환관은 폐지해 옛 법도에 따라 형벌을 당한 자를 가까이에 두어서는 안 될 것입니다."

원제는 들어주지 않았고 이로 말미암아 현과 크게 틀어졌다. 뒤에 모두 해를 당했는데 망지는 자살했고 감(堪)과 경생(更生)은 폐고(廢錮)돼 두 번 다시 나아갈 수 없었다. 상세한 이야기는 「소망지전(蕭望之傳)」에 실려 있다. 뒤에 태중대부 장맹(張猛), 위군태수 경방(京房), 어사중승 진함(陳咸), 대조(待詔) 가연지(賈捐之) 등이 봉사를 올리거나 혹은 소견할 때 현의 단점을 말했다. 현은 그들의 죄를 찾아내 방(房)과 연지(捐之)는 기시형에 처했고, 맹(猛)은 공거(公車)에서 자살했으며, 함(咸)은 죄에 걸려 머리를 깎인 채 축성하는 노역형[城旦]을 받았다. 또 정현(鄭縣)현령 소건(蘇建)은 현의 사사로운 글을 얻어 그를 탄핵했으나 뒤에 다른 일로 사형에 처해졌다. 이로 인해 공경 이하 모든 사람들은 현을 두려워해 두 발을 포개 서서 한쪽 발자국만 남을 지경이었다[重足一跡].

현은 중서복야(中書僕射-상소를 관장하는 책임자) 뇌양(牢梁)과 소부(少府-궁정의 물품 공급 책임자) 오록충종(五鹿充宗)과 더불어 당우(黨友)를 결성하니 여기에 붙어 의탁한 자들은 모두 총애받는 자리를 얻었다. 백성들은 이를 다음과 같이 노래했다.

"뇌(牢)씨여, 석(石)씨여, 손님 오록(五鹿)이여!
직인은 어찌 그리도 많고 인끈은 어찌 그리도 긴 것인가?"

그들이 관직을 여러 개씩 겸해 권세의 근거지로 삼고 있다는 것을 말한 것이다. 현은 좌장군 풍봉세(馮奉世) 부자가 공경(公卿)들 중에서 이름이 나 있고 그 딸 또한 소의(昭儀)로 후궁에 있기에 내심 그에게 붙고자 해 소의의 오빠인 알자 준(逡)이 자신을 잘 닦아 마땅히 천자의 측근[帷幄]에 있어야 한다고 천거해 말했다. 천자가 불러서 만나보고 시중으로 삼으려 하자 준은 따로 자리를 청해 일을 말씀드리겠다고 했다. 상은 현이 정권을 제 마음대로 하고 있다는 준의 말을 듣고서는 크게 노해 준을 파직해 낭관으로 돌아가게 했다. 그후에 어사대부 자리가 비게 되자 여러 신하들은 준의 형인 대홍려 야왕(野王)이 행실이나 능력 면에서 제일이라고 천거하니 천자는 이를 현에게 물었고 이에 현이 대답했다.

"구경 중에서 야왕보다 나은 사람은 없습니다. 그러나 야왕은 소의 오빠이기 때문에 후세에 폐하께서 반드시 여러 뛰어난 이들을 제치고 후궁의 형제를 사사로이 삼공에 임명했다고 말할까 두렵습니다."

상이 말했다.

"좋은 말이다. 나는 미처 그 점을 생각지 못했다."

마침내 조서를 내려 야왕을 칭송했으나 그냥 내버려두고 쓰지 않았으니 상세한 이야기는 「야왕전(野王傳)」에 실려 있다.

현은 내심 스스로 자신이 권세를 제 마음대로 하고 있고 또 일의 칼자루도 자신의 손바닥에 있다는 것을 알았지만 (동시에) 천자가 하루아침에 좌우에 있는 신하들의 말을 받아들여 써서 자신을 떼어놓을까 봐 두려워해 마침내 한번은 자신이 정성을 다 바쳐서 일단 신임을 받고 있다는 것을 시험해보기로 했다. 현은 일찍이 여러 관서에 가서 징소(徵召)하라는 황제의 명을 받았는데 현이 먼저 황제에게 자백했다.[1]

"대궐 문 닫는 시간에 늦는 바람에 궁궐의 문이 이미 다 닫혀버렸으면, 청컨대 (제가) 궁리(宮吏)들에게 조서(詔書)를 보여주게 해 문을 열 수 있도록 해주십시오."

상은 허락했다. 그리고 현은 의도적으로 밤늦게 돌아오면서 조서를 보여줘 문을 열게 하고 들어갔다. 뒤에 과연 어떤 사람이 글을 올려 고했다.

'석현이 명령을 마음대로 해[顓=專] 조서를 고쳐서 궁궐의 문을 열었습니다.'

천자는 이 말을 듣고서 웃으면서 그 글을 현에게 보여주니 현은 그에 감격해 울면서 말했다.

"폐하께서 지나치게 소신을 가까이 대해주시고[私] 일을 부탁해 맡기시

---

1 이는 황제의 명을 받아 대궐 밖으로 나갔다가 늦을 경우를 말한다.

니 여러 아랫사람들이 질투하지 않는 이가 없고 신을 함정에 빠뜨려 해치려고 하는 사람이 이처럼 여러 무리임에도 오직 밝으신 황상께서만 이를 알아보십니다.

어리석은 신은 미천해 진실로 이 한 몸으로는 수많은 무리들이 저를 칭찬하고 즐거워하게 할 수가 없으니 신은 바라건대 나라의 중책[樞機]은 다른 사람에게 돌리시고 저는 대궐 뒤뜰에서 청소나 하는 자리만 주신다면 (당장) 죽더라도 한스러운 바가 없겠습니다. 오직 폐하께서 불쌍하게 여기시어 제가 받는 총애를 줄여주신다면[財幸=裁幸] 이로써 소신은 남은 생명을 온전히 할 수 있을 것입니다."

천자는 (석현의 속뜻도 모른 채) 실제 그렇다고 여겨 그를 불쌍하게 여기면서 여러 차례 그를 위로하고 권면하며 현에게 후한 상을 내려주니 그가 재물로 남긴 것이 가치로 1억[萬萬=億]에 이르렀다.

애초에 현은 자신이 전장군 소망지를 죽인 데 대해 많은 사람들이 흉흉해한다는 소식을 들었다. 망지는 당대의 명유였기에 현은 천하의 배운 선비들[學士]이 자신을 비방할까 봐[訕] 두려운 마음을 갖고 있었다. 이때 경학에 밝으면서도 절의가 뛰어난 낭야군의 공우(貢禹)가 간대부였는데 현은 사람을 시켜 자신의 뜻을 전하고 깊이 스스로 연결을 맺었다. 그것을 계기로 우(禹)를 천자에게 천거해 지위가 구경(九卿)에 이르렀고 예로 섬기는 것[禮事]도 자못 갖추어졌다. 이에 (조정에서) 의견을 내는 사람[議者]들은 현을 칭찬하며 또 어떤 이들은 그가 소망지를 질투해 참소했던 것은 아니라고까지 여겼다. 현이 바꾸고 속이는 수법[變詐]을 써서 스스로 (궁지에서) 벗어나고 면하면서 임금의 신임을 얻어내는 것이 다 이런

식이었다.

원제 말년에 병이 위독해지자 정도공왕(定陶恭王)을 특별히 아꼈는데 현은 태자를 옹위하는 데 자못 힘을 쏟았다. 원제가 붕(崩)하고 성제(成帝)가 처음 즉위하니 현은 좌천돼 장신궁 태복이 됐는데 작질은 중(中) 2,000석이었다. 현이 기댈 곳을 잃고[失倚] 권좌를 떠난 지 몇 달 지나 승상과 어사는 현이 저지른 과거의 죄악을 조목조목 올렸고 그 당여인 뇌량(牢梁)과 진순(陳順)은 모두 면직됐다. 현은 처자식과 함께 고향 군으로 돌아갔는데 울분에 가득 차 밥도 먹지 못하다가 집에서 병으로 죽었다. 그와 교결을 맺어 현 덕분에 관직에 있던 사람들은 모두 쫓겨났다. 소부 오록충종은 현토(玄菟)태수로 좌천됐고 어사중승 이가(伊嘉)는 안문(鴈門)도위로 쫓겨났다. 장안에는 이런 동요가 나돌았다.

"이가는 안문으로, 오록은 현토로 쫓겨갔다네
뇌량과 진순은 아무런 값어치도 없구나."

순우장(淳于長)은 자(字)가 자유(子孺)로 위군(魏郡) 원성현(元城縣) 사람이다. 젊어서 태후의 조카로 황문랑(黃門郎)이 됐고 아직 큰 총애를 받지는 못했다. 마침 대장군 왕봉(王鳳)이 병이 들었는데 장(長)이 시병(侍病)을 하면서 새벽부터 밤늦도록 좌우를 지키며 외숙부와 조카의 은혜가 깊어졌다. 봉(鳳)이 장차 죽음을 앞두고서 장을 태후와 제(帝-성제)에게 부탁했다. 제는 장의 의리를 아름답게 여겨 그를 제배해 교위제조(校尉諸曹)로 삼았고, 장은 수형(水衡)도위 시중으로 승진했다가 위위(衛尉) 구경에 이르렀다.

한참 지나서 조비연(趙飛燕)이 총애를 받게 되자 상은 그를 세워 황후로 삼으려고 했는데 태후는 그의 출신이 한미하다며 난색을 보였다. 이에 장이 전적으로[主=專] 태후의 거처[東宮]를 드나들며 설득했다. 1년여가 지나서 조(趙)황후가 세워질 수 있게 되자 상은 장에게 큰 신세를 졌다고 여겨 이에 장이 예전에 세웠던 공로를 뒤늦게 드러내 조서를 내려 말했다.

'전 장작대장(將作大匠) 해만년(解萬年)이 창릉(昌陵) 축조를 건의해 온 나라 안을 피폐하게 했는데 시중 위위(衛尉) 장(長)이 여러 차례 건의해 그곳으로의 백성 이주를 금해야 한다고 했고 짐이 장의 의견을 공경들에게 내려 물으니 의견을 내는 자들은 모두 장의 계책이 맞다고 했다. 바른 정책을 앞장서 건의해 백성들을 편안케 했도다. 이에 장에게 관내후의 작위를 내려주노라.'

뒤에 드디어 봉해 정릉후(定陵侯)로 삼고서 크게 신임하자 그가 받은 총애는 공경들 중에 제일이었다. 밖으로 제후나 자사, 태수들과 널리 교제했고 보내거나 받은 뇌물이 거만에 이르렀다. 처첩을 많이 거느렸고 여색에 빠졌으며 법도를 받들지 않았다.

애초에 허(許)황후가 그릇된 도리[左道]에 빠졌다 해 폐위돼 장정궁(長定宮)에 거처하고 있었고 황후의 언니 미(嬺)는 용액사후(龍頟思侯)의 부인(夫人)이었는데 과부로 지내고 있었다. 장은 미와 사통해 작은 첩으로 삼았다. 허황후는 미를 통해 장에게 뇌물을 보내 다시 첩여(婕妤)가 되고자 했다. 장은 허황후의 돈이나 수레, 의복 등 앞뒤로 1,000여만 전을 받고서 상에게 말씀드려 좌황후(左皇后)로 세워주겠다고 거짓말을 했다. 미가 매번 장정궁에 들어갈 때마다 미를 통해 편지를 보내면서 허황후를 놀리고 무시하며 못하는 말이 없었다. 서로 통교하면서 편지와 재물을 보내는 일은 다음 해에도 이어졌다. 이때 상의 외삼촌인 곡양후(曲陽侯) 왕근(王根)이 대사마 표기장군이 돼 여러 해 동안 국정을 보필했는데 오랫동안 앓게 되자 여러 차례 사직을 청했다. 장은 자신이 외척으로 구경의 자리에 있으니 다음 차례는 마땅히 자신이 될 것이라 여겼다. 근(根)의 조카인 신도후(新都侯) 왕망(王莽)은 마음속으로 장이 총애를 받고 있는 것을 싫어했고 또 몰래 장이 미를 데리고 살펴 장정궁으로부터 뇌물을 받고 있다는 것을 들었다. 망은 곡양후의 병 시중을 들다가 틈을 타서 말했다.

"장은 장군께서 오래 병석에 계시니 마음속으로 기뻐하며 자신이 장군을 대신해 정사를 보필하게 될 것이라 여기고 있지만 이는 마땅히 고위 관리들의 토의에 부쳐보아야 할 것입니다."

그러고는 그의 죄과를 갖춰 말했다. 근이 화를 내며 말했다.

"사정이 이와 같은데 어찌 말하지 않았는가?"

망이 말했다.

"장군의 뜻을 알지 못했기 때문에 감히 말씀드릴 수가 없었습니다."

근이 말했다.

"당장[趣=促] 동궁에 말씀드리도록 하라."

망은 태후를 알현해 장의 교만 방자함에 대해 갖춰 말했고 또 곡양후를 대신하려 하면서 왕망의 모친 앞에서 수레를 탄 일과 몰래 장정 귀인(貴人)의 언니와 사통한 것, 그리고 옷과 뇌물 등을 받은 일을 죄다 아뢰었다. 태후 또한 화를 내며 말했다.

"어린 것이 이렇게까지 하다니! 가서 제에게 모두 아뢰라."

망이 상에게 아뢰자 상은 마침내 장의 관직을 빼앗고 봉국으로 돌아가게 했다.

애초에 장(長)이 시중으로 있을 때 양쪽 궁을 받들어 심부름을 하면서 황태후와 친밀했다. 홍양후(紅陽侯-왕립)는 자기 혼자 대사마로 국정을 보좌할 수 없었기에 스스로 장이 자신을 헐뜯었을 것이라고 의심해 항상 장을 원망하는 것이 아주 심했다. 상은 이를 알고 있었다. 장이 봉국으로 돌아가게 되자 (왕립은) 뒤를 이을 아들 융(融)을 세워 장에게 가서 수레와 말을 청했는데 장은 융을 통해 진귀한 보물들을 거듭해서 립에게 보냈고 립은 이로 인해 장을 편드는 말을 해주었다. 이에 천자는 의심을 품고서 유사로 하여금 그 실상을 조사하게 했다. 관리가 융을 붙잡자 립은 융에게 자살하게 해 입을 막았다. 상은 뭔가 간사스러운 모의가 있었을 것이라고 더욱 의심해 결국 장을 체포해 낙양의 조옥(詔獄)으로 내려보내 끝까지 조사토록 했다. 장은 장정궁을 희롱하고 모욕한 일을 다 털어놓았는데 특히 좌황후로 세우려고 모의한 일 때문에 대역죄에 걸려 옥중에서 죽었다. 처자식도 죄에 걸려 합포(合浦)로 유배를 가야 했고 어머니 왕약(王若)은 고향 군으로 돌아갔다. 홍양후 립도 봉국으로 보냈다. 장군, 경대부, 군수들 중에서 장의 일과 연루돼 파직당한 이가 수십 명이었다. 망은 드디어 근을 대신해 대사마가 됐다. 한참 뒤에 장의 어머니와 아들 포(酺)는 장안으로 돌아오게 했다. 뒤에 포는 죄가 있어 망이 다시 그를 죽이고 그의 가속들은 고향 군으로 돌려보냈다.

애초에 장(長)은 외척이라 해 아주 가까웠지만 그에 대한 총애는 부평후(富平侯) 장방(張放)에는 미치지 못했다. 방(放)은 늘 상과 함께 눕고 일어났으며 상이 미행(微行)할 때도 함께 들고 났다.

동현(董賢)은 자(字)가 성경(聖卿)으로 (좌풍익의) 운양현(雲陽縣) 사람이다. 아버지 공(恭)이 어사로 있을 때 현(賢)을 보증해 태자 사인(舍人)으로 삼았다. (태자였던) 애제(哀帝)가 즉위하자 현은 태자의 관직을 따라 그대로 옮겨 낭(郎)이 됐다. 2년여 뒤에 현은 (진나라의 시계인) 전루(傳漏)를 맡아 전 아래에서 시각을 보고하는 일을 맡았는데 잘생긴 외모에 얼굴에는 늘 웃음기가 있어 애제는 멀리서 보고서도 그가 동현임을 알아보고는 그에게 물었다.

"사인이던 동현인가?"

그로 인해 위로 불러서 만나 이야기를 해보고는 제배해 황문랑(黃門郎)으로 삼았고 이때부터 총애가 시작됐다. 그의 아버지가 운중후(雲中侯)임을 물어서 알고서는 그날로 불러서 제배해 패릉(霸陵)현령으로 삼았다가 바로 광록대부로 승진시켰다. 현에 대한 총애는 날로 심해져 부마도위 겸 시중으로 삼아 궐 밖을 나설 때는 참승(參乘)[2]하고 들어와서는 좌우에서 시중을 드는데 열흘 혹은 한 달 사이에 상으로 받은 것이 거만(鉅萬)이었고 귀하게 대우받는 것은 조정을 흔들 정도였다. 한번은 낮잠을 자며 상의 소매를 베고 잠이 들었는데 상이 일어나려 했으나 현은 아직 자고 있어

---

2 황제가 수레에 오르면 그 옆에 함께 올라 시종하는 것을 말한다.

현을 깨우지 않으려고 옷소매를 자르고 일어났다. 그 은애(恩愛)가 이런 정도였다.

현 또한 그 성품이 부드럽고 화합해 남의 비위를 잘 맞추어 아첨을 잘하니 지위를 굳건히 했다. 매번 휴가 때도 대궐 밖으로 나가지 않고 항상 궁중에 머물면서 상의 의약(醫藥)을 챙겼다. 상은 현을 보낼 수 없어 조서로 현의 처를 사람을 시켜 데려다가 현의 임시 거처에 머물게 했는데 이로 말미암아 다른 관리들의 아내도 관사에 머물 수 있었다. 또 현의 여동생을 불러 소의(昭儀)로 삼았는데 지위는 황후 다음이었고 그 거처를 초풍(椒風)이라 해 황후의 초방(椒房)과 비슷하게 했다. 소의와 현과 현의 아내가 아침부터 저녁까지 상의 좌우에서 시중을 들었다. 소의와 현의 아내에게 내려주는 재물도 천만으로 세어야 할 정도였다. 현의 아버지를 소부(少府)로 승진시켰고 관내후의 작위와 식읍을 내려주었으며 다시 위위(衛尉)로 삼았다. 또 현의 장인을 장작대장(將作大匠-토목 책임자)으로 삼았고 현의 처남은 집금오(執金吾)가 됐다.

장작대장에게 조서를 내려 북궐 아래에 현을 위해 큰 저택을 지어주도록 했는데 전후 전각에 여러 겹의 문을 만들고 토목공사도 극도로 화려해 기둥이나 난간을 모두 두꺼운 비단으로 감쌌다. 또 어린 하인들에게도 상사를 내려주고 무기고의 좋은 병기나 상방(上房)의 진귀한 보물도 내려주었다. 그동안 황궁에 올라온 물건 가운데 최고의 것들은 다 동씨의 집에 있었고 타고 다니는 마차나 입고 다니는 옷은 황제에 버금갔다. 그리고 동원(東園)에서 제조한 관곽이나 구슬 옷이나 구슬 상자 등도 미리 현을 위한 무덤을 의릉(義陵-미리 축조한 애제의 능) 곁에 축조하게 하면서 내부에는 편방을 짓고 단단한 송백 나무를 쌓아 올렸으며 외부에는 길을 만들고 몇 리에 걸친 담장을 두르고 궐문을 정면에 쌓은 담 등은 대단히 화려했다.

상은 현을 후(侯)에 봉하고 싶었으나 그럴 만한 근거가 없었다. 마침 대조 손총(孫寵)과 식부궁(息夫躬) 등이 동평왕(東平王) 운(雲)이 제사를 지내 천자를 저주했다고 고발하니 유사에 내려 다스리게 했고 모두 그 죄에 엎어졌다. 상은 이에 궁(躬)과 총(寵)이 현을 통해 동평의 일을 고했다고 하면서 현을 봉해 고안후(高安侯)로 삼고 궁은 의릉후(宜陵侯), 총은 방양후(方陽侯)로 삼고서 각각 식읍 1,000호를 내려주었다. 얼마 뒤에[頃之] 다시 현에게 2,000호를 더 봉해주었다. 승상 왕가(王嘉)는 내심 동평왕의 옥사가 억울하게 조작된 것이라 의심해 궁 등을 아주 미워해 여러 차례 간쟁을 했고 현은 나라의 제도를 어지럽힌다고 보았는데 가(嘉)는 결국 언사(言事)에 걸려 옥에 내려져 죽었다.

상이 처음 즉위했을 때 할머니 부(傅)태후와 어머니 정(丁)태후는 모두 살아 있었고 두 집안은 이미 먼저 귀해져 있었다. 부태후의 사촌동생 희(喜)는 대사마가 돼 정사를 보필했는데 여러 차례 간언을 올려 태후의 뜻에 거슬리는 바람에 면관됐다. 상의 외삼촌인 정명(丁明)[3]이 대사마가 돼

---

3 정관(丁寬)의 현손(玄孫)으로 누이가 정도공왕(定陶共王)의 희(姬)가 돼 애제(哀帝)를 낳았다. 애제가 즉위하자 황제의 숙부로 양안후(陽安侯)에 봉해졌다. 건평(建平) 2년(기원전 5년) 대사마 위장군(大司馬衛將軍)이 됐다. 원수(元壽) 원년(기원전 2년) 다시 대사마 표기대장군에 올랐다. 나중에 승상 왕가(王嘉)가 애제가 동현(董賢)에게 봉호를 더하려는 것을 막으려고 간하다 투옥돼 죽자 평소 그를 존중하고 아까워하다가 면직되고, 동현이 그 자리에 대신 올랐다. 왕망

또한 직임을 수행하면서 자못 현에 대한 총애를 해롭다고 여겼으며, 승상 왕가가 죽게 되자 명(明)은 그것을 매우 안타깝게 생각했다. 상은 점점 현을 중하게 여겨 그 지위를 높이고 싶어 했기 때문에 명이 이처럼 하는 것을 한스러워해 드디어 책서를 내려 명을 면직하며 말했다.

'전에 동평왕 운이 상의 자리를 탐내면서 제사를 지내 저주했고 운의 처의 외숙인 오굉(伍宏)이 의원으로 대조(待詔)가 돼 교비서랑(校秘書郞)인 양굉(楊閎)과 모의해 반역을 일으키니 그 화(禍)가 매우 긴박했다. 종묘와 신령에 힘입어 동현 등이 그것을 보고해 모두 그 죄에 엎어졌다. 장군의 사촌동생인 봉거도위 정오(丁吳)와 족부인 좌조 둔기교위(屯騎校尉) 정선(丁宣)은 모두 양굉과 허단(栩丹)을 알고 제후의 왕후와 가까웠으며, 정선은 허단을 속관으로 등용될 수 있게 했으며, 정오와 양굉은 서로 왕래하며 매우 가까웠고 여러 차례 양굉을 칭송하며 천거했다. 양굉은 정오에 붙어 그의 악한 심성을 부추겼고 의료 기술로 측근이 돼 사직을 위기에 빠뜨렸으나 짐은 공(恭)황후가 계시기에 차마 말을 할 수가 없었다. 장군은 높은 지위와 무거운 임무를 갖고서도 권위에 맞는 의견을 내지 못하고 작은 일이나 아직 일어나지도 않은 걱정이나 하며 정작 유운과 오굉의 악행을 알지 못했다. 또 윗사람을 비난하는 마음을 가지고 정선과 정오와 한편이 돼 오히려 유운 등을 칭송해 백성들의 원망을 부풀리고 오굉 등을 유능한 의원이라고 칭찬하면서 직접 알현케 했으니 죽음도 아까우나 현 등이 이를 고발해 책봉된 것은 천만다행한 일이다.

(王莽)이 정권을 잡은 뒤 왕망에게 피살당했다.

충량한 사람을 질시하고 공로가 있는 사람을 비난하며 헐뜯으니 참으로 가슴 아프도다! 대개 "임금이 친애하면 반역하는 마음이 없어야 하고 반역하는 마음이 있으면 주살해야 한다"라고 했다. 이 때문에 계우(季友)가 숙아(叔牙)를 독살한 것을 『춘추(春秋)』에서는 잘한 일이라고 했지만 조순(趙盾)이 난적을 토벌하지 않자 조순이 주군을 시해했다고 적었다.

짐은 장군이 중형을 받는 것이 안타까워 이렇게 글로써 거듭 일깨워주노라. 장군이 잘못을 고치겠지만 승상 왕가와 아주 가까웠기에 왕가가 의지했었고 결과적으로 주군을 기만했다. 유사에서는 장군을 옥에 가둬 죄를 다스려야 한다고 했지만 짐은 가까운 족친이라 차마 그렇게 할 수 없었으니 표기장군의 인끈을 반환하고 집으로 돌아가기를 바라노라.'

드디어 현으로 하여금 명(明)을 대신해 대사마 및 위장군(衛將軍)으로 삼으며 책서를 내려 말했다.

'짐은 하늘의 차례를 이어 옛일을 상고해 너를 세워 공으로 삼아 한나라를 보필하게 한다. 너는 마음을 다해 대군의 우두머리로서 통솔하고 적을 막아 변방을 편안케 할 것이며 모든 국사를 바로잡아 진실로 그 적중함을 쥐도록 하라[允執其中].[4] 천하의 백성들은 짐의 통제를 받고 있어 이에 명하노니 대군의 위엄을 보이되 삼가지 않을 수 있으랴.'

이때 현의 나이 22세로 비록 삼공이 됐다고는 하나 늘 궁궐 안에서 일을 맡아 상서(尚書)의 일을 관장하니 백관들은 (반드시) 동현을 통해 상에게 일을 보고했다. 아버지 공(恭)은 공경의 자리에 있을 수가 없어 옮겨서

---

4 요임금이 순임금에게 제위를 넘겨주면서 했던 말로 『서경(書經)』에 실려 있다.

광록대부로 삼았는데 작질은 중(中) 2,000석이었다. 동생 관신(寬信)은 현을 대신해 부마도위가 됐다. 동씨(董氏) 친속들은 모두 시중이나 제조(諸曹), 봉조청(奉朝請)이 됐는데 그 총애가 (황태후 집안인) 정씨(丁氏)나 부씨(傅氏)보다 위였다[右].

이듬해 흉노의 선우가 내조했는데 상이 그들을 접견하고 연회를 베풀 때 여러 신하들이 앞에 있었다. 선우는 현의 나이가 어린 것을 이상하게 여겨 통역을 통해 물으니 상은 통역을 시켜 이렇게 말했다.

"대사마가 나이는 어리지만 크게 뛰어나기에 그 자리에 있는 것이오."

선우는 마침내 일어나 한나라가 뛰어난 신하를 얻게 된 것에 대해 축하 인사를 했다.

애초에 승상 공광(孔光)이 어사대부로 있을 때 당시 현의 아버지 공이 어사였기 때문에 광(光)을 섬겼다. (그런데) 현이 대사마가 돼 광과 함께 나란히 삼공(三公)이 되자 상은 일부러[故] 현을 광보다 더 사사로이 챙겨 주었다. 광은 (사람됨이) 점잖고[雅] 공손하며 신중했다. 상이 현을 높여 더 총애하는 것을 알고서는 현이 찾아온다는 말을 들으면 광은 의관을 정제하고 문 밖에 나가 기다렸다가 멀리서 현의 수레가 오고 있는 것을 보고 나서야 일단 문 안으로 들어왔다. 현이 중문에 이르면 광은 합문으로 들어갔고 현이 수레에서 내리고 나면 마침내 나와서 배알했는데 맞이하고 보내는 예가 매우 엄숙해 감히 빈객에 대한 대등한 예로 맞지 않았다. 현이 돌아가면 상은 그 소식을 듣고 기뻐해 광의 두 조카를 세워 간대부 상시(常侍)로 삼았다. 현은 이로 말미암아 볼 때 권력이 임금과 거의 대등했다[侔=等].

이때 성제(成帝)의 외가인 왕씨(王氏)는 쇠퇴했는데 오직 평아후(平阿侯) 담(譚)의 아들 거질(去疾)만은 애제가 태자였을 때 서자(庶子-관직명)로서 총애를 받았기에 즉위하게 되자 시중 기도위(騎都尉)가 될 수 있었다. 상은 왕씨 중에 높은 자리에 있는 사람이 없다는 것을 알고서 드디어 구은(舊恩)이 있는 거질을 가까이 두었고 또 그의 동생 굉(閎)도 나아오게 해 중상시(中常侍)로 삼았다. 굉의 장인 소함(蕭咸)은 전장군 망지의 아들로 오랫동안 군수로 있다가 병으로 면직됐는데 다시 중랑장(中郎將)으로 삼았다. (거질과 굉) 형제가 나란히 고위직에 오르자 현의 아버지 공은 그것을 흠모해 결혼을 통해 인척을 맺고자 했다. 굉은 현의 동생인 부마도위 관신(寬信)이 함의 딸을 아내로 맞이하려 하자 함은 황공해하면서 감히 그럴 수가 없다며 몰래 (사위) 굉에게 말했다.

"동공(董公)이 대사마가 될 때 그 책서에 '진실로 그 적중함을 쥐도록 하라[允執其中]'라고 했는데, 이는 요(堯)임금이 순(舜)임금에게 선위할 때의 글이지 삼공의 고사가 아니며 이를 본 장로들 중에 두려워하지 않는 사람이 없었다. 이런 일을 어찌 보통 사람의 자제가 감당하겠는가?"

굉은 천성적으로 지략이 있는 사람이라 함의 말을 듣고서 마음속으로 역시 깨달았다. 이에 돌아가서 공에게 답해 함이 말했던 스스로 겸양하는 뜻을 깊이 전달했다. 공이 탄식하며 말했다.

"우리 집안이 어쩌다 이렇게 천하와 등을 져서 사람들이 이처럼 두려워하게 됐는가!"

속으로 불쾌해했다. 뒤에 상이 기린전(麒麟殿)에서 술자리를 열었는데 현의 부자와 친족들이 연회에서 술을 마셨고 왕굉의 형제인 시중 중상시도 모두 곁에 있었다. 상이 취기가 올라오자 조용히 현을 보며 웃으면서 말했다.

"내가 요임금이 순임금에게 선양한 것을 본뜬다면 어떻겠는가?"

굉이 나아가 말했다.

"천하는 곧 고황제의 천하이지 폐하의 것이 아닙니다. 폐하께서는 종묘를 이어받아 마땅히 자손에게 무궁토록 전하셔야 할 것입니다. 천하를 계승하는 일은 너무나도 중한 일인지라 천자라도 농담을 하시면 안 됩니다."

상은 아무 말도 안 했지만 기뻐하지 않으니 좌우에 있던 사람들이 모두 두려워했다. 이에 굉을 내보냈는데 그후로 다시는 연회에서 시중을 들 수 없었다.

현의 저택이 새롭게 준공됐는데 공사가 아주 튼튼했음에도 불구하고 그 바깥 대문이 아무런 까닭도 없이 스스로 무너지자 현은 마음으로 불안했다. 여러 달 뒤에 애제가 붕하니 태황태후는 대사마 현을 불러 동상(東廂)에서 만나보고는 상사(喪事) 준비에 대해 물었다. 현은 내심 걱정이 많아 제대로 답할 수가 없어 관을 벗고 사죄했다. 태후가 말했다.

"신도후 망(莽)은 전에 대사마로서 선제의 대행(大行-시신)을 운구한 경험이 있고 고사에 밝으니 내가 망으로 하여금 그대로 돕도록 하겠소."

현은 머리를 조아리며 감사의 절을 올렸다. 태후가 사자를 보내 망을 불렀다. 이미 도착하자 망은 태후의 뜻에 의거해 상서로 하여금 현이 제의 병을 친히 챙기지 않았다고 탄핵하며 현이 궁전 사마 집무실에 출입하는 것을 금지시켰다. 현은 어찌해야 할 바를 몰라 궁궐에 이르러 관을 벗고서

맨발[徒跣]로 사죄했다. 망은 알자를 시켜 태후의 조서를 가지고 궐문 앞으로 가서 현에게 말했다.

'얼마 전부터 음양이 순조롭지 못하고 여러 재이가 한꺼번에 닥쳐 백성들이 그 피해를 당했다. 대개 삼공(三公)이란 정족(鼎足)으로 보필하는 자리인데 고안후 동현은 사리를 알지도 못하면서 대사마가 됐고 민심에 부합하지 못한 채 외적을 막아내거나 변방을 편안하게 하지도 못했다. 이에 대사마의 인끈을 회수하고 파직하니 집으로 돌아가라.'

바로 그날 현은 아내와 함께 자살했고 가족은 두려움에 떨며 한밤중에 장례를 치렀다. 망은 그가 거짓으로 죽었을지 모른다고 의심했고 유사에서는 현의 관을 다시 파헤칠 것을 주청해 옥으로 가져와 시신을 검사했다. 망은 다시 대사도 광(光)을 은근히 부추겨 아뢰게 했다.

"현은 그 본바탕이 교묘해 아첨을 잘하고 간사함을 더해 제후에 봉해졌습니다. 부자가 조정을 제 마음대로 흔들었고 형제가 총애를 받아 상사를 많이 받았으며 저택을 지었고 무덤을 만들면서 방자함이 끝이 없어 왕의 법도와 다를 바가 없었으며 억 단위의 돈을 허비해 국고를 텅 비게 했습니다. 부자가 교만해 사자가 하사품을 갖고 가도 예를 표하지도 않았고 하사품을 받으면서 절도 하지 않는 등 그 죄악이 낱낱이 드러났습니다. 현은 자살해 죄에 엎어졌다지만 그의 아버지는 아들이 죽은 후에도 잘못을 뉘우치지 않고 마침내 관(棺)에 붉은 모래로 사계절의 색을 칠하고 좌청룡 우백호를 그렸으며 관 위에는 금은으로 해와 달을 새겼고 옥으로 만든 수의와 구슬로 관을 장식했으니 지존(至尊)으로서도 이렇게는 할 수 없을 것입니다. 신은 그 재물을 나라에서 몰수하고 현에게 의지해 관직에 오른 자들을 모두 파면할 것을 청하옵니다."

아버지 공(恭)과 동생 관신(寬信)은 가족과 함께 합포현으로 옮겼으며 어머니는 별도로 옛 고향 군인 거록(鉅鹿)으로 갔다. 장안의 중소 백성들이 시끌벅적하게 떠들어대며 그 집을 향해 통곡했고 거의 모든 재산들을 훔쳐갔다. 현관(縣官-나라 재정 담당 기구)에 가서 현의 재산을 팔았더니 모두 43억 전이었다. 현의 관을 꺼내 알몸인 채로 검사를 한 다음에 감옥 안의 마당에 파묻었다.

현이 평소 잘 대해주었던 패군(沛郡)의 관리 주후(朱詡)는 스스로를 탄핵하고서 대사마부에 가 관과 수의를 사서 현의 시신을 거두어 매장해주었다. 왕망은 이 소식을 듣고서 크게 화를 내며 다른 죄를 걸어 후(詡)를 격살했다. 후의 아들 부(浮)는 (후한) 건무(建武) 연간에 귀하게 돼 대사마, 사공에 이르렀고 후에 봉해졌다. 한편 왕굉은 왕망 때 지방관을 지냈는데 임지에서 기강을 세웠고 망이 패망하자 마침내 관직을 떠났다. 세조(世祖-광무제)가 조서를 내려 말했다.

'무왕(武王)은 은나라를 정벌하고서 상용(商容-은나라의 현인)의 마을을 표창했고, 굉은 백성들을 부지런히 잘 다스려 병란이 일어났음에도 불구하고 관리와 백성들이 오직 그의 죽음을 원하지 않았다. 이제 굉의 아들을 관리로 임명하노라.'

그의 아들은 (현의 영장(令長)에 해당하는 비(比) 600석 이상) 검은 인끈의 관직에 이르렀지만 재직 도중에 죽었고 소함의 외손자라고 한다.

찬(贊)하여 말했다.

"피부가 보드랍고 윤이 나서[柔曼=柔澤] (임금의) 뜻을 기울게 하는 것은 단지 여성의 성적인 매력[女德=女色]만이 아니고 대개는 또 남색(男色)도 있다. 적(籍), 굉(閎), 등(鄧), 한(韓)[5]의 무리를 살펴보면 (총애가) 다 한 가지인 것은 아니지만 동현(董賢)이 받은 총애는 너무나도 성대해 부자가 나란히 공경에 올랐으니 이른바 신하를 그처럼 높이고 무겁게 해준 것은 두 번 다시 없을 것이다. 그렇지만 나아감에 있어 도리에 의하지 않았고 지위가 그 능력을 뛰어넘었으니 그 끝을 온전하게 할래야[有終] 할 수가 없었으니 이른바 사랑이 지나치면 그만큼 해롭다는 것은 바로 이 말이다. 한나라는 원제(元帝)와 성제(成帝) 때 쇠해 애제(哀帝)와 평제(平帝) 때 무너졌다. 애제와 평제 사이에는 나라에 간극[釁]이 많았다. 임금은 병들어 후사가 없었고 농간 부리는 신하[弄臣]가 보좌를 해 (천자의 상징인) 세 발 쇠솥[鼎]의 다리가 튼튼하지 않아 나라의 기둥이 쇠퇴해 흔들렸다. 하루아침에 황제가 붕어하자 간사한 신하들이 명을 제 마음대로 하면서 동현은 목 졸려 죽고[縊死] 정(丁)과 부(傅) 두 성씨[6]는 내쫓겼으며 죄가 모후에까지 미쳐 지위를 빼앗기고 유폐됐지만 그 허물은 가까이에서 총애받았던 자들에게 고스란히 남아 임용된 자들이 어질지도 않았고 뛰어나지도 않았다. 그래서 중니는 '손해 보는 세 가지 벗 사귐[損者三友][○사고(師古)가 말했다. "『논어(論語)』「계씨(季氏)」편에서 '겉치레만 중시함[便辟]을 벗 삼고 좋은 말만 하는 아첨[善柔]을 벗 삼고 말만 번드레하게

---

5 적유(籍孺), 굉유(閎孺), 등통(鄧通), 한언(韓嫣)을 가리킨다.
6 당시의 두 대표적인 외척세력이다.

함[便佞]을 벗 삼는 것이 손해 주는 세 가지다'라고 했다.")]'을 지었으니 임금다운 임금[王者]이 사사로이 가까운 사람은 관직에 쓰지 않는 것도 거의 [殆=近] 이 때문이다."

권
◆
94

흉노전
匈奴傳

〖상〗

● 「흉노전(匈奴傳)」, 「서남이양월조선전(西南夷兩粵朝鮮傳)」, 「서역전(西域傳)」은 동북아역사재단에서 펴낸 『역주 중국정사외국전』에 번역이 포함돼 있어 큰 도움을 받았음을 밝혀둔다.

흉노(匈奴)는 그 선조가 하후씨(夏后氏)의 먼 후예[苗裔]로 순유(淳維)
묘예
라고 불린다〔○ 사고(師古)가 말했다. "은(殷)나라 때 처음으로 북쪽 변경으
로 도망쳤다."〕. 도당씨(陶唐氏-요임금)와 유우씨(有虞氏-순임금)[唐虞] 이전
당우
에는 산융(山戎), 험윤(獫允), 훈육(薰粥)〔○ 사고(師古)가 말했다. "모두 흉노
의 별칭이다."〕 등이 북쪽 변경에 살면서 풀을 따라다니며 가축을 기르고
옮겨 다녔다[轉移].
전이

기르는 짐승들은 주로 말, 소, 양이었고 그중에 특이한 짐승은 낙타
[橐佗]〔○ 사고(師古)가 말했다. "말 그대로 주머니를 등에 지고서 물건을
탁타
실어 나른다는 뜻이다."〕, 나귀, 노새, 버새[駃騠]〔○ 사고(師古)가 말했다.
결제
"준마로 태어난 지 7일이 되면 그 어미를 능가한다."〕, 도도(騊駼-말의 일
종), 탄해(驒奚-야생마의 일종)였다. 물과 풀을 쫓아서 옮겨 다니며 성곽이
나 일정한 주거, 밭갈이의 생업이 없었으나 각자가 나누어 가진 땅[分地]
분지

은 있었다. 글이나 책이 없어 말로 약속을 했다. 아이들도 능히 양을 타고 돌아다니며 활을 당겨 새나 쥐를 쏘아 맞추고, 조금 더 자라면 여우나 토끼를 쏘아 맞추어 고기를 먹었다. 남자들의 힘은 활을 잘 당길 수 있어 [彎弓] (훗날 자라서는) 모두 무장한 기병[甲騎]이 됐다.

그 습속은 느긋할 때는[寬] 가축을 따라다니며 새나 짐승을 사냥하는 것을 생업으로 삼았고, 급할 때는 사람들마다 싸워 공격하는 것을 익혀 침공했으니 이것이 그들의 타고난 성품이다. 그들이 멀리서 쓰는 무기는 활과 화살이고, 가까이에서 쓰는 무기는 칼과 작은 창[鋋]이었다. 유리하면 나아가고 불리하면 물러났으며 도망치는 것을 부끄러워하지 않았다. 이익이 있는 곳이라면 예의를 알지 못했다. 군왕부터 아래의 모든 사람들이 다 고기를 먹고 그 가죽과 털로 옷을 해 입고 모직물과 가죽[旃裘]을 덮었다. 장성한 이들은 기름지고 맛있는 음식을 먹고 늙은이들이 그 나머지를 먹고 마셨다. 강건한 사람을 귀하게 여기고, 노약자들은 경시했다. 아비가 죽으면 (그를 잇는 사람이) 그 후처를 아내로 맞고, 형제가 죽으면 (그 형이나 아우가) 그 아내를 차지했다. 그 풍속에 이름이 있어도 (높은 사람의 이름을) 부르는 것을 꺼리지 않았으며[不諱][1] 자(字)가 없었다.

하(夏)나라의 도리가 쇠퇴하자 공류(公劉)가 그 직(稷)의 관(官)을 잃고 서융(西戎)으로 옮겨[變][○ 사고(師古)가 말했다. "공류는 후직(后稷)의 증손자다. 변(變)은 바뀌었다[化]는 말로 그 습속을 바꾸었다는 뜻이다."] 빈(豳) 땅[○ 사고(師古)가 말했다. "지금의 빈주(豳州)가 그곳이다."]에 마을

---

1 기휘(忌諱)하지 않았다는 말이다.

을 만들고 살았다. 그 뒤 300여 년이 지나 융적(戎狄)이 고공단보(古公亶父)〔○ 사고(師古)가 말했다. "공유에서 단보까지 모두 아홉 군(君)이다."〕를 공격했다. 단보는 기산(岐山) 아래로 달아났는데 빈 땅 사람들이 모두 단보를 따라와서 마을을 만들고 주(周)를 세웠다〔○ 사고(師古)가 말했다. "이때 처음으로 주나라가 시작됐다."〕. 그 뒤 100여 년이 지나 주나라 서백(西伯-서패) 창(昌)이 견이(畎夷)를 정벌했다〔○ 사고(師古)가 말했다. "서백 창이 곧 문왕(文王)이다. 견이는 곧 견융(畎戎)이다."〕. 그로부터 10여 년이 지나 (주나라) 무왕(武王)이 (상(商)의) 주왕(紂王)을 치고 나서 낙읍(雒邑)을 만들었고[營=治] 다시 풍호(酆鄗)² 땅으로 와서 살며 융이(戎夷)를 경수(涇水)와 낙수(洛水) 이북으로 내쫓으니 (융이가 이로부터) 철에 따라 조공을 바쳤고 (그들이 사는 지역을) 황복(荒服)이라고 불렀다. 그로부터 200여 년이 지나 주나라의 도리가 쇠퇴해졌으나 목왕(穆王)〔○ 사고(師古)가 말했다. "성왕(成王)의 손자이자 강왕(康王)의 아들이다."〕이 견융(畎戎)을 쳐서 네 마리의 흰 이리[狼]와 네 마리의 흰 사슴[鹿]을 붙잡아 돌아왔다. 이때 이후로 황복에서는 (조공하러) 오지 않았다. 이에 (주나라에서는) 여형(呂刑)³이라는 법[辟]을 만들었다. 목왕의 손자인 의왕(懿王) 때에 이르러 왕실이 드디어 쇠락하게 되자 융적들이 교대로 침입해 중국을 사납게 괴롭혔다. 중국이 그 고통을 당하게 되자 시인들은 비로소 노래를 지어 그들

---

2 풍경(酆京)이라고도 하는데 서주(西周) 시대의 수도다.

3 목왕은 정벌 뒤에 제후와 번신들 중에 주나라를 따르지 않는 이가 생기자 법률을 엄격하게 적용했다.

을 미워하며 노래했다.

"아내도 없고 가장도 없게 된 것은 험윤 때문이로다."

"어찌 하루도 경계하지 않겠는가! 험윤의 침략이 심하고[孔=甚] 위급하구나[棘=急]〔○ 사고(師古)가 말했다. "『시경(詩經)』「소아(小雅)」 '채미(采薇)' 편의 구절이다."〕."

의왕의 증손인 선왕(宣王) 때에 이르러 군대를 일으켜 장수들에게 명해 그들을 정벌하게 하니 시인들은 그 공로를 크게 찬미해 노래했다.

"험윤을 몰아내 태원(太原)에 이르렀네〔○ 사고(師古)가 말했다. "『시경(詩經)』「소아(小雅)」 '유월(六月)' 편의 구절이다."〕."

"떠나가는 전차가 아주 가득하고[彭彭=盛大]," "북녘땅[朔方=北方]에 성을 쌓았도다〔○ 사고(師古)가 말했다. "『시경(詩經)』「소아(小雅)」 '출거(出車)' 편의 구절이다. 험윤이 이미 떠나가니 북방이 안정돼 마침내 성을 쌓아 방어를 하게 됐다는 말이다."〕."

이때 사방의 오랑캐[四夷] 모두 복속하게 되니 이를 칭송해 중흥(中興)이라고 했다.

유왕(幽王)〔○ 사고(師古)가 말했다. "선왕(宣王)의 아들이다."〕에 이르러 포사(褎姒)라는 총희(寵姬)로 인해 신후(申侯)[4]와 틈이 생기게 됐다. 신후는 화가 나서 견융과 함께 쳐들어와 주나라 유왕을 여산(麗山) 기슭에서 죽

4　서주(西周) 말기 신(申)나라의 제후로서 유왕(幽王)의 후(后) 신씨(申氏)의 아버지이다. 유왕이 포사(褎姒)를 총애해 신후(申后)와 태자 의구(宜臼)를 폐하자 신후는 견융(畎戎)과 연합해 유왕을 살해하고 의구를 평왕(平王)으로 옹립했다.

이고 마침내 주나라 땅을 차지했다. (이처럼 견융이 땅을) 노획해 경수(涇水)와 위수(渭水) 사이에 머물러 살면서 중국을 침략했다. 진(秦)나라 양공(襄公)[5]이 주나라를 구원했으므로 이에 주나라 평왕(平王)이 풍호를 떠나 동쪽의 낙읍으로 옮겨갔다.[6] 당시에 진나라 양공이 융을 쳐서 기산(岐山)에 이르게 돼 비로소 제후의 지위에 올랐다. 그로부터 65년이 지나[7] 산융(山戎)[8]이 연(燕)나라[9]를 넘어 제(齊)나라[10]를 공격하니 제나라 희공(釐公)이 (산융과) 제나라의 변경에서 싸웠다. 이후 44년이 지나 산융이 연나라를 쳤다. 연나라는 위급함을 제나라에 알렸고, 제나라 환공(桓公)이 북쪽으로 산융을 공격하니 산융이 도망갔다. 이후 20여 년이 지나 융적(戎翟)[11]이 낙읍까지 와서 주나라 양왕(襄王)〔○ 사고(師古)가 말했다. "혜왕(惠王)의 아들이다."〕을 치니 양왕이 나라를 벗어나 정(鄭)나라의 범읍(氾邑)〔○ 사고(師古)가 말했다. "양왕이 이곳에 머물렀다 해서 뒤에 양성(襄城)이라고 불렀다."〕으로 달아났다. 이전에 주나라 양왕이 정나라를 치려고 생

5　진나라의 개국시조로 주나라 평왕(平王)을 도와 동천하는 데 공을 세웠고 이로 말미암아 제후로 책봉됐다.

6　이를 동천(東遷)이라 한다.

7　기원전 706년이다.

8　산융은 주로 연(燕)나라의 북쪽, 즉 지금의 요서(遼西) 지역 내지는 내몽고(內蒙古) 등지에 거주했던 것으로 추정된다.

9　무왕(武王)의 동생인 소공(召公) 석(奭)에게 봉해진 나라다.

10　주나라 무왕(武王)이 태공망(太公望)을 봉해준 나라다.

11　『사기(史記)』에는 융적(戎狄)으로 돼 있다. '적(翟)'과 '융(狄)'은 서로 통용하면서 쓴다.

각하고 있었기 때문에 융적 (추장의) 딸을 왕후로 맞아들여 융적의 군사와 함께 정나라를 쳤었다. (그러나) 오래지 않아 양왕이 적후(翟后)를 멀리하게 되자 적후가 양왕을 원망하게 됐다.

그런데 양왕의 계모를 혜후(惠后)라고 했는데 (그에게는) 자대(子帶)라는 아들이 있어 그를 (천자로) 세우고 싶어 했다. 이에 혜후가 적후, 자대와 함께 (융적과) 내통해 융적을 위해 성문을 열어주었다. 융적은 도성 안으로 들어와 양왕을 깨뜨리고 내쫓은 다음에 자대를 천자로 삼았다. 이로 인해 융적이 더러 육혼(陸渾)에 살게 되면서 동쪽으로는 위(衛)나라에까지 이르러 중국을 침략하는 것이 더욱 심해졌다. 주나라 양왕은 도성 밖에서 4년이나 살다가 사신을 진(晉)나라에 보내 위급함을 알렸다. 진나라 문공(文公)은 즉위한 지 얼마 되지 않아 패업(覇業)을 이루고자 했기 때문에 군사를 일으켜 융적을 쳐서 내쫓은 다음 자대를 죽이고 양왕을 맞아들여 [迎內=迎納] 낙읍에 살게 했다.
영내 영납

이 당시 진(秦)나라와 진(晉)나라는 강한 나라였다. 진(晉)나라의 문공은 융적을 몰아내 (그들을) 서하(西河)의 은수(圁水)[12]와 낙수(洛水) 사이에서 살게 하고 적적(赤翟),[13] 백적(白翟)[14]이라 불렀다. 또한 진(秦)나라의 목공

---

12 지금의 섬서성(陝西省) 북부 유림(楡林)과 가현(葭縣)의 경계에 있다.

13 고대 종족 명칭으로 적적(赤狄)이라고도 한다. 춘추시대 적인(狄人)의 하나다. 그들의 분포 지역은 대체적으로 지금의 산서성(山西省) 장치현(長治縣) 북부에 해당하는데 이곳에서 진(晉)나라 사람들과 섞여 살았다. 그들이 붉은색 옷을 입었기 때문에 이런 이름을 갖게 됐다.

14 지금의 산서성(山西省) 개휴(介休)와 섬서성(陝西省) 연안(延安)의 경계 지대에 거주했다가 이후에 하북성(河北省) 경계 지역으로 이주했다. 이들은 하얀색 옷을 입었기 때문에 이런 명칭을

(穆公)은 (대부인) 유여(由余)를 얻어 서융의 8개 나라를 진나라에 복속시켰다. 따라서 농산(隴山)의 서쪽에 면저(縣諸-서융의 한 종족), 견융(畎戎), 적원(狄獂-서융의 한 종족) 등의 융이 있었고, 기산, 양산(梁山), 경수, 칠수(漆水) 이북에는 의거(義渠-서융의 한 종족), 대려(大荔-서융의 한 종족), 오지(烏氏-서융의 한 종족), 후연(朐衍-서융의 한 종족) 등의 융이 있었고, 진(晉)나라의 북쪽에 임호(林胡), 누번(樓煩) 등의 융이 있었으며, 연나라의 북쪽에 동호(東胡),[15] 산융(山戎)〔○ 복건(服虔)이 말했다. "오환(烏桓)의 선조이며 뒤에 선비(鮮卑)가 됐다."〕 등이 있었다. 각각 계곡에 흩어져 살면서 나름의 군장(君長)이 있어 가끔씩 무리를 이룬 것이 100여 개의 융(戎)이었는데 서로 하나로 통일되지는 않았다.

그후 100여 년이 지나 진(晉)나라의 도공(悼公)이 (대부) 위강(魏絳)을 사신으로 보내 융적과 화친을 맺자 융적(의 군장)이 진(晉)나라에 와서 조회했다. 그로부터 100여 년이 지나 조양자(趙襄子)[16]가 구주산(句注山)을 넘어 (융적을) 격파하니 대(代)나라를 병합해 호(胡-흉노)와 맥(貊)[17]과 맞붙게 됐다. 그 이후 (조양자가 6국 중의 하나인) 한(韓)나라, 위(魏)나라와 함께 (진(晉)나라의 대부) 지백(智伯)을 내쫓고 진나라 땅을 나누어 갖게 되

갖게 됐다고 한다.

15 흉노의 동쪽에 거주했기 때문에 동호라고 불리게 됐다고 한다.
16 이름은 무휼(毋恤)로 진나라의 집정 대신이다. 조간자(趙簡子)의 아들이다.
17 고대 퉁구스 계통 종족의 하나이다. 이들은 예(穢), 한(韓)과 더불어 우리 민족의 주된 구성체로서 『시경(詩經)』, 『서경(書經)』 등을 보면 주(周)나라의 동북방에 거주하고 있었다.

니 조(趙)나라는 대(代)와 구주산의 북쪽을 차지했고 위나라는 서하군(西河郡)과 상군(上郡)을 차지하게 돼 (모두) 융과 경계를 접하게 됐다. 그후 의거(義渠)의 융이 성곽을 쌓고 스스로를 지켰으나 진(秦)나라가 점점 먹어 들어가 혜왕(惠王-혜문왕)에 이르러 의거의 25개 성을 차지했다. 혜왕이 (또) 위(魏)나라까지 정벌해 위나라의 서하군과 상군을 모두 진나라에 집어넣었다. 진나라 소왕(昭王) 때에 의거의 융왕과 (소왕의) 모친 선태후(宣太后)가 간통해 두 아들을 낳는 일이 벌어졌다. (그러나) 선태후는 감천궁(甘泉宮)에서 의거의 융왕을 속여 죽이고 마침내 군대를 일으켜 의거를 쳐서 멸망시켰다.

이에 진(秦)나라가 농서군(隴西郡), 북지군(北地郡), 상군을 차지했고 장성을 쌓아 흉노[胡]를 막았다. 그리고 조나라 무령왕(武靈王)은 또한 풍속을 바꾸어 호복(胡服)[18]을 입고 말을 타며 활 쏘는 것을 익혀 북쪽으로 임호와 누번을 격파한 다음에 장성을 구축한 뒤 대(代)와 음산산맥(陰山山脈) 기슭으로부터 고궐(高闕-산의 이름)에 이르기까지 요새를 만들어 운중군(雲中郡), 안문군(雁門郡), 대군(代郡)을 두었다. 그 이후에 연나라에는 진개(秦開)라는 뛰어난 장군이 있어 흉노에 볼모가 된 적이 있는데, 흉노가 그를 자못 믿었다. (진개는 그때에 정세를 잘 파악해두었다가) 귀국하자마자 동호를 격파해 도망가게 만들었다. (동호는) 이때 1,000리나 물러났다. 형가(荊軻)와 함께 진나라의 왕 정(政)을 암살하러 떠났던 진무양(秦舞

---

18 마상에서 활쏘기에 편하게 옷고름이 왼쪽에 있는 저고리[左袵]를 말한다. 중국의 전통적인 복장은 고름이 오른쪽에 있다.

陽)이 바로 개(開)의 손자였다. 연나라는 또한 장성을 조양(造陽)에서 양평(襄平)까지 쌓았고 상곡군(上谷郡), 어양군(漁陽郡), 우북평군(右北平郡), 요서군(遼西郡), 요동군(遼東郡)을 설치해 흉노를 막았다.

이때는 의관(衣冠)과 속대(束帶)를 할 줄 아는[19] 전국(戰國) 7웅의 시대였는데 (그중에서) 세 나라(-연나라, 조나라, 진나라)가 흉노와 경계를 맞대고 있었다. 그 이후 조나라 장군 이목(李牧)이 지키던 때에는 흉노가 감히 조나라의 변경을 넘볼 수 없었다. 이후에 진(秦)나라가 여섯 나라를 멸망시키고 시황제(始皇帝)가 몽염(蒙恬)에게 수십만의 군사를 주어 북으로 흉노를 치게 해 하남(河南) 땅을 모두 손에 넣었다. 황하를 이용해 요새를 만들고 황하를 따라 44개의 현에 성을 쌓고 죄수들로 구성된 군사를 이곳으로 이주시켜 채워 넣었다. 그리고 직도(直道)[20]를 통하게 해 구원군(九原郡)[21]에서 운양현(雲陽縣)에 이르렀는데, 험준한 산의 능선을 국경으로 삼고 골짜기를 이용해 참호로 삼고 수선할 수 있는 것을 손보아 임조현(臨洮縣)[22]에서 요동군까지 1만여 리에 이르렀다. 게다가 황하를 건너 양산(陽山)[23]과 북가(北假)[24] 사이를 근거지로 삼았다.

---

19 예제(禮制)를 아는 문명국가라는 뜻으로 흔히 제하(諸夏) 혹은 중국(中國)으로 불린다.
20 구원(九原)에서 운양(雲陽)까지 직선으로 북쪽으로 연결된 도로를 말한다.
21 진나라 때의 군 이름으로 한나라 때에는 오원(五原)으로 바뀌었다.
22 이곳에서 서쪽으로 12리 떨어진 곳에서 진나라 장성이 시작된다.
23 지금의 내몽고 자치구(內蒙古自治區)에 있는 낭산(狼山)을 가리킨다.
24 지금의 내몽고 자치구 오르도스 북쪽이다.

이런 때를 맞아 동호가 강하고 월지(月氏)〔○ 사고(師古)가 말했다. "氏의 발음은 (씨가 아니라) 지(支)다."〕가 성대했다. 흉노의 선우(單于)를 두만(頭曼)[25]이라고 했는데 두만은 진(秦)나라를 이기지 못하고 북쪽으로 옮겨 갔다. 10여 년이 지나 몽염이 죽고 제후들이 진나라에 반란을 일으켜 중국이 어지럽게 되자 진나라가 강제로 변경에 이주시켰던 여러 죄수들이 모두 다시 떠나버렸고 이에 흉노가 여유를 얻어[得寬] 다시 조금씩 황하의 남쪽을 건너 중국과 이전의 요새를 경계로 삼게 됐다.

(두만)선우에게는 태자가 있었는데 이름은 묵돌(冒頓)[26]이라고 했다. 그 이후에 (두만이) 총애하는 연지(閼氏)[27]가 막내아들을 낳자 두만은 묵돌을 (태자의 자리에서) 폐위하고 막내아들을 태자로 세우려고 묵돌을 월지(月氏)에 볼모로 보냈다. 묵돌이 월지에서 볼모로 있을 때 두만이 갑자기 월지를 공격했다. 이에 월지가 묵돌을 죽이려 하자 묵돌이 좋은 말을 훔쳐 타고 (자기 나라로) 도망쳐 돌아왔다. 두만은 (자신의 계획이 실패했음에도) 아들 묵돌을 장하게 여겨 1만 기(騎)를 거느리게 했다. 묵돌은 이에 소리 나는 화살[鳴鏑][28]을 만들고 부하들에게 말을 타고 활을 쏘는 연습

---

25 두만선우는 역사에 기록된 흉노 최초의 군장으로, 초원에 있던 유목민들을 하나로 통합해 흉노의 국가를 형성했다.

26 묵특으로 읽기도 한다. 몽골 초원을 중심으로 중앙아시아를 지배하는 거대한 유목 제국을 건설했다.

27 알지로 읽기도 한다. 흉노 군주의 비(妃 또는 처)에 대한 칭호로 사용되기도 하고 황후로 번역되기도 한다.

28 날아가면서 소리를 내는 화살로 효시(嚆矢)라고도 한다. 원래 효시나 명적은 공격 시작을 알리

을 시키면서 이렇게 명령했다.

"(내가) 소리 나는 화살을 쏜 곳에 (너희들이) 모두 (정확하게) 쏘지 않으면 베어버릴 것이다."

짐승을 사냥하러 가서 소리 나는 화살을 쏜 곳에 쏘지 않은 자가 있자 바로 베어버렸다. 얼마 후에 묵돌이 소리 나는 화살로 스스로 (자신의) 좋은 말을 쏘았는데 좌우에서 감히 쏘지 못하는 자가 있자 묵돌이 바로 좋은 말을 쏘지 못한 자들을 베어버렸다. 다시 얼마 지난 후 소리 나는 화살로 스스로 아끼던 아내를 쏘았는데, 좌우에서 몹시 두려워해 감히 쏘지 못하자 다시 베어버렸다. 얼마 뒤에 묵돌이 사냥하러 나갔는데 소리 나는 화살로 두만선우의 좋은 말을 쏘니 좌우의 부하들이 모두 쏘았다. 이에 묵돌이 그의 좌우가 쓸 만하다는 것을 알았다. 그의 아버지 두만선우를 따라 사냥을 나가 소리 나는 화살로 두만을 쏘자 그의 좌우 모두 소리 나는 화살을 따라 화살을 쏘아 두만선우를 죽였다. 마침내 그의 계모와 동생들, 그리고 대신들 중에서 자신을 따르지 않는 자들을 모조리 베어버렸다. 이에 묵돌은 스스로를 세워 선우가 됐다.

묵돌이 이미 즉위하자 그때 (이웃의) 동호(東胡)가 강성했는데 묵돌이 아비를 죽이고 스스로를 세웠다는 말을 듣고서 이에[酒=乃] 묵돌에게 사자를 보내 말했다.

"두만선우의 천리마(千里馬)를 얻고 싶소."

묵돌이 여러 신하들에게 의견을 물으니 모두 말했다.

는 신호용으로 사용하던 화살인데 '어떤 사건의 시작이나 기원'을 뜻하는 단어로도 사용된다.

"이는 흉노의 보배로운 말입니다. 결코 주어서는 안 됩니다."

묵돌은 "내가 어찌 이웃 나라끼리 한 마리의 말을 아까워하겠는가?"라고 하면서 그것을 주어버렸다. 얼마 후 동호는 묵돌이 (자기를) 두려워한다고 여기고서 사자를 보내 선우의 연지 한 명을 달라고 말했다. 묵돌이 다시 좌우(신하들)에게 물으니 좌우가 모두 화를 내면서 대답했다.

"동호가 무도하게도 마침내 연지까지 달라고 하니 그들을 쳐야 합니다."

묵돌은 "내가 어찌 이웃 나라끼리 여자 하나 주는 것을 아까워하겠는가?"라고 하면서 그가 아끼던 연지를 골라 동호에 보내주었다. 동호의 왕은 더욱 교만해져 서쪽을 침략했다. (동호와) 흉노와의 사이에는 버려진 땅에 사람이 살지 않는 곳이 1,000여 리가 있었는데 (양국은) 각각 그 주변 땅에 망을 보는 시설[甌脫]을 만들어 살고 있었다. 동호는 묵돌에게 사자를 보내 말했다.

"흉노와 우리가 경계하고 있는 망을 보는 시설과 불모의 사막은 흉노가 이를 수 있는 곳이 아니니 내가 갖고 싶소."

묵돌이 여러 신하들에게 물으니 어떤 신하가 대답했다.

"이곳은 버려진 땅이니 주십시오."

이에 묵돌은 크게 화를 내면서 말했다.

"땅이란 나라의 근본인데 어찌 다른 사람에게 줄 수 있는가!"

땅을 주자고 말한 여러 신하들을 모두 목 베었다. 묵돌은 말에 올라 나라 안에 뒤처져 있는 자들도 목 베어버리라고 명령하고서 마침내 동쪽으로 동호를 습격했다. 동호는 애초에 묵돌을 가볍게 보고 방비를 갖추지 않았다. 그래서 묵돌이 군대를 이끌고 도착해 공격하자 동호의 왕은 크게 패배해 멸망했고 묵돌은 그 백성과 가축 등을 빼앗았다.

이미 돌아와서는 (다시) 서쪽으로 월지를 격파하고 남쪽으로 누번(樓煩), 백양(白羊-흉노의 일부) 하남왕의 땅을 병합했다.[29] 마침내 다시 진나라 몽염이 탈취해간 흉노의 땅을 모두 거두어들였다. 한나라와 과거 하남의 요새에 관문을 두고 조나현(朝那縣), 부시현(膚施縣)까지 진출했고 마침내 연(燕)과 대(代)까지 침입해 들어갔다. 이때 한나라는 때마침 항우(項羽)와 서로 대치해 싸우느라[30] 중국은 전쟁에 지쳐 있었기[罷=疲勞] 때문에 묵돌은 스스로 강대해질 수 있었고 활을 잘 당기고 쏠 수 있는 병사만 30여만이라고 했다.

순유(淳維)에서 두만(頭曼)까지 1,000여 년 동안 흉노는 때로는 컸다가 때로는 작아지기도 했으며 그들 사이에서 달리 흩어지고 나뉘어 갈라선 것이 오래돼 그들이 대대로 전해온 것들을 순서대로 정리할 수 없다. 하지만 묵돌에 이르러 흉노가 가장 강대하게 돼 북방 오랑캐[北夷]를 모두 복속시키고 남쪽으로는 중국[諸夏][31]과 대적하는 나라가 되니 비로소 그들이 대대로 성(姓)과 관직 명칭[官號]을 기록할 수 있게 됐다고 한다.

선우의 성은 연제씨(攣鞮氏)인데 그 나라에서 불러 말하기를 '텡그리 쿠

---

29 사고(師古)는 누번왕과 백양왕이 사는 곳이 하남이라고 했다. 결국 누번왕과 백양왕의 땅을 점령한 것이고 하남이라는 말은 불필요하게 추가된 것이다.
30 유방과 항우는 기원전 206년에서 202년까지 이른바 초한(楚漢)전쟁을 치렀다.
31 『사기(史記)』에는 중국(中國)으로 돼 있다.

트[撑犁孤塗]선우'³²라고 한다. 흉노에서는 하늘을 '텡그리[撑犁]'라고 하
고, 아들을 '쿠트[孤塗]'라고 한다. 선우란 넓고 큰 모습이고, 그 모습은 하
늘같이 넓고 크다는 것을 말하는 것이다. 그 아래에 좌현왕(左賢王), 우현
왕(右賢王), 좌녹려왕(左谷蠡王), 우녹려왕(右谷蠡王), 좌대장(左大將), 우대
장(右大將), 좌대도위(左大都尉), 우대도위(右大都尉), 좌대당호(左大當戶), 우
대당호(右大當戶), 좌골도후(左骨都侯), 우골도후(右骨都侯)를 두었다.³³ 흉노
에서는 '뛰어나다[賢]'는 것을 도기(屠耆)라고 했기 때문에 늘 태자를 좌도
기왕(左屠耆王)이라고도 불렀다. 또 좌현왕과 우현왕 이하 당호에 이르기까
지 크게는 1만여 기(騎), 작게는 수천 기를 거느렸는데, 대체로 24인의 장들
이 있었고 이들을 만기(萬騎)라 불렀다. 여러 대신들은 모두 세습하는 관
직이었다. 호연씨(呼衍氏), 난씨(蘭氏), 그다음에 수복씨(須卜氏)가 있었는데,
이 세 가지의 성씨가 가장 존귀했다. 여러 명의 왼쪽 왕이나 장군들은 동
방에 위치하며 상곡군의 동쪽을 담당했고, 예맥(穢貉), 조선(朝鮮)³⁴과 접
해 있었다. 오른쪽 왕이나 장군들은 서방에 위치하며 상군의 서쪽을 담당

---

32 탱리(撑犁)는 텡그리(tengri), 즉 하늘을 의미하고, 고도(孤塗)는 아들을 의미한다. 그래서 선우(單于)의 앞에 붙어 그를 수식하는 말로 '하늘로부터 축복을 받은 군주'라고 해석한다.

33 특히 좌현왕은 차기 선우를 계승할 사람인 태자가 담당했는데 좌도기왕(左屠耆王)이라고도 불렸다.

34 요하(遼河) 유역에서 한반도 서북 지방에 걸쳐 성장한 여러 지역 집단을 통칭한다. 「단군신화」의 기록에 따르면 기원전 2333년에 건국됐다고 하나 중국의 역사서에 기록된 것은 기원전 7세기 초다.

했고, (월지),³⁵ 저(氐),³⁶ 강(羌)³⁷과 접해 있었다. 선우정(單于庭)³⁸은 대군, 운중군과 마주하고 있었다. 각각의 영역[分地]이 있었으며 물과 풀을 따라 옮겨 다니며 살았다. 그런데 좌현왕과 우현왕, 그리고 좌녹려왕과 우녹려왕의 영역이 가장 컸다. 좌골도후와 우골도후가 선우의 정치를 보좌했다. 여러 24명의 장들은 각자 천장(千長), 백장(百長), 십장(十長), 비소왕(裨小王), 상(相), 도위(都尉), 당호(當戶),³⁹ 저거(且渠)〔○ 사고(師古)가 말했다. "오늘날 저거(且渠)라는 성(姓)은 대개 이 관직명에 뿌리를 두고 있다."〕 등의 속관을 두었다.

매년 정월에는 여러 장[諸長]⁴⁰들이 선우정에서 작은 모임[小會]을 갖고 제사를 지냈고, 5월에는 용성(龍城)⁴¹에서 큰 모임[大會]을 갖고 그들의 조상, 하늘과 땅, 그리고 귀신에게 제사를 지냈다. 가을이 돼 말이 살찔 무렵에는 대림(蹛林)⁴²에서 큰 모임을 열어 백성과 가축의 숫자를 헤아렸다. 그

---

35 『사기(史記)』에는 '월지(月氏)'가 있다.
36 고대 종족의 하나로 강(羌)과 원류가 같은 종족 또는 다른 것으로 보는 견해가 있다. 두 종족이 매우 밀접한 관련을 맺고 있었다.
37 서북 지역의 오래된 종족 중의 하나이다. 주로 양(羊)을 기르기 때문에 양의 뜻을 따라 사람들을 '강(羌)'이라 부른 것으로 알려져 있다.
38 왕정(王庭-오르두)으로 선우가 머무르면서 정사를 행하던 곳이다.
39 흉노의 관청으로 여러 왕이나 대신들이 스스로 둔 속관이다.
40 좌현왕(左賢王) 이하 24장(長)을 지칭하는 것으로 보인다.
41 선우(單于)가 머무는 곳이기도 하면서 제천의식을 거행하는 곳이다.
42 흉노가 제전을 벌이는 장소 또는 행사를 지칭하는 명칭이다.

법에 따르면, 칼을 한 자 이상 칼집에서 뽑는 자는 사형에 처하며, 도둑질한 자는 그의 집안(의 재산)을 몰수했다. 가벼운 범죄자는 알형(軋刑)[43]에 처하며 큰 죄를 지은 자는 사형에 처했다. 감옥에 갇혀 있는 기간은 길어도 열흘을 넘지 않으니 죄수는 전국을 통틀어도 몇 명이 되지 않았다. 그리고 선우는 아침 천막에서 나와 해가 뜨는 동쪽을 보고 절하고, 저녁에는 달을 보고 절했다. 좌석은 왼쪽을 중요하게 여겼고 북쪽을 향했다. 열흘마다 돌아오는 십간(十干) 중에서 (제5일째의) 무일(戊日)과 (제6일째의) 기일(己日)을 길일(吉日)로 쳤다. 장례를 치를 때 관(棺), 곽(槨)에다 금·은이나 의상(衣裳) 등을 부장품으로 넣었으며, (무덤에) 봉분을 하거나 나무를 심지 않았고 상복(喪服)도 입지 않았다. 많으면 수십, 수백 명에 이르렀다. 전쟁을 일으킬 때에는 항상 달의 상태에 따랐는데, 차면 공격해 싸우고 달이 이지러지면 군대를 물렸다. 전투를 벌여 목을 베거나 (산 채로) 포로를 잡으면 상으로 한 잔의 술을 내렸고, 노획품은 그대로 본인이 갖도록 했다. 포로는 잡은 자에게 (노비로) 주었다. 그러므로 전투 때 사람들은 제 이익을 향해 달려나갔는데 군대를 유인해 적을 포위하는 것을 잘했다. 그 까닭에 이익을 좇는 것이 새 떼처럼 모여들고 어려울 때 도망가는 것이 구름이 스러지듯이 흩어졌다. 죽은 사람의 집과 재물[家財]을 모두 차지하게 했다.

---

43 전사(戰士)의 능력을 없앤다는 점에서 발의 복사뼈를 수레바퀴로 치어 부수는 형벌이다.

그후에 (묵돌선우는) 북방으로 혼유(渾庾),[44] 굴석(屈射),[45] 정령(丁零),[46] 격곤(隔昆),[47] 신리(新犁)[48] 등의 다섯 나라[國]를 복속시켰다. 이에 흉노의 귀인(貴人)과 대신(大臣)들이 모두 (그에게) 감복해 묵돌(선우)을 현군으로 여겼다.

이 무렵 한나라가 갓 안정돼 한왕(韓王) 신(信)을 대군(代郡)으로 옮겨 마읍현(馬邑縣)에 도읍하게 했다. (그런데) 흉노가 크게 공격해 마읍을 포위하자 한왕 신이 흉노에게 투항했다. 이 사건은 한(漢) 고조(高祖) 6년(기원전 203년) 9월의 일이다.

흉노는 (한왕) 신을 사로잡자 이를 기회로 군대를 이끌고 남쪽으로 구주산(句注山-안문산)을 넘어 태원군(太原郡)을 공격해 진양성(晉陽城) 밑까지 왔다. (한나라의) 고제(高帝)가 손수 병사를 거느리고 가서 (그들을) 격파하고자 했다. 때마침 겨울이라 아주 춥고 눈까지 내려 병사들이 (동상으로) 손가락을 잃는 자가 10명 중에 두세 명 되자 이에 묵돌이 (이런 사정을 간파하고) 패배해 도망가는 척하면서 (속여) 한나라의 군대를 유인했다. 한나라의 군대가 묵돌을 추격해오자 묵돌은 그의 정예부대를 감추어두고 (그중에서) 노약한 병사들을 드러나 보이게 했다. 이에 한나라는

---

44 몽골국 북방 시베리아 오브강과 셀렝가강 주변, 즉 흉노의 북방에 위치하고 있었다.

45 주로 몽골국 북방 시베리아 바이칼호 동쪽 지역에 거주했다.

46 기원전 3세기에서 기원후 5세기에 걸쳐 몽골 초원에서 유목한 투르크계 종족을 총칭한다.

47 몽골국의 사얀산맥 북쪽 시베리아 예니세이강 상류 지역에 거주했다.

48 몽골 초원의 북방에 있었던 것으로 추정되나 구체적인 소재지는 알 수 없다.

모든 군대를 모아 대부분 보병으로서 32만이었는데, 북으로 (흉노 군대를) 추격했다. 고제가 먼저 평성현(平城縣)에 도착했는데, 보병들이 아직 모두 도착하지 못하자 (이에) 묵돌이 정병 30여만 기를 풀어 고제를 백등산(白登山)에서 에워싸고, 이레 동안이나 한나라 군대는 (포위망의) 안팎에서 서로 구원하거나 식량을 보급할 수가 없었다. 흉노의 기병들은 서쪽이 모두 흰색 말, 동쪽은 모두 푸른색 말[駹], 북쪽은 모두 검은색 말[驪], 남쪽은 모두 붉은색 말[騂]이었다. 고제는 사신을 보내 이간질을 위해 연지에게 몰래 후한 선물을 주었다. 연지가 이에 묵돌에게 말했다.

"두 나라 임금이 서로를 어렵게 하는 것은 좋지 않습니다. 지금 한나라 땅을 얻는다 해도 선우께서 거기에서 살 수 있는 것도 아니지 않습니까? 또한 한나라 왕에게 신기한 힘이 있을지 모르니 선우께서는 이 점을 잘 살피십시오."

마침 묵돌은 한왕 신의 장군 왕황(王黃), 조리(趙利)와 (함께 공격하기로 미리) 약속했는데, 기일이 돼도 (왕황과 조리의) 군대가 오랫동안 오지 않자 그들이 한나라와 음모를 (획책했을까) 의심해 연지의 말대로 포위망의 한쪽을 풀어주었다. 이에 고제가 병사들에게 명해 모두 활시위를 한껏 당긴 채 화살을 메겨 바깥으로 향하도록 하고 포위가 풀린 쪽으로 바로 도망쳐 나아가 마침내 자신의 대군과 만나게 되자 묵돌도 바로 군대를 이끌고 돌아가버렸다. 한나라 (고제) 역시 군대를 이끌어 물러나면서 유경(劉敬)을 시켜 화친의 조약을 맺도록 했다.

그 뒤에 한왕 신이 흉노의 장군이 됐고, 조리와 왕황 등이 자주 화친약속을 깨고 대군, 안문군, 운중군을 침입해 노략질해갔다. 얼마 되지 않아 (한나라의) 진희(陳豨)가 모반해 또 한왕 신과 같이 모의해 대군을 공격했다. 한나라에서는 번쾌(樊噲)를 시켜 이들을 치도록 해 대군, 안문군, 운중군 등의 군현을 다시 빼앗았으나 국경의 장성 밖으로는 나가지 않았다. 이 무렵 한나라 장수들 여럿이 백성을 이끌고 흉노로 가서 투항하는데, 그래서 교만해진 묵돌이 늘 대군의 땅을 (마음대로) 넘나들면서 약탈을 자행했다. 이에 고조가 이를 근심스럽게 생각해 이에 유경으로 하여금 종실의 딸을 옹주라 해 모셔가게 해 선우의 연지로 삼게 했고, 해마다 흉노에게 명주솜과 견직물, 술, 식품 등을 일정량 주고 형제가 되기를 약속하면서 화친을 맺자, 묵돌이 이에 (공세를) 약간 멈추었다. (그렇지만) 이후에 연왕 노관(盧綰)이 다시 반란을 일으켜 그의 무리 1만 명을 이끌고 흉노에게 투항해갔다가 상곡군의 동쪽을 드나들면서 한나라를 소란스럽게 만든 것이 고조의 시대 끝까지 갔다.

효혜(孝惠), 고후(高后)의 시대에 묵돌이 점차 교만해져 사신을 고후에게 보내 다음과 같이 말했다.

'고독해서 설 수 없는 임금은 음습한 땅에서 태어나 드넓은 초원에 소와 말이 사는 곳에서 자랐으나 여러 번 변경에 와서 중국에서 놀기를 원했소이다. 폐하께서도 홀로 즉위하시니 고독해서 설 수 없는 과부의 신세입니다. 두 임금이 즐거움이 없고 스스로 즐길 수 없으니 그 가진 바로 부족함을 바꾸기를 바라는 바입니다.'

고후가 크게 화를 내며 승상(丞相)과 번쾌(樊噲), 그리고 계포(季布) 등을 불러 그의 사자를 벨 것과 군대를 일으켜 공격할 것을 토의했다. 번쾌가 말했다.

"신이 10만의 군대를 얻어 흉노에서 누비고 다니기를 원합니다."

계포에게 물으니 그가 대답해 말했다.

"번쾌를 참형에 처해야 합니다. 이전에 진희(陳豨)가 대(代)에서 반란을 일으켰을 때 한나라 군대가 32만으로 번쾌가 대장군(大將軍)이었습니다. 그때 흉노가 고조를 평성에서 포위했는데, 번쾌가 그 포위를 풀지 못했습니다. 천하에서는 이에 대해 다음과 같이 노래했습니다.

'평성의 아래에서 정말로 고생했구나!
이레 동안 먹지 못하니 쇠뇌를 당길 힘도 없네.'

지금도 노랫소리가 끊기지 않았고 그때 다친 사람들도 이제 비로소 일어설 수 있을 정도일 뿐입니다. 그런데 번쾌가 천하를 뒤흔들어놓으려고 10만의 군대로 누비고 다니겠다고 망령되게 얘기하는 것은 뻔뻔스러운 거짓말입니다. 또한 오랑캐들은 비유하면 짐승과 같아, 좋은 말을 들어도 기뻐할 줄 모르고 나쁜 말을 들어도 노하지 않는 자들입니다."

고후가 "옳다"라고 했다. 대알자(大謁者) 장택(張澤)에게 답신을 써서 다음과 같이 말했다.

'선우가 우리 나라의 일을 잊지 않고 편지를 보내주니 우리 나라가 두려워하고 있소. 며칠 동안 깊이 생각했으나 나는 늙고 기운도 약해졌을 뿐만 아니라 머리카락과 이빨이 모두 빠져 걷는 것도 힘이 드오. 선우의 요청이 과분하시니, 스스로 그렇게 즐기며 더럽힐 수 없소. 우리 나라는 잘못이 없으니 마땅히 용서해주시오. 천자가 타는 두 대의 수레와 그에 맞

는 말 여덟 필을 드리니 일상적으로 타는 수레로 쓰십시오.'

묵돌이 편지를 받고서 다시 사신을 보내 말했다.

'중국의 예의를 일찍이 들어보지 못해 그리했으니 폐하께서 용서해주십시오.'

이에 답례로 말을 바치니 드디어 화친이 이루어졌다.

효문(孝文)이 즉위하자 다시 화친을 했다. (하지만) 그의 3년 여름에 흉노 우현왕이 하남 땅으로 쳐들어와 자리를 잡고 노략질을 하자 이에 문제가 조서를 내렸다.

'한나라와 흉노는 형제가 돼 변경을 침해하지 않아 흉노에게 물자를 보내주는 것이 아주 많다. 지금 우현왕이 그 나라를 벗어나 백성들을 거느리고 하남 땅에 사는 것은 예전에 없던 이상한 일이다. 오가면서 (변방의) 장성에 들어와 관리와 병사들을 잡아 죽이거나, 말을 몰아 상군의 장성을 지키고 있던 오랑캐[蠻夷]들을 공격해 그들을 고향에 살 수 없게 했다. 변경의 관리를 모욕하고 들어와 도둑질을 해 그 오만하고 무도함이 심한데, (이는) 약속이 아니다. 변경의 관리와 거기(車騎) 8만을 징발해 고노(高奴)로 가게 하고, 승상(丞相) 관영(灌嬰)을 보내 그들을 이끌고 우현왕을 공격하게 해라.'

(결국) 우현왕은 장성 밖으로 달아났다. 문제가 태원에 행차했다. 이때 제북왕(濟北王)이 (그 틈을 타서) 모반하자 문제가 (장안으로) 귀환하면서 승상이 흉노를 공격하려고 했던 군대를 물렸다.

그 이듬해 선우가 한나라에 편지를 보내왔다.

'하늘이 세워준 흉노대선우[天所立匈奴大單于]가 삼가 중국의 황제에게 무고하신가 안부를 묻소. 전날 황제가 화친의 일을 말했고 편지의 뜻도 이와 같아서 크게 기뻐할 만했소. (그런데도) 한나라 변방의 관리가 (우리) 우현왕을 침범해 모욕했으며 우현왕이 (선우인 나한테도) 주청하지 않고 (자기 부하인) 후의로후(後義盧侯) 난지(難氏) 등의 계획을 듣고 한나라 관리들과 서로 원망하며 두 나라 임금 사이에 맺었던 약속을 깨뜨려버림으로써 형제[昆弟] 간의 친밀함을 이간질했소. 황제로부터 질책하는 편지가 다시 왔으므로 (이쪽에서도) 사자를 보내 편지로 회답했는데, (그 사신은) 돌아오지 않았고 한나라의 사신 (역시) 오지 않으니 한나라도 그런 이유로 화합하지 않아 이웃 나라가 친하지 않게 됐던 것이오. 지금 낮은 관리가 (화친의) 약속을 깨뜨렸기 때문에 그 벌로써 우현왕에게 서방으로 가서 월지를 치게 했소. 하늘의 축복을 받았고 (우리) 병사가 우수하고 말의 힘이 강했기 때문에 월지를 섬멸함으로써 모두 죽이고 항복시켰소. 누란(樓蘭), 오손(烏孫), 호결(呼揭)[49]과 그 인근의 26개 나라를 평정해 모두 흉노(와 한 나라)가 됐소. 여러 유목민들이 모두 한집안 식구가 되니 북쪽 지방[北州]은 이미 안정되게 됐소. 바라건대 (이제는) 전쟁을 중지시켜 사졸을 쉬게 하고 말을 먹여 앞서 있었던 (국경 분쟁) 문제를 불문에 부쳐 이전의 (화친) 약속을 회복시킴으로써 변경 지대 백성들을 편하게 하고, 처음의 관계로 맞추어 어린아이들이 탈 없이 자라게 하고 늙은이들이 그 땅에서 편안하게 지낼 수 있어 대대로 태평함을 즐기도록 해주고 싶소이다.

---

49 고대 종족의 명칭으로 몽골의 북서부에 살던 투르크계 부족으로 오구즈(Oghuz)로 비정된다.

(그러나) 아직은 (중국) 황제의 의중을 알 수가 없으니 낭중(郎中) 혜호천(係雩淺)을 사신으로 삼아 이 편지를 받들어 올리게 함과 동시에 낙타[橐佗] 한 필, 전투용 말 두 필, 수레 끄는 말 두 짝을 드리겠소. 황제께서는 흉노의 군대가 한나라 변경에 접근하는 것을 원치 않는다면 귀국의 관리와 백성들에게 조칙을 내려 멀리 떨어져서 살도록 명령해주시기를 바라는 바이오. 사자가 도착하면 돌려보내주시기 바라오.'

6월 중에 (흉노의 사신이) 신망(新望)⁵⁰의 땅에 도착했다. (흉노의) 편지가 (한나라 조정에) 오자 한나라에서는 공격과 화친 중에 어떤 것이 좋은지를 토의했다. 공경(公卿)들이 모두 말했다.

"선우가 새로 월지를 격파해 승세를 타고 있으니 공격할 수 없습니다. 또한 흉노의 영토를 얻는다고 해도 늪 아니면 소금기 많은 황무지뿐이니 살 만한 곳도 못 됩니다. (결국) 화친이 더 낫습니다."

한나라가 화친을 허락했다.

효문 전원(前元) 6년에 한나라(의 황제)가 흉노에 편지를 보내 말했다.

'황제는 삼가 흉노 대선우에게 무고하신가 안부를 묻소. 혜호천(係雩淺)을 시켜 짐에게 편지를 보내 말하기를 "바라건대 전쟁을 중지시켜 사졸을 쉬게 해 앞서 있었던 (국경 분쟁) 문제를 불문에 부쳐 이전의 화친 약속을 회복시킴으로써 변경 지대 백성들을 편하게 하고 대대로 태평함을 즐기도록 해주고 싶소이다"라고 했소. 짐은 이 말을 매우 기쁘게 여기는데 이는 옛 성왕의 뜻이기도 하오. 한나라와 흉노가 형제가 되기로 약

---

50 한나라 경계 위쪽 장성(長城) 아래의 땅이다.

속해 선우에게 아주 후하게 선물을 보냈었소. 그런데도 약속을 어기고 형제의 정리를 이간시킨 이유는 늘 흉노에 있었소. 그러나 우현왕이 일으킨 사건은 (한나라에서) 이미 대사령(大赦令)을 발포하기 이전의 일이므로 선우는 그를 너무 심하게 책하지 말기 바라오. 만약 선우가 이 편지의 뜻과 같다면 그대 나라의 여러 관리들에게 명백히 알려 화친의 약속을 저버리는 일이 없도록 해주시오. 그 사실이 확인되면 삼가 선우 편지의 뜻을 따를 것이오. 사자가 선우께서 몸소 군사를 이끌고 여러 나라를 정벌해 비록 전과는 얻었으나 전쟁으로 인한 피해 역시 크다고 하니 (짐이 입는) 의복인 수겹기의(繡袷綺衣),[51] 장유(長襦),[52] 금포(錦袍) 각 한 벌, 비소(比疏)[53] 한 개, 황금으로 만든 허리띠와 황금으로 만든 허리띠 장식 한 개, 수놓은 비단 10필, 색깔 나는 비단 20필, 붉은색의 두꺼운 비단[赤綈(적제)]과 푸른색 비단 각각 40필씩을 중대부(中大夫) 의(意)와 알자령(謁者令) 견(肩)을 시켜 선우에게 보내오.'

그후에 얼마 지나지 않아 묵돌이 죽고 아들 계육(稽粥)이 서니 노상선우(老上單于)라 불렀다.

노상계육선우(老上稽粥單于)[54]가 즉위한 지 얼마 되지 않아 문제가 다시

---

51 '꽃을 수놓은 비단으로 겉옷을 만들고, 꽃무늬를 짜 넣은 비단으로 안감을 댄 겹옷'으로 천자가 착용했다.

52 수놓은 비단으로 만든 긴 겹옷이다.

53 변발의 장식인데 금으로 돼 있다.

54 흉노의 제3대 선우(單于)다. 흉노의 융성을 이룩한 묵돌선우의 아들로 기원전 174년 아버지가 죽자 즉위했다.

종실의 여자를 옹주라 해 선우에게 보내 연지로 삼게 했는데, 연(燕)나라 출신의 환관 중항열(中行說)을 옹주의 호위[傅]로 삼았다. 중항열이 가려고 하지 않자 한나라에서 억지로 가게 만들었다. 그러자 중항열이 말했다.

"기필코 나를 가게 한다면 한나라에 화가 될 것이다."

그리고 중항열이 흉노 땅에 도착하자마자 선우에게 투항하니 선우가 그를 사랑하고 아꼈다.

애초에 흉노가 한나라의 견직물과 명주솜, 그리고 식품 등을 좋아했는데, 중항열이 그와 관련해 다음과 같이 말했다.

"흉노의 인구는 한나라의 일개 군(郡)만도 못합니다. 그런데도 강한 까닭은 입는 것과 먹는 것이 달라 한나라에 의존하지 않기 때문입니다. 지금 선우께서 풍속을 바꾸어 한나라 물자를 좋아하게 되면 한나라 물자가 10분의 2를 넘지 않아도 흉노는 한나라에 모두 귀속되게 될 것입니다. 그렇게 얻은 한나라의 견직물과 명주솜을 가지고 (선우께서 그것을 입고 나가) 풀과 가시덤불 속으로 말을 달려나가 옷과 바지가 모조리 찢어져 못쓰게 된다는 것을 보여줌으로써 (견직물과 명주솜이 흉노의) 털이나 가죽(으로 만든 의복)만큼 튼튼하고 좋은 것만 못하다는 점을 보여줄 필요가 있습니다. 또한 한나라 식품을 얻은 다음 (그것을) 모두 버려 젖이나 유제품의 편리함과 맛보다 못하다는 점을 보여줄 필요가 있습니다."

이에 열(說)은 선우를 보좌하는 관리들에게 분류해 기록하는 것을 가르침으로써 그 백성과 가축의 숫자를 세어 기록해 과세하도록 했다.

한나라에서 선우에게 편지를 보낼 때 한 자 한 치짜리 나무쪽[牘]을 썼고 그 첫 구절은 이렇게 말했다.

'황제는 삼가 흉노대선우가 무고하신가 안부를 묻소.'

그리고 보내주는 물자와 용건은 무엇 무엇이라고 돼 있었다. 중항열은 선우가 한나라에게 편지를 보낼 때에 한 자 두 치짜리 나무쪽을 쓰고 봉인(封印)까지 모두 한나라 것보다 넓고 길고 크게 만들도록 했고, 글투도 오만하게 '하늘과 땅이 낳고 해와 달이 둔 흉노대선우가 삼가 중국의 황제에게 무고하신가 안부를 묻소'라고 인사하고, 그리고 보내는 물자와 용건이 무엇 무엇[云云]이라고 기재했다. 한나라 사자가 (와서 중항열에게) 흉노의 풍속은 노인을 천대한다고 말한 적이 있었다. 중항열은 모질게 한나라 사신에게 대꾸했다.

"당신들[而=汝] 한나라 풍속에도 누군가가 변경 주둔군의 수비를 위해 징발될 때에는 그 (늙은) 부모가 따뜻한 옷과 기름지고 맛있는 음식을 가져다 (수자리 서기 위해) 군대에 나가는 자식에게 주지 않습니까?"

한나라 사신이 말했다.

"그렇습니다."

중항열이 말했다.

"흉노가 분명히 싸우고 공격하는 것을 일로 삼는데 노약자는 전투를 할 수 없습니다. 그래서 영양 좋고 맛있는 것을 건장한 사람들에게 먹여 스스로 지키고, 이렇게 함으로써 아비와 자식이 각각 서로를 보호할 수 있습니다. 어찌 흉노만 노인을 가벼이 여긴다고 할 수 있겠습니까?"

한나라 사자가 말했다.

"흉노는 부자가 같은 천막[穹廬]에 살면서 아비가 죽으면 아들이 그 계모를 아내로 삼고 형제가 죽으면 모두 그 처를 아내로 삼고 있소. 이것은 관을 쓰고 허리띠를 매는 예절과 조정의 예제(禮制)가 없는 것이 아닌가요?"

중항열이 말했다.

"흉노의 풍속은 사람들이 가축의 고기를 먹고 젖을 마시며 가죽을 입는데, 그 가축이 풀을 먹고 물을 마셔야 하기 때문에 계절에 따라 옮겨 다닐 수밖에 없습니다. 이 때문에 급하게 되면 사람들이 말타기와 활쏘기를 익히고 편하게 되면 일 없이 즐기며, 그의 약속은 간단해 실행하기 쉽습니다. 군신도 잘 따라서 오래갈 수 있습니다. 한 나라의 정치가 마치 한 몸처럼 쉽고 편하게 움직입니다. 부형(父兄)이 죽고 나서 그 아내를 취하는 풍습은 종족의 대가 끊기는 것을 싫어하기 때문입니다. 그런 까닭에 흉노는 비록 어지럽기는 하나 종실의 자제를 선우로 세울 수 있습니다. 지금 중국에서는 겉으로 드러내놓고 아비와 형의 처를 취하지 않지만, 친족이 멀어지게 되면 서로 죽이고 역성(易姓)까지 하는 것도 모두 이런 부류에서 생긴 것입니다. 또한 예의의 폐해로 위아래가 서로를 원망하고 좋은 집 짓기에 힘을 다 쏟아 노역이 아주 심하게 돼 사람들의 힘이 결국 약해집니다. 무릇 농사와 양잠에 힘을 다 써 옷과 먹을거리를 구하고 성곽을 쌓아 스스로를 갖추기 때문에 그 백성들은 급할 때에도 전투에 익숙하지 못하고 편할 때에도 일하는 것에 지치게 됩니다. 슬프도다. 흙집에 사는 불쌍한 한나라 사람들이, 자신을 되돌아보고 말을 잘하지도 옷을 차려입지도 못하니 그따위 관을 쓰고 있다고 하더라도 정말로 무엇을 감당할 수 있겠습니까?"

그로부터 뒤에 한나라 사자가 변론하려고 하면 중항열이 얼른 이렇게 말했다.

"한나라 사자는 여러 말이 필요 없습니다. 한나라에서 흉노로 보내오는 비단과 무명과 쌀과 누룩을 수량이나 채우고 품질이 좋게만 잘 살피면 그뿐입니다. 어찌 다른 말을 할 필요가 있겠습니까? 또한 보내온 물품이 제대로 잘 갖추어 있으면 그만이지만, 잘 갖추어지지 않아 거칠고 나쁘다면 우리가 가을 추수를 기다려 말을 달려가 당신들이 농사지어놓은 것들을 짓밟아놓으면 될 뿐입니다."

중항열은 밤낮으로 선우에게 도움이 되는 것과 해가 되는 것을 살필 수 있도록 가르쳤다.

효문 14년(기원전 166년)에 흉노 선우의 기병 14만이 조나현(朝那縣)과 소관(蕭關)을 침입해 북지군 도위(都尉) 손앙(孫卬)을 죽이고 백성과 가축을 많이 노략질해 마침내 팽양현(彭陽縣)에 이르렀다. 돌격 기병(騎兵)이 들어와 회중궁(回中宮)을 불태웠고, 척후 기병대가 옹(雍)의 감천궁을 압박했다. 이에 효문제는 중위(中尉) 주사(周舍)와 낭중령(郎中令) 장무(張武)를 장군으로 삼아 전차 1,000대, 기병 10만을 일으켜 장안 근방에 포진시킴으로써 흉노의 공격에 대비했다. 그리고 창후(昌侯) 노경(盧卿)을 상군장군으로, 영후(甯侯) 위속(魏遫)을 북지장군, 융려후(隆慮侯) 주조(周竈)를 농서장군, 동양후(東陽侯) 장상여(張相如)를 대장군, 건성후(建成侯) 동혁(董赤)을 전장군에 임명하고, 전차와 기병을 대대적으로 일으켜 흉노를 공격하도록 했다. 선우가 장성 국경선 안에서 한 달쯤 머물다가 물러나버리니 한나라 군대는 그를 뒤쫓아 장성 밖으로 나갔다가 돌아왔으나 적을 죽일 수 없었다. 흉노가 날로 교만해져 해마다 변경 지대를 침범해 들어와 백성들을 죽이고 노략질한 것이 아주 많았는데, 그중에서 운중군과 요동군의 피해가 가장 심했고 그 피해는 대군에서도 1만여 명에 이르렀다. 한나라는 이를 심하게 걱정해 이에 사신을 시켜 편지를 보냈다. 선우도 또한 당호를 시켜 사과해왔기 때문에 다시 화친에 대한 일을 얘기할 수 있었다.

효문 후(後) 2년(기원전 162년)에 황제가 사신을 시켜 흉노에게 편지를 보내 말했다.

'황제는 삼가 흉노대선우가 무고하신가 안부를 묻소. 당호저거(當戶且渠) 조거난(雕渠難)과 낭중 한료(韓遼)를 시켜 짐에게 보낸 말 두 필이 잘 와서 고맙게 받았소. 선제(先帝)께서 다음과 같이 말씀하셨소.

"장성(長城) 북쪽에 있는 유목국가는 선우에게 명령을 받으며, 장성 안쪽에 있는 의관(衣冠)을 갖춘 우리 나라는 또한 짐이 다스린다. 만백성으로 하여금 밭을 갈고 베를 짜고 사냥하게 해 입고 먹으면 아비와 자식이 멀어지는 일이 없고, 신하와 임금이 서로 편안하게 되니 모두가 포악하게 되지 않는다."

(그런데) 지금 듣건대 사악한 백성이 그 좋아하는 것을 탐해 이익을 쫓아 내려가 의리를 배반하고 약속을 어겨 만백성의 생명을 생각하지 않고 두 나라 군주 간의 친선을 이간했지만 그 일은 이미 과거의 일이오. (선우께서 짐에게) 보내온 편지에서도 "두 나라가 이미 화친하고 두 군주가 기꺼이 여기면서 전투를 중지해 병졸을 쉬게 하고 말을 먹이니 대대로 번영과 즐거움 누리면서 화합해 다시 시작하자"라고 말씀하셨소. 짐도 이것을 정말로 기쁘게 여기오. 성인(聖人)이란 날마다 새롭게 옛것을 고치고 바꾸어 다시 정치를 시작해 늙은이를 쉴 수 있도록 하고 어린이를 잘 자랄 수 있도록 해 각자가 수령(首領)을 보존해 하늘이 준 수명을 누릴 수 있게 하

는 것이오. 짐은 선우와 함께 이런 도리를 써서 천도(天道)에 따라 백성들을 어여쁘게 여기고 대대로 서로 이어가 그것을 끝없이 베풀 수 있다면 천하에서 편하지 않다고 할 사람이 없을 것이오. 한나라와 흉노는 이웃의 대등한 국가이나 흉노가 북쪽 땅에 위치해 날씨가 추우니 만물을 죽이는 냉기가 일찍 내리기 때문에 짐이 관리에게 시켜 해마다 선우에게 일정량의 차조, 누룩, 황금, 견포, 명주솜 등을 보내도록 할 것이오. 지금 천하가 크게 태평하게 돼 만백성이 즐거워하고 있소. 오직 짐과 선우는 (만백성의) 부모가 돼야 하오. 짐이 지난 일을 되돌아보니 그것은 하찮은 일이고 사소한 이유에 불과한 것으로 (모두가) 모신(謀臣)의 계략이 잘못됐기 때문이니 이런 것 모두가 형제 나라로서의 친분을 버릴 만한 것이 못 되오. 짐이 듣기에 하늘은 한쪽으로만 치우치게 덮지 않고 땅도 어느 한쪽만을 치우치게 싣지 않는다고 했소. 짐과 선우는 모두 사소한 사건 등을 흘려버리고 같이 대도(大道)를 걸으며 과거의 잘못[舊惡]을 깨버림으로써 장구한 대책을 세워 양국 백성들이 한집안의 식구들처럼 살 수 있게 만듭시다. 이렇게 하면 수많은 백성들은 말할 것도 없고, 아래로는 물고기나 자라에 미치고, 위로는 나는 새에 이르기까지, 발로 걸어다니는 것과 입으로 숨 쉬는 것, 그리고 꿈틀거리는 부류까지 편안하고 이익을 얻게 해 위태로움을 피하지 않음이 없을 것이오. 그러므로 오는 자를 막지 않는 것이 하늘의 도리이니, 다 함께 지난 일을 잊어버립시다. 짐은 흉노로 도망쳤거나 잡혀온 백성을 풀어주겠소. 선우도 장니(章尼-한나라로 도망쳐온 흉노 사람) 등에 대해 말하지 마시오. 짐이 듣건대 옛날의 제왕은 약속을 분명히 하고 거짓말을 하지 않았다고 하오. 선우가 화친에 뜻이 있다면 천하는 크게 편안해

질 것이고, 화친한 뒤에 한나라는 먼저 (약속을 어기는) 과오를 범하지는 않을 것이오. 선우는 (이런 짐의 뜻을) 잘 살펴주시오.'

선우도 이미 화친을 약속하니 이에 (문제가) 어사(御史)에게 다음과 같이 제조(制詔)했다.

'흉노대선우가 짐에게 편지를 보내와 이미 화친이 결정됐다. 흉노에서 도망해온 사람들이 인구를 더해주는 것도 영토를 넓혀주는 것도 아니니, 흉노 사람이 국경을 넘어 들어오지 못하게 하고, 한나라 사람도 국경을 나가지 못하게 할 것이다. 만약 이번의 약속을 어기는 자를 베면 오래도록 화친할 수 있고 뒷날에도 문제가 생기지 않아 모두가 편하게 될 것이다. 짐이 이미 이를 허가했다. 그것을 천하에 포고해 분명하게 알게 하도록 하라.'

그로부터 4년 뒤에 노상선우가 죽고 그의 아들 군신(軍臣)선우[55]가 즉위하니 중항열이 그를 다시 섬겼다. 한나라는 다시 흉노와 화친을 맺었다.

군신선우가 즉위한 지 1년 남짓 지나 흉노가 또다시 화친을 끊고 대거 상군과 운중군을 각각 3만 명 기병으로 들어와 죽이고 노략질을 아주 많이 했다. 이에 한나라에서는 세 명의 장군을 북지에, 대에서는 구주산에, 조(趙)에서는 비호구(飛狐口)에 주둔시켜 변경을 따라 또한 수비를 단단하게 함으로써 흉노의 침입에 대비했다. 또한 세 명의 장군들을 배치해 장안 서쪽의 세류(細柳)와 위수(渭水) 북쪽의 극문(棘門), 패상(霸上)에 진을 쳐

---

55 부친이 한나라와 체결했던 평화조약을 파기하고 한의 북변을 여러 차례 침범했다. 경제(景帝) 때에는 한나라의 공주를 연지로 맞이했고, 공납(貢納)도 받으면서 한편으로는 빈번히 교역함으로써 이득을 보았다. 그러나 무제(武帝)가 즉위한 뒤로는 다시 침공을 시작해 서로 항쟁을 되풀이함으로써 치세 후반부터 점차 쇠퇴했다.

흉노에 대비하게 했다. 흉노의 기병이 대군의 구주산 주변으로 들어와 봉홧불이 감천에서 장안까지 전달됐다. 수개월이 지나 한나라 병사들이 변경에 이르니 흉노가 또한 변경 장성에서 멀리 가버려 한나라 군사들 역시 철수할 수밖에 없었다. 그후 1년 남짓 지나 문제가 붕(崩)하고 경제가 즉위하니 조왕(趙王) 수(遂)가 몰래 흉노로 사신을 보냈다. 오나라와 조나라(등 7국)의 반란이 일어났을 때 흉노는 조나라와 모의해 변경을 침입하고자 했다. 한나라가 조나라를 포위해 격파하니 흉노도 침입 기도를 그만두었다. 이로부터 이후에 경제가 다시 흉노와 화친을 하고 관시(關市)를 열어 흉노에 물자를 보내주고 한나라 공주를 보냈는데, 이는 본래의 약속과 같았다. 마침내 경제의 시대에 때때로 소규모의 변경 침범이 있었으나 대규모 침입은 없게 됐다.

 무제가 즉위하자 흉노와 화친의 맹약을 분명히 하고 대우를 두텁게 해 관시를 통해 물자를 풍부하게 주었다. 흉노도 선우 이하가 모두 한나라와 친해져 장성 근처까지 오고 갔다.

 한나라가 마읍(馬邑) 사람인 섭옹일(聶翁壹)을 시켜 금령을 어기고 몰래 국경을 넘어 물자를 내어 흉노와 교역을 하게 했는데, (섭옹일이) 마읍성을 파는 것처럼 해서 선우를 유인하도록 했다. 선우가 이를 믿고 마읍의 재물을 탐내 10만의 기병을 이끌고 무주현(武州縣)의 요새로 들어왔다. 한나라에서는 30여만의 병력을 마읍 근방에 숨겨두고 어사대부 한안국(韓安國)을 호군장군(護軍將軍)으로 삼아 네 명의 장군을 통솔해 (복병을 두어) 선우를 숨어서 기다렸다. 선우가 이미 국경에 돌입해 마읍으로부터 100여 리 떨어져 있는 곳에 왔다가 들판에 가축들이 가득 널려 있으나 목자가 하나도 없는 것을 보고 이상하게 여겨 바로 정장(亭障)을 공격했다. 이때 안문위사(雁門尉史)가 장성을 순시하다가 선우가 쳐들어오는 것을 보고 이 정(亭)을 지키게 됐는데, 선우가 그를 잡아 베고자 했다. 위사가 한나라 군대의 계획을 알고 있다가 죽이려고 하자 선우에게 (한나라 군대가 있는 곳을) 모두 고했다. 선우가 크게 놀라 "나는 처음부터 의심하고 있었다"라고 말하고 바로 군대를 이끌고 돌아갔다. 국경을 벗어나면서 말했다.

"내가 위사를 잡은 것은 하늘의 뜻이다."

그래서 위사를 '천왕(天王)'이라 했다. 한편 한나라 군대는 선우가 마읍에 들어오면 군사를 내어 선우를 치려고 약속했으나 선우가 오지 않자 한나라 군사들은 아무런 소득도 얻지 못했다. 한나라의 장군 왕회(王恢)의 부대는 대군에서 나와 흉노의 치중(輜重)부대를 치기로 돼 있었는데 선우가 돌아간다는 소식을 듣고 군사의 숫자가 많음에도 불구하고 감히 나가 공격하지 못했다. 한나라 조정에서는 왕회가 원래 이번의 계략을 세웠는데 나아가 공격하지 못하자 회의 목을 벴다. 그 이후로 흉노는 화친을 끊고 연결 도로에 있는 요새를 공격했고, 왕왕 한나라의 변경으로 들어와 도둑질하는 것이 셀 수 없을 정도였다. 그러나 흉노는 탐욕스럽게 여전히 관시를 좋아해 한나라의 재물을 밝히니 한나라에서도 또한 관시를 열고 끊지 않음으로써 흉노의 비위를 맞추었다[中之].

마읍의 전투가 있은 지 5년 후 가을, 한나라에서는 네 명의 장군에게 각각 1만 기씩을 주어 관시 부근의 흉노를 치게 했다. 장군 위청(衛青)은 상곡군을 나와 용성(龍城)에 이르러 흉노의 수급과 포로 700인을 얻었다. 공손하(公孫賀)는 운중군을 나와 흉노를 공격했으나 전과를 거두지 못했다. 공손오(公孫敖)는 대군을 나와 흉노에게 7,000명을 잃었다. 이광(李廣)은 안문군을 나와 흉노에게 패해 흉노가 광을 사로잡았으나 광이 이후에 도망쳐 돌아왔다. 한나라에서는 오와 광을 잡아 가두었는데, 오와 광은 속전을 내고 풀려나 서인이 됐다. 그 해 겨울에 흉노 수천 명이 한나라의 변경을 도둑질했는데, 어양군(漁陽郡)의 피해가 더욱 심했다. 한나라에서는 장군 한안국을 어양군에 주둔시켜 흉노에 대비케 했다. 그 이듬해 가을 흉노의 기병 2만이 한나라로 들어와 요서(遼西)태수를 죽이고 2,000여 명을 잡아갔다. 흉노가 또한 변경 안으로 들어와 어양태수의 군대 1,000여 명을 패배시키고 한나라 장군 안국을 포위했다. 안국은 마침 1,000여 기의 병력마저 전멸하려 했는데 때마침 연(燕)왕이 구하러 가 (군대가) 도착하자 흉노가 바로 물러났다. 또한 안문군으로 들어와 1,000여 명을 죽이거나 사로잡아갔다. 이에 한나라에서는 장군 위청으로 하여금 3만 기를 거느리고 안문군에서, 이식(李息)은 대군에서 나아가 흉노를 공격하게 했다. 그 결과 흉노의 수급과 포로 수천 명을 얻었다. 그 이듬해에 위청이 다시 운중군에서 나가 서쪽으로 농서에 이르러 흉노의 누번왕(樓煩王)과 백양왕(白羊王)을 하남(河南)에서 격파해 흉노의 수급과 포로 수천과 소와 양 100여만을 얻었다. 이에 한나라는 마침내 하남 땅을 빼앗아 삭방군(朔方郡)을 설치하고 성을 쌓고 다시 옛날 진나라의 장군 몽염이 구축했던 장성을 수리해 황하를 따라 방비를 굳게 했다.

한나라는 또한 상곡군의 (중심과) 떨어져 있는 현(縣)인 조양(造陽) 땅을 버리듯이 흉노에게 내주었다. 이 해가 원삭(元朔) 2년(기원전 127년)이었다.

그후 겨울에 군신선우가 죽었다. 그의 동생 좌녹려왕 이지사(伊穉斜)가 스스로 서서 선우가 된 다음에 군신선우의 태자 어단(於單)을 쳐서 격파했다. 어단이 한나라로 도망해오자 한나라에서는 어단을 섭안후(涉安侯)로 봉했으나 몇 달이 지나지 않아 죽었다.

이지사선우가 즉위한 그 해 여름 흉노 수만 기가 대군으로 쳐들어와 대군 태수 공우(共友)를 죽이고 1,000여 명을 잡아갔다. 그 해 가을 흉노가 다시 안문군으로 쳐들어와 1,000여 명을 죽이고 잡아갔다. 이듬해에 흉노가 또 대군, 정양군(定襄郡), 상군으로 들어와 각각 3만 기로 수천 명을 죽이거나 잡아갔다. 흉노의 우현왕은 한나라가 하남 땅을 빼앗아 삭방에 성을 쌓은 것에 원한을 품고 여러 차례 쳐들어와 변경을 도둑질했다. 그리고 하남으로 들어와 삭방군을 침범하고 관리와 백성들을 살해하거나 약탈한 것이 아주 많았다.

그 이듬해 봄 한나라는 위청에게 여섯 명의 장군과 10여 만의 병력을 거느리고 삭방군 고궐(高闕-삭방군의 북방에 위치한 협곡)에서 나가도록 보냈다. 우현왕은 한나라의 군대가 거기까지 쳐들어올 수 없을 것이라 생각하고 (무방비 상태로) 술을 마셔 취해 있었다. (그런데) 한나라 군대가 요새에서 600, 700리나 나와 밤중에 우현왕을 포위했다. 우현왕은 크게 놀라 몸만 빠져나와 도망갔고 정예 기병이 그의 뒤를 따라갔다. 한나라 장군이 우현왕이 거느리던 남녀 1만 5,000명과 비소왕(裨小王) 10여 명을 잡았다. 그 해 가을 흉노의 기병 1만 명이 대군으로 들어와 대군도위 주영(朱央)을 죽이고 1,000여 명을 잡아갔다.

그 이듬해 봄에 한나라는 다시 대장군 위청을 보내 여섯 장군과 군사 10여 만의 기병을 거느리고 거듭 정양(定襄)에서 수백 리 밖까지 나가 흉노를 공격하게 했다. 앞뒤 두 차례의 출정으로 대략 수급과 포로 1만 9,000여를 얻었으나 한나라 역시 두 명의 장군과 3,000여 기병을 잃었다. 우장군 소건(蘇建)은 단신으로 탈출할 수 있었으나 전장군 흡후(翕侯) 조신(趙信)은 전세가 불리하자 흉노에 항복했다. 조신은 원래 흉노의 소왕(小王)이었다가 한나라에 항복해 한나라에서 흡후로 책봉된 자로서 전장군과 우장군이 군대를 합해 (주력과 나뉘어져 가다가) 특별히 홀로 선우의 군대를 만나 전멸하고 말았다. 선우는 흡후를 사로잡자 자차왕(自次王-선우 다음이라는 뜻)으로 삼고 그의 누이를 처로 준 다음에 그와 함께 한나라 공격을 모의했다. 조신은 선우에게 좀더 북쪽으로 물러나 사막을 건너 한나라 군대를 유인해 지치게 한 다음에 극도로 지치면 취하되 국경이 있는 곳 가까이 가서는 안 된다고 알려주었다. 선우가 그 계책을 따랐다. 그 이듬해 흉노의 수만 기가 상곡으로 쳐들어와 수백 명을 죽였다.

이듬해 봄에 한나라는 표기장군(驃騎將軍) 곽거병(霍去病)에게 1만 명의 기병을 거느리고 농서군에서 출정하도록 하자 그는 연지산(焉耆山)을 지나 1,000여 리를 나아가 흉노를 공격해 흉노의 수급과 포로 8,000여 명을 잡고 휴도왕(休屠王)을 격파해 잡고 하늘에 제사 지낼 때 쓰는 황금상을 얻었다. 그 여름 표기장군이 다시 합기후(合騎侯-공손오)와 함께 수만 명의 기병을 이끌고 농서, 북지에서 2,000리를 나가 흉노를 쳤다. 거연(居延)을 지나 기련산(祁連山)에 있는 흉노를 공격해 흉노의 수급과 포로 3만여 명과 비소왕 이하 70여 명을 얻었다. 이때 흉노 역시 대군, 안문군으로 들어와 수백 명을 죽이고 잡아갔다. 한나라에서는 박망후(博望侯) 장건과 이장군 광을 시켜 우북평군에서 나가 흉노 좌현왕을 공격하게 했다. 좌현왕이 이

광을 포위하니, 이광의 군대 4,000명 중에 죽은 자가 반을 넘고 죽이거나 잡힌 것 또한 이쪽의 희생을 넘어섰다. 마침 박망후의 군대가 구하러 왔기 때문에 이장군이 벗어날 수 있었으나 그의 군대를 모두 잃었다. 합기후가 표기장군과 약속한 날짜를 지나쳐 박망후와 함께 모두 사형에 처해지는 것이 마땅하나 속전을 내고 서인이 됐다.

그 가을 선우가 혼야왕(昆邪王)과 휴도왕이 서쪽에서 한나라에게 수만 명이나 죽고 사로잡힌 것에 화가 나서 그들을 불러 죽이려 했다. 혼야왕과 휴도왕은 이를 걱정해 한나라에게 항복할 것을 모의하니 한나라에서 표기장군(票騎將軍)을 보내 그들을 맞이하게 했다. (그런데) 혼야왕이 휴도왕을 죽이고 그의 군사와 백성을 이끌고 한나라에 항복하니 대체로 4만여 명 정도였으나 10만이라고 칭했다. 이에 한나라가 혼야왕을 얻게 되자 농서, 북지, 하서(河西)에 대한 흉노 침공이 현저히 줄어들었다. (한나라에서는) 함곡관 동쪽의 빈민들을 흉노에게서 빼앗은 하남 땅과 신진중(新秦中)으로 옮겨 살게 해 (이 지역을) 채웠으므로 북지군 서쪽의 수비병을 절반으로 줄일 수가 있었다. 그 이듬해 봄에 흉노가 우북평군과 정양군으로 각각 수만 기로 쳐들어와 1,000여 명을 죽이거나 사로잡아갔다.

그 이듬해 봄에 한나라에서 조정 신하들이 모의해 생각했다.

"흡후 조신이 선우를 위해 계략을 세워 선우가 고비 북쪽에 있으면 한나라의 군대가 그곳에 이르지 못할 것이라고 생각한다."

이에 한나라에서는 말에게 곡식을 배불리 먹인 뒤 10만의 기병을 일으켰는데, 개인의 물건을 지고 따라가는 말이 14만 필로 식량을 운반하는 말은 그에 포함되지 않았다.

대장군 위청과 표기장군 곽거병으로 하여금 군사를 나누어 거느리게 했는데, 대장군은 정양군에서 나가고, 표기장군은 대군에서 나가 모두 고비를 건너 흉노를 치기로 약속했다. 선우가 이 소식을 듣고 보급품[輜重]을 멀리 대피시켜 보낸 다음 정병을 거느리고 고비 북쪽에서 기다리고 있었다. 한나라 대장군과 하루 종일 전투를 벌였는데, 해질 무렵에 큰 바람이 일어나자 한나라 군대가 좌우익 군대를 풀어 선우를 포위했다. 선우는 스스로가 한나라 군대와 당할 수 없다고 판단하고 마침내 선우 홀로 겨우 친위 기병 수백 기만 거느린 채 한나라의 포위를 돌파한 다음 서북쪽으로 도망쳤다. 한나라 군대가 밤이라 그를 추격해 잡지 못했다. 이 원정에서 베거나 사로잡은 흉노의 수급과 포로는 1만 9,000여 명이나 됐고, 북으로 전안산(寘顏山)의 조신성(趙信城)까지 갔다가 돌아왔다.

선우가 도망가자 그의 병사들은 왕왕 한나라 군대와 서로 뒤섞여서 선우를 뒤따라갔다. 그로 인해 선우는 오랫동안 자신의 백성들과 서로 만나지 못하게 됐기 때문에 우녹려왕은 선우가 죽었다고 생각해 스스로 즉위해 선우가 됐다. 진짜 선우가 다시 백성을 얻게 되자 우녹려왕은 선우의 칭호를 버리고 다시 과거의 지위로 되돌아갔다.

표기장군은 대군에서 2,000여 리를 나와 좌(현)왕과 전투를 벌여 한나라 병사가 얻은 흉노의 수급과 포로는 대개 7만여 명이었고, 좌(현)왕과 장군들이 모두 도망갔다. 표기장군이 낭거서산(狼居胥山)에서 봉제(封祭)를 올리고, 고연산(姑衍山)에서 선제(禪祭)를 지낸 다음에 한해(翰海)까지 갔다가 돌아왔다.

이 뒤로 흉노가 멀리 달아나게 되자 고비 남쪽에 (흉노의) 왕정(王庭)이 없게 됐다. 한나라는 황하를 건너 삭방에서 서쪽의 영거(令居)까지 곳곳에 (물을 대는) 도랑을 통하게 하고 농지를 담당하는 관리를 두어 병졸 5, 6만 명이 점점 (흉노 땅을) 잠식해가서 (한나라의) 땅이 흉노 이북과 접해 떨어져 있지 않게 됐다.

일찍이 한나라의 두 장군(-위청과 곽거병)이 대거 출격해 선우를 포위해 죽이거나 사로잡은 것이 8, 9만이 됐는데, 한나라 사졸 중 죽은 자 역시 수만 명이었고, 한나라의 말도 10여만 필이나 죽었다. 흉노가 비록 패퇴해 멀리 도망갔으나 한나라 역시 말이 적어서 다시 나가 싸울 수 없었다. 흉노가 조신의 계략을 채택해 한나라에 사신을 보내 좋은 말을 해가며 화친을 청했다. 천자가 조정 대신들에게 논의하도록 했는데, 일부는 화친을 얘기하기도 하고 일부는 쫓아가서 신하로 만들어야 한다고 말했다. 승상장사(丞相長史) 임창(任敞)이 말했다.

"흉노는 최근에 곤궁하게 됐으니 마땅히 귀속한 속국[外臣]으로 변경에서 조회를 드리도록 하게 하십시오."

그러자 한나라에서 임창을 선우에게 사신으로 보냈다. 선우는 그의 제안을 듣고 크게 화를 낸 다음 억류하고 돌려보내지 않았다. 앞서 한나라 역시 투항한 흉노 사자를 억류한 바 있었기 때문에 선우 역시 번번이 한나라 사신을 억류해 그에 대응했다. 한나라에서는 바야흐로 군사와 군마를 징발하려고 했는데, 때마침 표기장군 곽거병이 병사했기 때문에 이에 한나라는 오랫동안 북쪽으로 흉노를 공격하지 못했다.

몇 년 후 이지사선우가 즉위한 지 13년 만에 죽고 그의 아들 오유(烏維)가 서서 선우가 됐다. 이 해가 한나라의 원정(元鼎) 3년(기원전 114년)이었다. 오유선우가 즉위했을 때 무제가 비로소 군현을 순수하러 나섰다. 그 뒤에 한나라가 바야흐로 남쪽으로 양 월(兩越)을 치느라고 흉노를 공격하지 못했는데, 흉노 역시 한나라의 변경에 쳐들어오지 않았다.

오유가 즉위한 지 3년 만에 한나라가 이미 양 월(兩越)을 멸망시켰으므로 이전에 태복(太僕)을 지낸 공손하(公孫賀)를 보내 1만 5,000기를 거느리고 구원(九原)에서 2,000여 리를 나아가 부저정(浮苴井)까지 가게 하고, 또한 종표후(從驃侯)였던 조파노(趙破奴)를 보내 1만여 명의 기병을 이끌고 영거(令居)에서 수천 리를 나아가 흉노하수(匈奴河水)까지 가게 했는데 모두 흉노를 한 명도 보지 못하고 돌아왔다.

이 무렵 천자가 변경 지대를 친히 순시해 삭방에 이르러 18만 기병의 군사를 검열해 절도 있고 당당한 무위(武威)를 보이고 곽길(郭吉)을 시켜 선우에게 한나라 위세를 은근히 깨우쳐 알려주었다. (곽길이) 흉노에 도착한 뒤 흉노의 주객(主客)[56]이 (한나라의) 사자로 온 취지를 묻자 곽길이 몸을 낮추고 좋은 말로 이야기했다.

"제가 선우를 뵙고 제 입으로 직접 말씀드리겠습니다."

선우가 길을 만나주니 길이 말했다.

"남월왕의 목은 이미 한나라 수도의 북문 아래 걸려 있습니다. 선우께서는 할 수 있다면 지금 나와서 한나라와 한번 싸워보십시오. 천자께서 몸소 병사를 거느리고 변경에서 기다리고 계십니다. 선우께서 못하겠다고

---

56 흉노 관직의 명칭으로 한나라의 전객(典客)에 대응한다. 이는 주로 빈객(賓客)을 접대하는 일을 관장하는 외교 관원으로 추정된다.

생각되시면 급히 남쪽을 향해 한나라의 신하가 되십시오. 어찌 부질없이 멀리 도망쳐 고비 북쪽[幕北]의 춥고 고통스러운, 물도 풀도 없는 땅에 숨어 살고 계십니까?"

말이 끝나자 선우가 몹시 화를 내고 길을 만나게 한 주객을 즉시 베어 버리고 길을 억류해 돌려보내지 않고 북해(北海)[57]로 내쳐 욕보였다. 그러나 선우는 끝내 한나라 변경을 침범하지 않고 병사와 말을 쉬게 하고 수렵을 통해 활쏘기를 익히게 하면서 자주 (한나라에) 사신을 보내 좋고 달콤한 말로 화친을 청했다.

한나라 사신 왕오(王烏) 등이 흉노(의 형편)를 살폈다. (그런데) 흉노의 법은 한나라 사신도 절(節-부절)을 치우지 않고 얼굴에 먹물을 들이지 않으면 (선우의) 천막으로 들어갈 수가 없었다. 왕오는 북지군 출신으로 흉노의 풍습에 익숙했기 때문에 부절을 치우고 얼굴에 먹물을 새긴 뒤 선우의 천막으로 들어갔다. 선우가 (왕오의 태도를) 기특하게 여기니 속여서 좋은 말로 말했다.

"제가 태자를 한나라에 볼모로 보내 화친을 청하고자 합니다."

한나라는 양신(楊信)을 흉노에 사신으로 보냈다. 이 무렵 한나라는 동쪽으로 예맥(穢貉), 조선(朝鮮)을 정복해 군(郡)으로 삼고 서쪽으로는 주천군(酒泉郡)을 설치해 흉노와 강(羌)이 통하는 길을 막으며 (한나라는) 또한 서쪽으로 대월지, 대하(大夏)와 교통하고 (한나라의) 옹주를 오손왕(烏

---

57 러시아 시베리아 남동쪽 이르쿠츠크(Irkutsk)와 부랴트(Buryat) 자치 공화국 사이에 위치하고 있는 바이칼호를 가리킨다.

孫王)에게 시집보냄으로써 흉노의 서쪽에서 (그를) 지원하던 여러 나라를 (그로부터) 떼어놓았다. 또한 북쪽으로 농경지를 더욱 확장해 현뢰(眩雷)[58]까지 나아가 요새를 구축해도 흉노는 끝내 감히 한마디의 항의도 하지 못했다. 이 해에 흡후 신이 죽으니 한나라의 집권자들은 흉노가 이미 쇠약해져 신하로서 따르게 만들 수 있다고 판단했다. 양신은 사람됨이 강직하고 굽힐 줄 몰랐으며 평소에 그가 높은 신하가 아니라고 해 선우가 그를 친절하게 대하지 않았다. (선우가) 그를 불러들이려고 해도 (양신이) 끝내 부절을 버리지 않자 선우가 이에 천막 밖에다 자리를 마련하고 양신을 만났다. 신이 선우에게 설명해 말했다.

"만약 화친하기를 원하신다면 선우의 태자를 한나라에 볼모로 보내십시오."

선우가 말했다.

"그것은 과거의 약속과 다르오. 과거의 약속은 한나라에서 늘 옹주를 보내면서 비단, 명주솜, 식품 등을 등급 차이에 따라 주어 화친을 하면 흉노도 (한나라의) 변경을 시끄럽게 하지 않는 것이오. 지금 본래의 약속과 달리 나의 태자를 볼모로 달라 하니 (오히려 과거의 약속과 다른 이런 일은) 바라지도 마시오."

흉노의 습속에 따르면 한나라 사자가 중귀인(中貴人)[59]이 아닐 경우 (그 사람이) 유생이면 설득하러 온 줄 알고 그의 변설을 꺾으려 하고, 나이가

---

58 고대 종족의 명칭으로 오손(烏孫)의 북쪽에 위치하고 있었다.
59 황제의 총애를 받는 환관을 말한다.

젊으면 자객이라 여겨 그의 기세를 꺾으려 했다. 매번 한나라의 군대가 흉노로 들어올 때면 흉노 역시 바로 보복을 했다. 한나라에서 흉노의 사자를 잡아두면 흉노 역시 한나라의 사자를 잡아두는 등 반드시 대등한 수단을 취하지 않고서는 그만두려고 하지 않았다.

양신이 (그냥) 돌아온 뒤에 한나라는 왕오 등을 흉노로 가게 했다. 흉노가 다시 속이는 말로 (왕오를) 달래 한나라의 재물을 많이 얻을 욕심에 거짓으로 왕오에게 말했다.

"내가 한나라에 (몸소) 들어가 천자를 뵙고 형제가 될 것을 서로 맺고 싶네."

왕오가 돌아와 한나라에 아뢰자 한나라에서는 선우를 위해 장안에 큰 집을 지었다. (그러나 트집을 잡으며) 흉노 선우가 말했다.

"한나라에서 높은 지위의 사람이 사신으로 오지 않으면 나는 성실한 답을 줄 수 없소."

흉노가 높은 지위의 인물을 사신으로 삼아 한나라에 보냈는데 병이 나자 (한나라에서) 약을 먹여 치료해주고자 했으나 불행하게도 죽었다. 그러자 한나라에서는 노충국(路充國)을 2,000석 (고관이 차는) 인수(印綬-인끈)를 주어 사신으로 가게 하고 그 유해를 호송하게 했는데, 후한 예물이 수천 금에 달했다.

선우는 한나라가 자신의 고귀한 사자를 죽였다고 여겨 바로 노충국을 잡아두고 돌려보내지 않았다. (선우가 지금까지 해온) 여러 가지의 말들은 다만 선우가 왕오 등을 속인 것에 불과할 뿐이지 특별히 한나라에 들어가거나 태자를 볼모로 보낼 생각이 없었다. 이에 흉노는 여러 번 기습부대로 하여금 변경을 침범하도록 했다. 한나라에서는 이에 곽창(郭昌)을 발호장군(拔胡將軍)으로 삼고, 또한 착야후(浞野侯-조파노)를 삭방의 동쪽에 주둔시켜 흉노에 대비했다.

오유(烏維)선우가 즉위한 지 10년 만에 죽자 그의 아들 첨사려(詹師廬)가 즉위했는데 나이가 어려 아선우(兒單于)라 불렀다. 이 해가 (한나라의) 원봉(元封) 6년(기원전 105년)이었다. 이로부터 이후에 선우가 더욱 서북쪽으로 옮겨가 좌익의 군사가 운중군에 맞서고, 우익의 군사가 주천군, 돈황군(敦煌郡)에 맞서게 했다.

아선우가 즉위하자 한나라에서 두 명의 사신을 보낸 것은 하나는 선우를 조문하고 하나는 우현왕(右賢王)[60]을 조문해 그 나라를 이간시키려는 것이었다. (그러나) 사신들이 흉노로 들어가자 흉노는 모두를 선우에게로 데려갔다. 선우가 화를 내면서 한나라 사신을 모두 잡아두었다. 한나라 사신으로 억류된 사람은 전후로 10여 명이었는데, 흉노의 사자가 한나라에 오면 역시 (한나라가) 번번이 잡아두어 (그 숫자가) 서로 비슷했다.

이 해에 한나라에서는 이사장군(貳師將軍-이광리)[61]을 시켜 서쪽으로 대완(大宛)[62]을 정벌케 하고, 인우(因杅-흉노의 지명)장군(-공손오)을 시켜

---

60 아선우의 숙부이다. 아선우가 죽은 다음에 그를 이어 8대 선우가 됐다.

61 이사는 대완(大宛)의 성(城) 이름이다. 여기에서는 장군의 이름으로 사용됐다.

62 고대 중앙아시아에 있는 나라로 파미르고원 서쪽 기슭, 지금 키르기스스탄의 페르가나 지역에 위치하고 있었다.

수항성(受降城)⁶³을 쌓게 했다. 그 해 겨울 흉노 땅에는 큰 눈이 내려 가축이 대다수 굶주리고 얼어 죽었고, 아선우가 아직 어리고 호전적이어서 백성들 대부분이 안심하지 못했다. 좌대도위(左大都尉)⁶⁴가 선우를 죽이고자 해서 몰래 사람을 시켜 한나라에 고해 말했다.

"제가 선우를 죽이고 한나라에 항복하고자 하는데, 한나라가 너무 멀리 떨어져 있으니 한나라 군대가 바로 와서 저를 맞아주면 제가 바로 실행할 것입니다."

일찍이 한나라에서 이 말을 들었기 때문에 수항성을 쌓았지만 그래도 (천자는 흉노와 너무) 멀다고 여겼다.

그 이듬해 봄에 한나라에서는 착야후 (조)파노에게 2만 명의 기병을 거느리고 삭방군에서 서북으로 2,000여 리를 나아가 준계산(浚稽山)까지 갔다가 돌아올 것을 기약했다. 착야후는 이미 (기약한) 날짜가 됐는데, 좌대도위가 반란을 일으키려다가 발각되자 선우가 그를 죽이고 (좌익의) 군대를 일으켜 착야후를 공격했다. 착야후는 (그 이전 행군 중에) 수급과 포로 수천을 잡았다. 돌아오다가 수항성에서 400리쯤 떨어져 있는 곳에서 흉노 군대 8만 기에게 포위됐다. 착야후가 밤에 몸소 물을 구하러 나갔는데, (숨어 있던) 흉노가 그를 사로잡고 그의 군대를 공격했다. 병사와 관리들은 장군을 잃고 죽임을 당할까 두려워해 서로 돌아갈 것을 권하지 못해 병사들이 마침내 흉노에 투항했다. (아)선우가 크게 기뻐해 마침내 기습

---

63 흉노 귀족의 투항을 맞이하기 위해 쌓은 성이었다. 지금의 내몽고 자치구에 있었다.
64 흉노의 관직 명칭으로 좌대장(左大將)의 아래, 좌대당호(左大當戶)의 위에 위치했다.

부대를 보내 수항성을 공격했다가 함락시키지 못하자 변경을 노략질하고 돌아갔다. 그 이듬해 선우가 몸소 수항성을 공격하러 나섰다가 (수항성에) 이르기도 전에 병이 나서 죽었다

아선우는 즉위한 지 3년 만에 죽었다. 그 아들이 어려서 흉노에서는 바로 그의 숙부이자 오유선우의 동생인 우현왕 구려호(句黎湖)를 선우로 세웠다. 이 해가 (무제) 태초(太初) 3년(기원전 102년)이었다.

구려호선우가 즉위하자 한나라에서는 광록훈(光祿勳) 서자위(徐自爲)를 시켜 오원새(五原塞)에서 수백 리 떨어진 곳으로부터 멀리 1,000여 리에 걸쳐 성채와 망루를 쌓아 (흉노의 영역인) 여구산(廬朐山)까지 연결하게 했다. 유격장군(遊擊將軍) 한열(韓說)과 장평후(長平侯) 위항(衛伉-위청의 장남)을 그 옆에 주둔시켰을 뿐만 아니라 강노도위(强弩都尉) 노박덕(路博德)을 거연택(居延澤) 주변에 요새를 쌓고 거주하게 했다.

그 해 가을에 흉노가 운중군, 정양군, 삭방군으로 대거 침입해 들어와 수천 명을 죽이거나 잡아갔다. 2,000석(의 고관) 몇 명이 이끄는 군사를 격파한 뒤 돌아가면서 광록대부 서자위가 구축한 망루와 성채마저 파괴했다. 또한 (흉노는) 우현왕을 시켜 주천, 장액군(張掖郡)에 들어와 수천 명을 잡아갔다. 마침 (한나라 장수) 임문(任文)이 출격해 (이들을) 구출하니 (흉노가) 다시 얻은 것을 모두 잃고 돌아갔다. 이사장군이 대완을 격파해 그 왕을 베고 돌아왔다는 것을 듣고 선우가 (그의 귀로를) 차단하려 했으나 감히 하지 못하고 그 겨울에 병에 걸려 죽었다.

구려호선우는 즉위한 지 1년 만에 죽으니 이에 그의 동생 좌대도위 저

제후(且鞮侯)⁶⁵를 세워 선우로 삼았다.

한나라가 이미 대완(왕)을 베니 위세가 다른 나라에도 떨쳤고, 천자가 (차제에) 흉노를 곤궁케 하려고 다음과 같이 조서를 내렸다.

'고조 황제는 짐에게 평성(平城)의 고통을 남겼다. 고후(高后) 때에는 선우가 매우 무도한 편지를 보내왔다. 옛날 제(齊)의 양공(襄公)이 구세(九世)의 원수를 갚으니 『춘추(春秋)』에서 이것을 칭찬했다.'⁶⁶

저제후선우가 처음 즉위했을 때 한나라가 습격할까 걱정해 한나라 사신 가운데 (흉노에) 항복하지 않은 자들을 모두 돌려보내주었다. 선우가 (그러면서) 스스로 이렇게 말했다.

"나는 어린애다. 어떻게 내가 감히 한나라의 천자와 대등하기를 바라겠는가! 한나라 천자는 나의 (아버지 같으신) 어른이다."

한나라에서는 중랑장(中郞將) 소무(蘇武)를 보내 선우에게 후하게 예물을 주니 선우가 더욱 교만해져 예의가 심하게 거만해졌는데 이는 한나라가 바라는 바가 아니었다. 그 이듬해 착야후 파노가 한나라로 도망쳐 돌아왔다.

그 이듬해 한나라에서는 이사장군을 시켜 3만 기를 거느리고 주천에서 나가 천산(天山)에서 우현왕을 공격해 (흉노의) 수급과 포로 1만여 명을 얻

---

65 흉노의 아홉 번째 선우(單于)다.

66 『춘추공양전(春秋公羊傳)』 장공(莊公) 4년 봄에 제(齊)나라 양공(襄公)이 기(紀)나라를 멸망시킨 것은 복수를 한 것이다. 양공의 9세조(九世祖)가 이전에 기후(紀侯)에게 무고를 당해 형(亨)이 주(周)나라에서 죽임을 당했기 때문에 양공이 기나라를 멸망시킨 것이다. 9대가 지난 다음에도 복수를 할 수 있는가 하니 대답하기를 비록 100대라도 가능하다고 했다.

어 돌아왔다. 흉노가 이사(장군의 부대)를 크게 포위하니 거의 빠져나갈 수 없었다. 한나라 군대는 열에 예닐곱을 잃었다. 한나라에서는 또한 인우장군을 시켜 서하(西河)에서 나가 강노도위(彊弩都尉-노박덕)와 탁야산(涿邪山)에서 만났으나 얻은 바가 없었다. 또 기도위(騎都尉) 이릉(李陵)을 시켜 보병과 기병 5,000을 거느리고 거연에서 북쪽으로 1,000여 리 나아가 선우와 만나 전투를 벌여 릉이 1만여 명을 죽이거나 상하게 했으나 병력과 식량이 다 떨어져 (포위를 풀고) 돌아오려고 하자 선우가 릉을 포위하니 릉이 흉노에 투항하고 그의 병사 중에서 벗어나 한나라로 돌아온 자가 (겨우) 400명이었다. 선우는 이에 릉을 귀하게 여겨 그의 딸을 아내로 삼게 했다.

그후 2년이 지나서 다시 이사장군을 시켜 6만의 기병과 보병 7만을 거느리고 삭방에서 나아가게 했다. 강노도위 노박덕이 1만여 명을 거느리고 이사와 만났다. 유격장군 열은 보병과 기병 3만 명을 거느리고 오원군(五原郡)에서 나아갔다. 인우장군 오는 1만 명의 기병과 보병 3만 명을 거느리고 안문군에서 나아갔다. 흉노가 이를 듣고 짐이 될 수 있는 처자와 재산[累重]을 모두 여오수(余吾水)[67]의 북쪽으로 대피시킨 다음 선우가 10만 기를 이끌고 여오수 남쪽에서 기다렸다가 이사와 전투를 벌였다. 이사는 공격을 풀고 되돌아오다가 선우와 연이어 10여 일을 싸웠다. 유격(대장 한열)도 전과가 없었다. 인우(장군 공손오)도 좌현왕과 싸웠으나 불리하자 철수해 돌아왔다.

---

67 지금의 몽골국에 있는 셀렝가강의 중요한 지류 중의 하나인 투울강을 지칭한다.

이듬해 저제후선우가 죽었는데 즉위한 지 5년 만이었고 맏아들인 좌현왕이 즉위해 호록고선우(狐鹿姑單于-10대 선우)가 됐다. 이 해는 태시(太始) 원년(기원전 96년)이었다.

이전에 저제후선우는 아들이 둘이 있어 큰아들을 좌현왕으로 삼고, 작은아들을 좌대장으로 삼았는데, 저제후가 병이 나서 죽으면서 좌현왕을 세우라고 말했다. 그런데 좌현왕이 오기 전에 귀인들이 그 역시 병이 있다고 생각해 다시 좌대장을 세워 선우로 삼았다. 좌현왕이 이를 듣고 감히 나서지 못했다. 좌대장이 사람을 시켜 좌현왕을 부른 다음 자리를 양보했다. 좌현왕이 병을 핑계로 사양하니 좌대장이 듣지 않고 말했다.

"만약 불행히도 돌아가신다면 (그때에 가서) 저에게 넘기십시오."

(이에) 좌현왕이 허락하고 마침내 즉위해 호록고선우가 됐다.

호록고선우가 즉위하자 좌대장을 좌현왕으로 삼았는데, 몇 년 있다가 죽자 그의 아들 선현전(先賢撣)이 그를 대신하지 못하고 바꾸어 일축왕(日逐王)으로 삼았다. 일축왕은 (그 지위가) 좌현왕보다 낮았다. 선우가 스스로 그의 아들을 좌현왕으로 삼았다.

선우가 즉위한 지 6년이 됐는데 흉노가 상곡군과 오원군으로 쳐들어와 관리와 백성들을 죽이고 잡았다. 그 해에 흉노가 다시 오원군과 주천군으로 쳐들어와 두 도위(都尉)를 죽였다. 이에 한나라에서는 이사장군과 7만의 군사를 보내 오원에서 나아가게 하고, 어사대부 상구성이 3만여 명을 이끌고 서하에서 나아가게 하고, 중합후(重合侯) 망통(莽通)이 4만 기를 이끌고 주천에서 1,000여 리를 나아가게 했다. 선우가 한나라의 군대의 대거 출정 소식을 듣고 모든 보급품[輜重]을 조신성 북쪽으로 옮겨 질거수(郅居

水)에 도착했다. 좌현왕은 그 백성을 몰아 여오수(余吾水)를 건너 600~700
리 정도 떨어져 있는 두함산(兜銜山)에 머물렀다. 선우가 몸소 정예 군대를
이끌고 안후(安侯 몽골 오크룬깅)의 피측으로 들어 고지수(姑且水-몽골
투이강)를 건너갔다.

어사대부의 군대가 도착해 추사경(追邪徑)까지 갔어도 (흉노를) 찾을
수 없자 돌아왔다. 흉노가 대장과 이릉에게 3만여 기를 이끌고 한나라 군
대를 추격해 준계산에 이르러 만나서 싸우기를 9일이나 했는데, 한나라 군
대가 적진을 무너뜨려 적을 격퇴하니 (흉노 군대를) 죽이고 상하게 하거나
잡은 것이 아주 많았다. 포노수(蒲奴水)에 도착한 흉노는 불리하게 되자
돌아가버렸다.

중합후의 군대가 천산(天山)에 이르자 흉노는 대장 안거(偃渠)와 좌호
지왕장(左呼知王將), 우호지왕장(右呼知王將)에게 2만여 기를 이끌고 한나
라를 요격하도록 했는데, 한나라 군대가 강한 것을 보고 물러가버렸다. 중
합후는 아무런 소득도 손실도 없었다. 이때 한나라는 거사국(車師國-투르
판 지역의 오아시스 왕국)의 군대가 중합후를 가로막을까 걱정해 개릉후
(闓陵侯)에게 군대를 거느리고 가서 거사를 따로 포위하게 해 그 왕과 백
성들을 모두 잡아 돌아왔다.

이사장군이 장성을 나가자 흉노에서는 우대도위(右大都尉-24개 만기장
(萬騎長)의 하나)와 위율(衛律)로 하여금 5,000명의 기병을 이끌게 해 한나
라 군대를 부양(夫羊) 구산(句山) 협곡에서 요격하도록 했다. 이사장군은

---

68 한나라의 변군(邊郡)에 투항한 주변 종족들이 거처하는 곳을 부르는 명칭이다.

속국(屬國)⁶⁸의 다른 종족 기병[胡騎] 2,000기를 보내 싸우게 하니 흉노 병사들이 져서 흩어져 죽거나 다친 사람이 수백 명이 됐다. 한나라 군대가 승리를 기회로 북쪽으로 추적해 범부인성(范夫人城)에 이르렀는데, 흉노가 도망가면서 감히 대적하지 못했다. 마침 이사의 처자가 무고(巫蠱) 사건에 연루가 돼 구금되자 (이 소식을) 듣고 걱정하고 두려워했다. 그의 아래에 있는 관리 호아부(胡亞夫)라는 사람 역시 죄를 피하기 위해 종군했는데 이사에게 말했다.

"부인과 가족이 모두 옥리의 손에 잡혀 있으니 만약 (장군이) 돌아가 천자의 뜻에 맞지 않는다면 가족을 옥에서나 만날 수 있을지언정 질거수 이북을 다시 볼 수 있겠습니까?"

이사는 이 때문에 자신의 운명을 걱정하면서 (흉노 진영까지) 깊숙이 들어가 큰 군공을 세우기 위해 마침내 질거수 주변에 도착했다. 흉노가 도망간 뒤 이사가 호군에게 2만 기를 이끌고 질거수를 건너가게 했다. 하루만에 호군이 좌현왕, 좌대장과 만나서 (그가 이끌던) 2만 기와 한나라 군대가 하루 종일 싸웠는데, 한나라 군대가 좌대장을 죽이니 흉노군에서 죽거나 다친 사람이 아주 많았다. 한나라 군의 장사(長史-군부의 속관)는 결휴도위(決睢都尉) 휘거후(煇渠侯)와 상의해 말했다.

"장군이 다른 뜻을 품고 있습니다. 부하들을 위태롭게 해서라도 공을 세우려고 하니 반드시 패하지 않을까 걱정입니다."

둘은 같이 이사를 붙잡을 것을 모의했다. 이사가 이를 듣고 장사를 베고 군대를 물려 돌아와 속야오(速邪烏)의 연연산(燕然山)에 도착했다. 선우는 한나라 군대가 피로하다는 것을 알고 몸소 5만 기를 이끌고 이사를 가로막아 공격하니 서로 죽이고 다친 사람이 아주 많았다. (흉노는) 밤에 한나라 군대 앞쪽에 참호를 팠는데, (그의) 깊이가 수척이나 되게 한 다음에 (한나라 군대의) 뒤쪽을 급습하니 군대가 크게 혼란에 빠져 이사가 항복했다. 선우는 평소에 그가 한나라의 대장이고 귀한 신하[貴臣]라는 것을
귀신
알고 있어서 (자기의) 딸을 아내로 삼게 하고 위율(衛律)보다 더 높이 두고 존경하고 우대했다.

그 이듬해 선우가 사신을 보내 한나라에 편지를 보내 말했다.

'남쪽에는 대국인 한나라가 있고, 북쪽에는 강한 흉노가 있소이다. 흉노는 하늘의 총애하는 아들[驕子]로 작은 예의로서 스스로를 번거롭게 하
교자
지 않습니다. 지금 한나라와 큰 관시(關市)를 열고 한나라 (종실의) 여인을 취해 아내로 삼고자 합니다. 해마다 저에게 누룩으로 빚은 술 1만 석, 도정한 곡물 5,000곡, 여러 가지 비단 1만 필을 주고, 그밖의 것을 과거의 약속과 같게 해주신다면 변경을 도둑질하는 것을 그만둘 것입니다.'

한나라에서 사자를 보내 (흉노가) 사자를 보낸 것에 대해 답하니 선우가 좌우로 하여금 한나라 사자를 비난해 말했다.

"한나라는 예의의 나라입니다. 그런데 이사장군이 말하기를 이전 태자가 군대를 일으켜 반란을 일으켰다고 하니, 도대체 왜 그런 것이오?"

사자가 말했다.

"그렇습니다. 승상이 사적으로 태자와 싸워 태자가 군대를 일으켜 승상을 죽이고자 했으나 승상이 이를 무고하니 그 때문에 승상을 베어버렸습니다. 이것은 아들이 아버지의 군대를 가지고 논 것에 불과해 그 죄가 태형에 해당하는 작은 잘못일 뿐입니다. (그런데 이것을) 어찌 묵돌선우가

몸소 그의 아비를 죽이고 그를 이어 즉위한 것이나 계모를 늘 처로 삼는 것과 같은 짐승 같은 행동과 비교할 수야 있겠습니까?"

선우가 사자를 잡아두었다가 3년이 지나서야 돌아가게 했다.

이사장군이 흉노에 머문 지 1년여 되니 위율이 그가 총애받는 것을 시기했는데 마침 선우의 어머니 연지가 아프게 되자 율이 흉노 무당에게 명해 돌아가신 선우의 영혼이 노해 말씀하시는 것처럼 말하게 했다.

"흉노가 (일찍이) 공격을 할 때면 군대[兵]의 신에게 제사를 지낼 때 늘 이사장군을 잡으면 제사를 지내겠다고 말하더니 지금 어찌 그렇게 희생으로 쓰지 않느냐?"

이에 선우가 이사를 잡아 가두니 이사가 말했다.

"내가 죽으면 반드시 흉노를 망하게 하겠다!"

마침내 이사를 죽여 제사를 지냈다. 그러자 연이어 눈이 내리기를 몇 개월 하니 가축들이 죽고 백성들이 병에 걸리며 곡식이 익지 않으니 선우가 두려워 이사를 위해 사당을 세웠다.

이사가 죽고 난 이후 한나라는 새롭게 대장군과 군졸 수만 명을 잃고 다시는 출병하지 않았다. 3년이 지나 무제가 붕(崩)했다. 이제까지 한나라 군대가 깊숙이 쳐들어가 추격하기를 20여 년 계속하니 흉노에서는 임신한 것들이 (전쟁으로) 유산을 했기 때문에 피폐함이 극에 달해 고통스러워했다. 선우 이하 모든 관리들이 늘 (한나라와) 화친하고자 하는 계획을 갖고 있었다.

그후 3년이 지나 선우가 화친을 구하고자 했으나 마침 병으로 죽었다. 일찍이 선우에게는 어미가 다른 동생이 있어 (그를) 좌대도위로 삼았는데

(그가) 뛰어나 국인(國人)들이 따랐다. (선우의) 어머니 연지는 선우가 (자신의) 아들을 세우지 않고 좌대도위를 세울까 걱정해 그를 몰래 죽여버렸다. 좌대도위와 어머니가 같은 형이 그것에 원한을 품고 끝내 다시 선우정의 모임에 가지 않았다. 또한 선우가 병이 나서 죽으려 할 때 여러 귀인들에게 말했다.

"나의 아들이 어려 나라를 다스릴 수 없으니 동생 우녹려왕을 세워라."

그리고 선우가 죽자 위율 등이 전거연지(顓渠閼氏)와 모의해 선우가 죽은 것을 숨기고 선우의 명령을 사칭해 귀인들과 술을 마시며 약속을 해 다시 아들 좌녹려왕을 세우고 호연제선우(壺衍鞮單于-11대 선우)라 했다. 이 해가 시원(始元) 2년(기원전 85년)이었다.

호연제선우가 즉위한 다음 한나라 사자들에게 에둘러서 (흉노가) 화친을 하고자 한다고 말했다. 좌현왕과 우녹려왕은 (선우가) 되지 못한 것을 원망해 그의 무리를 이끌고 남쪽으로 가서 한나라에 귀속하고자 했다. 스스로 성공하지 못할까 걱정해 여도왕(盧屠王)을 협박하고 함께 서쪽으로 가서 오손에게 항복해 흉노를 공격할 것을 모의하고자 했다. 여도왕이 (이런 사실을) 고하자 선우가 사람을 시켜 심문을 했는데, 우녹려왕이 불복하고 오히려 그 죄를 여도왕에게 물으니 국인들이 모두 이것을 불평했다. 이에 두 명의 왕이 각자 그의 땅에 가 살면서 용성의 모임에 참가하려 하지 않았다.

2년(기원전 83년) 뒤 가을에 흉노가 대군으로 쳐들어와 도위를 죽였다. 선우가 나이가 어리고 즉위한 지 얼마 되지 않았는데, 선우의 어머니 연지가 부정을 저지르고 나라가 분열돼 늘 한나라의 군대가 쳐들어올까 걱정했다. 이에 위율이 선우를 위해 모의했다.

"우물을 파고 성을 쌓으며 누각을 세우고 곡식을 저장해 중국 사람[秦人]에게 지키게 합시다. 그렇게 하면 한나라 군대가 와도 우리를 어떻게 할 수 없습니다."

바로 우물을 수백 개 파고 수천 그루의 나무를 베었다. 다른 사람들이 혹 흉노 사람들은 성을 지킬 수 없으므로 이는 한나라에게 먹을 것을 남겨 주는 것이라고도 했다. 위율이 이에 이를 멈추게 하고 다시 한나라 사신으로 왔다가 흉노에 항복하지 않은 소무(蘇武)와 마굉(馬宏) 등을 돌려보낼 것을 모의했다. 마굉은 과거에 광록대부 왕충(王忠)의 부관으로 서쪽 나라에 사신으로 가다가 흉노에게 길이 막히자 충은 싸우다 죽고 마굉은 사로잡혔는데 항복하지 않았다. 그래서 흉노는 이 두 사람을 돌려보내 자신들의 좋은 뜻이 전해지게 하고자 했다. 이 해에 선우가 즉위한 지 3년이 됐다.

이듬해 흉노는 좌·우부 2만 기를 일으켜 네 개의 부대를 만들고 변경으로 들어와 노략질을 했다. 한나라 군대가 그들을 추격해 목을 베거나 포로로 잡은 것이 9,000명이었고 구탈왕(甌脫王)도 사로잡았는데 한나라는 잃은 것이 없었다. 흉노는 한나라에 구탈왕이 잡혀 있는 것을 알고 그가 군대를 이끌고 공격할까 걱정해 바로 서북쪽으로 멀리 가서 감히 남쪽으로 가축을 몰고 와 풀과 물을 먹이지 못하고 백성들을 동원해 구탈에 주둔시켰을 뿐이었다. 이듬해 다시 9,000기를 보내 수항성에 주둔시키고 한나라 공격에 대비했으며 또한 북쪽으로 여오수에 다리를 놓아 건너갈 수 있도록 함으로써 도망갈 때를 대비했다.

이때는 (이미) 위율이 죽고 없었는데, 위율이 살아 있을 때 늘 그가 화친의 이익에 대해 이야기를 했어도 흉노는 그 말을 믿지 않았고, 그가 죽자 군대가 자주 곤궁한 상황에 빠져 나라가 더욱 가난하게 됐다. 선우의 아우 좌녹려왕이 위율의 말을 생각하고 화친을 하고자 했다. 그러나 한나라가 이를 듣지 않을까 걱정해 선뜻 말을 하지 못해 늘 좌우의 측근을 시켜 에눌러서 한나라 사신에게 이야기하게 했다. 그러면서 흉노의 공격과 노략질 역시 점차 줄어들게 하고 한나라 사신에 대한 대우 역시 더욱 후하게 함으로써 점차 화친에 이르고자 했다. 한나라 역시 (이를 이용해 흉노를) 기미(羈縻)[69]하고자 했다. 그 이후 좌녹려왕이 죽었다.

이듬해 선우는 이오왕(犁汗王)을 시켜 한나라의 사정을 엿보면서 (그에게) 주천군과 장액군의 군대가 약해지면 군대를 출정시켜 공격해보면 그 땅을 다시 얻을 수도 있을 것이라고 말했다. 이때 한나라에는 앞서 항복한 자들이 있어 그 계획을 먼저 듣고 천자가 변경에 미리 준비하도록 조칙을 내렸다. 이후 얼마 지나지 않아 우현왕과 이오왕이 4,000명의 기병을 세 개의 부대로 나누어 일륵현(日勒縣), 옥란현(屋蘭縣), 반화현(番和縣)에 쳐들어왔는데, 장액태수와 속국도위가 군대를 일으켜 그들을 공격해 크게 격파해 도망갈 수 있었던 자가 수백 명이었다. 속국(屬國)의 천장(千長) 의거왕(義渠王)의 부하인 어떤 기병이 이오왕을 활로 쏴 죽여 황금 200근, 말

---

69 말의 고삐와 소의 코뚜레를 합성해 만든 말이다. 견제하면서 관계를 단절하지 않되 그 이상의 적극적인 조치는 취하지 않는다는 뜻을 함축한다. 그런데 이 용어는 한무제(漢武帝) 때 처음 출현해 소제(昭帝)·선제(宣帝) 시기에 일반화된 역사적 개념으로 외이(外夷)에 대한 중국의 독특한 대응 양식을 지칭하는데, 서한 후기(西漢後期)에 구축된 새로운 천하 질서의 성격을 잘 표현하는 말이다.

200필을 상으로 받고 이오왕으로 책봉됐다. 속국도위 곽충(郭忠)이 성안후(成安侯)에 책봉됐다. 그 이후에 흉노가 감히 장액군으로 쳐들어오지 못하게 됐다.

그 이듬해 흉노의 3,000여 기병이 오원으로 들어와 수천 명을 잡아가고 죽였고, 이후 수만 기병이 남쪽으로 내려와 요새 부근에서 사냥을 하면서 요새 밖에 있는 정장(亭障)을 공격해 관리와 백성들을 잡아갔다. 이때 한나라의 변군(邊郡)의 봉화대와 관측소가 정밀하고 정확해 흉노가 변경을 공격해도 이익이 적어 다시 장성을 넘어 공격하는 것이 드물게 됐다. 한나라는 다시 흉노에서 항복한 사람을 잡았는데, 그가 오환(烏桓-동쪽 오랑캐의 일족)이 돌아가신 선우의 무덤을 파헤쳐서 흉노가 이에 분노해 바로 2만 기를 일으켜 오환을 공격했다고 말했다. 대장군 곽광(霍光)이 군대를 일으켜 그들을 맞아 공격하고자 해 그것을 호군도위(護軍都尉) 조충국(趙充國)에게 물었다. 충국이 대답했다.

"오환은 요사이도 종종 요새를 침범했는데, 지금 흉노가 그들을 공격하니 이는 한나라에 유리합니다. 또한 흉노의 도발이 줄어드니 북변은 다행히 무사합니다. 오랑캐[蠻夷]끼리 서로 공격하는데 우리가 군대를 일으켜 요격한다면 오히려 그들의 침범을 야기하기 때문에 좋은 계책이 아닙니다."

광이 다시 중랑장(中郎將) 범명우(范明友)에게 물으니 명우는 공격을 해도 좋다고 대답했다. 이에 명우를 도료장군(度遼將軍)[70]으로 삼아 2만 기

---

70 도료란 요서 지역(遼西地域)에 있는 오환(烏桓)을 정벌한다는 뜻이다.

를 이끌고 요동으로 출정하도록 했다. 흉노에서는 한나라의 군대가 온다는 소식을 듣고 군대를 물려 돌아갔다. 이전에 광은 명우에게 훈령을 내려 말했다.

"군대를 함부로 내지 말라. (군대를 늦게 일으켜) 흉노를 (공격하는 것이) 늦어지면 오환을 공격해라."

오환은 이때 새로 흉노 군대에게 피해를 입었고 명우는 이미 흉노가 물러나자 오환이 약해진 틈을 타 그들을 공격해 6,000여 급을 벴고 세 명의 왕을 잡아 돌아와 평릉후(平陵侯)에 봉해졌다.

흉노는 이로 말미암아 두려워해 군대를 내지 못했다. 바로 사자를 오손으로 보내 한나라(에서 시집온) 공주를 얻고자 한다고 했다. 그리고 오손을 공격해 거연(車延)과 악사(惡師) 땅을 얻었다. 오손의 공주가 (한나라 조정에) 편지를 올리니 공경들에게 그 구원 여부를 토의하도록 했는데 결정이 나지 않았다. 소제(昭帝)가 붕하고 선제(宣帝)가 즉위하자 오손의 곤미(昆彌)가 다시 편지를 올려 말했다.

'연이어 흉노의 침범으로 땅을 빼앗기니 저 곤미가 온 나라의 정병 절반과 말 5만 필을 동원해 온 힘을 다해 흉노를 공격하려 하니 천자께서도 군대를 내어 공주를 불쌍히 여기시어 후원해주셨으면 합니다!'

본시(本始) 2년(기원전 72년)에 한나라에서는 관동의 경장(輕裝) 정예병사를 동원하고 군국의 관리 중에서 작질 300석의 강건하고 말타기와 활쏘기에 익숙한 사람들을 뽑아 모두 종군시켰다. 어사대부 전광명(田廣明)을 기련장군(祈連將軍)으로 삼아 4만여 기병을 이끌게 해 서하에서 나아갔고, 도료장군 범명우는 3만여 기병을 이끌고 주천군에서 나아갔고, 전장군(前

將軍) 한증(韓增)은 3만 기병을 이끌고 운중에서 나아갔고, 후장군(後將軍) 조충국(趙充國)은 포류장군(蒲類將軍)이 돼 3만여 기를 이끌고 주천군에서 나아갔고, 운중태수(雲中太守) 전순(田順)은 호아장군(虎牙將軍)이 돼 3만여 기를 이끌고 운중에서 나아갔다. 대체로 다섯 명의 장군과 군대 모두 10여만의 기병이 장성 밖으로 각각 2,000여 리를 나아갔다. 그리고 교위 상혜(常惠)에게는 오손을 보호하게 하기 위해 서역의 여러 나라에서 군사를 일으키도록 했다. 곤미가 몸소 흡후(翕侯-월지 내의 수령) 이하 5만여 기를 이끌고 서쪽으로부터 흉노로 들어와 다섯 명의 장군이 이끄는 부대와 합치니 군사의 수가 20여 만이 됐다. 하지만 흉노는 한나라가 군대를 대거 출정시켰다는 것을 듣고 노약자를 도망시키고 가축들을 몰아 멀리 도망가버렸기 때문에 다섯 장군이 얻은 것이 별로 없었다.

도료장군이 장성에서 1,200여 리를 나아가 포리후수(蒲離候水)에 이르러 700여 급을 베거나 포로로 잡았고, 말과 소, 양 등과 같은 가축을 1만여 마리 잡았다. 전장군은 장성에서 1,200리를 나가 오원(烏員)에 이르러 (흉노를) 베거나 포로로 잡았고, 후산(候山)에 이르러 100여 급을 베거나 포로로 잡았고, 말과 소, 양 등과 같은 가축을 2,000여 마리 잡았으며, 포류장군의 군대가 원래 오손과 만나 포류택(蒲類澤)에서 흉노를 공격하기로 돼 있었는데 오손이 약속한 날보다 일찍 왔다가 가버렸기 때문에 한나라 군대는 그들과 만나지 못했다. 포류장군은 장성을 1,800여 리나 나와 서쪽으로 후산까지 가서 흉노를 베거나 포로로 잡았고, 흉노의 사자 포음왕(蒲陰王) 이하 300여 급을 얻었으며, 말과 소, 그리고 양 등과 같은 가축을 7,000여 마리 잡았다. 이 세 명의 장군은 흉노가 이미 물러났다는 소식을 듣고 모두 정해진 기일이 되지 않았는데도 돌아왔다. 천자가 그 잘못을 크게 나무라지 않고 관대하게 그들을 벌하지 않았다.

기련장군은 장성에서 1,600여 리나 나가서 계질산(雞秩山)에 이르러 19급을 베거나 포로로 잡고 소와 말, 양 등의 가축을 100여 마리 얻었다. 흉노에서 돌아오는 한나라의 사신 염홍(冉弘) 등을 만났는데, 그들이 계질산 서쪽에 흉노 사람들이 있다고 말했는데도 기련장군은 바로 홍을 타이르며 흉노가 없다고 하며 군대를 돌리고자 했다. 어사(御史)의 속관(屬官) 공손익수(公孫益壽)가 그것이 불가하다고 간언했으나 기련장군이 그의 말을 듣지 않고 마침내 군대를 물려 돌아왔다. 호아장군은 장성에서 800여 리나 나아가 단여오수(丹余吾水) 근처에 이르러 멈춘 다음에 군대를 나아가지 않고 900여 급을 베거나 포로로 잡았고, 말과 소, 그리고 양 등의 가축을 7만여 마리 잡은 다음에 군대를 물려 돌아왔다. 천자가 호아장군이 예정한 날에 도착하지 못하고 잡은 것을 거짓으로 늘려 말했다고 여겼고, 기련장군이 앞에 흉노가 있다는 것을 알면서도 멈추고 나아가지 않았기 때문에 (그 죄를 물어) 관리에게 명해 (두 사람을) 스스로 목숨을 끊게 했다. (어사의 속관) 공손익수를 시어사(侍御史)로 발탁했다.

교위 상혜는 오손의 군대와 함께 우녹려왕의 아정(牙庭)에 도착해 선우 아버지 항렬 사람들과 선우의 형수, 거차(居次-흉노의 기혼녀나 공주), 명왕(名王-지위가 높은 왕), 이오도위(犁汗都尉), 천장(千長), 장(將) 등 3만 9,000여 급을 얻고 말, 소, 양, 당나귀, 노새, 낙타와 같은 가축을 9만여 마리 잡았다. 한나라는 (이런 공을 세운) 상혜를 장라후(長羅侯)에 봉했다. 그리고 흉노의 백성 중에서 죽고 다치거나 도망간 자들과 가축들이 멀리

이동하다가 죽은 것은 셀 수 없을 정도였다. 이에 흉노는 마침내 약해졌고 오손을 원망하게 됐다.

그 겨울에 선우가 몸소 1만 명의 기병을 거느리고 오손을 공격했는데, 고작 노약한 자들만 얻고서 돌아오려고 했다. 마침 하늘에서 눈이 많이 내려 하루에 한 장(丈) 정도나 쌓여서 백성들과 가축이 얼어 죽으니 돌아올 수 있었던 것은 열에 하나 정도였다. 이에 정령(丁令)은 (흉노가) 약해진 것을 이용해 그 북쪽을 공격했고, 오환은 그 동쪽에서 쳐들어왔고, 오손은 그 서쪽을 공격했다. 대체적으로 세 나라가 죽인 것이 수만 급이었고 (잡은) 말이 수만 필, 그리고 소와 양은 더욱 많았다. 또한 먹을 것이 없어 백성 중에서 죽은 사람이 10분의 3이고 가축 중에서 (죽은 것이) 10분의 5에 이르러 흉노는 더욱 약해졌고, (흉노에) 복속됐던 여러 나라가 모두 흩어져 (그들이 흉노를) 공격하고 노략질하는 것을 (흉노가) 어떻게 다스리지 못했다. 그 이후 한나라가 3,000명의 기병을 내어 세 길로 한꺼번에 흉노로 쳐들어가서 포로를 수천 명 잡아 돌아왔다. 흉노는 마침내 그것을 감히 당해내지 못하고 더욱 화친을 하고자 했기 때문에 변경에는 별 탈이 없게 됐다.

호연제선우가 즉위한 지 17년 만에 죽으니 동생 좌현왕이 즉위해 허려권거선우(虛閭權渠單于)가 됐다. 이 해가 지절(地節) 2년(기원전 68년)이었다.

허려권거선우가 즉위하자 우대장(右大將)의 딸을 대연지로 삼은 다음 이전 선우가 총애하던 전거연지(顓渠閼氏)를 쫓아냈다. 전거연지의 아비인 좌대저거가 (이것을 몹시) 원망했다. 이때 흉노가 (한나라의) 변경을 공격할 수 있는 힘이 없었기 때문에 한나라에서는 장성 밖에 있는 요새를 없애고 백성들을 쉬게 했다. 선우는 (이런 소식을) 듣고 기뻐하면서 귀인들을 불러 한나라와 화친할 것을 모의했다. 좌대저거는 마음속으로 그 일을 그르치게 하기 위해 말했다.

"이전에 한나라의 사신이 올 때 군대가 그 뒤를 따라왔는데, 지금 또한 한나라를 본받아 군대를 동원해 사자를 보내기 전에 침입합시다."

그런 다음에 스스로 (지원해) 호려자왕(呼盧訾王)과 함께 각각 1만 기를 거느리고 남쪽에 가서 요새 근처에서 사냥을 하다가 (두 사람이) 서로 만나 같이 쳐들어가려고 했다. (군대를 이끌고) 가다가 (아직) 도착하지 못했을 때 세 명의 (흉노) 기병이 때마침 한나라에 도망해 항복하면서 흉노가 (한나라를) 쳐들어오려고 한다고 말했다. 이에 천자가 변경에 있는 기병을 일으켜 중요한 방어 지점에 주둔시켰다. (그리고) 대장군군감(大將軍軍監) 치중(治衆-사람 이름) 등 네 명의 장군에게 5,000명의 기병을 이끌고 세 개의 부대로 나누어 요새에서 각 수백 리씩 나아가 흉노 수십 명을 잡아 돌아오도록 조칙을 내렸다. 이때 흉노는 세 명의 기병이 없어진 것을 알고 감히 쳐들어오지 않다가 바로 군대를 물려 돌아갔다. 이 해에 흉노에 기근이 들어 백성과 가축이 죽었는데 그 양이 열 가운데 예닐곱이나 됐다. 또한 두 개의 주둔군에서 1만 명의 기병을 내어 한나라의 공격에 대비하게 했다. 그 해 가을에 흉노가 이전에 포로로 잡은 서욕(西㠸-흉노의 일족) 가운데 왼쪽 땅에 사는 사람들이 그 군장 이하 수천 명이 모두 가축들을 몰고 와서 구탈(甌脫)에서 싸웠다. 그 싸움으로 죽거나 다친 사람이 아주 많아 마침내 남쪽으로 와서 한나라에 항복했다.

그 이듬해 서역 성곽(도시 국가들)이 모두 함께 흉노를 공격해 거사국

(車師國)을 차지했다. 그리고 그 왕과 백성들을 잡아갔다. 선우가 다시 거사왕의 동생 두막(兜莫)을 거사왕(車師王)으로 삼고 그 나머지 백성을 잡아 동쪽으로 옮겨가게 하니 이전의 땅에 감히 다시 살 수 없었다. 한편 한나라는 주둔 군대를 더 보내고 그들에게 거사 땅을 나누어주어 그곳을 채우도록 했다. 그 이듬해 흉노는 여러 나라가 거사국을 함께 공격한 것을 원망해 좌·우대장에게 각각 1만여 명을 거느리게 해 그곳으로 보낸 다음 흉노의 오른쪽 땅에 둔전(屯田)하게 함으로써 오손과 서역(의 여러 나라들)을 압박했다. 그후 2년이 지나 흉노가 좌오건(左奧鞬)과 우오건(右奧鞬)에게 각각 6,000명의 기병을 거느리고 출정하게 해 좌대장과 함께 거사성에 둔전하고 있던 한나라의 군대를 공격하게 했으나 함락하지 못했다. 그 이듬해 정령이 이곳에서 3년간 자주 흉노 영역 안으로 쳐들어와 수천 명의 백성을 죽이거나 잡아갔고 말과 가축도 몰아갔다. 흉노가 1만여 명의 기병을 보내 쫓아가 공격했으나 아무런 소득이 없었다. 그 이듬해 선우가 10만여 기병을 이끌고 요새 부근에서 사냥을 하면서 변경 안으로 들어와 노략질하고자 했다. 도착하기 이전에 마침 그 백성인 제제거당(題除渠堂-한나라에 투항한 흉노 사람)이 항복해와 상황을 말하자 한나라가 이 사람을 언병록계려후(言兵鹿奚盧侯)에 봉했고, 후장군 조충국에게 군대 4만여 명의 기병을 이끌고 변경을 따라 있는 아홉 개의 군(郡)에 주둔하게 해 흉노에 대비하게 했다. 한 달쯤 지나서 선우가 병이 나서 피를 토했기 때문에 감히 들어오지 못하고 돌아가 군대를 해산했다. 그리고 제왕(題王) 도리호차(都犁胡次)를 한나라에 사신으로 들여보내 화친을 청했는데, 이에 답하기도 전에 바로 선우가 죽었다. 이 해가 신작(神爵) 2년(기원전 60년)이었다.

허려권거선우가 즉위한 지 9년 만에 죽었다. 이전에 즉위했을 때 전거연지를 쫓아냈는데, 전거연지가 바로 우현왕과 사통을 했다. 우현왕이 마침 용성의 모임에 왔다가 자신의 땅으로 돌아가려고 할 때 전거연지가 선우의 병이 몹시 심하니 멀리 가지 말라고 말했다. 그후 며칠이 지나 선우가 죽었다. (선우를 추대하기 위해) 학숙왕(郝宿王) 형미앙(刑未央)이 사람을 시켜 여러 왕들을 소집했으나 (그들이) 오지 못했는데, 전거연지가 그의 동생 좌대저거 도륭기(都隆奇)와 모의해 우현왕 도기당(屠耆堂)을 악연구제선우(握衍朐鞮單于)로 삼았다. 악연구제선우는 아버지를 대신해 우현왕이 됐는데 그는 오유선우의 이손(耳孫-현손의 아들)이었다.

악연구제선우가 즉위하자 다시 화친을 회복하려고 동생 이추약왕(伊酋若王) 승지(勝之)를 한나라로 들여보내 천자를 알현했다. 선우가 즉위한 지 얼마 안 돼 흉악하게 허려권거 시기에 그를 섬겼던 귀인 형미앙 등을 모두 죽이고, 전거연지의 동생 도륭기를 등용했으며, 허려권거선우의 자제와 근친 등을 모두 파면하고 스스로 자기의 아들과 동생들로 하여금 그들을 대신하게 했다. 허려권거선우의 아들인 계후산(稽侯獂)은 (자신이 선우로) 즉위하지 못하게 되자 장인 오선막(烏禪幕)에게 도망가 귀속했다. 오선막은 본래 오손과 강거(康居-서역의 유목국가) 사이에 있는 작은 나라에 살아서 여러 차례 그들로부터 공격을 받았기 때문에 그 무리 수천 명을 이끌고 흉노에 항복했다. 호록고선우가 동생의 아들 일축왕의 누이를 그와 결혼시켜 그의 백성들의 우두머리로 삼아 흉노의 오른쪽 땅에 살게 했다. 일축왕 선현탄(先賢撣)은 그의 아비가 좌현왕이었기 때문에 당연히 선우가 됐어야 하는데, (그가 선우의 자리를) 호록고선우에게 양보하자 호록고선우가 이를 받아들여 즉위했다. 나라 사람들은 이런 이유 때문에 일축왕이 선우가 돼야 한다고 했다. 일축왕은 본래 악연구제선우와 갈등 관계에 있었기 때문에 그의 무리와 수만 명의 기병을 이끌고 한나라에 귀속했다. 한나라에서는 일축왕을 귀덕후(歸德侯)에 봉했다. 악연구제선우가 다시 그의 사촌형인 박서당(薄胥堂)을 일축왕으로 삼았다.

이듬해 악연구제선우가 또 선현탄의 두 동생을 죽였다. 오선막이 (두 사람의 구명을) 청했으나 선우가 이를 듣지 않자 마음속으로 몹시 화가 났다. 그 이후에 좌오건왕이 죽자 선우가 스스로 그의 막내아들을 세워 오건왕으로 삼고 선우정에 머무르게 했다. 오건의 귀인들이 모두 죽은 오건왕의 아들을 다시 왕으로 세우고 모두 동쪽으로 옮겨 가버렸다. 선우가 우승상에게 1만 기를 거느리고 가서 그들을 공격하게 했으나 (오히려) 수천 명을 잃고 이기지 못했다. 이때는 (이미) 선우가 즉위한 지 2년이 지나고 있었는데, 그가 백성들을 험하게 학대하고 죽이니 그 나라 백성들이 그에게 복속하려 하지 않았다. 태자 좌현왕이 여러 차례 왼쪽 땅의 귀인들을 무고하니 왼쪽 땅의 귀인들이 모두 그를 원망했다. 그 이듬해 오환이 흉노의 동쪽 변경에 있는 고석왕(姑夕王)을 공격해 백성을 잡아가니 선우가 화를 냈다. 이에 고석왕이 무서워하면서 바로 오선막과 왼쪽 땅의 귀인들과 함께 계후산(稽侯狦)을 세워 호한야선우(呼韓邪單于)[71]로 삼고 왼쪽 땅의 군대 4, 5만을 일으켜 서쪽으로 악연구제선우를 공격하기 위해 고저수의

---

[71] 흉노의 제14대 선우(單于)로 이름은 계후산(稽侯狦)이다. 제12대 선우였던 허려권거선우의 아들이다.

북쪽에 도착했다. 아직 전투를 벌이기도 전에 악연구제선우의 군대가 패배해 도망가며 사람을 시켜 그의 동생 우현왕에게 이런 소식을 알리면서 말했다.

"흉노가 모두 나를 공격하니 네가 군대를 일으켜 나를 도와줄 수 있겠느냐?"

우현왕이 말했다.

"너는 다른 사람을 사랑하지 않고 형제와 여러 귀인들을 죽였다. 네가 있는 곳에서 스스로 목숨을 끊어라. 여기 와서 나까지 더럽히지 말아라."

악연구제선우가 화를 내며 스스로 목숨을 끊었다. 좌대저거 도융기가 우현왕의 처소에 망명해 있다가 그 백성들을 이끌고 모두 호한야선우에게 항복했다. 이 해가 신작(神爵) 4년(기원전 58년)이었다. 악연구제선우는 즉위한 지 3년 만에 패했다.

권
◆
94

흉노전
匈奴傳
〖하〗

호한야선우(呼韓邪單于)는 선우정(單于庭)으로 돌아가고 몇 개월이 지난 뒤, 전쟁을 중지하고 병사들을 각자 고향으로 돌아가게 했다. 그리고 민간에 있던 자신의 형 호도오사(呼屠吾斯)를 불러들여 좌녹려왕(左谷蠡王)으로 세웠다. 사람을 시켜 우현왕(右賢王)의 귀인(貴人)들에게, 그들이 우현왕을 죽여주길 원한다고 했다. 그 해 겨울 도륭기(都隆奇-흉노의 귀족)는 우현왕과 함께 일축왕(日逐王) 박서당(薄胥堂)을 도기선우(屠耆單于)로 세웠다. 그리고 수만 명의 군사를 일으켜 동쪽으로 호한야선우를 습격했다. 호한야선우의 군대는 패주했고, 도기선우는 (자신의 근거지로) 돌아갔다. 그의 장자 도도오서(都塗吾西)를 좌녹려왕으로 삼고, 막내아들 고무루두(姑瞀樓頭)를 우녹려왕으로 삼아 선우정에 머물러 있게 했다.

　이듬해 가을 도기선우는 일축왕 선현탄(先賢撣)의 형인 우욱건왕(右奧鞬王)과 오자도위(烏藉都尉)로 하여금 각각 2만의 기병을 거느리고 동방에 주둔하면서 호한야선우를 방비하도록 했다. 이 당시 서방의 호걸왕(呼揭王)이 (도기선우가 있는 곳에) 와서 유리당호(唯犁當戶-흉노의 귀족)와 모의해 함께 우현왕을 참소했는데, 자립해 스스로 오자선우(烏藉單于)가 되려 한다고 말했다. 도기선우는 우현왕 부자를 살해했다. 하지만 그후 (우현왕의) 원통함을 알게 되자 다시 유리당호를 살해했다. 이에 호걸왕이 두려움에 빠져 마침내 (도기선우를) 배반하고 도주했고, 자립해 호걸선우(呼揭單于)가 됐다. 우욱건왕도 곧 자립해 거리선우(車犁單于)가 됐다. 오자도위 또한 자립해 오자선우(烏藉單于)가 됐다. (이렇게 해 흉노에는) 모두 다섯 명의 선우가 생겼다. 도기선우는 스스로 군대를 이끌고 동쪽으로 거리선우를 쳤으며 도륭기로 하여금 오자선우를 공격하게 했다. 오자와 거리는 모두 패해 서북으로 도망가서 호걸선우와 병사를 합해 4만 명의 군대를 이루었다. 오자와 호걸은 모두 선우의 호칭을 버리고, 함께 힘을 모아 거리선우를 받들어 보좌했다. 도기선우가 이 소식을 듣고 좌대장(左大將)과 도위(都尉)로 하여금 4만의 기병을 이끌고 동방에 분산 주둔하면서 호한야선우에 대비하게 하고 자신은 4만의 기병을 이끌고 서쪽으로 거리선우를 쳤다. 거리선우는 패해 서북으로 도주했다. 도기선우는 곧 군대를 서남으로 이끌어 흡돈(闟敦) 지역에 머물렀다.

그 이듬해 호한야선우는 자신의 동생 우녹려왕 등을 서쪽으로 보내 도기선우의 주둔군을 습격해 1만여 명을 죽이거나 약취했다. 도기선우는 그 소식을 듣고 곧장 스스로 6만의 기병을 이끌고 호한야선우를 쳤다. 1,000리가량 행군해 욕고(嗕姑)에 도달하기 전, 4만 명에 이르는 호한야선우의 군대와 만나 맞붙어 싸웠다. 도기선우의 군대가 패했고 (도기선우는) 자살했다. 도륭기는 이에 도기의 막내아들인 우녹려왕 고무루두와 함께 한으로 망명 귀순했다. 거리선우는 동쪽으로 가서 호한야선우에게 항복했다. 호한야선우의 좌대장 오려굴(烏厲屈)과 그의 부친 호칙루(呼遫累) 오려온돈(烏厲溫敦)은 모두 흉노의 난리를 보고 휘하의 무리 수만 명을 이끌고 남하해 한에 항복했다. (한 천자는) 오려굴을 신성후(新城侯)에, 오려온돈은 의양후(義陽侯)에 봉했다.

이때 이릉(李陵)의 아들이 다시 오자도위를 세워 선우로 삼았는데, 호한야선우가 붙잡아 참수했고 마침내 다시 선우정을 도읍으로 삼았다. 그러나 무리는 겨우 수만 명이었다. 도기선우의 종제(從弟)인 휴순왕(休旬王)은 휘하 기병 500~600명을 이끌고 좌대저거(左大且渠)를 쳐서 죽인 뒤 그 병사들을 아울렀다. (흉노의) 오른쪽 땅에 이르러 윤진선우(閏振單于)로 자립하고, 흉노의 서쪽 변경에 머물렀다. 그 뒤 호한야선우의 형인 좌현왕 호도오사(呼屠吾斯) 또한 자립해 질지골도후선우(郅支骨都侯單于)가 돼 (흉노의) 동쪽 변경에 주둔했다. 그로부터 2년 뒤 윤진선우는 그의 무리를 이끌고 동쪽으로 질지선우(郅支單于)를 쳤다. 질지선우는 맞붙어 싸워 (윤진선우를) 죽이고 그 군대를 아울렀다. 이어서 나아가 호한야를 쳤다. 호한야는 격파되고 그 군대는 달아났으며 질지가 선우정을 도읍으로 삼았다.

호한야가 패하자 좌이질자왕(左伊秩訾王)은 호한야를 위해 계책을 세웠는데, 신하를 칭하고 입조(入朝)해 한(漢)을 섬기고 따르며 도움을 구하라고 권했다. 이와 같이 하면 흉노가 안정될 것이라 했다. 호한야는 여러 대신들에게 자문을 구했다. 모두가 말했다.

"안 됩니다. 흉노의 습속은 본래 기백과 힘을 우러러보고, 복종하며 부림 받는 것을 멸시합니다. 말 위에서 전투하면서 나라를 세웠고 그래서 뭇 오랑캐들에게 위명(威名)을 떨쳤습니다. 전장에서의 죽음은 장사(壯士)에게 모두 있을 수 있는 일입니다. 지금 (질지와 호한야) 형제가 나라를 다투고 있는데 (승리의 운이) 형에게 있지 않다면 동생에게 있을 것입니다. 비록 죽는다 해도 여전히 위명은 남을 것이며 자손들은 변함없이 여러 나라들을 이끌 것입니다. 한은 비록 강해졌어도 여전히 흉노를 겸병할 수 없습니다. 어째서 선고(先古)의 제도를 무너뜨리고 한에 신사(臣事)해 선대의 선우들을 천시하고 욕보이며 여러 나라들의 웃음거리가 되려 합니까. 설령 이와 같이 해 안정돼도 어떻게 다시 뭇 오랑캐들을 이끌 수 있겠습니까?" 좌이질자(左伊秩訾)가 말했다.

"그렇지 않습니다. 강함과 약함에는 때가 있습니다. 지금 한조는 바야흐로 강성하며 오손과 성곽 제국(諸國)들은 모두 (한의) 신첩(臣妾)이 됐습니다. 저제후선우(且鞮侯單于) 이래로 흉노는 날로 줄어들었고 (잃은 것을) 되찾아 회복할 수 없었습니다. 비록 여기에서 굳센 척해도 하루의 편안도 맛볼 수 없습니다. 지금 한을 섬기면 편안하게 생존할 수 있습니다. 섬기지 않으면 위험하거나 멸망할 것입니다. 무엇이 이 계책보다 나을 수 있겠습니까!"

여러 대인(大人)들은 서로 오랫동안 논쟁을 벌였다. 호한야는 그 계책에 따르기로 해 무리를 이끌고 (한나라의) 변새 부근으로 남하했다. 아들 우현왕 수루거당(銖婁渠堂)을 보내 입조하고 시봉하게 했다. 질지선우 또한 아들 우대장(右大將) 구우리수(駒于利受)를 보내 입조하고 시봉하게 했다. 이 해는 감로(甘露) 원년(기원전 53년)이다.

이듬해 호한야선우가 오원새(五原塞)를 두드려 (감로) 3년(기원전 51년) 정월에 입조(入朝)를 원했다. 한은 거기도위(車騎都尉) 한창(韓昌)을 보내 영접하게 했으며 지나가는 일곱 군(郡)에서 군마다 2,000의 기병을 징발해 길 위에 늘어서게 했다. 선우는 정월에 감천궁(甘泉宮)에서 천자에게 조하(朝賀)했다.

한은 특별한 예로 우대해 (선우의) 지위를 제후왕 위로 하고 (천자에게) 배알할 때 신이라고 칭하되 이름을 말하지 않아도 된다고 했다. 머리에 쓰는 갓과 허리에 두르는 띠, 그리고 저고리와 치마, 황금으로 만든 도장[璽]과 여초(艅草)로 염색한 도장 끈, 옥으로 장식한 검과 허리에 차는 칼, 활 하나와 화살 네 묶음, 덮개로 싸여 있는 (의장용) 창 10자루, 의자가 달린 수레[安車] 1대, 말안장과 고삐 한 세트, 말 15필, 황금 20근, 20만 전, 의복 77벌, 수놓은 비단과 고운 주름 비단 등과 여러 종류의 비단 8,000필, 명주솜 6,000근 등을 내려주었다.

조례(朝禮)가 끝난 뒤, 사자로 하여금 선우보다 앞에 가면서 안내하게 했다. (장안의 숙소로 가는 도중에) 장평(長平)에서 묵었다. 천자는 감천(甘泉)에서 나와 지양궁(池陽宮)에서 숙박했다. (이곳에서) 천자는 장평(의 산비탈)에 올라 선우는 (천자에게) 배알하지 않아도 된다는 조서를 내렸다. (선우의) 좌우 당호(當戶) 등의 신료들은 모두 줄지어 서서 지켜볼 수 있었다. 여러 만이(蠻夷)의 군장, 왕후 등 수만 명도 모두 위교(渭橋) 아래에서 천자를 영접했다. 이들은 길을 사이에 두고 양쪽에 늘어섰다. 황제가 위교에 올라서자 모두 만세를 외쳤다.

선우가 장안의 집으로 가서 한 달여간 체류했으며 천자는 그를 귀국하도록 했다. 선우는 자청하길 광록새(光祿塞) 아래 지역에 머물면서 위급한 상황이 있으면 한의 수항성(受降城)을 지킬 수 있길 원했다.

한은 장락위위(長樂衛尉) 고창후(高昌侯) 동충(董忠)과 거기도위 한창을 보내 기병 1만 6,000을 이끌고, 또한 변군의 병사와 말 수천을 징발해 선우가 삭방군의 계록새(雞鹿塞) 밖으로 나가는 것을 호송하게 했다. 조서를 내려 동충 등이 남아서 선우를 호위하면서 선우에게 복종하지 않은 자를 주살하는 데 조력하게 했다. 또한 변지의 곡물, (도정한) 곡물, 건량 등을 앞뒤로 3만 4,000곡(斛)을 흉노 측에게 보내 식량에 보태도록 했다. 이 해 질지선우 또한 사신을 보내 봉헌(奉獻)했다. 한은 그를 매우 후하게 대접했다.

이듬해 호한야, 질지 두 명의 선우가 모두 사신을 보내 입조하고 봉헌했다. 한은 호한야의 사자를 대우할 때 더해주는 것이 있었다.

이듬해 호한야선우가 다시 입조했다. 예우와 재물 하사는 처음과 같았지만, 의복 110벌과 비단[錦帛] 9,000필, 명주솜 8,000근을 더 주었다. 이미 파견된 흉노 지역 주둔병이 있기 때문에 다시 기병을 내어 호송하지는 않았다.

비로소 질지선우는 호한야가 한에 항복했고 군대가 약해 다시 스스로 돌아올 수 없다고 생각했다. 그래서 그의 무리를 이끌고 서쪽으로 가서 (흉노의) 오른쪽 땅을 공격해 평정하려 했다. 한편 도기선우의 어린 동생은 본래 호한야를 모셨는데 그 또한 오른쪽 땅으로 도주해 두 형(-도기와 호한야)의 과거 병사 수천 명을 모아 이리목선우(伊利目單于)로 자립해 있었다. 길에서 질지와 만나 맞붙어 싸웠는데 질지는 그를 죽이고 그의 군사

5만여 명을 병합했다.

(질지는) 한이 군사와 곡식을 내어 호한야를 돕는다는 소식을 듣고 마침내 (흉노의) 오른쪽 땅에 머물러 살았다. 스스로 헤아리길 흉노 전체를 평정할 힘이 없다고 판단했다. 이에 더욱 서쪽으로 오손에게 가까이 가 더불어 힘을 합치길 원해 사신을 보내 소곤미(小昆彌-서역 오손국 국왕의 호칭) 오취도(烏就屠)를 알현하게 했다. 오취도는 호한야가 한의 보호를 받고 질지는 쫓기는 오랑캐임을 보고, 질지를 공격해 한의 비위를 맞추려 했다. 이에 질지의 사신을 죽이고, 그 머리를 한의 도호(都護) 주둔지에 보냈으며, 8,000의 기병을 일으켜 질지를 맞이했다. 질지는 오손의 군사가 많음을 보고, 자신이 보낸 사신도 돌아오지 않자 군대를 정돈해 오손군과 조우했을 때 공격해 부수었다. 내친 김에 북으로 오걸(烏揭)을 쳐서 오걸이 항복했다. 그 (오걸의) 군대를 내어 서쪽으로 견곤(堅昆-키르기스족)을 부수었고 북쪽으로는 정령(丁令)을 항복시켜 (그 결과 오걸, 견곤, 정령) 3국을 병합했다. 여러 차례 군대를 보내 오손을 공격했는데 늘 이겼다. 견곤은 동쪽으로 선우정까지 7,000리 떨어져 있었고 남쪽으로 거사(車師)까지 5,000리 떨어져 있었는데 질지는 머물면서 그곳을 도읍지로 삼았다.

원제(元帝)가 처음 즉위하자 호한야선우는 다시 글을 올려 흉노 민중이 궁핍하다고 말했다. 한은 조서를 내려 운중군(雲中郡)과 오원군(五原郡)에서 곡식 2만 곡을 옮겨 지급했다.

질지선우는 자신의 (근거지에서 한까지) 길이 멀고, 또한 한이 호한야를 옹호하는 것을 원망했다. 사신을 보내 글을 올려 (한에 있는 흉노의) 시자(侍子)를 돌려보내길 요구했다. 한은 곡길(谷吉)을 보내 (시자를) 호송했는데 질지는 곡길을 죽였다. 한은 곡길의 소식을 알지 못하고 있었는데, 흉노에서 항복한 사람들은 모두 그를 죽였다는 말을 구탈(甌脫)에서 들었다고 했다. 호한야선우의 사신이 오자 한은 일일이 문서를 들어 책망했는데 매우 심했다.

이듬해 한은 거기도위 한창과 광록대부 장맹(張猛)으로 하여금 호한야선우의 시자를 호송하게 했다. (이때) 곡길 등에 대한 소식을 듣고 (흉노의) 죄를 사면해 스스로 (한의 토벌을 받지 않을까) 의심하지 않도록 했다. 한창과 장맹은 선우의 백성들이 늘고 날로 번성해 변새 주변의 짐승들을 모두 포획했고, 선우는 충분히 자신을 지킬 수 있어 질지를 두려워하지 않음을 보았다. 그 대신들이 여러 차례 선우에게 북으로 돌아갈 것을 권유하는 것을 듣고, 북으로 간 뒤 한과 약속을 맺기 어렵지 않을까 걱정이 됐다. 한창과 장맹은 곧 (흉노 선우와) 맹약을 맺으며 말했다.

"오늘부터 한과 흉노는 합해 한집안이 됐으니, 대대로 서로 속이거나 서로 공격해서는 안 된다. (쌍방 간에) 몰래 훔치는 일이 발생하면 서로 통보해 절도한 자는 처벌하고 (훔친) 물건은 보상한다. 침략이 있으면 군대를 일으켜 서로 돕는다. 한과 흉노 가운데 감히 먼저 맹약을 배반하는 자가 있다면 하늘의 징벌을 받게 될 것이다. 자손 대대로 모두 맹약을 따르도록 한다."

한창과 장맹 그리고 선우와 그의 대신들은 함께 흉노의 낙수(諾水) 동산(東山)에 올라 백마를 벤 뒤 선우는 경로도(徑路刀)와 황금제 유리(留犁)(라는 식칼)로 술과 함께 (그 피를) 섞어, 노상선우(老上單于-묵돌선우의 아들)에게 격파된 월지왕(月氏王)의 해골로 만든 술잔에 담아 함께 마시고 피로써 맹약했다.

한창과 장맹이 돌아와 이 일을 상주하자, 공경들은 회의에서 "선우는 변새를 지키고 한의 울타리가 됐습니다. 비록 북으로 가려 해도 여전히 한에 위해가 되지는 못할 것입니다. 한창과 장맹은 멋대로 한국(漢國)의 자자손손을 들어 이적과 맹세했습니다. 선우로 하여금 (맹약을 파기하면 한에 대해) 하늘에 악언을 고할 수 있게 해, 국가를 모욕했고 그 위엄과 소중함에 해를 입혔으니 맹약을 실행해서는 안 됩니다. 응당 사신을 보내 가서 하늘에 아뢰고 제사를 올려 맹약을 풀어야 합니다. 한창과 장맹은 사신의 임무를 받들었으나 그 결과가 불량하니 그들의 죄는 '부도(不道)'에 이릅니다."

(하지만) 원제는 그 죄를 가볍게 여겼고 조서를 내려 한창과 장맹에게는 속죄(贖罪)할 수 있도록 판결하고 맹약을 풀지 말도록 했다. 그 뒤 호한야는 마침내 북쪽의 선우정으로 돌아갔으며, 흉노 사람들도 차례차례 돌아갔다. 흉노 국내는 드디어 안정됐다.

질지는 한의 사자 곡길을 살해한 뒤에 스스로 한을 등졌음을 알았으며, 또한 호한야가 더욱 강해졌음을 듣고 습격받을 것을 두려워해 멀리 떠나려 했다. 마침 강거(康居)의 왕이 여러 차례 오손 때문에 곤경에 처하자 여러 흡후(翕侯)들과 계책을 논의했다.

"흉노는 큰 나라이며 오손은 원래 그에 복속했었다. 지금 질지선우가 나라 밖에서 고생하고 있으니 맞이해 강거의 동쪽 변경에 두고, 군대를 합쳐 오손을 취해 질지를 세우도록 하면, 오랫동안 흉노를 근심할 필요가 없을 것이다."

곧 사신으로 하여금 견곤에 가서 질지에게 말을 전하게 했다. 질지는 평소 (한과 호한야에 대해) 두려워했고 또한 오손을 원망하고 있었는데, 강거의 계책을 듣고 크게 기뻐했다. 마침내 (강거 사신과) 서로 맹약을 맺고 군대를 이끌어 서쪽으로 향했다. 강거 또한 귀인(貴人)을 보내 낙타와 나귀, 말 수천 필을 거느리고 질지를 맞이했다. 질지의 사람들은 추위로 상해를 입고 길에서 죽었고, 겨우 3,000명이 남아 강거에 도착했다.

그 뒤 도호(都護)[1] 감연수(甘延壽)와 부도호 진탕(陳湯)은 군대를 내어 강거에 와서 질지를 토벌하고 베었다. 상세한 이야기는 「감연수전(甘延壽傳)」과 「진탕전(陳湯傳)」에 실려 있다.

질지(郅支)가 이미 주살된 뒤[2] (아우인) 호한야선우는 기쁘기도 하고 두렵기도 해 (천자에게) 글을 올려 말했다.

'항상 천자를 알현하길 원했습니다만 진실로 질지가 서방에 있고 그가 오손과 함께 와서 신을 치지 않을까 두려웠습니다. 그래서 한나라에 갈 수 없었습니다. 지금 질지가 이미 죽임을 받았으니 바라건대 조정에 들어가 알현할 수 있길 바랍니다.'

경녕(竟寧) 원년(기원전 33년)[3] 선우가 다시 입조했다. 예우와 (물품) 하

---

1 선제(宣帝) 때 설치됐던 서역도호(西域都護)를 말하며 서역의 각국을 통할하는 관직이다.
2 당시 흉노에 내분이 일어나 다섯 명의 선우가 난립했고 이어 질지선우(郅支單于-서흉노)와 그 아우인 호한야선우(呼韓邪單于-동흉노)가 대립하기에 이르렀다(기원전 54년). 호한야는 한나라에 항복해 그 원조하에 들었으므로 질지선우는 한나라와 호한야의 연합이 두려워 서쪽 키르기스 초원으로 옮겼으나 한나라의 원정군에게 패해 살해됐다(기원전 36년).
3 성제(成帝)의 즉위 첫해다.

사는 처음과 같았으나 의복과 비단, 명주솜을 더 주었는데 모두 황룡 시기보다 곱절이었다. 선우는 한나라 종실(宗室)의 사위가 돼 자신이 한나라 황실의 친족이 되길 원한다고 스스로 말했다. 원제 때 이후 궁에 있던 양가자(良家子)[4] 왕장(王嬙-자는 소군(昭君))[5]을 선우에게 내려주었다. 선우는 크게 기뻐하며 천자에게 글을 올려 상곡(上谷)에서 서쪽으로 돈황(敦煌)에 이르는 지역의 변방 요새를 지키고 영원히 그 역할을 물려줄 것을 자원했다. 대신 변경에서 요새를 방비하는 중국의 이졸(吏卒)들을 해산해 천자의 인민이 쉬게 할 것을 청했다. 천자는 (이 안건을) 해당 부서[有司]의 회의에 내려보내도록 했다. 이 사안을 토의한 자들은 모두 (선우의 요청이) 좋다고 했다. (다만) 낭중(郎中) 후응(侯應)은 변경의 일에 익숙했는데 그는 허락해서는 안 된다고 했다.

'주(周)나라와 진(秦)나라 이래로 흉노는 흉악하고 거칠어 변경을 침략했습니다. 한나라가 일어난 뒤 그 피해는 더욱 컸습니다. 신이 듣건대 북방의 변방 요새는 요동에까지 이릅니다. 밖으로 음산(陰山)(산맥)이 있는데

---

4 이 말은 단순하게 양갓집 자제라는 일반명사로 풀이할 수도 있겠으나, 한대(漢代)에는 특정한 신분(身分) 집단을 뜻하는 고유명사의 의미가 강했다. 한편 양가자는 신분이라기보다는 관리로 선발될 수 있는 자격을 나타내는 명칭이라는 해석도 있다.

5 원제(元帝) 때에 양가자(良家子)로 선발돼 액정(掖庭)에 들어갔는데 호한야선우가 내조(來朝)하자 호한야선우에게 시집갔다. 선우와의 사이에서 아들을 낳고 호한야가 죽은 뒤에는 흉노의 풍습에 따라 호한야의 본부인의 아들에게 다시 시집을 갔다. 그 사이에서 두 딸을 낳았다. 그리고 흉노의 땅에서 생을 마쳤다. 이처럼 기구했던 그녀의 인생에 착안해 후대 여러 종류의 이야기가 창작됐다. 『서경잡기(西京雜記)』에 따르면 원제가 후궁(後宮)이나 여관(女官)들의 초상화를 그리도록 했는데 왕소군만이 화공(畵工)에게 뇌물을 바치지 않아 추하게 그려졌고 그 결과 흉노에 보내지게 됐다고 한다.

동서로 1,000여 리이며 초목이 무성하고 짐승들이 많습니다. 본래 묵돌(冒頓)선우[6]는 그 안에 기대어 머물면서 활과 화살을 만들고 밖으로 나와 노략질을 했습니다. 이는 (흉노의) 안마당[苑囿]입니다. 무제(武帝)의 치세에 이르러 군대를 출동시켜 정벌해 이 지역을 열어 빼앗고 (흉노를) 막북(幕北)[7]으로 몰아냈습니다. 요새와 울타리를 건설하고 감시 초소[亭]와 방어용 소로[隧]〔○ 사고(師古)가 말했다. "수(隧)란 깊이 파서 만든 작은 길이다. 이 안에 숨어 적의 공격을 피한다."〕를 만들었으며, (요새 밖에) 외성을 쌓고 주둔군을 두어 지키게 했습니다. 그후에 변경은 다소 안정을 바랄 수 있었습니다. 막북은 땅이 평탄하며 초목이 적고 모래가 많습니다. 흉노가 와서 약탈해도 몸을 숨길 곳이 적습니다. 변방 요새 남쪽에서부터 (길은) 깊은 산과 계곡을 지나게 돼 왕래하기가 상당히 어렵습니다. 변경의 장로들은 흉노가 음산을 잃은 뒤 그곳을 지날 때 통곡하지 않는 적이 없었다고 합니다. 만일 변방 요새를 수비하는 부대를 철수하면 이적(夷狄)에게 큰 이익을 보이는 것입니다. (흉노의 제안을 받아서는) 안 되는 첫 번째 이유입니다.

지금 (폐하의) 빼어난 다움[聖德]이 널리 미쳐 하늘처럼 흉노를 덮고 있습니다. 흉노는 온전히 살게 해주는 은덕을 입을 수 있어 머리를 조아리고 와서 신하가 됐습니다. 무릇 이적의 본성은 곤궁해지면 비굴하게 복종

---

6 흉노의 대왕으로서 중국 본토 사람들을 두려움에 떨게 만들었다.
7 몽골 고원 대사막 이북 지역을 가리키는 명칭으로, 한나라 때부터 사용되던 이 명칭은 청나라 때에 이르러 오늘날의 외몽골, 즉 몽골국만을 가리키는 개념으로 축소됐다.

하고 강해지면 교만하게 대드니 천성이 그러합니다. 이전에 외성을 부수고 감시 초소와 방어용 소로를 없앴으며 지금은 겨우 척후병으로 감시하고 봉화로 소식을 전할 따름입니다. 옛사람들은 편안할 때도 위급함을 잊지 않았습니다. 다시 (한나라 군대를) 철수해서는 안 됩니다. (흉노의 제안을 받아서는 안 되는) 두 번째 이유입니다.

중국에는 예의의 가르침과 형벌의 꾸짖음이 있습니다만 어리석은 백성이 그래도 여전히 법을 어깁니다. 그런데 하물며 선우가 그의 무리에게 끝까지[必=極] 금약(禁約)을 어기지 않게 할 수 있겠습니까! (흉노의 제안을 받아서는 안 되는) 세 번째 이유입니다.

일찍부터 중국은 관문과 교량을 세워 제후를 통제했습니다. 신하의 분에 넘치는 욕망을 끊기 위해서였습니다. 요새와 울타리를 세우고 주둔병을 배치한 것은 흉노만을 염두에 둔 것이 아닙니다. 여러 속국(屬國)의 투항민[降民]들을 겨냥한 것이기도 합니다. 본래 과거 흉노의 사람들이었기에 그들이 과거를 생각해서 도망칠까 두렵습니다. (흉노의 제안을 받아서는 안 되는) 네 번째 이유입니다.

근자에는 서강(西羌) 사람들이 변방 요새를 지키면서 한나라 사람들과 왕래하고 있습니다만 (한나라의) 관리와 백성이 이익을 탐해 그들의 가축과 처자를 침범해 빼앗았습니다. (서강 사람들은) 이 일로 원한을 품고 봉기해 (한나라에) 배반하기를 대대로 그치지 않고 있습니다. 지금 변방 요새를 이용해 지키기를 포기한다면 (서강과 마찬가지로 한나라와 흉노 사이에서도) 업신여기고 다투는 발단을 만들 것입니다. (흉노의 제안을 받아서는 안 되는) 다섯 번째 이유입니다.

과거에 종군했다가 (흉노에) 잡혀서 돌아오지 못한 사람들이 많습니다. (그들의) 자손은 빈곤하니 하루아침에 도망쳐서 (흉노 안에 있는) 친척을 따르려 할 것입니다. (흉노의 제안을 받아서는 안 되는) 여섯 번째 이유입니다.

　또한 변방 사람들 밑의 노비들은 근심하고 고생해 도망치려는 자가 많습니다. (그들은) "흉노 쪽이 평화로워도 경비가 엄한 것은 어찌할 수 없구나"라고 말합니다. 그런데도 때로는 도망해 요새 밖으로 나가는 자들이 있습니다. (흉노의 제안을 받아서는 안 되는) 일곱 번째 이유입니다.

　도적들은 사납고 교활해 무리지어 법을 어깁니다. 만일 곤경에 처해 급해지면 북으로 도망쳐 나갈 것입니다. 그래도 막을 길이 없습니다. (흉노의 제안을 받아서는 안 되는) 여덟 번째 이유입니다.

　변방 요새를 세운 지 100여 년이 흘렀습니다. 요새는 모두 흙담을 세워 만든 것이 아닙니다. 때로는 산의 암석이나, 잡목들이 부러졌거나 말라죽어 쓰러진 곳, 계곡의 수문(水門) 등을 어느 정도 평탄하게 만들어 이용하기도 합니다. 병졸과 형도(刑徒)들이 (요새를) 쌓거나 유지하는 노력이 오래되고 비용이 커서 헤아릴 수 없습니다. 신은 의논하는 대신들이 그 끝과 처음을 깊이 헤아리지 않고 잠시의 판단[壹切=權時]으로 요역과 수비병을 폐지하려고 하는 게 아닌가 두렵습니다. 10년 지난 뒤 100년 안에 갑자기 다른 변고가 발생했는데 장새(障塞)는 파괴되고 초소와 방어용 소로가 멸절돼 있다면 다시 둔병을 징발해 수선하고 만들어야 합니다만 몇 세대에 걸쳐 이룬 일을 갑자기 복구할 수 없을 것입니다. (흉노의 제안을 받아서는 안 되는) 아홉 번째 이유입니다.

만일 수비병을 철수하고 척후병을 줄이면 선우는 자신이 변방 요새를 지키고 적의 공격을 막았다고 해 필시 한나라에 큰 은덕을 베풀었다고 할 것입니다. (그 대가로) 달라고 요구함이 끝없을 것이며 그 뜻을 조금이라도 잃는다면 (어떤 결과가 발생할지) 헤아리기 어렵습니다. 이적에게 틈을 허용해 중국의 강고함이 무너지게 될 것입니다. (흉노의 제안을 받아서는 안 되는) 열 번째 이유입니다.

(이러한 이유로 흉노의 제안을 들어주는 것은) 영구히 지극한 안정을 유지하고 백만(百蠻)을 위세로 압도하는 장책(長策)이 될 수 없습니다.'

이 대책이 올라가자 천자는 조서를 내려 "변방 요새의 수비병을 철수하는 일은 논의하지 말라"라고 했다. 그리고 거기(車騎)장군(-허가(許嘉))을 시켜 선우에게 구두로 깨우쳐 알렸다.

"선우는 글을 올려 북변에서 관리와 병사가 주둔해 경비하는 것을 폐지하고, 직접 자손 대대로 변새를 지키길 원했다. 선우가 예의를 향해 우러러 사모하며 인민을 위해 꾀함이 매우 정성스럽구나. 이는 오랫동안 유지할 수 있는 대책이로다. 짐은 심히 가상히 여기노라. 중국이 사방에 두루 관문과 교량, 장벽과 요새를 둔 것은 비단 새외의 오랑캐를 막기 위함만은 아니다. 아울러 중국의 간사한 무리가 방종해 변새를 나가 약탈하고 해를 끼치는 것을 막고자 함이다. 그래서 법도를 밝히고 그것으로 백성의 마음을 다스리는 것이다. 삼가 선우의 뜻을 잘 알았으니 짐은 흉노에게 아무런 의심도 가지지 않노라. 선우가 한이 변방 수비병을 해산하지 않는 것에 대해 괴이하게 여길지 모르기 때문에, 대사마 거기장군 허가를 보내 선우에게 밝게 알리노라."

선우는 사례하며 말했다.

"어리석어 큰 계책을 알지 못했나이다. 천자께서 다행히 대신을 시켜 일러주셨으니 (그 은혜가) 참으로 두텁습니다!"

애초에 좌이질자는 호한야를 위해 한으로의 귀순을 획책했고, 그 결과 안정을 얻을 수 있었다. 그 뒤 어떤 자가 참소하길 (좌)이질자가 자기 공을 내세우고 늘 불만에 차 있다고 했다. 호한야도 그를 의심했다. 좌이질자는 죽임을 두려워해 무리 1,000여 명을 이끌고 한에 항복했다. 한은 그를 관내후로 삼았으며 식읍은 300호이고 (흉노)왕의 도장 끈을 두르고 다니게 했다.

경녕(竟寧) 연간에 호한야가 내조해 (좌)이질자와 서로 만났다. (호한야가) 용서를 구하며 말했다.

"왕이 나를 위해 계획을 세운 일의 뜻이 매우 두터워 흉노가 지금 안녕할 수 있는 것도 왕의 힘이다. 그 덕을 어찌 잊겠는가! 내가 왕의 뜻을 잃어 왕을 떠나게 하고 다시 머물 생각을 하지 않게 한 것은 모두 나의 잘못이다. 지금 천자에게 말씀드려 왕이 선우정으로 돌아가게 해달라고 청하고자 한다."

(좌)이질자가 말했다.

"선우는 천명에 따라 스스로 한에 귀의해 안녕을 얻은 것입니다. 선우의 신령(神靈)과 천자의 도움 덕분입니다. 제가 어찌 힘이 될 수 있었겠습니까! (저는) 이미 한에 항복했습니다. 또한 다시 흉노에 돌아간다면 이는 두 마음을 가진 것입니다. 바라건대 선우의 사신이 돼 한에 머물겠습니다. (돌아가자는) 분부에는 응할 수 없습니다."

선우는 거듭 청했으나 뜻을 이루지 못하고 돌아갔다.

왕소군(王昭君)은 (흉노에서) 영호연지(寧胡閼氏)라고 불렸다. 아들 하나를 낳았는데 이도지아사(伊屠智牙師)이고 우일축왕이 됐다. 호한야는 즉위한 지 28년이 돼 (성제) 건시(建始) 2년(기원전 31년)에 죽었다. 처음 호한야는 좌이질자의 형 호연왕(呼衍王)의 두 딸을 사랑했다. 장녀인 전거연지(顓渠閼氏)는 두 아들을 낳았는데 큰아들을 저막거(且莫車)라 하고 둘째를 낭지아사(囊知牙斯)라 했다. 둘째 딸은 대연지(大閼氏)가 됐으며, 네 아들을 두었다. 큰아들은 조도막고(雕陶莫皋), 둘째 아들은 저미서(且糜胥)라 했는데 모두 저막거보다 연상이었다. 어린 아들 함(咸)과 낙(樂) 두 명은 모두 낭지아사보다 어렸다. 또한 다른 연지의 아들 10여 명이 있었다. 전거연지의 지위가 높았고, (그의 큰아들) 저막거가 (선우의) 사랑을 받았다.

호한야가 병이 들어 죽을 때 저막거를 세우려 했다. 그의 모친 전거연지는 말했다.

"흉노에 10여 년간 난리가 발생했지만 머리카락처럼 끊어지지 않았으며, 한의 힘에 의지하게 돼 다시 안정을 찾을 수 있었습니다. 지금 평정을 찾은 지 오래되지 않았으며 인민들도 전투를 삼가고 경계합니다. 저막거는 나이가 어리고 백성도 따르지 않습니다. (그를 세우면) 다시 나라가 위태롭지 않을까 두렵습니다. 저와 대연지는 한집안의 친자매로 서로의 자식들을 사랑함에 차이가 없습니다. (대연지의 큰아들) 조도막고를 세우는 것이 좋겠습니다."

대연지가 말했다.

"저막거는 비록 어리다 해도 대신들이 국사를 함께 처리하고 있습니다.

지금 귀인(의 아들)을 버리고 천한 저의 아들을 세운다면 후세에 반드시 난이 발생할 것입니다."

선우는 마침내 저거여지의 생각에 따라 (대연지의 아들) 조도막고를 세우고, 동생에게 나라를 물려주도록 약속을 맺었다. 호한야가 죽은 뒤 조도막고가 옹립돼 복주류약제선우(復株絫若鞮單于)가 됐다.

복주류약제선우가 즉위한 뒤에 아들 우치로아왕(右致盧兒王) 혜해도노후(醯諧屠奴侯)를 한나라에 보내 입시하게 했다. 저미서(且糜胥)를 좌현왕, 저막거(且莫車)를 좌녹려왕, 낭지아사(囊知牙斯)를 우현왕으로 삼았다. 복주류선우는 다시 왕소군을 처로 삼아 두 딸을 낳았다. 큰딸 운(云)은 수복거차(須卜居次), 작은딸은 당우거차(當于居次)〔○ 사고(師古)가 말했다. "수복이나 당우는 모두 남편 집안의 성씨다."〕가 됐다.

(성제(成帝)) 하평(河平) 원년(기원전 28년) 선우는 우고림왕(右皋林王) 이사막연(伊邪莫演) 등을 보내 공물을 바치고 정월에 조하(朝賀)했다. 이사막연이 말하기를 "항복하고자 합니다. 나를 받아주지 않으면 나는 자살할 것입니다. 끝내 (흉노로) 감히 돌아갈 수가 없습니다"라고 하자 사자는 이를 보고했고 공경들이 의견을 내도록 하니 그중에 어떤 사람은 마땅히 고사(故事)대로 항복을 받아야 한다고 말했다. (그러나) 광록대부 곡영과 의랑 두흠(杜欽)은 다음과 같이 말했다.

"한(漢)나라가 일어난 후 흉노는 여러 차례 변방에 피해를 입혔습니다. 그래서 황금과 작위(爵位)를 상으로 내걸어 투항을 유도했습니다. 지금은 선우가 몸을 굽혀 신을 칭하고 늘어서서 북방의 울타리가 됐으며, 사신을 파견해 조하하며 두 마음을 갖고 있지 않습니다. (따라서 그들에 대한) 한나라 황실[漢家]의 대우는 마땅히 과거와 달라야 합니다. 지금 이미 선우의 진실한 빙문(聘問)과 공물을 받았습니다. 그런 다음에 다시 (흉노에서) 도망친 신하를 받아들인다면 이는 한 사람을 얻으려는 욕심에 한 나라의 마음을 잃는 일이며, 죄 지은 신하를 예우해 의로움을 사모하는 군주와 절교하는 일이 될 것입니다. 가령 선우가 처음 즉위해 중국에 몸을 맡기려 하지만 이익과 해로움을 알지 못해, 사사로이 이사막연에게 거짓 항복을 하게 해 길흉을 점쳐보게 했을 수도 있습니다. 만일 그것을 받아들인다면 다움을 훼손하고 좋은 뜻을 무너뜨려 선우로 하여금 스스로 (한나라를) 멀리하고 우리의 국경 관리들을 가까이하지 않게 될 것입니다. (그렇지 않을 경우) 어떤 사람이 이간책을 세워 그것으로 틈이 벌어지게 할 수도 있는데, (이사막연과 같은 흉노의 투항자를) 받아들이면 바로 그 계책에 말려드는 일이 될 것입니다. (이리되면 우리가) 허물을 지게 되고 (흉노는) 직접 책임을 묻게 될 것입니다. 이는 진실로 변경이 안정되거나 위험해지는 (기로의) 원인이며 군대가 움직일지 말지를 결정하는 분수령이어서 깊이 생각하지 않으면 안 됩니다. (이사막연과 같은 투항자를) 받지 않는 것이 좋습니다. 그래서 해와 달 같은 신의를 밝혀서 (이사막연의) 거짓된 음모[詐謨之謀]를 누르고, (흉노의) 우리에게 기대고 가까이하려는 마음을 포용하는 것이 좋습니다."

이 대책문이 올라가자 천자가 그것을 따라 중랑장(中郎將) 왕순(王舜, ?~기원전 36년)을 보내 (이사막연에게) 가서 투항하고자 하는 정황에 대해 묻게 했다. 이사막연이 "제가 제정신이 아니어서 망언을 했습니다"라고 해 그를 돌려보내니 흉노에 도착한 뒤에도 관위(官位)를 과거처럼 유지했으나 한나라의 사자는 만나지 못하게 했다. 이듬해 선우가 글을 올려 하평 4년(기원전 25년) 정월 입조를 원했고 실제로 입조했다. 수놓은 비단, 무늬 없는 비단 2만 필과 명주솜 2만 근을 더 주었다. 나머지는 경녕 연간(기원전 33년)과 같았다.

복주류선우는 10년간 재위하고, 홍가(鴻嘉) 원년(기원전 20년)에 사망했다. 동생 저미서가 즉위해 수해약제선우(搜諧若鞮單于)가 됐다.

수해(搜諧)선우가 즉위한 뒤에 아들 좌축도한왕(左祝都韓王) 구류사후(朐留斯侯)를 보내 입시하게 했다. 저막거를 좌현왕으로 삼았다. 수해선우는 8년간 재위했다. 원연(元延) 원년(기원전 12년), 이듬해 (원연) 2년에 입조하기 위해 그 나라를 떠나 행차했으나 변새에 들어오지 못하고 병으로 죽었다. 동생 저막거가 즉위해 거아약제선우(車牙若鞮單于)가 됐다.

거아(車牙)선우가 즉위한 뒤에 아들 우어도구탄왕(右於涂仇揮王) 오이당(烏夷當)을 보내 입시하게 했다. 낭지아사를 좌현왕으로 삼았다. 거아선우는 4년간 재위하고, (성제) 수화(綏和) 원년(기원전 8년)에 죽었다. 동생 낭지아사가 즉위해 오주류약제선우(烏珠留若鞮單于)가 됐다.

오주류(烏珠留)선우가 즉위한 뒤에 둘째 연지의 아들 낙(樂)을 좌현왕으로 삼고, 다섯째 연지의 아들 여(輿)를 우현왕으로 삼았다. 아들 우고노왕(右股奴王) 오제아사(烏鞮牙斯)를 보내 입시하도록 했다. 한은 중랑장 하후번(夏侯藩)과 부교위(副校尉) 한용(韓容)을 흉노에 사신으로 보냈다. 당시 황제의 외삼촌인 대사마 표기장군 왕근(王根)이 상서의 일을 주관하고 있었다. 어떤 사람이 왕근에게 말했다.

"흉노의 땅 일부가 한지(漢地) 안으로 쑥 들어와 있어 장액군과 마주하고 있습니다. 기이한 재목이 나고 큰 수리의 깃은 화살대를 만듭니다. 이곳을 차지하면 변경 지역은 매우 풍요로워질 것입니다. 국가는 토지를 넓히는 실익을 얻을 것이며, 장군께서는 공을 드러내어 무궁히 전할 것입니다."

왕근은 황제에게 그 이익을 말했고 황제는 바로 선우에게 그 땅을 요구하려 했다. (하지만) 만일 얻지 못하는 일이 있으면 (황제의) 조명(詔命)이 손상돼 그 위엄이 훼손될 수 있었다. 왕근은 곧 황제의 뜻만을 하후번에게 넌지시 알렸는데, 하후번의 입을 통해 그 땅을 얻고자 한 것이다.

하후번이 흉노정에 이르렀다. 말 꺼낼 때를 기다려서 선우에게 말했다.

"가만히 보니 흉노의 땅 일부가 한나라 땅 안으로 쑥 들어가 장액군과 마주하고 있습니다. 한의 세 도위(都尉)가 그곳의 변새 위에 주둔하고 있습니다. 사졸 수백 명이 추위에 고통받고 있으며 경계 임무를 서느라 오랫동안 고생하고 있습니다. 선우께서는 응당 글을 올려 그 땅을 한에 헌납하겠다고 하고, 그곳을 곧게 잘라내어 막으면, (한으로서는) 두 명의 도위와 사졸 수백 명을 철수할 수 있게 됩니다. 그로써 한 천자의 두터운 은혜에 보답할 수 있습니다. 그에 대한 (한의) 보상은 반드시 클 것입니다."

선우가 말했다.

"이는 천자의 조령(詔令)인가, 사자의 요구에서 나온 것인가?"

하후번이 말했다.

"조령의 지시입니다. 하지만 하후번 저 역시 선우를 위해 좋은 계획을 제시했을 뿐입니다."

선우는 말했다.

"효선황제와 효원황제는 부친 호한야선우를 가련히 여겨 장성 이북 땅을 흉노가 갖도록 했다. 이곳은 온우도왕(溫偶駼王)이 살던 땅인데, 그 지역의 생긴 모양과 물산을 잘 알지 못한다. 청컨대 사신을 파견해 묻고자 한다."

하후번과 한용이 한으로 돌아왔다. 뒤에 다시 흉노에 사신으로 갔는데, 도착한 뒤 곧 땅을 요구했다. 선우가 말했다.

"부형이 5대에 걸쳐 전해왔으나 한은 그 땅을 요구하지 않았다. 나 낭지아사 때 와서 유독 요구하는 이유가 무엇인가?"

온우도왕에게 물었더니 "흉노의 서쪽 제후들은 궁려(穹廬)와 수레를 만들 때 모두 이 산의 재목을 가지고 만들며, 뿐만 아니라 선조의 땅이기 때문에 감히 버릴 수 없다"라고 했다. 하후번은 돌아와 태원태수(太原太守)로 천임(遷任)됐다. 선우가 사신을 보내 글을 올려 하후번이 땅을 구한 정황에 대해 물었다. 조서를 내려 선우에게 답했다.

'하후번은 제멋대로 조서를 칭하고 선우에게 땅을 구했다. 법에 따르면 응당 죽어야 하나 두 차례의 대사면을 받았다. 지금은 하후번을 제남태수로 삼아 다시 흉노의 일에 간여하지 못하게 했다.'

이듬해(수화(綏和) 2년, 기원전 7년) (흉노의) 시자가 사망하자 돌려보내 장사를 치르도록 했다. (선우는) 다시 아들 좌어도구탄왕(左於駼仇揮王) 계류곤(稽留昆)을 보내 입조해 시봉(侍奉)하게 했다.

애제(哀帝) 건평(建平) 2년(기원전 5년)에 이르러 오손의 서자(庶子) 비원치 흡후(卑援疐翕侯)의 무리가 흉노의 서쪽 경계 안으로 들어와서 소와 기타 가축을 도둑질하고 많은 사람을 죽였다. 선우가 그 소식을 듣고 좌대당호 오이령(烏夷泠)을 보내 5,000기병을 이끌고 오손을 공격하게 했다. 수백 명을 죽이고 1,000여 명을 포로로 잡고 소와 기타 가축을 몰고 갔다. 비원치는 두려워해 아들 추록(趨逯)을 흉노에 인질로 가게 했다. 선우는 받아들여 이 일을 한나라에 보고했다. 한나라는 중랑장 정야림(丁野林)과 부교위 공승음(公乘音)을 흉노에 사신으로 보내 선우를 꾸짖고[責讓] 비원치의 질자를 돌려보내라고 명했다. 선우는 조서를 받들어 그를 돌려보냈다.

애제(哀帝) 건평(建平) 4년(기원전 3년) 선우가 글을 올려 (건평) 5년에 입조하길 원했다. 당시 애제가 병이 났는데, 어떤 사람이 말하기를 흉노는 상유(上游)⁸를 따라 내려와 사람들을 압박하니 황룡(黃龍) 연간(기원전 49년)과 경녕(竟寧) 연간(기원전 33년) 때부터 선우가 중국에 입조하면 번번이 국가의 대상(大喪)이 발생했다고 했다. 상은 이 때문에 (흉노의 입조를) 꺼려해 이 일을 공경들에게 물었다. 공경들도 또한 헛되이 창고와 금고의 재물을 낭비할 것이라며 허락하지 않아도 된다고 했다. 선우의 사신은 인사하고 돌아가려 했다. 아직 출발하기 전 황문랑(黃門郎) 양웅(揚雄)이 글을 올려 다음과 같이 간언했다.

'신이 듣건대 육경(六經)⁹에서 다스림은 어지러움이 발생하기 전[未亂](의 다스림)을 중대하게 여깁니다. 병가(兵家)에서도 승리는 전쟁하기 전[未戰](의 승리)을 중대하게 여깁니다. 이 두 가지는 모두 미묘하지만[微=

---

8 이에 대해 복건(服虔)은 유(游)를 류(流)로 풀이해 황하가 서북쪽에서 내려온다는 의미로 본다. 반면 사고(師古)는 상유(上游)는 지형(地形)을 총괄해서 말한 것으로 반드시 황하(黃河)와 연관 지을 필요는 없다고 본다.

9 유가(儒家)의 대표적인 전적 『주역(周易)』, 『예기(禮記)』, 『악기(樂記)』, 『시경(詩經)』, 『서경(書經)』, 『춘추(春秋)』를 말한다. 육학(六學), 육예(六藝), 육적(六籍)이라고도 한다.

精妙] 큰일의 근본이니 잘 살피지 않으면 안 됩니다. 지금 선우가 글을 올려 입조(入朝)를 원했지만 나라에서는 허락하지 않고 사양했습니다. 신의 어리석음으로 보건대 한나라와 흉노는 이 일로 인해 틈이 생길 것입니다. 본래 북쪽 땅의 오랑캐[狄人]들은 오제(五帝)도 신하로 삼을[臣屬] 수 없었고 삼왕(三王)도 복종시킬 수 없었으니 (두 나라 사이에) 틈이 생기게 해서는 안 된다는 점은 매우 분명합니다. 신은 (오제, 삼왕 시절의) 먼 일을 들어 말할 수는 없기에 진(秦)나라 이래의 일을 가지고 이 점을 밝힐 수 있기를 청합니다.

　진시황(秦始皇)의 강대함과 몽념(蒙恬)의 위세, 그리고 갑옷 입은 병사 40여 만을 가지고도 서하(西河)를 감히 엿보지 못했습니다. 그래서 장성(長城)을 쌓아 (한나라와 흉노 사이의) 경계를 삼았습니다. 한나라가 처음 일어났을 때 고조(高祖)의 위엄과 신령, 30만의 군사 무리를 가지고도 평성(平城)[10]에서 곤궁에 처했고 병사들 가운데 일부는 7일간이나 먹지 못했습니다. 당시 꾀 많은 책사와 돌처럼 견고한 계책을 세울 수 있는 신하[石畫之臣][○ 사고(師古)가 말했다. "석(石)은 그만큼 단단하다는 것이고 화(畫)는 계책을 뜻한다."]가 매우 많았음에도 불구하고 결국[卒=終] 탈출할 수 있었던 이유는 세간에서 언급을 꺼릴 만한 (추악한) 것이었습니다[○ 사고(師古)가 말했다. "그 계책이 너무 추악해 제대로 전하지 않는다."].

　또 고황후(高皇后-여후(呂后, ?~기원전 180년))는 일찍이 흉노에게 분개

---

10 진(秦)나라 때 설치한 현(縣)의 이름으로 한나라에서도 따랐다. 현재에도 고성(古城)이 남아 있는데, 그 위치는 산서성 대동시(大同市) 동북쪽이다.

해, 신료들을 조정에 모아 의견을 내도록 했는데 이 자리에서 번쾌(樊噲, ?~기원전 189년)는 10만의 무리를 가지고 흉노 안을 휘젓고 돌아다니게 해 달라고 청한 반면 계포(季布)[11]는 "번쾌는 참수(斬首)해야 합니다. 망령되게 (황후의) 뜻에 아첨해 따르려 합니다!"라고 말했습니다. 이에 대신들은 임시방편으로 (흉노의 비위에 맞는) 편지를 써 보냈습니다. 그런 다음 흉노와 얽힌 일도 풀렸고 중국의 근심도 사라졌습니다.

그리고 효문제(孝文帝)[12] 때에는 흉노가 북쪽 변방을 침략해 해악을 끼쳤고 (흉노의) 척후 기병[候騎]이 옹(雍)의 감천(甘泉)[13]에까지 이르러 경사(京師)가 크게 놀랐습니다. (이에 한나라 조정은) 세 명의 장군을 일으켜 세류(細柳), 극문(棘門), 패상(霸上)에서 대비케 했지만 몇 개월 뒤 철수하고 말았습니다.

효무제(孝武帝)께서는 즉위한 뒤 마읍(馬邑)의 임기응변[權=權道]을 세

---

11 후한 때 초(楚)나라 사람이며 임협(任俠)으로 유명해 초나라 사람들은 "황금 100근을 얻는 것도 계포의 한 번 허락을 받는 것만 못하다"라고 말을 했다고 한다. 처음에 항우(項羽)의 부하로 한고조 유방(劉邦)을 포위해 여러 차례 괴롭혔다. 항우가 망한 뒤 유방이 상금을 내걸고 그를 찾았다. 노(魯)나라의 협객 주가(朱家)의 집에 숨어 있었는데 주가가 하후영(夏侯嬰)을 설득해 사면을 얻어냈고 낭중(郎中)에 임명됐다. 혜제(惠帝) 때 중랑장(中郎將)이 되고 문제(文帝) 때 하동수(河東守)에 올랐다. 사람됨이 신의가 두텁고 의협심이 강해 한번 약속한 일은 반드시 지켰다.

12 이름은 유항(劉恒, 기원전 203~157년)으로 한고조 유방(劉邦)의 아들이다. 여후(呂后)가 사망한 뒤 옹립돼 23년간 재위했다. 다음 황제 경제(景帝)와 함께 이른바 문경지치(文景之治)로 불리는 치세를 이루었다.

13 감천산(甘泉山)을 말한다. 현재 섬서성 순화현(淳化縣) 서북에 있다. 한무제 때에 이곳에 감천궁(甘泉宮)을 지었다.

위 흉노를 유인하고자 했습니다. 그래서 한안국(韓安國)이 30만의 무리를 이끌고 유리한 땅[便隆=便地]에서 기습하려[徼=要] 했는데 흉노가 그것을 알아차리고서 달아나는 바람에 헛되이 재물만 낭비하고 군사들을 고생시켰습니다. 그때 한 명의 오랑캐도 잡지 못했는데 하물며 선우의 얼굴을 볼 수나 있었겠습니까!

그후에는 사직(社稷)을 위한 계책을 깊이 생각하시어 1만 년을 이어갈 대책을 세우셨습니다. 이에 수십만의 군사를 크게 일으키고 위청(衛靑, ?~기원전 106년)¹⁴과 곽거병(霍去病, 기원전 140~117년)¹⁵이 군대를 지휘하도

---

14 아버지 정계(鄭季)가 평양후(平陽侯)의 가첩(家妾) 위온(衛媼)과 정을 통해 그를 낳았는데 어머니의 성을 따랐다. 처음에 평양공주(平陽公主)의 가노(家奴)로 있었는데 누이 위자부(衛子夫-위황후(衛皇后))가 무제의 총희(寵姬)여서 관직에 진출해 태중대부(太中大夫)가 됐다. 원광(元光) 6년(기원전 129년) 거기장군(車騎將軍)으로 군대를 거느리고 흉노를 격파하고 관내후(關內侯)에 올랐다. 원삭(元朔) 2년(기원전 127년) 다시 병사를 운중(雲中)으로 출병해 하투(河套) 지구를 수복하고 장평후(長平侯)에 봉해졌다. 원수(元狩) 4년(기원전 119년) 대장군(大將軍)으로 곽거병(霍去病)과 함께 대군을 이끌고 막북(漠北)으로 나가 흉노의 주력을 궤멸시켰다. 이후 일곱 차례에 걸쳐 흉노를 정벌해 더 이상 한나라의 위협이 되지 못하도록 했다. 곽거병과 함께 대사마(大司馬)가 됐다.

15 대장군 위청(衛靑)의 조카고, 무제(武帝) 위황후(衛皇后)의 조카다. 18세 때 시중(侍中)이 되고, 말타기와 활쏘기에 능했다. 위청을 따라 표요교위(票姚校尉)가 됐다. 무제 때 여섯 차례나 흉노(匈奴)를 정벌해 흉노의 왕 두 명을 베고 두 명을 사로잡는 등 모두 승리했다. 그 전공으로 관군후(冠軍侯)에 봉해졌다. 원수(元狩) 연간에 표기장군(驃騎將軍)이 되고 여러 차례 흉노로 출격해 주력군을 격파하면서 하서(河西) 지구를 장악해 서역(西域)과의 교통로를 확보했다. 원수 4년(기원전 119년) 대사마(大司馬)가 되고, 낭거서산(狼居胥山)에 봉해져 한해(瀚海)에 올랐는데 질록(秩祿)이 대장군과 같았다. 평소에 말이 적었고 임금의 질문에는 늘 손자(孫子)와 오자(吳子)의 병법으로 답을 했다. 일찍이 황제가 그를 위해 저택을 지어놓고 살펴보게 했다. 그러자 "흉노가 아직 살아 있는데 어찌 집을 짓겠습니까?"라고 대답했다. 이처럼 평생토록 흉노를 완전히 제거하는 것을 자신의 임무로 삼았다.

록 해 앞뒤로 10여 년의 시간이 흘렀습니다. 마침내 한나라 군대는 서하(西河)를 넘어 대사막(大沙漠)을 가로질렀으며 치안산(寘顔山)을 쳐서 깨뜨렸고 (선우의) 왕정(王庭)을 습격했으며 흉노의 땅 구석구석까지 도망자들을 쫓아 북으로 진격했습니다. 그리고 낭거서산(狼居胥山-현재 몽골국 경내의 부르칸 칼둔산)에서 봉(封)(의 의식을 거행)하고 고연산(姑衍山-현재 몽골의 울란바토르 동남 지역으로 낭거서산 부근)에서는 선(禪)(의 의식을 거행)했으며[16] 나아가 한해(翰海)에 다다랐습니다. (귀환할 때) 흉노의 명왕(名王)과 귀인(貴人) 수백 명을 포로로 데리고 왔습니다. 그후부터 흉노는 한나라를 두려워해 더욱 화친을 요청했지만 스스로를 신하라고 칭하려 하지는 않았습니다.

지난 시기(-한무제 때)라고 해서 어찌 헤아릴 수 없는 경비를 쏟아붓고 죄 없는 사람을 부리는 것을 즐기며 봉화를 올려 적의 동태를 살피는 북녘땅에서 마음이 편했겠습니까? 전력을 기울여 일하지 않는 사람은 오랫동안 편안할 수 없고 잠시 비용을 들이지 않으면 영구한 안녕은 없다고 생각했기 때문에 1백만 군대를 굶주린 호랑이의 주둥이[喙=口] 안으로 몰아 넣고 부고(府庫)의 재물을 옮겨 노산(盧山)〔○ 사고(師古)가 말했다. "노산은 흉노 지역에 있는 산이다."〕의 구렁을 메우고도 참아내며 후회하지 않은 것입니다.

---

16 산상(山上)에 흙을 쌓아 제단을 만든 뒤, 하늘에 제사하는 것이 봉(封)이고, 땅에 제사 지내는 것이 선(禪)이다.

본시(本始) 연간[17] 초기에 흉노가 흉측한 마음[桀心]을 품고서 오손을 침략해 (오손으로 시집간 한나라의) 공주를 빼앗으려고 하자 이에 한나라는 다섯 장수와 군사 15만을 징발해 그 (오손의) 남쪽에서 말을 타고 진격하게 하고 장라국(長羅國)의 임금[侯]은 오손의 기병 5만으로 그 서쪽을 진동시켰는데 둘 다 원래 목표했던 곳[質=信]까지 갔다가 돌아왔습니다. (그랬음에도) 그 당시 전리품으로 얻은 것이 거의 없었고 단지 무위(武威)를 떨쳐 보여 한나라 군대가 마치 번개와 바람처럼 (무섭고 빠르다는 것을) 밝게 보여주었을 뿐입니다. 비록 빈손으로 갔다가 빈손으로 돌아왔습니다만 오히려 두 명의 장군을 (책임을 물어) 주살했습니다. 그래서 북쪽 오랑캐[北狄]가 복종하지 않는다면 중국은 베개를 높이 베고 편안히 잘 수 없는 것입니다.

원강(元康)과 신작(神爵) 연간[18]에 이르러 크나큰 교화[大化]가 훤하게 밝혀졌고 커다란 은혜[鴻恩=盛恩]가 널리 미쳤습니다. 반면에 흉노에서는 내란이 발생해 다섯 명의 선우가 다투어 일어났는데 (그 와중에) 일축(日逐)선우와 호한야(呼韓邪)선우가 자기 나라 사람들을 이끌고 귀부해 엎드려 스스로를 신하라고 칭했습니다. 그런데도 (한나라에서는) 여전히 기미(羈縻)만 했을 뿐 (신첩(臣妾)으로 삼아) 마음대로 다루려고[顓制=專制] 하지 않았습니다. 그 뒤로는 그들이 조알하려 해도 막지 않았고 조알을 하지 않아도 억지로 하라고 하지 않았으니 어째서였겠습니까?

---

17 기원전 73~70년 사이다.

18 기원전 65~58년 사이다.

외국(사람들)은 천성이 사납고 모질며[忿鷙] 생김새가 크고 건장해[魁健=大健] 힘과 용기를 믿고 의지하니 선(善)한 방법으로는 교화하기가 어렵고 무력을 동원해야 따르게 하기가 쉬울 것입니다. 그들은 강력해 굴복시키기가 어려우며 그들과 잘 지내는 것도 쉽지 않습니다. 그래서 그들을 미처 복속시키지 못했을 때는 군대를 수고롭게 해 먼 곳까지 공격하고 나라가 기울어질 만큼 재화를 다 쓰고 죽어 넘어져 쌓인 시체들에서 피를 흘리며 강고한 적진을 깨뜨리고 적을 함락시켰으니 그 어려움이 이와 같았습니다. 이미 굴복시킨 뒤에도 위로의 공물(供物)로 어루만져 따르게 했고 (사신들이) 서로 왕래하며 만날 때에는 뇌물을 보냈으며 위엄 있는 태도로 적절히 다룬 것이 이처럼 잘 갖춰져 있었습니다. 지난날 일찍이 대완(大宛)의 성(城)을 도륙하고 오환(烏桓)의 루(壘-보루)를 짓밟고 (서남이(西南夷)의) 고증(姑繒)의 군영 울타리를 염탐하고 (강족(羌族)의) 탕저(蕩姐)의 마당을 밟고 조선의 깃발[旃]을 끊어버리고 양 월(兩越)의 깃발[旗]을 뽑아버리면서 짧게는 열흘에서 한 달을 넘기지 않는 전투와 길게 걸리더라도 6개월 이상 걸리지 않는 고생만 하고서도 반드시 그들의 앞마당에서 경작하고 그 마을들을 쓸어 없앤 다음 군(郡)과 현(縣)을 설치한 것이 마치 구름이 사라지고 자리를 말아 올리는 것처럼 해[雲撤席卷][19] 뒷날 재앙이 발생할 여지를 남기지 않았습니다. 그러나 오직 북쪽 오랑캐[北狄]만은 그렇지 않고 실로 중국의 강고한 적[堅敵]이라 나머지 세 변방(-동·서·남)과 비교하면 차이가 크고 앞 시대에 (황제들이) 북방을 더욱[茲=益] 중

---

19 기세가 그만큼 신속하고 완벽했다는 말이다.

하게 여기셨으니 (폐하께서도) 가볍게 대해도 좋다고 쉽게 생각해서는 안 될 것입니다.

지금 선우는 (중국의) 의로움을 따르기 위해 지극히 정성스러운 마음[款誠之心관성지심]을 품고 그 (선우) 정(庭-왕정)을 떠나 (천자) 앞에서 알현하고자 하고 있습니다. 이는 선대가 남겨주신 방책이며 신령들이 바라고 희망하던 일이니 국가로서는 비록 비용이 들더라도 이를 그만둘 수는 없습니다. 그런데 어찌하여 '(흉노 선우가) 내려오면 (천자를) 억누른다[內厭내염]'는 말로 거절하고 (입조할) 날짜를 약속해주지 않고 관계를 소원하게 만들어 지난날 우리가 베풀었던 은혜를 사라지게 하고 장래의 틈을 열어두려 하십니까! 무릇 정성을 보이는데도 거리를 두어 원한의 마음을 갖게 한다면 지난날의 (화친의) 말을 빌미로 한나라에게 원망을 돌릴 것이고, 이로 인해 스스로 관계를 끊고 끝내 북면(北面)하는[20] 마음을 갖지 않게 될 것입니다. 그렇다면 위압해도 효과가 없고 회유하려 해도 불가능하니 어찌 큰 근심거리가 되지 않을 수 있겠습니까!

무릇 사리에 눈 밝은 사람[明者명자]은 아직 형체가 드러나기 전에 알아보고 귀 밝은 사람[聰者총자]은 소리가 없어도 들을 수 있는 법이니, 진실로 일이 그렇게 되기 전에 먼저 조치한다면 몽념과 번쾌를 다시 쓸 필요가 없고 극문과 세류에서 다시 방비할 필요도 없을 것이며, 마음의 계책이 어느 곳에서 베풀어지고 위청과 곽거병의 군공이 무슨 쓸모가 있고 다섯 장군의 위세가 누구를 진동시키겠습니까? 만일 그렇게 하지 못해 일단 틈새

---

20 임금은 남면하고 신하는 북면한다. 즉 신하로서 한나라를 받드는 것을 말한다.

가 벌어진 뒤에는 비록 일을 아는 사람[智者]이 안에서 애써 궁리하고, 변설에 능한 사람[辯者]이 밖에서 오고 가며 수레바퀴가 엇갈리며 부딪친다[轂擊] 한들 오히려 일이 그렇게 되기 전에 미리 조치하는 것만 못합니다.

게다가 과거에 서역을 도모해 차사국(車師國)을 제압하고 성곽을 세워 (도호를 설치해) 36개국을 모두 보호하느라[都護] 그 비용이 해마다 막대한 액수에 이른 것이 어찌 강거와 오손이 백룡퇴(白龍堆-서역의 한 사막 지역 이름)를 넘어 서쪽 변경을 침략할까 두려워서였겠습니까? 그것은 흉노를 제압하기 위함이었습니다. 무릇 100년 동안 고생을 한 뒤 (그 쌓은 것을) 하루 만에 잃거나 열을 쓰고 나서 하나를 아까워하는 격이니 신은 삼가 나라를 위해 좋지 못한 일이라고 생각합니다. 오직 폐하께서 어지러움과 전쟁이 일어나기 전에[未亂未戰][21] 조금이라도 유의하시어 변방에서 싹트는 화(禍)를 막아주시기 바랍니다.'

글이 올라가자 천자는 깨닫는 바가 있어 흉노의 사자를 불러 돌아오게 하고 다시 선우에게 답하는 서한을 보내 (건평 5년(기원전 2년)의 입조를) 허락했다. 웅에게는 비단 50필과 황금 10근을 내려주었다. 선우가 출발하기 전에 마침 병이 생겨서 다시 사신을 보내 그다음 해에 입조하길 원했다. 고사(故事)에 따르면 선우가 입조할 경우 명왕(名王) 이하 따르는 자가 200여 명이었다. 선우는 또한 글을 올려 말했다.

'천자의 신령에 힘입어 (흉노의) 인민이 왕성하게 자랄 수 있습니다. 바라건대 시종하는 사람 500명이 입조할 수 있도록 해 천자의 성대한 다움

---

21 글의 앞부분과 연결되는 표현이다.

[盛德]을 밝혀주소서.'

상은 모두 허락했다.

(애제) 원수(元壽) 2년(기원전 1년) 선우가 와서 입조했다. 황제는 태세(太歲)를 눌러 이기기[厭勝] 위해[22] 선우를 상림원(上林苑)에 있는 포도궁(蒲陶宮)에 머물게 했다. (이 조치가) 선우에게 공경을 더하는 것이라고 (선우에게) 고했으나 선우가 (사실을) 알게 됐다. 의복 370벌과 수놓은 비단과 기타 견직물 3만 필, 명주솜 3만 근을 추가로 내려주었고 나머지는 하평 연간(기원전 28~25년)과 같았다.

(일정이) 끝난 뒤 중랑장 한황(韓況)을 보내 선우를 호송하게 했다. 선우는 변새 밖으로 나가 휴둔정(休屯井)에 도착했고, 거전(車田) 노수(盧水)를 북쪽으로 건넜는데 그 길이 에둘러 돌아가 멀었다. (그래서) 한황 등의 식량이 부족해졌다. 선우가 이에 자신들의 양식을 주었다. (한황 등은 귀환하기로) 약속된 날짜에서 50여 일이 지났는데도 돌아오지 못했다.

애초에 천자는 (한에 시자(侍子)로 와 있던 오주류선우의 아들) 계류곤에게 선우를 수행해 (돌아)가도록 했다. (선우는) 국에 도착한 뒤 다시 계류곤의 동모형(同母兄)인 우대저(右大且) 방(方)과 부인을 보내 입시하게 했

---

22 한대(漢代)에는 천체의 순환주기를 계산할 때 달과 목성을 기준으로 삼았는데, 이들의 순환 주기를 대략 12년으로 보고, 이 숫자 12를 자연계와 인간 사회의 다양한 현상을 파악하는 기준 수로 삼았다. 이러한 관념은 한나라 사람들의 일상생활에 다양한 영향을 미쳤는데, 특히 목성[太歲]을 여러 신들을 통솔하는 임금의 상징으로 보고, 그것이 지시하는 방위(方位)를 범해서는 안 된다고 믿었다. 그래서 흉재(凶災)를 막기 위해 각각의 방위에 오행(五行)의 물건을 걸어두는 등 염승지법(厭勝之法)을 행했는데 그것을 태세피기지법(太歲避忌之法)이라고 했다

다. 돌아간 뒤에도 다시 (우대)저 방의 동모형(同母兄)인 좌일축왕(左日逐王) 도(都)와 부인을 보내 입시하도록 했다. 이 당시 한나라의 평제(平帝)는 나이가 어려, 태황태후(太皇太后)가 칭제(稱制)하고 신도후(新都侯) 왕망(王莽)이 정권을 장악하고 있었다. 망은 태후의 위덕(威德)이 극히 펼쳐서 과거와 비교할 수 없다는 말로 태후를 즐겁게 하고자 했다. 이에 선우에게 넌지시 말해 왕소군의 딸 수복거차(須卜居次) 운(云)을 태후에게 보내 입시하도록 했다. 그래서 (태후가) 상으로 하사한 것들이 매우 많았다.

마침 서역 거사후왕 구고(句姑), 거호래왕(去胡來王) 당두(唐兜) 등이 모두 (한의) 도호교위(都護校尉)에 대해 원한을 품고, 처자와 인민을 이끌고 흉노에게로 도망쳤다. 상세한 이야기는 「서역전(西域傳)」에 실려 있다. 선우는 이들을 받아들여 좌녹려왕이 관할하는 지역[左谷蠡地]에 두고 한에 사신을 보내 글을 올려 상황을 설명하면서 말했다.
_{좌녹려 지}

'신이 삼가 이미 받아들였습니다.'

(천자는) 조서를 내어 중랑장 한륭(韓隆)·왕창(王昌), 부교위(副校尉) 견부(甄阜), 시중알자(侍中謁者) 백창(帛敞), 장수교위(長水校尉) 왕흡(王歙) 등을 흉노에 사신으로 보냈다. 선우에게 고하기를 "서역은 (한에) 내속돼 있다. (너희가 투항자들을) 받아들여서는 안 된다. 지금 돌려보내라"라고 했다.

선우는 말했다.

"효선황제와 효원황제는 (저희들을) 불쌍히 여겨 약속을 정하시어, 장성의 남쪽은 천자께서 영유하시고 장성의 이북은 선우가 영유한다고 했습니다. 변새를 침범하는 일이 발생하면 즉시 상황을 서로 알리고, 투항자가 생기면 받아들여서는 안 된다고 했습니다. 신 지(知)의 부친인 호한야선우는 헤아릴 수 없는 은혜를 입어, 죽을 때 유언하길 '중국에서 투항해오는 사람이 있으면 받지 말고 곧 변새로 보내라. 그로써 천자의 두터운 은혜에 보답하라'라고 했습니다. 하지만 이번 경우는 (거사후국과 야강국이 중국이 아니라) 외국의 투항자이기 때문에 받을 수 있습니다."

사신은 말했다.

"흉노는 골육 간에 서로 공격해 나라가 거의 멸절될 뻔했다. 중국의 큰 은혜를 입어 위태로워 망할 뻔한 나라가 다시 이어지고 처자가 온전히 안전하게 돼 누대에 걸쳐 서로 이어졌다. 응당 두터운 은혜에 보답해야 한다."

선우는 머리를 찧으며 용서를 빌고 두 명의 오랑캐(-구고와 당두)를 돌려보내 (한의) 사자에게 넘겼다. (천자는) 조서를 내려 중랑장 왕맹(王萌)으로 하여금 서역 악도노(惡都奴)의 경계 위에서 (사신 일행을) 맞이하고 (구고와 당두도) 접수하도록 했다. 선우는 사신을 (한나라 조정에) 보내 그 죄(의 용서)를 청했다.

(흉노에서 귀환한) 사신이 이 사실을 보고하자, 조서를 내려 허락하지 않았으며 서역 국가들의 왕을 모아놓고 (구고와 당두의) 참수를 보도록 했다.

그리고 4개조의 규약을 만들어 세웠다. 중국인이 흉노에 도망쳐 들어간 경우, 오손인이 흉노에 도망쳐 항복한 경우, 서역의 여러 국가 가운데 중국의 인수(印綬)를 받은 국가의 사람이 흉노에 항복한 경우, 오환인이 흉노에 항복한 경우 등은 모두 받아들여서는 안 된다는 내용이었다. (천자는) 중랑장 왕준(王駿)·왕창, 부교위 견부·왕심(王尋) 등을 흉노에 사신으로 보내 4개 조항을 선우에게 나누어주고, (새서(璽書)와) 함께 상자 안에 봉해 선우에게 주고 받들어 행하도록 했다. 그리고 돌아가신 선제가 약속한 (규약이 담겨 있는) 봉함을 받아 가지고 돌아왔다.

이 당시 왕망은 상주해 중국에서는 이름에 두 글자를 사용할 수 없게 했다. 이에 사신으로 하여금 선우에게 넌지시 알리길, 응당 상서해 (천자의) 덕화(德化)를 그리워해 한 글자만 가지고 이름을 만들겠다고 하면 한나라는 반드시 후한 상을 내릴 것이라고 했다. 선우가 이에 따라 글을 올려 말했다.

'다행스럽게 번신(藩臣)이 돼 남몰래 (한의) 태평성제(太平聖制)를 좋아했습니다. 신은 원래 이름이 낭지아사입니다만 이제 삼가 이름을 바꾸어 지(知)라고 하겠습니다.'

왕망은 크게 기뻐해 태후에게 말하고 사신을 (흉노에) 보내 유지(諭旨)로 답하고 큰 상을 내려주었다.

한나라가 4개 조항을 반포하자 그 뒤 오환을 감호(監護)하는 (한의) 사신이 오환의 인민에게 포고하기를 다시는 흉노에게 피포세(皮布稅)를 납부해서는 안 된다고 했다. 흉노는 고사(故事)를 근거로 사신을 보내 오환에게 납세를 독촉했다. (징수한 물건으로) 장사를 하고 싶었던 흉노의 인민과 부녀들도 모두 따라왔다. 오환은 거절하며 말했다.

"(한나라) 천자의 조령 조문을 받들기 때문에 흉노에게 납세할 수 없다."

흉노의 사신은 분노해 오환의 우두머리[酋豪]를 잡아들여, 결박하고 거꾸로 매달았다. 우두머리의 형제들은 분노해, 함께 흉노의 사신과 그 관속을 살해하고 (함께 따라온) 부녀와 소·말을 강탈했다. 선우가 (이 소식을)

듣고 사신을 보내 좌현왕의 군사를 일으켜, 오환에 들어가 사신을 죽인 자를 문책해 죽였으며 나아가 오환을 공격했다. 오환(의 무리는) 분산해 혹은 산 위로 도망치고 혹은 동쪽이 요새로 피신했다. 흉노는 오환의 인민을 다수 학살하고 부녀와 노약자들 1,000명을 몰아가 흉노 좌측의 땅에 두었다. 그리고 오환에게 고하기를 "말 등 가축과 피혁·포백 등을 가지고 와서 속면해 가라"고 했다. 오환 사람 가운데 붙잡혀간 사람의 친척 2,000여 명이 재물과 가축을 가지고 가서 속면하고자 했다. 흉노는 재물을 받기만 하고, 포로들은 억류한 채 돌려보내지 않았다.

왕망이 제위를 찬탈한 건국(建國) 원년(9년)에 오위장(五威將) 왕준과 장수 견부·왕립(王颯)·진요(陳饒)·백창·정업(丁業) 등 6인을 파견해 많은 귀금속과 비단을 실어 다시 선우에게 보냈다. (신조(新朝)가) 천명을 받아 한을 대신한 상황에 대해 깨우쳐 알렸고, 아울러 선우의 옛 인장을 교체하고자 했다. 옛 인문(印文)에는 '흉노선우새(匈奴單于璽)'라고 돼 있는데, 왕망은 바꾸어 '신흉노선우장(新匈奴單于章)'이라고 했다. (신의) 오위장과 장수들이 도착한 뒤 선우에게 새로운 인장과 인장 끈을 주고, 조서를 내려 옛 인장과 인장 끈을 바치게 했다. 선우는 두 차례 절하고 조서를 받았다. 통역관이 앞으로 나가 (선우가 차고 있는) 옛 인장의 끈을 풀어서 취하려 했다. 선우도 겨드랑이를 들어 올려 넘겨주려 했다. 이때 좌고석후(左姑夕侯) 소(蘇)가 옆에서 선우에게 말했다.

"새 인장의 인문을 아직 보지 못했습니다. 마땅히 주지 말아야 합니다."

선우도 행동을 멈추고 주려 하지 않았다. (한의) 사신에게 요청해 궁려에 앉게 하고, 선우는 앞으로 나아가 (새 황제의) 만수무강을 기원하려 했다. 오위장 (왕준)은 "옛 인장과 인장 끈은 제때에 바쳐야 합니다"라고 말했다. 선우는 (마지못해) "알겠다"라고 하며 다시 겨드랑이를 들어 올려 통역관에게 인장과 인장 끈을 주려 했다. 소는 다시 말했다.

"인문을 보기 전에는 주지 말아야 합니다."

선우는 말했다.

"인문이 바뀔 이유가 있겠는가!"

마침내 옛 인장의 끈을 풀어 받들어 올렸다. 오위장과 장수가 받았다. 선우는 새로운 인장 끈을 착용하고, 주머니를 풀어 새 인장을 보지는 않았다. 밤늦도록 마시고 먹은 뒤 자리를 파했다.

우솔(右率) 진요는 오위장과 장수들에게 말했다.

"앞서 고석후가 인장의 문구를 의심해 하마터면 선우가 우리에게 옛 인장을 주지 않을 뻔했소. 만일 새 인장을 보고 그 문구가 바뀐 것을 알게 된다면 반드시 옛 인장을 찾을 것이오. 이는 말로 설득해서 거절할 수 없을 것이오. 이미 옛 인장을 얻은 다음 다시 잃는다면 천자의 명을 욕되게 하는 일이 그보다 더 클 수는 없을 것이오. 옛 인장을 때려 부수어 화근을 잘라내는 것이 가장 좋을 것 같소."

하지만 오위장과 장수들은 망설이면서 응하려 하는 사람이 없었다. 진요는 연(燕) 지방 출신의 군인으로 과단성 있고 용감했는데 즉각 도끼를 가지고 와 옛 인장을 쳐서 부수었다.

다음 날 선우는 과연 우골도후(右骨都侯) 당(當)을 보내 오위장과 장수들에게 말했다.

"한은 선우에게 인장을 사여했을 때, '새(璽)'라고 했지 '장(章)'이라 하지 않았으며 또한 '한(漢)'이란 글자도 없었소. 제왕(諸王) 이하의 인장에 비로소 '한'이 있고 '장'이라 말했소. 지금 '새'를 없애고 '신'을 앞에 더해 한의 신하와 다를 것이 없게 됐소. 원컨대 과거의 인장을 돌려주시오."

오위장과 장수들은 부서진 옛 인장을 보이며 말했다.

"신 황실에서 천(天)의 명령에 따라 새 인장을 제작하고, 옛 인장은 오위장과 장수들의 의견에 따라 임의로 파괴해버렸습니다. 선우께서도 응당 천명에 따라 신 황실의 제도를 받드십시오."

(흉노의 사신) 당이 돌아가 (선우에게 이 사실을) 아뢰었고 선우는 이미 어찌할 도리가 없음을 알았다. 또한 신의 뇌물을 많이 받았기 때문에, 곧 동생 우현왕 여(輿)를 보내 말과 소를 가지고, 오위장과 장수들을 따라 신에 들어가 사례하도록 했다. 이 기회에 글을 올려 옛 인장을 회복해달라고도 요구했다.

오위장과 장수들은 좌리한왕(左犁汗王) 함(咸)이 거주하는 곳으로 돌아왔다. 이곳에 오환 사람들이 많은 것을 보고 함에게 (그 연유를) 물었다. 함은 그 정황에 대해 상세히 말했다. 오위장과 장수들이 말했다.

"전에 4개조의 규약을 봉해주었는데 오환의 투항자들을 흉노가 받아서는 안 된다고 했소. 한시바삐 돌려보내시오."

함이 말했다.

"청컨대 은밀히 선우에게 알려 회답을 얻은 뒤에 돌려보내겠소."

선우는 함을 시켜 대답했다.

"(돌려보내기는 하겠는데) 변새의 안쪽 길을 따라 돌려보내는가, 아니면 변새 바깥 길을 따라 돌려보내는가?"

오위장과 장수들은 멋대로 결정할 수 없어 (천자에게) 문의했다. 조서를 내려 회답하길 변새 바깥 길을 따라 돌려보내라고 했다.

선우는 일찍이 하후번이 흉노의 땅을 요구했을 때, 한나라의 말을 거절한 일이 있다. 그 뒤에는 오환에게 피포세를 요구했다가 뜻을 이루지 못하자 오환의 인민을 약탈했다. (한과 흉노 사이의) 틈은 이로부터 생겼으며, 다시 인장의 글귀를 고친 일 때문에 (흉노는) 원한을 품게 됐다. 이에 우대저거(右大且渠), 포호로자(蒲呼盧訾) 등 10여 명을 보내 병사들 1만 기를 이끌고 겉으로는 오환 포로들의 호송을 명분으로 내세우면서, 변새 아래에서 군대의 대오를 정돈했다. 삭방군 태수가 이를 보고했다.

이듬해 서역 거사후국의 왕 수치리(須置離)가 흉노에게 항복할 것을 모의하자, 도호 단흠(但欽)이 그 죄를 물어 참수했다. 수치리의 형 호란지(狐蘭支)가 무리 2,000여 명을 이끌고 가축들을 몰고 나라를 들어 도망해 흉노에게 항복하자, 선우는 그들을 받아들였다. 호란지와 흉노는 함께 한을 침략했다. 거사국을 공격하고 후성(後成)(국)의 우두머리 장수를 살해했으며, 도호의 사마에게 부상을 입히고 다시 흉노로 돌아갔다.

이 당시 무기교위(戊己校尉)의 사(史) 진량(陳良)과 종대(終帶), 사마승(司馬丞) 한현(韓玄), 우곡후(右曲候) 임상(任商) 등은 서역 국가들이 배반하는 일이 많음을 보고, 흉노가 크게 침략하고자 한다는 소문을 듣고 모두 죽지 않을까 두려워했다. 그래서 모의해 이졸(吏卒) 수백 명을 협박해 함께 무기교위 초호(刀護)를 살해하고, 사람을 보내 흉노 남리한왕(南犁汙王)의 남장군(南將軍)에게 알렸다. 흉노 남장군은 2,000의 기병을 서역에 보내 진량 등을 맞이했다. 진량 등은 무기교위 (휘하의) 관리와 군사, 남녀 2,000여 명을 모두 협박해 흉노로 들어갔다. 한현과 임상은 남장군의 주둔지에 남았고, 진량과 종대는 선우정으로 갔다. 다른 사람들은 별도로 영오수(零吾水) 주변에 두어 경작하며 살게 했다. 선우는 진량과 종대를 오환도장군(烏桓都將軍)이라 부르면서 선우의 거처에 머물게 했고 자주 불러서 함께 식사를 하며 어울렸다.

서역도호 단흠은 상서해 흉노 남장군 우이질자(右伊秩訾)가 무리를 이끌고 여러 나라를 약탈, 공격한다고 말했다. 왕망은 이에 흉노를 크게 나누어 15명의 선우를 세우고자 해, 중랑장 인포(藺苞), 부교위 대급(戴級)을 보내 군사 1만 명의 기병을 이끌고 귀한 보물을 가득 실은 채 운중군의 변새 아래에 이르러, 호한야선우의 여러 아들을 유인해 순서에 따라 선우로 임명하려 했다. 통역관을 변새 바깥으로 보내 우리한왕(右犁汗王) 함(咸)과 함의 아들 등(登), 조(助) 등 세 명을 꾀어냈으며, 도착하자 협박해 함은 효선우(孝單于)로 책봉하고 의자가 달린 수레와 고거(鼓車) 각각 1대, 황금 1,000근, 여러 종류의 비단 1,000필, 기를 매단 창 10자루 등을 내려주었다. 조는 순선우(順單于)로 책봉하고 황금 500근을 내려주었다. 조와 등을 장안으로 차례대로 보냈다. 왕망은 인포를 선위공(宣威公)으로 봉하고 호아장군(虎牙將軍)으로 임명했다. 대급은 양위공(揚威公)으로 봉하고 호분장군(虎賁將軍)으로 삼았다.

(오주류)선우가 듣고 분노해 말했다.

"선대의 선우가 한선제의 은혜를 입었으니 배반할 수 없다. 그런데 지금의 천자는 선제의 자손이 아니니 어찌 (그의 손에서 선우로) 즉위할 수 있는가?"

좌골도후·우이질자왕 호로자(呼盧訾)와 좌현왕 낙(樂) 등을 보내 군대를 이끌고 운중군의 익수새(益壽塞)로 침입해 관리와 인민을 크게 학살했다. 이 해가 건국(建國) 3년(11년)이다.

이후 (오주류)선우는 좌·우부의 도위, 변경 지대의 여러 왕에게 통고해 변새를 넘어 침략하도록 했다. 큰 무리는 1만여 명, 중간 무리는 수천, 작은 무리는 수백씩 안문군(鴈門郡)·삭방군(朔方郡) 태수·도위(都尉) 등을 살해하고 관리와 인민·가축 등을 약탈한 수가 헤아릴 수 없어 변경 지대가 텅 비었다. 망(莽)은 신(新)나라 임금에 즉위해 부고(府庫)의 풍요함을 믿고서 (오랑캐들에게) 위엄을 세우고자 했다. 이에 12부(部)의 장수들을 임명하고[23] 군국의 용사와 무고(武庫)의 정예병을 징발해 각각 주둔해 지키는 지역을 할당하고 차례대로 변경 지역으로의 수송을 맡겼다. 토의하기를 30만 군대를 집결시키고 300일의 군량을 확보하면 동시에 10개의 길을 따라 출격해 흉노를 압박해서 정령(丁令)으로 몰아넣은 다음 (흉노의) 땅을 나누어 호한야선우의 15명의 아들을 (선우로) 세우고자 했다. 이에 망의 장군인 엄우(嚴尤)가 간언을 올려 다음과 같이 말했다.

'신이 듣건대 흉노가 해를 입히기 시작한 것은 오래됐습니다만 상고시기[上世]에 그들을 반드시 정벌했다는 말은 듣지 못했다고 했습니다. 후대에 주(周)나라·진(秦)나라·한(漢)나라 세 왕조가 그들을 정벌했으나 모두

---

23 왕망이 건국(建國) 1년(9년) 가을 오위장(五威將) 왕기(王奇) 등 12인을 천하에 파견한 일을 말한다.

상책(上策)을 얻지 못했습니다. 주나라는 중책(中策), 한나라는 하책(下策)을 얻었고, 진나라는 무책(無策)이었습니다.

주나라 선왕(宣王) 때 험윤(獫允)[24]이 안으로 침략해 경양(涇陽)[25]에 미물렀습니다. (선왕은)장군에게 명해 정벌하게 했으나 변경을 보존한 뒤 돌아왔을 뿐입니다. 융적의 침입을 보기를 마치 모기나 등애가 쏘는 것에 비유해 쫓아낼 따름이었습니다. 그래서 천하 사람들은 그 현명함을 칭송했습니다. 이것이 중책입니다.

한나라 무제 때는 장수를 선발하고 군사를 훈련시키고 식량을 소량만 가지고서 깊숙이 멀리 들어가 지켰습니다. 비록 전투에 승리하고 적의 수급을 얻는 공적을 세운 일은 있었습니다만 오랑캐는 그때마다 보복했습니다. 전쟁은 계속됐고 그 참화는 30여 년 동안 지속됐습니다. 중국은 피폐해졌으며 흉노 또한 상처를 입었습니다. 천하가 그 무위(武威)를 칭송했으나 이는 하책(下策)입니다.

진시황은 작은 수치를 참지 못하고 백성의 힘을 가볍게 여겨 견고한 장성(長城)을 축조했는데 그 길이가 1만 리(里)나 이어졌습니다. (공사 물자의) 운반 행렬은 해안 지대로부터 시작됐고 강역의 경계는 이미 완성됐다고 할지라도 중국의 내부는 고갈돼 사직을 잃고 말았습니다. 이는 무책(無策)입니다.

---

24 지금의 섬서성, 감숙성 북부와 내몽고 자치구 서부에 토착했던 종족을 말한다.
25 현재 섬서성 중부 경하(涇河)의 서북 지역이다. 본래 서주(西周)의 읍(邑)이었고, 전국시대(戰國時代) 진(秦)나라는 이곳에 도읍을 세웠다.

지금 천하는 양구(陽九)의 액년(厄年)[26]을 만나 매년 기근이 들고 있습니다. 서북 변경 지대는 특히 심합니다. 30만의 군대를 일으키고 300일 먹을 수 있는 군량을 갖추려면 동쪽으로 발해와 태산(의 물자)을 끌어오고 남쪽으로 양자강과 회수 지역(의 물자)을 끌어온 연후에야 구비할 수 있습니다. (물자의 이동) 거리를 계산해보면 1년이 지나도 여전히 다 모을 수 없습니다. 먼저 도착한 군사들은 노천에서 비바람을 맞으며 모여 있게 돼, 병사들은 지치고 병장기도 손상되니 동원할 수 있는 상황이 못 될 것입니다. 이것이 첫 번째 어려운 점입니다.

변경의 (인구와 물자가) 비게 되면 군량을 댈 수 없을 것입니다. 안으로 군국에서 징발해야 하는데 모이지 않을 것입니다. 이것이 두 번째 어려운 점입니다.

한 사람이 300일 동안 먹는 식량을 계산하면 말린 밥 18곡이 필요합니다. 소의 힘이 없으면 (군량 수송을) 감당할 수 없습니다. 또한 소는 스스로 먹을 건초도 짊어져야 하기에 20곡이 추가돼 무겁습니다. 오랑캐 지역은 소금기가 많은 사막이어서 물과 풀이 없는 곳이 많습니다. 지난 일을 가지고 따져보면 군대가 출동하고 100일을 채우지 못하고 소들은 필경 모두 죽을 것입니다. 남아 있는 식량이 여전히 많아서 사람들이 지고 갈 수 없습니다. 이것이 세 번째 어려운 점입니다.

---

26 음양오행(陰陽五行)에 기초한 술수학(術數學)에서는 천문(天文)과 역수(曆數)에 따라 인간의 길흉화복을 점치는데 양구(陽九)란 양(陽)의 오액(五厄)과 음(陰)의 사액(四厄)을 합친 재난을 말한다.

오랑캐 땅은 가을과 겨울에 매우 춥고 봄과 여름에는 바람이 심합니다. 가마솥[鬴]이나 아가리가 오므라진 큰 솥[鍑], 땔나무와 숯 등을 많이 싣고서는 그 무게를 이겨낼 수 없을 것입니다. 말린 밥과 마실 물은 사계절을 지나게 되면 (썩어서) 군사들 사이에서 전염병이 번질 우려가 있습니다. 이러한 이유에서 과거에 오랑캐를 정벌할 때에는 100일을 넘기지 않았습니다. 장기간 정벌하려는 욕구가 없어서가 아니라 형편과 힘이 닿지 못했기 때문입니다. 이것이 네 번째 어려운 점입니다.

군수품들도 자연히 따르게 되는데 가볍고 날랜 병사들이 적어 신속하게 이동할 수 없을 것입니다. 오랑캐가 서서히 도주해도 따라잡지 못하는 상황이 됩니다. 다행히 적과 마주친다고 할지라도 무거운 짐에 얽매일 것입니다. 만일 험난한 곳을 만나면 말의 재갈과 꼬리가 한 줄로 늘어서듯 부대가 한 줄로 길게 늘어설 터인데 적군이 요격해 대오의 앞과 뒤를 차단하면 그 위태로움을 예측할 수 없습니다. 이것이 다섯 번째 어려운 점입니다.

백성들의 힘을 크게 사용하고도 공을 반드시 세울 수 없다면 신은 엎드려 그 일을 근심합니다. 지금 이미 군대를 일으켰으니 응당 먼저 적지에 도착한 군사들을 출동시키고 신 엄우 등으로 하여금 (이들을 이끌고) 깊이 침투해 번개처럼 공격하게 해 오랑캐 적들에게 깊은 상처를 주도록 하소서.'

망은 우(尤)의 말을 듣지 않고 이전처럼 군대와 식량을 변경 지대로 운송하자 천하에 큰 소란이 일어났다.

(흉노의 우리한왕(右犂汗王)) 함(咸)은 이미 망이 내려준 효선우(孝單于)의 칭호를 받은 다음에 말을 몰아 변새 밖으로 나가 흉노 정으로 돌아갔다. (신으로부터) 협박을 받은 상황을 모두 오주류선우에게 아뢰었다. 선우는 다시 그를 어속치지후(於粟置支侯)로 삼았는데 흉노의 천한 관직이다. 나중에 조(助)가 병으로 사망하자 망은 조를 대신해 등(登)을 순선우(順單于)로 삼았다.

염난장군(厭難將軍) 진흠(陳欽), 진적장군(震狄將軍) 왕순(王巡)은 운중군의 갈사새(葛邪塞)에 주둔했다. 이 당시 흉노는 여러 차례 변경 지대를 침략해 장수와 관리·사병들을 살해하고 인민을 납치하며, 몰고 가버린 가축들이 매우 많았다. 사로잡은 오랑캐 포로들을 심문하니 모두 효선우 함의 아들 각(角)이 여러 차례 노략질했다고 말했다. 두 명의 장군이 (망에게) 보고했다.

(건국) 4년(12년) 왕망은 여러 만이(蠻夷) 수장들을 모아놓고 장안의 저자에서 (시자(侍子)로 와 있던) 함의 아들 등(登)을 목 베었다.

애초에 북방의 변경 지대는 선제(宣帝) 이래로 여러 대에 걸쳐서 봉화의 연기가 오르는 경계 상황이 발생하지 않아 인민이 크게 번성했고 소와 말이 들판을 덮었다. 그 뒤에 망이 흉노를 교란해 더불어 화난을 일으키니 변경의 인민들은 죽거나 잡혀가게 됐다. 또한 (왕망이 징집한) 12부(部)의 군단은 장기간 (변새에) 주둔하면서 벗어나지 못하자 관리와 사병들은 피폐해져갔다. 수년 사이에 북방의 변경 지대는 텅 비어버리고 들판에는 시체들이 뒹굴었다.

오주류선우는 즉위한 지 21년이 돼 건국 5년(13년)에 사망했다. 흉노에서 실권을 쥐고 있는 대신 우골도후 수복당(須卜當)은 왕소군의 딸 이묵거차(伊墨居次) 운(云)의 남편이다. 운은 늘 중국과 더불어 화친하고자 했다. 또한 평소에 함과 친분이 두터웠으며 함이 여러 차례 망으로부터 선우로 책봉받는 것을 보았다. 그래서 여(輿)를 건너뛰고 함을 오루약제선우(烏累若鞮單于)로 세웠다.

오루선우 함은 즉위한 뒤, 동생인 여를 좌녹려왕으로 삼았다. 오주류선우의 아들 소도호(蘇屠胡)는 본래 좌현왕이었다. 동생 도기연지(屠耆閼氏)의 아들 노혼(盧渾)을 우현왕으로 삼았다. 오주류선우가 살아 있었을 때 좌현왕이 여러 차례 죽었다. 그래서 그 호칭이 상서롭지 못하다고 생각해 명칭을 바꾸어 좌현왕을 '호우(護于)'라고 했다. 호우의 자리가 가장 존귀해 다음으로 선우가 될 사람이 됐다. 그래서 오주류선우는 그의 장자에게 호우의 자리를 주어 나라를 물려주고자 했던 것이다. 함은 오주류선우가 자기의 호칭을 어속치지후로 천하게 낮추어 나라를 물려주지 않으려 했음을 원망했다. 그래서 즉위하자 호우를 낮추어 좌도기왕(左屠耆王)으로 바꾸었다. 운과 그 남편 당은 마침내 함에게 화친을 권유했다.

천봉(天鳳) 원년(14년), 운과 당은 서하군(西河郡) 호맹현(虎猛縣)의 제로새(制虜塞)로 사람을 보내 변새의 관리에게 화친후(和親侯)를 알현하고 싶다고 고했다. 화친후 왕흡이란 사람은 왕소군의 조카다. 중부도위(中部都尉)가 이 일을 아뢰었다. 망은 왕흡과 왕흡의 동생인 기도위(騎都尉) 전덕후(展德侯) 왕립(王颯)을 흉노에 사신으로 보내 선우의 새로운 즉위를 축하하고, 황금과 의복, 비단 등을 내려주었다. (건국 4년에 참수한 오루선우의 아들) 시자(侍子) 등(登)이 살아 있다고 거짓말하고, 흉노에 망명한 진량과 종대 등을 돈을 주고 데려오려 했다.

선우는 (진량 등) 네 사람과 (무기)교위 초호를 손으로 때려죽인 역적 지음(芝音)의 처와 자식 이하 27명을 다 잡아들여 모두 형틀을 채우고 우리에 가둔 다음 사신에게 넘겼다. 주유고석왕(廚唯姑夕王) 부(富) 등 40인을 보내 왕흡과 전덕후 립 등을 전송했다. 망은 분여(焚如)의 형벌을 만들어 진량 등을 태워 죽였다.

(그리고 변경의) 여러 장수들과 둔병을 폐지하고 다만 유격도위(游擊都尉)만을 두었다. 선우는 망이 보낸 뇌물을 탐냈다. 그래서 겉으로는 한의 고사를 어기지 않는다 하면서도, 속으로는 약탈을 이롭게 여겼다. 또한 (신에 보냈던) 사신이 돌아온 뒤 아들 등이 이미 죽었음을 알고 원한을 품었다. (그래서) 노략질하는 오랑캐가 (흉노의) 좌지(左地)로부터 침입하는 일이 끊이지 않았다.

(신의) 사자가 선우에게 힐문하면 그때마다 말했다.

"오환과 흉노의 무례하고 교활한 인민들이 함께 (중국을) 침공해 변새 안으로 들어갔으니, 마치 중국 안에 도적이 있는 것과 같을 뿐이오! 함이 처음 즉위해 국가를 장악했을 때 위신이 아직 낮았음에도 불구하고 힘을 다해 금지했으며, 감히 두 마음을 품지 않았소."

천봉(天鳳) 2년(15년) 5월에 망은 다시 왕흡과 오위장 왕함(王咸), 장수 복암(伏黯)과 정업 등 6인을 보내 우주유고석왕(右廚唯姑夕王)을 전송하도록 했다. 아울러 이전에 참수한 시자 등과 그를 수행했던 여러 귀인들의 영구를 정중히 돌려보내도록 했는데, 모두 상거(常車)에 실었다. 변새 아래에 도착하자 선우는 운과 수복당 사이에서 난 아들 대저거(大且渠) 사(奢)

등을 변새에 보내 맞이했다. 왕함 등이 도착해 선우에게 많은 금품과 보배를 주었다. 아울러 그들의 호칭을 바꾼 것에 대해 설득했는데, 흉노를 '공노(恭奴)', 선우를 '선우(善于)'라고 불렀다. 인장과 인장 끈을 내려주었는데, 골도후 당을 후안공(後安公), 당의 아들 사를 후안후(後安侯)로 삼았다. 선우는 왕망의 금은보화를 탐냈기 때문에 뜻을 굽혀 따랐다. 하지만 침략과 도적질은 이전과 같았다.

왕함과 왕흡은 또한 진량 등 때문에 내걸었던 돈을 운과 당에게 주었는데, 그들 스스로 차등을 두어 지급하게 했다.

12월 (신의 사신 일행이) 돌아와 변새 안으로 들어왔다. 망은 크게 기뻐해 왕흡에게 200만 전을 내려주고, 복암 등 모두에게 작위를 봉했다.

선우 함은 즉위한 지 5년째인 천봉 5년에 사망했다. 동생 좌현왕 여(輿)가 즉위해 호도이시도고약제선우(呼都而尸道皐若鞮單于)가 됐다. 흉노인들은 효(孝)를 '약제(若鞮)'라고 말했다. 호한야선우 이래 한과 친밀해지면서 한에서 황제의 시호에 '효' 자를 넣는 것을 보고 그것을 따르고자 했다. 그래서 모두 '약제'라고 했다.

호도이시선우 여가 즉위한 뒤에 (신에서) 상으로 내리는 물건을 탐내어 대저거 사와 운의 여동생인 당호거차(當戶居次)의 아들 혜독왕(醯櫝王)으로 하여금 함께 재물을 봉헌하기 위해 장안으로 가게 했다. 망은 화친후 왕흡에게 대저거 사 등과 함께 제로새 아래에 이르러 운과 수복당과 만나게 했다. 이때 군대로 협박해 장안으로 데려왔다. 다만 운과 수복당의 어린 아들은 변새 지역에서 탈출해 흉노로 돌아갔다. 수복당이 장안에 도착하자 망은 수복선우(須卜單于)로 삼았고, 대군을 출동시켜서 그를 도와 흉노의 선우로 세우려 했다. (그러나) 군대의 징발이 뜻대로 되지 못했고 흉노 또한 더욱 분노해 여러 갈래로 북변에 침입했다. 북변 지역은 이 일로 크게 파괴됐다.

이때 마침 수복당이 병으로 죽었다. 망은 서출의 딸인 육록임(陸逯任)을 후안공 사의 처로 삼았다. 그래서 후안공 사를 존중하고 총애하는 바가 매우 두터웠으며 결국에는 군대를 보내어 선우로 옹립하려 한 사람이었다. 마침 한나라의 반란 군대가 망을 주살했고 운과 사 또한 피살됐다.

경시(更始) 2년(24년) 겨울에 한은 중랑장 귀덕후(歸德侯) 왕립(王颯), 대사마호군(大司馬護軍) 진준(陳遵)을 흉노에 사신으로 보냈다. 선우에게 한의 과거 규격에 따른 옥새와 인장 끈, 그리고 왕·후 이하의 인장과 인장 끈을 내려주었다. 이 기회를 이용해 아직 남아 있던 운과 당 등의 친속과 귀인 등 시종자들도 보냈다.

(호도이시)선우 여는 교만해 진준과 왕립에게 이렇게 말했다.

"흉노는 본래 한과 형제이다. 흉노의 역사 가운데 중간 시기에 난리가 발생하자 효선황제의 도움으로 호한야선우가 즉위했다. 그래서 칭신하고 한을 존숭했다. 지금은 한에서 또한 큰 내란이 발생해 망에게 (황제의 자리가) 찬탈되자, 흉노 또한 군대를 내어 망을 공격해 그 변경을 텅 비게 함으로써, 천하에 소동이 일어나 한을 그리워하도록 했다. 망이 마침내 패하고 한이 다시 흥기한 것은 또한 나의 힘이니 응당 나를 다시 존숭해야 한다!"

진준은 (선우와) 서로 버티었는데 선우는 끝내 이 주장을 견지했다. 그 이듬해 여름 (사신 일행은) 돌아왔다. 마침 적미(赤眉-농민 반란군)군이 장안으로 진입했고 경시제(更始帝)²⁷는 패했다.

찬(贊)하여 말했다

"『서경(書經)』에서는 '남쪽과 동쪽 오랑캐가 중국[夏=諸夏]을 어지럽
힌다[蠻夷猾夏]'²⁸라고 경계했고, 『시경(詩經)』에서는 '서쪽과 북쪽 오랑캐
[戎狄]를 무찌른 일'²⁹을 칭송했으며, 『춘추(春秋)』에서는 '(천자에게) 도리
가 있으면 나라를 지키는 일은 네 오랑캐에게 있다[有道守在四夷]'³⁰라고

---

27 유현(劉玄, ?~25)이다. 양 한(兩漢) 교체기에 녹림군(綠林軍)이 건립한 경시(更始) 정권의 황제
(皇帝)다. 광무제(光武帝) 유수(劉秀)의 족형(族兄)이다.

28 이 구절은 『서경(書經)』 「우서(虞書)」의 '순전(舜典)' 편에서 순(舜)임금이 고요(皐陶)를 사(士)로
삼으며 명하는 말 가운데 나온다. 순임금은 "고요여! 남동쪽 오랑캐가 중국을 어지럽히고, 구
적(寇賊)이 안팎으로 들끓고 있소. 너를 사(士)로 임명하니 다섯 가지 형벌을 행하고…"라고 말
했다.

29 「노송(魯頌)」 '비궁(閟宮)' 편에 나오는 구절이다. 비궁은 노(魯) 희공(僖公)이 오랑캐에게 빼앗긴
땅을 회복하고, 좋은 정사를 베푸는 것을 칭송하는 내용이다. 원문 구절의 전후 내용은 다음
과 같다. "희공(僖公)의 군대는 3만 명인데 조개 장식 갑옷을 붉은 실로 꿰맸으며, 많은 무리들
시끌시끌하도다. 서쪽과 북쪽 오랑캐[戎狄]를 무찌르고 남쪽 나라를 경계하니 아무도 감히 우
리에게 맞서지 못하는구나."

30 원문에서 '유도수재사이(有道守在四夷)'가 『춘추(春秋)』에 나온다고 했으나 실제 동일한 구절은
없다. 사고(師古)는 그것이 『춘추좌씨전(春秋左氏傳)』 소공(昭公) 23년의 "고자천자 수재사이
(古者天子 守在四夷)"를 말한다고 했다. 당시 초(楚)나라 낭와(囊瓦)가 영윤(令尹)이 돼 영(郢) 땅
에 성을 쌓자 심윤(沈尹)인 술(戌)은 "낭와는 반드시 영(郢)을 멸망시킬 것이다. …고대에는 천
자(天子)가 나라를 지키는 일은 네 오랑캐[四夷]에 있었다. … 백성에게 안으로 근심이 없고 밖
으로 두려움이 없다면 국가에게 성이 무슨 필요가 있겠는가?"라며 토목공사를 비판했다. 사고
(師古)는 그것이 천자의 천자다움[德]이 멀리 (네 오랑캐에게까지) 미친다는 말이라 했는데, 그
의미는 (천자가) 네 오랑캐를 잘 회유하면 그들이 중국[諸夏]의 수비대가 된다는 것이다.

했으니 오래됐구나! 오랑캐[夷狄]가 근심거리가 된 것이.

그래서 한나라가 일어난 이래 충성스러운 말로 간언하고 아름다운 계책을 가진 신하들이 어찌 일찍이 묘당(廟堂)[31] 위에서 서로 다투며 대책[籌策]을 이야기하지 않았겠는가? 고조(高祖) 때 유경(劉敬)이, 여후(呂后) 때는 번쾌(樊噲)와 계포(季布)가, 효문제 때는 가의(賈誼)와 조조(晁錯)가, 효무제 때는 왕회(王恢)·한안국(韓安國)·주매신(朱買臣)·공손홍(公孫弘)·동중서(董仲舒) 등이 나름의 소견을 갖고 있었는데 각각 같은 점도 있고 다른 점도 있었지만 그러나 그 요점을 총괄해보면 두 가지 부류[兩科]로 귀결될 뿐이다. 허리띠에 붉은 홀을 꽂는 유자들[縉紳之儒][32]은 화친을 내세우고 갑옷과 투구를 쓰는 장수들[介冑之士]은 정벌을 말했지만 양쪽 모두 한때의 이로움이나 해로움을 치우쳐 보았을[偏見] 뿐 흉노의 끝과 처음[終始]을 깊이 파고들지는 못했다. 한나라가 일어나 지금에 이르기까지 오랜 세월이 흘러 춘추시대(-244년)보다 오래됐는데[33] 흉노와의 관계를 돌아보면 문치에 주력해[修文] 화친한 때도 있었고 무력을 써서[用武] 정복한 때도 있었으며 (한나라가 스스로를) 낮춰서[卑下] (흉노를) 받들어 섬

---

31 묘당(廟堂)은 원래 종묘와 명당(明堂)을 말하는데 여기서는 재상들이 정사를 논의하는 곳을 말한다. 조선시대의 경우 의정부 건물을 묘당이라고 불렀다.

32 문신을 가리킨다.

33 『춘추(春秋)』가 다루는 시기는 은공(隱公) 1년부터 애공(哀公) 14년까지 모두 244년 동안의 역사이며, 한나라의 건국 이래 반고(班固)가 『한서(漢書)』를 완성한 시기인 후한 장제(章帝) 건초(建初) 연간(76~83년)까지는 300년이 조금 못 미치는 기간이다. 그래서 춘추시대보다 오래됐다고 한 것이다.

긴 적도 있었고 위압으로 굴복시켜[威服] 신하로 부린 적도 있었는데, (이처럼 한나라의 대(對)흉노책이) 굽히기도 하고 떨치기도 하며[詘伸=屈伸] 다양하게 바뀌었으니 이는 (그때마다 나라의) 강함과 약함이 서로 달랐기 때문으로, 그런 까닭에 그 상세한 사정은 얼마든지 설명할 수 있다.

옛날에 화친론은 유경(劉敬)에게서 비롯됐다. 그때는 천하가 처음으로 평정됐고 뜻하지 않게 평성(平城)의 어려움[34]을 만난 탓에 그들의 말을 따라서 화친을 맺기로 약속했고 선우(單于)에게 뇌물을 주어 (그렇게 해서라도) 변경이 안정되기를 바랐던 것이다.

효혜제(孝惠帝)와 고후(高后) 때는 (화친 약속을) 존중해 어기지 않았지만 침략과 도적질은 줄어들거나 그치지 않았고 선우는 도리어 무례와 거만[驕倨]을 더했다. 효문제(孝文帝) 때에 이르러서는 관시(關市)를 열어주고 한나라 황실의 딸을 아내로 주었으며 내려주는 선물도 크게 늘려 해마다 1,000금에 달했는데도 흉노는 여러 차례 약속을 어겼고 변경은 여러 차례 피해를 당했다. 이 때문에 문제는 재위 중간에 크게 발분해 드디어 몸소 융복(戎服-군복)을 입고서 직접 안장을 올린 말을 몰고서 6군(郡)〔○ 사고(師古)가 말했다. "농서군(隴西郡), 천수군(天水郡), 안정군(安定郡), 북지군(北地郡), 상군(上郡), 서하군(西河郡)을 말한다. 그런데 안정군과 천수군과 서하군은 무제 때 설치된 것이다. 사서에는 문제 때부터 그 군들이 있는 것처럼 표현했지만 그것은 소급해서 말한 것이라 볼 수 있다."〕을 따라

---

34 고조가 평성(平城)에서 흉노에게 포위됐다가 유경의 화친 제안으로 힘겹게 풀려난 사건을 말한다. 이 사건에 대한 서술은 『한서(漢書)』「유경전(劉敬傳)」에 자세하게 나온다.

서 양가(良家)의 재주 있는 군사들을 거느리고 상림원(上林苑)에서 말달리며 활을 쏘고 전투를 위한 진법을 강습하고 천하의 정예병들을 모아 광무(廣武)[35]에 주둔토록 한 다음,[36] (친정(親征)을 접고서) 풍당(馮唐)[37]에게 자문을 구하며 장수에 대해 논하게 됐는데 (장수들의 실력이 모자라다는 것을 알고서) 크게 탄식하며 옛날의 이름난 신하들을 생각했다.[38] 이를 보면

---

35 지금의 하남성 형양(滎陽) 동북 지역에 있는 광무산(廣武山) 위에 동과 서의 두 성이 있다. 초나라와 한나라가 싸울 때 유방과 항우가 각각 한 성씩을 점거하고 대치한 일이 있었다.

36 한문제 14년(기원전 166년)의 일이다. 흉노의 노상선우(老上單于)가 14만 기병을 이끌고 침범해 인민과 가축을 약탈하고 안정군(安定郡) 팽양현(彭陽縣)까지 들어왔다. 이에 중위(中尉) 주사(周舍)와 낭중령(郎中令) 장무(張武)를 장군으로 삼고 수레 1,000승, 기졸(騎卒) 10만을 일으켜 장안(長安)을 방비했다. 문제도 친히 군대를 격려하고 병사들을 단속하며 교령(敎令)을 내려 스스로 흉노를 정벌하고자 했다. 하지만 신료들이 간쟁하고 황태후(皇太后)의 만류가 있어 친정(親征)은 중단했다. 그 대신 장상여(張相如)와 동적(董赤), 난포(欒布) 등을 장군으로 삼아 공격하도록 했다. 흉노는 요새 안에 한 달여간 머물다가 돌아갔다.

37 선조는 조(趙)나라 사람이었다. 아버지 때 대(代) 지역으로 이사했다가 한나라가 흥기한 뒤 안릉으로 옮겼다. 효자로 명성을 얻어 문제(文帝) 때 중랑서장(中郎署長)이 됐다. 직언을 서슴지 않았다. 한나라 법이 포상은 가볍고 징벌은 무거워 관료들이 전력을 기울이지 않는다고 지적했다. 아울러 운중수(雲中守) 위상(魏尙)이 억울하게 삭직(削職)되고 처벌을 받은 일을 지적했다. 문제가 기뻐하며 위상을 사면하고 거기도위(車騎都尉)에 임명했다. 경제(景帝) 때 초상(楚相) 등 중앙 고위 관직을 지냈다. 한무제가 즉위해 현량(賢良)을 찾을 때 발탁려 했지만 이미 나이가 아흔을 넘어 나아가지 못하고 대신 그의 아들 풍수(馮遂)가 기용됐다. 이 이야기는 연로한 신하가 자신의 노쇠함을 비유하는 전거로 자주 이용된다.

38 직접 친정에 나서지 못한 문제는 낭서(郎署)에 들렀다. 문제가 풍당에게 부친의 집이 어디에 있냐고 묻자 풍당은 대(代)에 있다고 대답했다. 문제가 대(代)나라에서 자랄 때 조나라 장수 이제(李齊)의 뛰어남에 대해 늘 들었다고 말했다. 이에 풍당이 이제도 염파(廉頗)와 이목(李牧)에는 미치지 못한다고 말하자 문제는 "아아, 나는 어째서 염파와 이목을 장수로 갖지 못했는가! (만일 그럴 수만 있다면) 내가 어찌 흉노를 근심하겠는가?"라고 탄식했다. 『한서(漢書)』「풍당전(馮

화친이 무익하다는 것은 이미 확연하게 드러났다고 할 수 있다.

동중서는 몸소 4대(代)에 걸친 일들을 보고서도 오히려 다시 옛날의 약속 문구를 지키려 했고 자못 그 약속 내용을 늘리고자 했다. 그는 이렇게 말했다.

'의로움은 군자를 움직이고 이익은 탐욕스러운 사람을 움직입니다. 흉노와 같은 자들은 어짊과 의로움으로써 권면할[說=勸諭] 수 없고 오로지 두터운 이익[厚利]이라야 기쁘게 해줄[說=悅] 수 있고 하늘을 향해 맹약을 맺게 할 수 있을 뿐입니다. 그러니 두터운 이익을 주어야만 그 뜻을 접게[沒] 할 수 있고, 하늘을 향해 맹서를 해야만 그 약속을 굳게 할 수 있으며, 선우가 아끼는 자식[愛子]을 인질로 삼아야 그 마음을 묶어놓을 수 있는 것이니, (이렇게만 한다면) 흉노가 비록 이랬다저랬다 하려고 해도[展轉][○사고(師古)가 말했다. "전전(展轉)은 그 마음을 이리저리 바꾸는 것이다."] 어찌 큰 이익[重利]을 내치겠습니까? 어찌 위로 하늘을 속이겠습니까? 어찌 아끼는 자식을 죽이겠습니까? 무릇 세금으로 (흉노에게) 뇌물을 제공하는 것은 삼군을 출동시키는 비용에 비해 훨씬 적으며 성곽이 아무리 튼튼하다고 해도 반듯한 선비[貞士]가 맺는 맹약보다 나을 것이 없으니, 이렇게 되면 변방의 성들에서 국경을 지키는 백성들의 부모와 형제들은 허리띠를 늦출 수가 있고 어린 자식들은 입속의 음식물을 (편히) 삼킬 수 있게 됩니다. 그러면 오랑캐의 말들은 장성(長城)을 엿보지 않게 되고

唐(傳)」에 나오는 이야기다.

깃털 단 격문[羽檄=羽書]³⁹이 중국에 돌아다니지 않게 될 것이니 진실로 천하에 좋은[便] 일이 아니겠습니까?'

중서(仲舒)가 논한 바를 살펴보면 그것을 실제 일어났던 여러 일들과 비교해볼 때 (그의 생각은) 결국은 그 당시에도 맞지 않고 후세에도 결함이 많다는 것을 알 수 있다. 효무제 시대를 맞아 비록 정벌해 승리하고 전리품도 획득했지만 군사와 말이 죽은 것[物故] 역시 대략 (흉노 쪽과) 서로 비슷했다. 또 비록 하남(河南)⁴⁰의 들판을 열고 삭방의 군(郡)을 세웠지만 동시에 조양(造陽)⁴¹의 북쪽 900여 리는 포기해야 했다. 흉노의 인민들이 매번 한나라에 와서 항복할 때마다 선우 또한 즉각 한나라 사신을 붙잡아 머물게 해 상응하는 보복을 할 만큼 그 사납고 오만함이 오히려 이와 같았으니 어찌 자기의 아끼는 자식을 인질로 보내려 하겠는가? 이는 당시 실정에 맞지 않는 말이다. (그렇다고) 만일 인질을 두지 않고 공허하게 화친을 약속한다면 이는 효문제 때 이미 겪었던 후회를 반복하는 것이며 흉노의 끝없는 기만을 조장하는 일이 된다. 무릇 변방의 성들에서 경계를 지키는 힘세고 지략 있는 신하들을 선발하지도 않고, 요새와 방어용 소로(小路)나 요새를 방비하는 무구(武具)들을 정비하지도 않고, 긴 창과 강력

---

39 목간에 글을 적은 다음 깃털을 끼워 군사적으로 급히 전하는 격문이다.

40 여기서 하남(河南)은 현재의 하남성(河南省)이 아니라, 내몽고(內蒙古) 하투(河套) 지구 안의 황하(黃河) 이남 지역을 말하는데, 오르도스(Ordos, 鄂爾多斯)라고도 한다. 진나라와 한나라 때에는 흉노가 이곳에 침입하자 중국에서 삭방군(朔方郡)을 두었다.

41 현재 하북성(河北省) 독석구(獨石口) 부근이다. 일설에는 하북성(河北省) 회래현(懷來縣)의 동남(東南) 지역이라고도 한다.

한 쇠뇌[强弩] 등의 무기를 예리하게 갈아두지도 않고, 우리가 변방의 침략에 대비하는 모습에 대해 신뢰하지도 않으면서 힘써 백성으로부터 세금을 징수하고 멀리 (흉노에게) 뇌물을 보내고 있으니 이것이야말로 백성들을 각박하게 착취해[割刻] 원수를 받드는 것이다. 달콤한 말[甘言]을 믿고 헛된 약속[空約]을 지키면서 오랑캐의 말들이 엿보지 않기를 바라고 있으니 (동중서의 방책은) 이미 잘못이 아니겠는가!

효선(孝宣)의 통치 때에 이르러 무제가 떨쳐 흉노를 쳤던 위세를 잇고 흉노가 100년이 된 운세를 맞아 흉노가 무너지고 어지러워져 거의 망할 정도로 불행[厄]을 겪고 있던 틈을 타서 때에 맞도록[權時]⁴² 마땅함을 펴서 위세와 은덕으로 그곳을 뒤덮자 그후에 선우는 머리를 숙이고 신하로서 복종하며 자식을 보내 조정에 입시하니 (그후로) 3세(世)⁴³에 걸쳐 울타리[藩]를 자임하며 한나라 조정에 빈공(賓貢)했다. 이때에 변방의 성들은 저녁 늦게[晏=晚] 문을 닫았고 소와 말들은 들판에 널려 있었으며 3세에 걸쳐 개가 짖어대는 경계의 소리가 없어졌고 백성들은[黎庶=黎庶] 전쟁에 동원되는 일[干伐之役]이 없었다.

그후 60여 년이 지나는 사이에 왕망(王莽)이 제왕의 자리를 찬탈하는 일을 당해 비로소 변경에서 (한나라와 흉노 사이에) 틈이 벌어지게 되자 선우는 이를 빌미로 원망을 (한나라 쪽에) 돌려 스스로 관계를 끊으니 망(莽)은 드디어 입시해 있던 선우의 아들의 목을 벰으로써 변경에서 화란

---

42 때에 맞도록 권도(權道-임기응변)를 발휘했다는 말이다.

43 호한야(呼韓邪)선우, 복주루(復株累)선우, 오주류(烏珠留)선우를 말한다.

(禍亂)이 생겨났다. 예전에 호한야(呼韓邪)선우가 조정에 들어왔을 때 한나라에서는 그에 대한 의례(儀禮)를 토의했는데 소망지(蕭望之)가 말하기를 '융적은 황복(荒服)이라 하는데 이는 그들이 와서 복종하는 것이 모호한 데다가 일관성이 없어 어떤 때는 (마음대로) 오고 어떤 때는 (마음대로) 가버리는 것을 말합니다. 마땅히 객례(客禮)로 대우하고 (신하를 칭하려 할지라도) 사양해 신하로 삼아서는 안 될 것입니다. (그리하여) 만일 그의 후계자가 도망쳐 쥐새끼처럼 숨는다고 해도 중국을 배반한 신하가 되지 못하도록 해야 합니다'라고 했다.[44] 효원(孝元) 때에 이르러 변방 요새를 수비하는 병사들을 파하는 문제를 토의했는데 후응(侯應)은 불가론을 펼쳤으니,[45] 이는 이른바 번성할 때 쇠퇴함을 잊지 말고 편안할 때 반드시 위태로움을 생각하면서[盛不忘衰 安必思危] 멀리 보되 작은 것들도 잘 짚어내는 눈 밝음[遠見識微之明]을 갖춘 주장이라 하겠다. 선우 함(咸)[46]에 이르러서는 (인질로 보낸) 아끼는 자식을 버리고 이익에만 눈이 멀어 이것저것 돌아보지도 않아 그들이 침략해 약탈해가는 물자가 해마다 1억[鉅萬=萬萬]을 헤아렸는데 화친을 통해 주는 뇌물은 1,000금을 넘지 못했으니 어

---

44 이때 선제는 소망지의 의견을 받아들여 군신관계가 아닌, 주인과 손님 관계로 설정하도록 명했다.

45 원제(元帝)가 죽기 직전인 경녕(景寧) 1년(기원전 33년) 정월 호한야(呼韓邪)선우가 내조(來朝)해 한나라 북방의 수비를 자신들이 대신 맡을 것이니 한나라의 수비병을 철수해달라고 요구했다. 후응(侯應)은 이에 대해 조목조목 반대했다.

46 오루(烏累)선우를 말한다.

찌 인질을 버리고서 큰 이익[重利]을 포기하지 않을 수 있겠는가?⁴⁷ 중서의 말은 바로 이 점에서 허점이 있다[漏].

무릇 일을 잘 헤아려 의견을 세우려 할 때[規事建議] 만세에 이어질 견고함을 도모하지 않고 구차스럽게[偸=苟] 한때의 처지에만 기대려[恃=賴] 한다면 먼 미래까지 경영할 수 없을 것이다. 예를 들면[若乃=假令] 정벌의 성과나 진나라와 한나라가 (흉노에 대해) 행한 일과 관련해서는 엄우(嚴尤)가 논한 바⁴⁸가 마땅하다. 옛날의 뛰어난 임금들[先王]은 땅을 측량해 그 가운데에 왕기(王畿)를 세우고 구주(九州)를 나누고 오복(五服)을 나열한 다음 (각지의) 토산물을 공헌하도록 하고 외(外)와 내(內)(를 구분하는 제도)를 제정하고서 어느 지역에는 형벌의 정치를 펴고 어느 지역에는 문치의 다움을 밝혔는데 (차이를 둔 것은) 먼 곳과 가까운 곳의 정세[勢]가 다르기 때문이다. 이 때문에 『춘추(春秋)』에서는 제하(諸夏-중국)를 내(內)로 보고, 이적(夷狄)은 외(外)로 간주했으며[○ 사고(師古)가 말했다. "『춘추(春秋)』 성공(成公) 15년 '제후(諸侯)들이 오(吳)와 종리(鍾離)에서 회합했다'라고 했다. 이에 대해 『춘추공양전(春秋公羊傳)』에서는 '어찌하여 특별히 회합했는가? 오(吳)는 외(外)이기 때문이다. 어찌하여 외(外)인가? 『춘추(春秋)』에서는 중국을 내(內)로 제하(諸夏)를 외(外)로 하며 다시 제하(諸夏)를 내(內)로 하고 이적(夷狄)을 외(外)로 하기 때문이다'라고 말했다."], 오랑

---

47 여기서 큰 이익이란 앞서 동중서가 언급했던 그 큰 이익[重利]이란 말을 염두에 둔 것이다. 침략으로 인한 이익이 워낙 크기 때문에 그런 정도의 큰 이익은 쉽게 포기할 것이라는 말이다.

48 엄우는 왕망의 대규모 흉노 정벌을 반대하면서 한나라 무제가 흉노를 공격한 것은 하책(下策)이고 진시황의 만리장성 축조는 무책(無策)이라고 비판한 바 있다.

캐[夷狄]의 사람들은 탐욕스럽고 이익을 좋아하며 머리를 풀어 헤치고 좌임(左衽)하며,⁴⁹ 사람의 얼굴을 하고 있으나 짐승의 마음을 갖고 있어 중국과는 복식과 습속이 다르며 음식이 같지 않고 말도 통하지 않으며, 북쪽 가장자리 찬 이슬이 내리는 곳에 치우쳐 거주하며 풀이 나는 곳을 따르고 가축을 쫓아다니며 사냥으로 먹고 사는데, (중국과 흉노는) 산과 계곡으로 단절돼 있고 사막으로 막혀 있으니 이는 하늘과 땅이 밖과 안을 갈라놓은 때문이라고 할 수 있다.

이 때문에 빼어난 임금들은 저들을 짐승으로 길렀을 뿐 더불어 (화친을) 약속하거나 맹서하지 않았으며 또한 공격해 정벌하지도 않았다. 약속할 경우 뇌물을 쓰고도 배신당할 수 있었으며 공격할 경우 군대를 피로하게 하며 침공을 부를 수도 있었다. 그 땅은 경작해서 먹을 수가 없고 그 인민들은 신하로 기를 수도 없었으니 밖에 두고 안으로 끌어들이지 않았으며 멀리하고 가까이 두지 않았기 때문에 정교(政敎)가 그 사람들에게는 미치지 않았고 (천자의) 역법(曆法)을 그 나라에 주지 않았다. 대신 항복해오면 경계하면서[懲=戒] 길들이고 떠나버리면 방비해 지켰다. 그들이 (중국의) 의로움[義]을 흠모하면서 공물을 바칠 경우에는 예를 갖춰 겸손하게 대접하면서 말고삐와 쇠코뚜레[羈縻=羈靡]를 다루듯 했는데 이는 (오랑캐와의 관계를) 단절하지 않고 문제 발생의 원인이 저쪽에 있도록 하는 것으로 대개 빼어난 임금들이 오랑캐들을 통제하고 막는 일반적인 방법[常道]이었다."

---

49 윗옷의 왼쪽 섶을 오른쪽 섶 안에 넣는 것을 말한다. 오랑캐의 복장 형태를 말한다.

KI신서 9072

완역 한서 ❾ 열전列傳 5

1판 1쇄 인쇄 2020년 4월 3일
1판 1쇄 발행 2020년 4월 17일

지은이 반고
옮긴이 이한우
펴낸이 김영곤
펴낸곳 (주)북이십일 21세기북스

출판사업본부장 정지은 **서가명강팀장** 장보라
서가명강팀 강지은 안형욱
서가명강사업팀 엄재욱 이정인 나은경 이다솔
교정 및 진행 양은하 **디자인 표지** 김승일 **본문** 김정자
영업본부이사 안형태 **영업본부장** 한충희 **출판영업팀** 김수현 오서영 최명열
마케팅팀 배상현 김윤희 이현진
제작팀 이영민 권경민

출판등록 2000년 5월 6일 제406-2003-061호
주소 (10881) 경기도 파주시 회동길 201(문발동)
대표전화 031-955-2100 **팩스** 031-955-2151 **이메일** book21@book21.co.kr

(주)북이십일 경계를 허무는 콘텐츠 리더
21세기북스 채널에서 도서 정보와 다양한 영상자료, 이벤트를 만나세요!
페이스북 facebook.com/jiinpill21 **포스트** post.naver.com/21c_editors
인스타그램 instagram.com/jiinpill21 **홈페이지** www.book21.com
유튜브 youtube.com/book21pub
서울대 가지 않아도 들을 수 있는 명강의! 〈서가명강〉
유튜브, 네이버 오디오클립, 팟빵, 팟캐스트, AI 스피커에서 '서가명강'을 검색해보세요!

ⓒ 이한우, 2020

ISBN 978-89-509-8754-1 04900
　　　978-89-509-8756-5 (세트)

- 책값은 뒤표지에 있습니다.
- 이 책 내용의 일부 또는 전부를 재사용하려면 반드시 (주)북이십일의 동의를 얻어야 합니다.
- 잘못 만들어진 책은 구입하신 서점에서 교환해드립니다.